習近平"六韜九策"治國策

——習近平治國理政之"六韜九策"研究

姜愛林　著

昌明文化　印行

内 容 簡 介

　　《習近平"六韜九策"治國策——習近平治國理政之"六韜九策"研究》(簡稱《習近平"六韜九策"治國策》)是一部專門研究中共十八大期間習近平同志關於治國理政的理論創新與實踐探索的政治哲學著作。

　　本書約３０萬字,由上下兩篇構成:上篇治國理政韜略篇,計有六章,包括①習近平復夢韜——復興偉夢之韜略;②習近平特信韜——特色自信之韜略;③習近平五體韜——五位一體之韜略;④習近平四全韜——四個全面之韜略;⑤習近平外交韜——大國外交之韜略;⑥習近平強軍韜——強軍固防之韜略。下篇治國理政策略篇,計有九章,包括①習近平八規策——八項規定之策略;②習近平反腐策——反腐倡廉之策略;③習近平發展策——發展理念之策略;④習近平深改策——全深改革之策略;⑤習近平科技策——科技創新之策略;⑥習近平脫貧策——脫貧攻堅之策略;⑦習近平治縣策——縣域治理之策略;⑧習近平帶路策——一帶一路之策略;⑨習近平治疆策——治邊理疆之策略。

　　習近平"六韜九策"是習近平同志"十八大"期間治國理政的重大實踐與重要理論創新。所謂習近平"六韜九策"是指習近平同志"十八大"期間在從事黨政領導活動過程中圍遶中國特色社會主義這一鮮明主題形成創立的關於復夢韜、特信韜、五體韜、四全韜、外交韜、強軍韜與八規策、反腐策、發展策、深改策、科技策、脫貧策、治縣策、帶路策、治疆策等治國理政韜略策略方面內容的系統化理論化的一種概括統稱。概而言之,習近平"六韜九策"就是關於戰略目標、戰略主題、戰略總體布局、戰略推進部署、戰略縱橫、戰略保障與戰略對策的一種治國之策。①習近平復夢韜——復興偉夢之韜略,是指習近平同志關於實現中華民族偉大復興的中國夢的韜略。②習近平特信韜——特色自信之韜略,是指習近平同志關於中國特色社會主義道路自信、理論自信、制度自信與文化自信等四個自信的韜略。③習近平五體韜——五位一體之韜略,是指習近平同志關於統籌推進經濟建設、政治建設、文化建設、社會建設、生態文明建設等"五位一體"總體布局的韜略。④習近平四全韜——四個全面之韜略,是指習近平關於協調推進全面建成小康社會、全面深化改革、全面依法治國、全面從嚴治黨等"四個全面"戰略布局的韜略。⑤習近平外交韜——大國外交之韜略,是指習近平關於全面推進中國特色社會主義大國外交建設發展的韜略。⑥習近平強軍韜——強軍固防之韜略,是指習近平

3

同志關於全面推進中國特色國防和軍隊現代化建設的韜略。⑦習近平八規策——八項規定之策略，是指習近平同志關於改進工作作風、密切聯繫群眾的八項規定的策略。⑧習近平反腐策——反腐倡廉之策略，是指關於反腐敗鬥爭與廉政建設的策略。⑨習近平發展策——發展理念之策略，是指習近平同志關於新常態下牢固樹立與貫徹落實創新、協調、綠色、開放、共享等新的發展理念的策略。⑩習近平深改策——全面深改之策略，是指習近平同志關於政治、經濟、文化、社會、生態文明、黨建、國防軍隊等全面深化改革的策略。⑪習近平科技策——科技創新之策略，是指習近平同志關於科學研究創新、技術創新及其管理體制創新的策略。⑫習近平脫貧策——脫貧攻堅之策略，是指習近平同志關於實施精準扶貧脫貧、擺脫消除貧困貧窮的攻堅戰的策略。⑬習近平治縣策——縣域治理之策略，是指習近平同志關於縣委書記及其縣域黨務政務治理的策略。⑭習近平帶路策——一帶一路之策略，是指習近平同志關於推進“絲綢之路經濟帶”和“21世紀海上絲綢之路”等“一帶一路”建設的策略。⑮習近平治疆策——治邊理疆之策略，是指習近平同志關於治理經略西北、西南、東北、東南沿海等陸疆海疆省區的策略。

習近平“六韜九策”主要內容包括戰略目標、戰略主題、戰略總體布局、戰略推進部署、戰略縱橫、戰略保障與戰略對策等七個方面。習近平“六韜九策”核心目標就是富國強軍；其基本目標就是實現經濟社會又好又快又穩發展；其最高目標就是國家富強、民族振興、人民幸福、安居樂業與軍強國安。習近平“六韜九策”檢驗標準就是人民群眾滿意不滿意、人民群眾高興不高興與人民群眾擁護不擁護。

習近平“六韜九策”對於新的歷史條件下進一步增強中共執政合法性、彰顯理論自信、樹立四個意識、統一全黨思想、維護領導權威具有重要政治意義、理論意義與現實意義。

Introduction

Xi Jinping's "Six Strategies and Nine Policies" for Administering the Country—Research on Xi Jinping's "Six Strategies and Nine Policies" for Administering the Country (for short: Xi Jinping's "Six Strategies and Nine Policies" for Administering the Country) is a political philosophical work devoted to the theoretical innovation and practical exploration in administering the country raised by Xi Jinping during the 18th National Congress.

The book is about 300,000 words and in two parts: part one is the strategies on administering the country, which include the following six chapters: ① Strategy on the dream of rejuvenation—Strategy on the great rejuvenation of the Chinese nation; ② Strategy of confidence in Chinese characteristics —The strategy of confidence in socialism with Chinese characteristics; ③Strategy on five-in-one —The strategy on the overall layout of five aspects; ④ Strategy on four comprehensive moves—The strategy on coordinated promotion of four comprehensive moves; ⑤ Strategy on diplomacy—Strategy on the big power diplomacy; ⑥ Strategy on strengthening the army —Strategy on strengthening the army and reinforcing the national defense. Part two is the polices on administering the country and is in the following nine chapters: ① Policy on eight-point code —The policy of eight-point? frugality? code; ② Policy on anti-corruption —The policy on combating corruption and building a clean government; ③Policy on development —The policy on development concepts; ④Policy on deepening the reform —The policy on comprehensively deepening the reform; ⑤ Policy on science and technology— The policy on scientific and technological innovation; ⑥ Policy on overcoming poverty —The policy on overcoming poverty and difficulties; ⑦Policy on administering the county —The policy on administering the county regions; ⑧Policy on the Belt and Road —The policy on building the Belt and Road; ⑨ Policy on governing the frontier—The policy on governing the frontier regions.

Xi Jinping's "Six Strategies and Nine Policies" is the great practice and important theoretical innovation of the governance of the country raised by Xi Jinping during the 18th National Congress. The so-called Xi Jinping's "Six Strategies and Nine Policies" refers to a systematic and theoretical summary of the strategies and policies on administering the country raised by Xi Jinping during the 18th National Congress based on the featured theme of socialism with Chinese characteristics during his leadership of the party and the government. These strategies and policies include the strategy on the dream of rejuvenation, the confidence in Chinese characteristics, the five-in-one, the four comprehensive moves, the diplomacy, strengthening the army, the eight-point code and polices on anti-corruption, development, deepening the reform, science and technology, overcoming poverty, governing the county, the Belt and Road and governing the frontier. In short, Xi Jinping's "Six Strategies and Nine Policies" is a statecraft in terms of strategic objectives and themes, the overall layout of the strategy, strategic deployment and aspect and strategic guarantee and response. (1) Xi Jinping's strategy on the dream of rejuvenation-Strategy on the great rejuvenation of the Chinese nation, which refers to the strategy to realize the Chinese dream of the great rejuvenation of the Chinese nation. (2) Xi Jinping's Strategy of confidence in Chinese characteristics—The strategy of confidence in socialism with Chinese characteristics, which refers to Xi Jinping's theory on the four confidences in path, theory, system and culture of the socialism with Chinese characteristics. (3) Xi Jinping's Strategy on five-in-one —The strategy on the overall layout of five aspects, which refers to Xi Jinping's theory on comprehensively promoting the overall layout of the building of economy, politics, culture, society and ecological civilization. (4) Xi Jinping'sstrategy on four comprehensive moves —The strategy on coordinated promotion of four comprehensive moves, which refers to Xi Jinping's strategy on a coordinated promotion of the four strategic layouts: comprehensively build a well-off society, deepen reform, administer the country and strictly govern the party. (5) Xi Jinping's strategy on diplomacy —Strategy on the big power diplomacy, which refers to Xi Jinping's strategy on comprehensively promoting the development of diplomatic construction of socialist big power with Chinese characteristics. (6) Xi JInping's strategy on strengthening the army-Strategy on strengthening the army and reinforcing the national defense, which refers to Xi Jinping's strategy on comprehensively promoting the modernized construction of national defense and army with Chinese characteristics. (7) Xi Jinping's policy on eight-point code —The policy of eight-point? frugality? code, which refers to Xi Jinping's strategy on the eight rules to improve work style and close ties with the masses. (8) Xi Jinping's policy on anti-corruption —The policy on combating corruption and building a clean government, which refers to Xi Jinping's strategy on fighting against corruption and building a clean government. (9) Xi Jinping's policy on development—The policy on development concepts, which refers to Xi Jinping's strategy on firmly establishing and implementing the new development concept of innovation, coordination, green, openness and sharing under the new normal. (10) Xi Jinping's policy on deepening the reform—The policy on comprehensively deepening the reform, which refers to Xi Jinping's strategy on comprehensively deepening the reform in politics, economy, culture, society, ecological civilization, party building, national defense force, etc. (11) Xi Jinping's policy on science and technology —The policy on scientific and technological innovation, which refers to Xi Jinping's strategy on innovation of scientific research, technology and management system. (12) Xi Jinping's policy on overcoming poverty —The policy on overcoming poverty and difficulties, which refers to Xi Jinping's strategy on the implementation of precision poverty alleviation and poverty eradication. (13) Xi Jinping's policy on administering the county —The policy on administering the county regions, which refers to Xi Jinping's strategy on county party secretary and the governance of party affairs in county areas. (14) Xi Jinping's policy on the Belt and Road —The policy on building the Belt and Road, which refers to Xi Jinping's strategy on the building of the "Silk Road Economic Belt" and the "21st-Century Maritime Silk Road". (15) Xi Jinping's policy ongoverning the frontier —The policy on governing the frontier regions, which refers to Xi Jinping's strategy on governing the land border and costal provinces in ? the northwest, southwest, northeast and southeast China.

The main contents of Xi Jinping's "Six Strategies and Nine Policies" include seven aspects: strategic goal and theme, overall strategic layout, strategic deployment and aspect and strategic guarantee and countermeasure. Of which, the core goal is a wealthy county and strong army, the basic goal is to realize a sound and rapid development of China's economy and society, the highest goal is to make the country rich and strong, the Chinese nation rejuvenated, the Chinese people happy in their life and work and to build a strong army and a safe country. Xi Jinping's "Six Strategies and Nine Policies" is tested by the masses for whether they are content, happy and supportive or not.

Xi Jinping's "Six Strategies and Nine Policies" is of great political, theoretical and practical significance for further strengthening the legitimacy of CPC's ruling, revealing theoretical self-confidence, establishing four consciousness, unifying the whole party's thought and maintaining the leadership authority under the new historical conditions.

目　録

前言　六韜九策——習近平治國理政的重要實踐 ……………………………… 11

第一章　復夢韜——復興偉夢之韜略 ………………………………………… 19

第二章　特信韜——特色自信之韜略 ………………………………………… 37

第三章　五體韜——五位一體之韜略 ………………………………………… 57

第四章　四全韜——四個全面之韜略 ………………………………………… 75

第五章　外交韜——大國外交之韜略 ………………………………………… 93

第六章　強軍韜——強軍固防之韜略 ……………………………………… 111

第七章　八規策——八項規定之策略 ……………………………………… 129

第八章　反腐策——反腐倡廉之策略 ……………………………………… 149

第九章　發展策——發展理念之策略 ……………………………………… 169

第十章　深改策——全面深改之策略 ……………………………………… 187

第十一章　科技策——科技創新之策略 …………………………………… 213

第十二章　脫貧策——脫貧攻堅之策略 …………………………………… 235

第十三章　治縣策——縣域治理之策略 …………………………………… 257

第十四章　帶路策——一帶一路之策略 …………………………………… 279

第十五章　治疆策——治邊理疆之策略 …………………………………… 301

參考文獻 ………………………………………………………………………… 323

作者簡介 ………………………………………………………………………… 325

後　記 …………………………………………………………………………… 327

Contents

Preface   Six Strategies and Nine Policies —The important practices of Xi Jinping's theories foradministering the country ·················· 11

Chapter I   Strategy on the dream of rejuvenation —Strategy on the great rejuvenation of the Chinese nation ································ 19

Chapter II   Strategy of confidence in Chinese characteristics—The strategy of confidence in socialism with Chinese characteristics ·············· 37

Chapter III   Strategy on five-in-one —The strategy on the overall layout of five aspects ··· 57

Chapter IV Strategy on four comprehensive moves — The strategy on coordinated promotion of four comprehensive moves ············ 75

Chapter V   Strategy on diplomacy —Strategy on the big power diplomacy ······ 93

Chapter VI Strategy on strengthening the army —Strategy on strengthening the army and reinforcing the national defense ····················· 111

Chapter VII Policy on eight-point code —The policy of eight-point? frugality? code ··· 129

Chapter VIII Policy on anti-corruption —The policy on combating corruption and building a clean government ····························· 149

Chapter IX Policy on development —The policy on development concepts ··· 169

Chapter X   Policy on deepening the reform —The policy on comprehensively deepening the reform ································· 187

Chapter XI Policy on science and technology—The policy on scientific and technological innovation ······························· 213

Chapter XII Policy on overcoming poverty —The policy on overcoming poverty and difficulties ······························· 235

Chapter XIII Policy on administering the county—The policy on administering the county regions ································· 257

Chapter XIV Policy on the Belt and Road —The policy on building the Belt and Road ···································· 279

Chapter XV Policy on governing the frontier—The policy on governing the frontier regions ································· 301

References ·· 323

Profile ··· 325

Postscript ·· 327

前言
六韜九策——習近平治國理政的重要實踐

中共十八大期間(2012 年 11 月—2017 年 10 月),習近平同志以非凡的理論勇氣、高超的政治智慧、堅韌不拔的歷史擔當精神,把握時代大趨勢,回答實踐新要求,順應人民新期待,圍遶改革發展穩定、內政外交國防、治黨治國治軍發表一系列重要講話,形成一系列治國理政新理念新思想新戰略,進一步豐富和發展了中國特色社會主義理論,爲決勝全面建成小康社會,奪取中國特色社會主義偉大勝利,實現中華民族偉大復興的中國夢提供了科學的理論指導與行動指南。

一、習近平"六韜九策":治國理政的重大理論創新與實踐成果

治國理政是一項復雜的系統工程,不斷提高黨治國理政水平是一項長期的戰略任務,必須與時俱進、不斷推動黨的理論創新。

時代是思想之母,實踐是理論之源。中國共產黨成立 90 多年的實踐表明:勇於和善於根據國情變化、歷史與實踐的發展要求,不斷推進黨的理論創新,是中國共產黨的一個鮮明風格與政治優勢。馬克思主義是我們立黨立國的根本指導思想。中國共產黨之所以能夠完成近代以來各種政治力量不可能完成的艱巨任務,就在於始終把馬克思主義這一科學理論作爲自己的行動指南,並堅持在實踐中不斷豐富和發展馬克思主義。推進理論創新,必須堅持馬克思主義基本原理與中國國情相結合,堅持馬克思主義指導地位不動搖。這是發展馬克思主義的基本經驗和根本原則。習近平(2016 年)指出:"堅持不忘初心、繼續前進,就要堅持馬克思主義的指導地位,堅持把馬克思主義基本原理同當代中國實際和時代特點緊密結合起來,推進理論創新、實踐創新,不斷把馬克思主義中國化推向前進。"[①]習近平(2017 年)進一步指出:"在新的時代條件下,我們要進行偉大鬥爭、建設偉大工程、推進偉大事業、實現偉大夢想,仍然需要保持和發揚馬克思主義政黨與時俱進的理論品格,勇於推進實踐基礎上的理論創新。"[②]

[①] 習近平:在慶祝中國共產黨成立 95 週年大會上的講話(2016 年 7 月 1 日). 人民日報. 2016 年 7 月 2 日。

[②] 習近平:高舉中國特色社會主義偉大旗幟 爲決勝全面小康社會實現中國夢而奮鬥. 人民日報. 2017 年 7 月 28 日。

實踐發展永無止境,理論創新也永無止境。新中國黨執政 60 多年來的實踐證明:理論創新是黨治國理政的重要法寶,是黨提高治國理政能力和水平的不竭動力。治國理政的實踐是不斷發展變化的,指導治國理政實踐的理論也應與時俱進。習近平(2014 年)指出:"我們要堅持以實踐基礎上的理論創新推動制度創新,堅持和完善現有制度,從實際出發,及時制定一些新的制度,構建系統完備、科學規範、運行有效的制度體系,使各方面制度更加成熟更加定型,爲奪取中國特色社會主義新勝利提供更加有效的制度保障。"①習近平(2016 年)還指出:"今天,時代變化和我國發展的廣度和深度遠遠超出了馬克思主義經典作家當時的想象。同時,我國社會主義只有幾十年實踐、還處在初級階段,事業越發展新情況新問題就越多,也就越需要我們在實踐上大膽探索、在理論上不斷突破。"②習近平(2017年)進一步指出:"我們要在迅速變化的時代中贏得主動,要在新的偉大鬥爭中贏得勝利,就要在堅持馬克思主義基本原理的基礎上,以更寬廣的視野、更長遠的眼光來思考和把握國家未來發展面臨的一系列重大戰略問題,在理論上不斷拓展新視野、作出新概括。"③

思想新則事業新,理論強則實踐強。習近平"六韜九策"是對中共十八大期間關於黨治國理政的理論新概括與實踐新探索。黨的十八大期間,習近平同志緊緊圍遶堅持和發展中國特色社會主義這個主題,在黨和人民創造性實踐中,以高度的理論自覺創造性回答時代和實踐發展對黨治國理政提出的新課題,不斷進行理論思考、理論概括,提出了一系列極富創見的新思想新觀點新論斷新要求,從而形成創立了習近平"六韜九策"。**習近平"六韜九策"內容十分豐富,涵蓋了改革發展穩定、內政外交國防、治黨治國治軍等各方面,搆成了一個科學完整的思想理論體系。**習近平"六韜九策"既是現階段黨治國理政的重要理論創新,也是馬克思主義中國化最新成果,開闢了當代中國馬克思主義發展新境界,進一步豐富了中國特色社會主義理論體系,具有重大政治意義、理論意義與實踐意義。

二、習近平"六韜九策":治國理政的基本綱領與科學體系

習近平"六韜九策"是習近平同志"十八大"期間治國理政的重大實踐與重要理論創新,是新的歷史條件下促進經濟社會又好又快又穩發展的治國之道、理政良策,也是一種更加符合中國特色社會主義的科學執政觀。

---

① 習近平. 習近平談治國理政. 北京:外文出版社. 2014:第 6 - 17 頁。
② 習近平:在慶祝中國共產黨成立 95 週年大會上的講話(2016 年 7 月 1 日). 人民日報. 2016 年 7 月 2 日。
③ 習近平:高舉中國特色社會主義偉大旗幟 爲決勝全面小康社會實現中國夢而奮鬥. 人民日報. 2017 年 7 月 28 日。

習近平"六韜九策"是指習近平同志"十八大"期間在從事黨政領導活動過程中圍遠中國特色社會主義這一鮮明主題形成創立的關於復夢韜、特信韜、五體韜、四全韜、外交韜、強軍韜與八規策、反腐策、發展策、深改策、科技策、脫貧策、治縣策、帶路策、治疆策等治國理政韜略策略方面內容的系統化理論化的一種概括統稱。包括六大韜略與九大策略兩個方面。

習近平"六韜九策"的理論基礎在於：一是中國特色社會主義理論；二是中國治國哲學理論；二是政黨戰略學理論。習近平(2014年)指出："戰略問題是一個政黨、一個國家的根本性問題。戰略上判斷得準確，戰略上謀劃得科學，戰略上贏得主動，黨和人民事業就大有希望。"①在中國政黨戰略學中，六韜(復夢韜、特信韜、五體韜、四全韜、外交韜、強軍韜)分別屬於戰略目標、戰略主題、戰略總體布局、戰略推進部署、戰略縱橫、戰略保障的層次與範疇；而九策(八規策、反腐策、發展策、深改策、科技策、脫貧策、治縣策、帶路策、治疆策)則屬於戰略對策的層次與範疇。

習近平"六韜九策"主要內容七句話：①戰略目標——復夢韜；②戰略主題——特信韜；③戰略總體布局——五體韜；④戰略推進部署——四全韜；⑤戰略縱橫——外交韜；⑥戰略保障——強軍韜；⑦戰略對策——九大策略。概而言之，習近平"六韜九策"就是關於戰略目標、戰略主題、戰略總體布局、戰略推進部署、戰略縱橫、戰略保障與戰略對策的一種治國之策。

習近平"六韜九策"核心目標就是富國強軍；其基本目標就是實現經濟社會又好又快又穩發展。習近平"六韜九策"最高目標就是國家富強、民族振興、人民幸福、安居樂業與軍強國安。習近平"六韜九策"檢驗標準就是人民群眾滿意不滿意、人民群眾高興不高興與人民群眾擁護不擁護。

什麼是韜略？韜略有多種含義：一是原義，指由古兵書《六韜》、《三略》；也泛指兵書。《六韜》《三略》既是兵學謀略著作，也是政治謀略著作。二是引申義，指用兵的計謀；用兵的謀略。明・羅貫中《三國演義第二十九回》曰："此人胸懷韜略，腹隱機謀。"三是一般意義，指計策、謀略。明・馮夢龍《東周列國志第七十五回》曰："此人精通韜略，有鬼神不測之機，天地包藏之妙。"韜略又稱"韜鈐"、"兵略"，俗稱兵家韜略。相近的詞彙主要有：用兵韜略、文韜武略、龍韜虎略。今天的韜略已經廣泛用於政治、軍事、經濟、文化、社會等多個方面。進一步而言，新時代的韜略，其基本含義就是關於推進治國理政而實施(采取)的具有總論的宏觀的全面的戰略的等特徵的一種選擇與安排。本書韜略的側重點在於：總論的、宏觀的、全面的、戰略的、抽象的等幾個方面。本書六大韜略主要包括：習近平復夢韜、

---

①　中共中央文獻研究室.十八大以來重要文獻選編(中).北京:中央文獻出版社.2016:第45－46頁。

習近平特信韜、習近平五體韜、習近平四全韜、習近平外交韜、習近平強軍韜。進一步而言,本書韜略的特徵主要表現在:總論的、宏觀的、戰略的、抽象的等幾個方面。

習近平治國理政六大韜略——

(1)習近平復夢韜——復興偉夢之韜略,是指習近平同志關於實現中華民族偉大復興的中國夢的韜略。

(2)習近平特信韜——特色自信之韜略,是指習近平同志關於中國特色社會主義道路自信、理論自信、制度自信與文化自信等四個自信的韜略。

(3)習近平五體韜——五位一體之韜略,是指習近平同志關於統籌推進經濟建設、政治建設、文化建設、社會建設、生態文明建設等"五位一體"總體布局的韜略。

(4)習近平四全韜——四個全面之韜略,是指習近平關於協調推進全面建成小康社會、全面深化改革、全面依法治國、全面從嚴治黨等"四個全面"戰略布局的韜略。

(5)習近平外交韜——大國外交之韜略,是指習近平關於全面推進中國特色社會主義大國外交建設發展的韜略。

(6)習近平強軍韜——強軍固防之韜略,是指習近平同志關於全面推進中國特色國防和軍隊現代化建設的韜略。

什麼是策略? 策略有多種含義:一是原義,指計策、謀略。明·陳汝元《金蓮記·射策》曰:"諸生有何策畧,就此披宣。"清·孫枝蔚《贈安肅樑明府木天》詩雲:"懷古詩篇進,憂時策畧新。"二是引申義,指行動方針、鬥爭方法;鬥爭藝術。毛澤東《反對本本主義》曰:"社會經濟調查,是爲了得到正確的階級估量,接着定出正確的鬥爭策略。"三是一般意義,指爲實現戰略任務而采取的原則、手段。策略的同義詞有:計謀、戰略、政策、戰術等。今天的策略已經廣泛用於政治、軍事、經濟、文化、社會等多個方面。進一步而言,新時代的策略,其基本含義就是關於推進治國理政而實施(采取)的具有分論的微觀的局部的戰術的等特徵的一種選擇與安排。本書策略的側重點在於:分論的、微觀的、局部的、戰術的、具體的等幾個方面。本書九大策略主要包括:習近平八規策、習近平反腐策、習近平發展策、習近平深改策、習近平脫貧策、習近平治縣策、習近平治疆策。進一步而言,本書策略的特徵主要表現在:分論的、微觀的、戰術的、具體的等幾個方面。

習近平治國理政九大策略——

(1)習近平八規策——八項規定之策略,是指習近平同志關於改進工作作風、密切聯繫群眾的八項規定的策略。

(2)習近平反腐策——反腐倡廉之策略,是指關於反腐敗鬥爭與廉政建設的策略。

（3）習近平發展策——發展理念之策略，是指習近平同志關於新常態下牢固樹立與貫徹落實創新、協調、綠色、開放、共享等新的發展理念的策略。

（4）習近平深改策——全面深改之策略，是指習近平同志關於政治、經濟、文化、社會、生態文明、黨建、國防軍隊等全面深化改革的策略。

（5）習近平科技策——科技創新之策略，是指習近平同志關於科學研究創新、技術創新及其管理體制創新的策略。

（6）習近平脫貧策——脫貧攻堅之策略，是指習近平同志關於實施精準扶貧脫貧、擺脫消除貧困貧窮的攻堅戰的策略。

（7）習近平治縣策——縣域治理之策略，是指習近平同志關於縣委書記及其縣域黨務政務治理的策略。

（8）習近平帶路策——一帶一路之策略，是指習近平同志關於推進“絲綢之路經濟帶”和“21世紀海上絲綢之路”等“一帶一路”建設的策略。

（9）習近平治疆策——治邊理疆之策略，是指習近平同志關於治理經略西北、西南、東北、東南沿海等陸疆海疆省區的策略。

中共十八大五年實踐表明：習近平“六韜九策”對黨治國理政發揮了重要作用，未來將進一步發揮作用。爲進一步豐富、提高黨治國理政的水平與質量，需要關注、吸收以下若干建議：

（1）盡快修改完善有關論述摘編。盡快修改完善2013年版《習近平關於實現中華民族偉大復興的中國夢論述摘編》；2015年《習近平關於協調推進“四個全面”戰略布局論述摘編》；2016年版《習近平關於全面建成小康社會論述摘編》；2015年版《習近平關於全面依法治國論述摘編》；2016年版《習近平關於全面從嚴治黨會論述摘編》；2016年版《習主席國防和軍隊建設重要論述讀本》；2012年版《中共中央關於改進工作作風、密切聯繫群衆的八項規定》；2014年版《習近平關於黨風廉政建設和反腐敗鬥爭論述摘編》；2015年版《習近平關於嚴明黨的紀律和規矩論述摘編》；2014年版《習近平關於全面深化改革論述摘編》；2016年版《習近平關於科技創新論述摘編》。

（2）盡快編輯出版有關著作文獻。一是，盡快編輯出版全國幹部培訓教材《中華民族偉大復興史》；《文化自信通俗讀本》；《中國特色大國外交白皮書（2012—2017年）》；《習近平全面深化改革讀本》；《高精尖缺科技通俗讀本》；《習近平脫貧攻堅重要論述讀本》；《脫貧攻堅通俗讀本》；《“一帶一路”通俗讀本》。二是，盡快編輯出版《習近平關於中國特色社會主義道路自信、理論自信、制度自信與文化自信論述摘編（2012年—2017年）》；《習近平關於社會主義教育工作論述摘編（2012年—2017年）》；《習近平關於社會主義文藝工作論述摘編（2012

習近平“六韜九策”治國策

年—2017 年)》;《習近平關於中國特色大國外交建設論述摘編(2012 年—2017年)》;《習近平關於改進工作作風、密切聯繫群眾論述摘編(2012—2017)》;《習近平總書記在十八屆中央紀委歷次全會上的重要講話(2012 年—2017 年)》;《習近平同志關於經濟發展新常態論述摘編(2012—2017)》;《習近平同志關於創新、協調、綠色、開放、共享等發展理念述摘編(2012—2017)》;《習近平關於經濟改革論述摘編(2012—2017)》;《習近平關於文化改革論述摘編(2012—2017)》;《習近平關於教育改革論述摘編(2012—2017)》、《習近平關於科技改革論述摘編(2012—2017)》;《習近平關於創新發展戰略論述摘編(2012—2017 年)》;《習近平關於扶貧開發與脫貧攻堅論述摘編(2012 年 11—2017 年 10 月)》;《習近平關於縣域治理論述摘編(2012—2017)》;《習近平關於“一帶一路”論述摘編(2012—2017年)》;《習近平關於治邊理疆論述摘編(2012—2017)》。

(3)適時采納若干政策建議。一是,要進一步加大中國特色社會主義文化自信的宣傳學習力度,加大中國特色社會主義自信四位一體宣傳與研究力度。二是,盡快成立中央軍委古田幹部學院,加快選拔培養新形勢下軍隊高級人才的重大步伐。三是,進一步創新縣委書記選拔晋昇使用制度。對一般縣市的優秀縣委書記,可以直接提拔擔任廳局級主要領導幹部;對人口較多、面積較大與經濟實力較强的優秀縣委書記,可以直接提拔擔任副省部級領導幹部。四是,因地制宜地裁併或增設縣市行政單位。在中東部地區裁剪合併個別人口偏少或面積明顯偏小的縣市行政單位;在邊疆省區適當增設一定數量新的縣級行政機構,以進一步開發利用邊疆、加大邊疆的管理力度。五是,加大文化治邊理疆力度。要依照憲法和國家通用語言文字法規定,嚴格實施普通話和規範漢字的基本規定,不斷增强各民族對偉大祖國、中華文化的認同感。六是,加大交通治邊理疆力度。要堅持集中力量辦大事的基本原則,進一步加大邊疆地區普通公路、鐵路、水運與航運建設力度,進一步加大高速公路、高速鐵路、高等級航運與支綫飛機建設力度。七是,習近平八項規定——“約法八章”的作用與成效舉世認可,解決了多年來未能解決的疑難雜症,這一治國理政模式值得思考與借鑒。建議在充分借鑒、吸收《1945 年關於若干歷史問題的決議(1945 年 4 月 20 日中國共產黨第六屆中央委員會擴大的第七次全體會議通過)》、《1981 關於建國以來黨的若干歷史問題的決議(1981 年 6 月 27 日中國共產黨第十一屆中央委員第六次全體會議一致通過)》的基礎上,盡快制定出臺《改革開放以來黨的若干歷史問題的決議(20×× 年 ×月 × 日中國共產黨第 × 屆中央委員會第 × 次全體會議通過)》,以全面地、綜合地、系統地破解現階段中國存在的種種問題,真正達到“放下包袱,解放思想,團結一致向前看”的政治局面,爲決勝全面建成小康社會,奪取中國特色社會主義偉大勝利,實現中華民族偉大復興的中國夢不懈奮鬥提供强大的思想武器與行動

16

指南。

三、習近平"六韜九策"：研究對象範圍與結構體例

《習近平"六韜九策"治國策》是《習近平"兩觀三論"治國論》的姊妹篇。《習近平"六韜九策"治國策》主要是研究中共十八大期間習近平同志關於治國理政的理論創新與實踐探索。研究關注工作起始於 2012 年 11 月，跟蹤、學習與思考於 2012 年 11 月至 2017 年 10 月之間。研究參考文獻主要有：①習近平的講話、談話、演講、報告、文章、賀信、書信、賀詞、批示、指示；②習近平的有關著作；③中共十八大期間重要文獻選編等幾個方面。五年期間，分別情況分階段分專題完成部分研究成果，集成全部研究成果於 2017 年 10 月，其研究成果形式爲《習近平"六韜九策"治國策——中共"十八大"期間習近平治國理政之"六韜九策"研究》（簡稱《習近平"六韜九策"治國策》或稱《習近平治國十五策》）。

《習近平"六韜九策"治國策》一書由上下兩篇構成：上篇治國理政韜略篇，計有六章，包括復夢韜——復興偉夢之韜略；特信韜——特色自信之韜略；五體韜——五位一體之韜略；四全韜——四個全面之韜略；外交韜——大國外交之韜略；強軍韜——強軍固防之韜略。

下篇治國理政策略篇，計有九章，包括八規策——八項規定之策略；反腐策——反腐倡廉之策略；發展策——發展理念之策略；深改策——全深改革之策略；科技策——科技創新之策略；脫貧策——脫貧攻堅之策略；治縣策——縣域治理之策略；帶路策——一帶一路之策略；治疆策——治邊理疆之策略。

本書上下兩篇共十五個章節，既相互聯繫，互爲支撐，構成一個有機整體，同時，各章又獨立成篇，自成體系。根據理論成長發展規律，不難預見，"習近平治國理政理論體系"必將是一個完整的理論體系。本書只是這個完整理論體系中的重要組成部分、必不可少的關鍵内容和不可或缺的重要環節，同時，它也只是一種階段性的理論成果而非全部的、最終的理論概括。今後，作者在撰寫出版《習近平"兩觀三論"治國論》與《習近平"六韜九策"治國策》的基礎上，繼續全面學習、系統思考、深入研究習近平同志的重要論述和實踐活動，接續出版關於"習近平治國理政理論研究"的系列著作，由此總結、歸納並展現其完整的理論體系。

需要強調的是：習近平治國理政體系研究是一項重大的政治課題，由於水平與時間所限，錯訛在所難免，敬請批評指正。

姜愛林

二〇一七年十月·北京

第一章
習近平復夢韜——復興偉夢之韜略

【知識導引】

習近平復夢韜——復興偉夢之韜略，是指習近平同志關於實現中華民族偉大復興的中國夢的韜略。習近平復興偉夢之韜略又稱習近平復興中華之韜略、習近平復興中國夢之韜略、習近平民族復興夢之韜略。習近平復夢韜——復興偉夢之韜略在政黨戰略學中屬於戰略目標的範疇與層次。

【經典論述】

中國夢歸根到底是人民的夢，必須緊緊依靠人民來實現，必須不斷爲人民造福。

——習近平

今天，我們比歷史上任何時期都更接近中華民族偉大復興的目標，比歷史上任何時期都更有信心、有能力實現這個目標。我們完全可以説，中華民族偉大復興的中國夢一定要實現，也一定能夠實現。

——習近平

【內容提要】習近平復夢韜——復興偉夢之韜略是習近平 "六韜九策" 治國策體系內容之一。習近平復夢韜——復興偉夢之韜略，是指習近平同志關於實現中華民族偉大復興的中國夢的韜略。習近平復夢韜的研究對象與範圍：中共十八大期間，習近平同志關於實現中華民族偉大復興的中國夢的重要論述。習近平復夢韜的基本目標與主要任務就是實現中華民族偉大復興；基本內容與內部構成就是國家富強、民族振興、人民幸福與安居樂業。

習近平復夢韜——復興偉夢之韜略在政黨戰略學中屬於戰略目標的範疇與層次。其基本特徵表現在：奮鬥目標性，生動形象性，凝聚激勵性，開放互通性。習近平復夢韜——復興偉夢之韜略的本質屬性，就是中國夢歸根到底是人民的夢，必須緊緊依靠人民來實現，必須不斷爲人民造福。習近平復夢韜——復興偉夢之韜略的研究型、理論型的構成體系主要包括：1）習近平復夢韜的偉大夢想與重要意義；2）習近平復夢韜的文獻來源與三新思想要點；3）習近平復夢韜的科學內涵與基本特徵；4）習近平復夢韜的研究對象與範圍；5）習近平復夢韜的地位與本質屬性；6）習近平復夢韜的基本目標與主要任務；7）習近平復夢韜的主要亮點與基本內容；8）習近平復夢韜的實踐活動與貫徹落實；9）習近平復夢韜的遵循原則與實現途徑；10）習近平復夢韜的小結與展望等幾個方面。

幾點建議：一是盡快修改完善 2013 年版《習近平關於實現中華民族偉大復興的中國夢論述摘編（2013 年版）》；二是盡快編輯出版《中華民族偉大復興史》。

【關鍵詞】習近平；復夢韜；復興偉夢；構成體系；建議

引　言

　　"習近平復夢韜——復興偉夢之韜略"是習近平治國理政思想體系宏觀戰略層面的重要内容。中共十八大期間（2012 年 11 月—2017 年 10 月），習近平圍遶什麼是"中國夢"、怎樣實現"中國夢"這個富國强軍、振興民族的戰略目標問題進行了一系列深刻闡釋，由此勾畫了"中國夢"的美好藍圖，形成、創立了"習近平復夢韜——復興偉夢之韜略"。

　　"習近平復夢韜——復興偉夢之韜略"，是指習近平同志關於實現中華民族偉大復興的中國夢的韜略。研究探討"習近平復夢韜——復興偉夢之韜略"，深刻理解和全面把握"中國夢"的科學内涵、精神實質與構成體系，對於振奮精神、引領航向，堅持和發展中國特色社會主義主義，實現中華民族的大復興，具有十分重要的意義。

一、習近平復夢韜——復興偉夢之韜略：偉大夢想與重要意義

（一）習近平復夢韜：偉大夢想

　　2012 年 11 月 29 日，習近平在參觀《復興之路》展覽時首次提出"中國夢——實現中華民族偉大復興的中國夢"；2017 年 9 月 25 日，習近平在參觀"砥礪奮進的五年"大型成就展時再次强調"中國夢——實現中華民族偉大復興的中國夢"。資料顯示：中共十八大五年間，習近平在國内外很多重要場合，從不同的角度，對"中國夢"進行了多方面、立體式的一系列深刻闡釋，營造了"中國夢"朝氣蓬勃的良好局面。代表性論述主要有：

　　1. 首次提出中國夢。2012 年 11 月 29 日，習近平在參觀《復興之路》展覽時首次指出："每個人都有理想和追求，都有自己的夢想。現在，大家都在討論中國夢，我以爲，實現中華民族偉大復興，就是中華民族近代以來最偉大的夢想。這個夢想，凝聚了幾代中國人的夙願，體現了中華民族和中國人民的整體利益，是每一個中華兒女的共同期盼。"①

　　2. 强調偉大夢想。2013 年 12 月 26 日，習近平在紀念毛澤東同志誕辰 120 週年座談會上强調指出："全黨全國各族人民更加緊密地團結起來，勿忘昨天的苦難輝煌，無愧今天的使命擔當，不負明天的偉大夢想，下定決心，排除萬難，

---

　　① 習近平：中國夢，復興夢——在參觀《復興之路》展覽時的講話（2012 年 11 月 29 日），十八大以來重要文獻選編（上）. 北京：中央文獻出版社.2014：第 83 - 84 頁。

在中國特色社會主義偉大道路上，爲實現中華民族偉大復興的中國夢前進！"①

3. 強調接近目標。2014 年 10 月 15 日，習近平在文藝工作座談會上強調指出："實現中華民族偉大復興，是近代以來中國人民最偉大的夢想。今天，我們比歷史上任何時期都更接近中華民族偉大復興的目標，比歷史上任何時期都更有信心、有能力實現這個目標。"②

4. 強調共築中國夢。2015 年 9 月 30 日，習近平在在會見基層民族團結優秀代表時強調指出："中華民族一家親，同心共築中國夢，這是全體中華兒女的共同心願，也是全國各族人民的共同目標。實現這個心願和目標，離不開全國各族人民大團結的力量。"③

5. 強調作出貢獻。2016 年 5 月 18 日，習近平在哲學社會科學工作座談會上強調指出："在中國特色社會主義發展歷史進程中，我國廣大哲學社會科學工作者天地廣闊。希望大家不畏艱辛、不辱使命，以自己的智慧和努力，爲實現兩個一百年奮鬥目標、實現中華民族偉大復興的中國夢不斷作出新的更大的貢獻！"④

6. 強調繼續奮鬥。2017 年 9 月 25 日，習近平在參觀 "砥礪奮進的五年" 大型成就展時強調指出："要振奮精神、砥礪奮進、再接再厲，深入推進偉大鬥爭、偉大工程、偉大事業，爲實現 "兩個一百年" 奮鬥目標、實現中華民族偉大復興的中國夢繼續奮鬥。"⑤

習近平復夢韜——復興偉夢之韜略的産生與發展背景包括歷史背景與現實背景兩個方面：

1. 歷史背景。習近平（2012 年 11 月）指出："我們的民族是偉大的民族。在五千多年的文明發展歷程中，中華民族爲人類文明進步作出了不可磨滅的貢獻。近代以後，我們的民族歷經磨難，中華民族到了最危險的時候。爲了實現中華民族偉大復興，無數仁人志士奮起抗爭，但一次又一次地失敗了。中國共產黨成立後，團結帶領人民前僕後繼、頑強奮鬥，把貧窮落後的舊中國變成日益走向繁榮富強的新中國，中華民族偉大復興展現出前所未有的光明前景。"⑥

---

① 習近平：在紀念毛澤東同志誕辰 120 週年座談會上的講話（2013 年 12 月 26 日）．人民日報．2013 年 12 月 27 日。

② 習近平：在文藝工作座談會上的講話（2014 年 10 月 15 日）．人民日報．2014 年 10 月 16 日。

③ 習近平：在會見基層民族團結優秀代表時的講話（2015 年 9 月 30 日）．人民日報．2015 年 10 月 1 日。

④ 習近平：在哲學社會科學工作座談會上的講話（2016 年 5 月 18 日）．人民日報．2016 年 5 月 19 日。

⑤ 習近平：在參觀 "砥礪奮進的五年" 大型成就展時的講話．人民日報．2017 年 9 月 26 日．

⑥ 習近平．習近平談治國理政．北京：外文出版社．2014：第 3-5 頁。

習近平（2012 年 11 月）進一步指出：“近代以後，中華民族遭受的苦難之重、付出的犧牲之大，在世界歷史上都是罕見的。但是，中國人民從不屈服，不斷奮起抗爭，終於掌握了自己的命運，開始了建設自己國家的偉大進程，充分展示了以愛國主義爲核心的偉大民族精神。”①

習近平（2013 年 3 月）強調指出：“實現中華民族偉大復興的中國夢，是近代以來中華民族的夙願。1840 年鴉片戰爭以後，中華民族蒙受了百年的外族入侵和内部戰爭，中國人民遭遇了極大的災難和痛苦，真正是苦難深重、命運多舛。中國人民發自内心地擁護實現中國夢，因爲中國夢首先是 13 億中國人民的共同夢想。”② 習近平（2013 年 12 月）進一步強調指出：“近代以來，中華民族始終有一個夢想，這就是實現中華民族偉大復興，爲人類作出更大貢獻。我們的先輩們爲實現這個夢想付出了巨大努力。”③

2. 現實背景。習近平（2012 年 11 月）指出：“改革開放以來，我們總結歷史經驗，不斷艱辛探索，終於找到了實現中華民族偉大復興的正確道路，取得了舉世矚目的成果。這條道路就是中國特色社會主義。”④ 習近平（2012 年 11 月）進一步指出：“現在我們比歷史上任何時期都更接近中華民族偉大復興的目標，比歷史上任何時期都更有信心、有能力實現這個目標。”⑤

習近平（2013 年 12 月）強調指出：“今天，我們可以告慰毛澤東同志等老一輩革命家的是，在他們帶領黨和人民建設社會主義的基礎上，我國改革開放和現代化建設取得了舉世矚目的成就，我們比歷史上任何時期都更接近中華民族偉大復興的目標。”⑥ 習近平（2016 年）進一步強調指出：“今天，我們比歷史上任何時期都更接近中華民族偉大復興的目標，比歷史上任何時期都更有信心、有能力實現這個目標。我們完全可以説，中華民族偉大復興的中國夢一定要實現，也一定能够實現。”⑦

---

① 習近平：中國夢，復興夢——在參觀《復興之路》展覽時的講話（2012 年 11 月 29 日），十八大以來重要文獻選編（上）. 北京：中央文獻出版社. 2014：第 83 - 84 頁。

② 中共中央文獻研究室. 習近平關於實現中華民族偉大復興的中國夢論述摘編. 北京：中央文獻出版社. 2013：第 5 頁。

③ 習近平：在紀念毛澤東同志誕辰 120 週年座談會上的講話（2013 年 12 月 26 日）. 人民日報. 2013 年 12 月 27 日。

④ 習近平：中國夢，復興夢——在參觀《復興之路》展覽時的講話（2012 年 11 月 29 日），十八大以來重要文獻選編（上）. 北京：中央文獻出版社. 2014：第 83 - 84 頁。

⑤ 習近平：中國夢，復興夢——在參觀《復興之路》展覽時的講話（2012 年 11 月 29 日），十八大以來重要文獻選編（上）. 北京：中央文獻出版社. 2014：第 83 - 84 頁。

⑥ 習近平：在紀念毛澤東同志誕辰 120 週年座談會上的講話（2013 年 12 月 26 日）. 人民日報. 2013 年 12 月 27 日。

⑦ 習近平：在慶祝中國共產黨成立 95 週年大會上的講話（2016 年 7 月 1 日）. 人民日報. 2016 年 7 月 2 日。

（二）習近平復夢韜：重要意義

習近平"中國夢——中華民族偉大復興的中國夢"一經提出，就產生了強大的號召力、凝聚力和感染力。

"中國夢"既是黨中央對全體人民的莊嚴承諾，也是黨和國家面向未來的政治宣言，充分體現了我們黨高度的歷史擔當和使命追求，爲堅持和發展中國特色社會主義注入新的時代精神。

"中國夢"生動形象、視野寬廣、內涵豐富，表達了全體中國人民的共同理想追求，昭示着國家富強、民族振興、人民幸福的美好前景，進一步豐富了中國特色社會主義理論體系。

"中國夢"已經成爲中國走向未來的鮮明指引，成爲凝聚黨心民心、激勵中華兒女爲實現中華民族偉大復興而奮鬥的强大精神力量。

二、習近平復夢韜——復興偉夢之韜略:文獻來源與三新思想要點

（一）習近平復夢韜：文獻來源

習近平復夢韜——復興偉夢之韜略的經典文獻主要有以下幾個方面：

一是《習近平談治國理政》第二部分①。計有 7 篇：實現中華民族偉大復興是中華民族近代以來最偉大的夢想（2012 年 11 月 29 日）；在第十二屆全國人民代表大會第一次會議上的講話（2013 年 3 月 17 日）；實幹才能夢想成真（2013 年 4 月 28 日）；在實現中國夢的生動實踐中放飛青春夢想（2013 年 5 月 4 日）；實現中國夢不僅造福中國人民，而且造福世界人民（2013 年 5 月）；創新正當其時，圓夢適得其勢（2013 年 10 月 21 日）；實現中華民族偉大復興是海內外中華兒女共同的夢（2014 年 6 月 6 日）。

二是《十八大以來重要文獻選編（上）》②。計有 3 篇：中國夢，復興夢（2012 年 11 月 29 日）；在第十二屆全國人民代表大會第一次會議上的講話（2013 年 3 月 27 日）；共圓中華民族偉大復興的中國夢（2014 年 2 月 18 日）》。

三是《十八大以來重要文獻選編（中）》。計有 2 篇：在慶祝中華人民共和國成立六十五週年招待會上的講話（2014 年 9 月 30 日）；習近平在文藝工作座談會上的講話（2014 年 10 月 15 日）。

---

① 習近平. 習近平談治國理政. 北京：外文出版社. 2014：第 35－66 頁.
② 中共中央文獻研究室. 十八大以來重要文獻選編（上）. 北京：中央文獻出版社. 2014：83－84.

　　四是《習近平關於實現中華民族偉大復興的中國夢論述摘編》①。摘自習近平同志2012年11月15日至2013年11月2日期間的講話、演講、談話、書信、批示等50多篇重要文獻，8個方面，共計146段論述。

　　五是《習近平關於青少年和共青團工作論述摘編》第二部分②。計有10篇13段論述。

　　六是習近平其他文獻關於中國夢與復興夢的重要論述。比較重要的有：（1）習近平在中法建交50週年紀念大會上的講話（2014年3月27日）；習近平會見第七屆世界華僑華人社團聯誼大會代表時的講話（2014年6月6日）；習近平在澳大利亞聯邦議會的演講（2014年11月17日）；習近平在中央外事工作會議上的講話（2014年11月28日）；習近平在澳門特別行政區第四屆政府就職典禮上的講話（2014年12月20日）；（2）習近平在會見基層民族團結優秀代表時的講話（2015年9月30日）；習近平在倫敦金融城的演講（2015年10月22日）；習近平在中共中央政治局第二十九次集體學習時的講話（2015年12月30日）；（3）習近平在慶祝中國共產黨成立95週年大會上的講話（2016年7月1日）；習近平在全國衛生與健康大會上的講話（2016年8月19日）；習近平在紀念紅軍長征勝利80週年大會上的講話（2016年10月21日）。（4）習近平在國家安全工作座談會上的講話（2017年2月17日）；習近平在省部級主要領導幹部專題班上的講話（2017年7月26日）；習近平在慶祝中國人民解放軍建軍90週年大會上的講話（2017年8月1日）；習近平在參觀"砥礪奮進的五年"大型成就展時的講話（2017年9月26日）；習近平致中國人民大學建校80週年的賀信（2017年10月3日）；習近平在黨外人士座談會上的講話（2017年10月15日）。

　　（二）習近平復夢韜：三新思想要點（新思想新理念新觀點）

　　根據以上文獻分析，習近平復夢韜——復興偉夢之韜略的三新思想要點（新思想新理念新觀點）主要有以下幾個方面：

　　一是，實現中華民族偉大復興的中國夢。二是，實現中華民族偉大復興，是近代以來中國人民最偉大的夢想。三是，實現中華民族偉大復興的中國夢，是近代以來中華民族的夙願。四是，人民對美好生活的向往，就是我們的奮鬥目標。五是，中國夢歸根到底是人民的夢。六是，中國夢是中華民族的夢。七是，中國夢是國家夢、民族夢，也是每個中華兒女的夢。八是，中國夢是追求

①　中共中央文獻研究室．習近平關於實現中華民族偉大復興的中國夢論述摘編．北京：中央文獻出版社．2013.12.

②　中共中央文獻研究室．習近平關於青少年和共青團工作論述摘編．北京：中央文獻出版社．2017.8.

幸福的夢。九是，實現中國夢，必須走中國道路。十是，實現中國夢，必須弘揚中國精神。十一是，實現中國夢，必須凝聚中國力量。十二是，在實現中國夢的生動實踐中放飛青春夢想。十三是，創新正當其時，圓夢適得其勢。十四是，實幹才能夢想成真。十五是，共圓中華民族偉大復興的中國夢。十六是，實現中華民族偉大復興是海内外中華兒女共同的夢。十七是，實現中國夢不僅造福中國人民，而且造福世界人民。十八是，中國夢是和平、發展、合作、共贏、奉獻的夢。十九是，實現中華民族偉大復興的中國夢是長期而艱巨的偉大事業。二十是，實現中華民族偉大復興需要中華文化繁榮興盛。二十一是，實現中華民族偉大復興的中國夢，我國哲學社會科學可以也應該大有作爲。二十二是，爲中華民族偉大復興中國夢提供堅實安全保障。二十三是，高舉中國特色社會主義偉大旗幟，爲決勝全面小康社會實現中國夢而不懈奮鬥。二十四是，堅定人民信心、振奮人民精神，爲實現"兩個一百年"奮鬥目標、實現中華民族偉大復興的中國夢提供强大精神力量。二十五是，深入推進偉大鬥爭、偉大工程、偉大事業，爲實現"兩個一百年"奮鬥目標、實現中華民族偉大復興的中國夢繼續奮鬥。

三、習近平復夢韜——復興偉夢之韜略：科學涵義與構成體系

（一）習近平復夢韜：科學涵義與基本内容

習近平復夢韜——復興偉夢之韜略，是指習近平同志關於實現中華民族偉大復興的中國夢的韜略。習近平復興偉夢之韜略又稱習近平復興中華之韜略、習近平復興中國夢之韜略、習近平民族復興夢之韜略。韜略即文韜武略，原意指古代兵書《六韜》《三略》，引申義指用兵的計謀和謀略，這裏擴展爲關於實現"中國夢"——中華民族偉大復興的中國夢而采取的具有總體的宏觀的全面的戰略的等特徵的一種選擇與安排。

習近平復夢韜的研究對象與範圍：中共十八大期間，習近平同志關於實現中華民族偉大復興的中國夢的重要論述。簡而言之，其核心概念就是"中國夢或稱復興夢"。

與習近平復夢韜密切相關的新詞彙、新提法主要有：復興夢、中國夢、偉大夢想、人民夙願、兩個一百年奮鬥目標；中國道路、中國精神、中國力量；國家富强、民族振興、人民幸福與安居樂業。

什麽是復興夢？復興夢又稱中國夢、中華復興夢、復興中國夢、民族復興夢。所謂復興夢就是指實現中華民族偉大復興的夢想。夢想即夢中懷想，原意爲人們在夢境中能實現的理想，這裏引申爲人們對未來的一種期望，進一步擴展爲人類對於美好事物的一種憧憬和渴望。

習近平復夢韜包括六層含義：一是，復興夢是中華民族近代以來最大的夙願和最偉大的夢想；二是，復興夢是國家的夢、民族的夢、人民的夢，是中國人民對未來前景的美好夢想；三是，復興夢是關於國家富強、民族振興、人民幸福與安居樂業的一種內涵豐富的夢想；四是，復興夢是歷史的、現實的，也是未來的；五是，復興夢是堅持中國道路、弘揚中國精神、凝聚中國力量的夢想；六是，復興夢是和平發展、合作共贏的夢想，也是奉獻世界的夢想。

習近平復興夢最大亮點就是"兩個緊密聯繫"與"五個意味着"。"兩個緊密聯繫"表現在：一是把國家、民族和個人作爲一個命運的共同體緊緊地聯繫在一起；二是把國家利益、民族利益和每個人的具體利益都緊緊地聯繫在一起。"五個意味着"體現在：中國夢意味着中國人民和中華民族的價值體認和價值追求；意味着全面建成小康社會、實現中華民族偉大復興；意味着每一個人都能在爲中國夢的奮鬥中實現自己的夢想；意味着中華民族團結奮鬥的最大公約數；意味着中華民族爲人類和平與發展作出更大貢獻的真誠意願。

習近平復夢韜的基本內容包括：國家富強、民族振興、人民幸福與安居樂業。習近平（2013 年 3 月）指出："實現全面建成小康社會、建成富強民主文明和諧的社會主義現代化國家的奮斗目標，實現中華民族偉大復興的中國夢，就是要實現國家富強、民族振興、人民幸福，既深深體現了今天中國人的理想，也深深反映了我們先人們不懈追求進步的光榮傳統。"[1] 習近平（2013 年 3 月）還指出："實現中華民族偉大復興，是近代以來中國人民最偉大的夢想，我們稱之爲"中國夢"，基本內涵是實現國家富強、民族振興、人民幸福。"[2]習近平（2016 年）進一步指出："國泰民安是人民群衆最基本、最普遍的願望。實現中華民族偉大復興的中國夢，保證人民安居樂業，國家安全是頭等大事。"[3]

習近平復夢韜的基本目標與主要任務就是實現中華民族偉大復興。包括兩個方面：一是階段性目標即兩個一百年目標，亦即到 2021 年中國共產黨成立 100 週年和 2049 年中華人民共和國成立 100 週年時的目標。二是終極目標，就是逐步並最終順利實現中華民族偉大復興。習近平（2013 年 10 月）指出："中國對未來發展作出了戰略部署，明確了奮斗目標，即到 2020 年實現國內生產總值和城鄉居民人均收入比 2010 年翻一番，全面建成小康社會；到本世紀中葉建

---

① 中共中央文獻研究室.習近平關於實現中華民族偉大復興的中國夢論述摘編.北京：中央文獻出版社.2013：第 5 頁。

② 中共中央文獻研究室.習近平關於實現中華民族偉大復興的中國夢論述摘編.北京：中央文獻出版社.2013：第 5 頁。

③ 習近平：在首個全民國家安全教育日之際作出重要指示（2016 年 4 月 14 日）.人民日報.2016 年 4 月 15 日。

成富强民主文明和諧的社會主義現代化國家，實現中華民族偉大復興。這是中華民族和中國人民的百年夙願，也是中國爲人類作出更大貢獻的必要條件。"①

習近平（2013 年）强調指出："我國仍處於並將長期處於社會主義初級階段，實現中國夢，創造全體人民更加美好的生活，任重而道遠，需要我們每一個人繼續付出辛勤勞動和艱苦努力。"②

（二）習近平復夢韜：地位與基本特徵

在政黨戰略學中，習近平復夢韜——復興偉夢之韜略屬於戰略目標的範疇與層次。其基本特徵表現在：

（1）奮斗目標性。習近平（2013 年）指出："黨的十八大明確提出了"兩個一百年"的奮斗目標，我們還明確提出了實現中華民族偉大復興的中國夢的奮斗目標。"③ 習近平（2013 年）指出："我們已經確定了今後的奮斗目標，這就是到中國共産黨成立 100 年時全面建成小康社會，到新中國成立 100 年時建成富强民主文明和諧的社會主義現代化國家，努力實現中華民族偉大復興的中國夢。"④

（2）生動形象性。習近平（2013 年）指出："中國夢是一種形象的表達，是一個最大公約數，是一種爲群衆易於接受的表述，核心内涵是中華民族偉大復興，可以適當拓展，但不能脱離中華民族偉大復興這個主題，要緊緊扭住這個主題激活和傳遞正能量。"⑤ 習近平（2013 年）指出："幸福不會從天而降，夢想不會自動成真，一勤天下無難事。"⑥ 習近平（2013 年）進一步指出："我們國家的發展前景十分光明，但道路不可能一帆風順，藍圖不可能一蹴而就，夢想不可能一夜成真。"⑦

（3）凝聚激勵性。習近平（2014 年）指出："中華人民共和國的誕生，使

① 中共中央文獻研究室. 習近平關於實現中華民族偉大復興的中國夢論述摘編. 北京：中央文獻出版社. 2013：第 9 頁。

② 中共中央文獻研究室. 習近平關於實現中華民族偉大復興的中國夢論述摘編. 北京：中央文獻出版社. 2013：第 80 頁。

③ 中共中央文獻研究室. 習近平關於實現中華民族偉大復興的中國夢論述摘編. 北京：中央文獻出版社. 2013：第 66 頁。

④ 習近平：在同全國勞動模範代表座談時的講話（2013 年 4 月 28 日）. 人民日報. 2013 年 04 月 29 日。

⑤ 中共中央文獻研究室. 習近平關於實現中華民族偉大復興的中國夢論述摘編. 北京：中央文獻出版社. 2013：第 10 頁。

⑥ 中共中央文獻研究室. 習近平關於實現中華民族偉大復興的中國夢論述摘編. 北京：中央文獻出版社. 2013：第 81 – 82 頁。

⑦ 中共中央文獻研究室. 習近平關於實現中華民族偉大復興的中國夢論述摘編. 北京：中央文獻出版社. 2013：第 81 – 82 頁。

億萬中國人民成了國家、社會和自己命運的主人，滿懷豪情開始了實現國家富強、民族振興、人民幸福的偉大征程。"① 2015 年 9 月 30 日，習近平指出："中華民族一家親，同心共築中國夢，這是全體中華兒女的共同心願，也是全國各族人民的共同目標。實現這個心願和目標，離不開全國各族人民大團結的力量。我國 56 個民族都是中華民族大家庭的平等一員，共同構成了你中有我、我中有你、誰也離不開誰的中華民族命運共同體。"②

（4）開放互通性。習近平（2013 年）指出："中國人民正在努力實現"兩個一百年"的奮斗目標和中華民族偉大復興的中國夢。中國夢與中國人民追求美好生活的夢想是相連的，也是與各國人民追求和平與發展的美好夢想相通的。"③ 習近平（2015 年）指出："中國夢是中國人民追求幸福的夢，也同各國人民的美好夢想息息相通。中國發展必將寓於世界發展潮流之中，也將為世界各國共同發展注入更多活力、帶來更多機遇。"④

（三）習近平復夢韜：本質屬性與構成體系

習近平復夢韜——復興偉夢之韜略的本質屬性就是：中國夢歸根到底是人民的夢。主要體現在：

一是，中國夢是人民的夢。習近平（2013 年）指出："中國夢歸根到底是人民的夢，必須緊緊依靠人民來實現，必須不斷為人民造福。"⑤

二是，中國夢是國家的夢、民族的夢。習近平（2013 年）指出："中國夢是國家的夢、民族的夢，也是包括廣大青年在內的每個中國人的夢。得其大者可以兼其小。只有把人生理想融入國家蘇民族的事業中，才能最終成就一番事業。"⑥

三是，中國夢是每個中華兒女的夢。習近平（2014 年）指出："中國夢是國家夢、民族夢，也是每個中華兒女的夢。廣大海外僑胞有着赤忱的愛國情懷、雄厚的經濟實力、豐富的智力資源、廣泛的商業人脈，是實現中國夢的重要

① 習近平：在 65 週年國慶招待會上的講話（2014 年 09 月 30 日）．人民日報．2014 年 10 月 1 日。

② 習近平：在會見基層民族團結優秀代表時的講話（2015 年 9 月 30 日）．人民日報．2015 年 10 月 1 日。

③ 中共中央文獻研究室．習近平關於實現中華民族偉大復興的中國夢論述摘編．北京：中央文獻出版社．2013：第 74 頁。

④ 習近平：在倫敦金融城的演講（2015 年 10 月 21 日）．人民日報．2015 年 10 月 22 日。

⑤ 習近平：在第十二屆全國人民代表大會第一次會議上的講話（2013 年 3 月 17 日），十八大以來重要文獻選編（上）．北京：中央文獻出版社．2014：第 233－238 頁。

⑥ 中共中央文獻研究室．習近平關於青少年和共青團論述摘編．北京：中央文獻出版社．2013：第 13 頁。

力量。"①

四是，中國夢是每個中國人的夢。習近平（2015 年）指出："中國夢是中華民族的夢，也是每個中國人的夢。中國夢不是鏡中花、水中月，不是空洞的口號，其最深沉的根基在中國人民心中。每個國家、每個民族都有自己的夢想。有夢想才有希望。"②

五是，中國夢是追求幸福的夢。習近平（2014 年）指出："中國夢是追求幸福的夢。我們的方向就是讓每個人獲得發展自我和奉獻社會的機會，共同享有人生出彩的機會，共同享有夢想成真的機會，保證人民平等參與、平等發展權利，維護社會公平正義，使發展成果更多更公平惠及全體人民，朝着共同富裕方向穩步前進。"③

習近平復夢韜——復興偉夢之韜略的研究型、理論型的構成體系主要爲：

（1）習近平復夢韜的偉大夢想與重要意義；（2）習近平復夢韜的文獻來源與三新思想要點；（3）習近平復夢韜的科學内涵與基本特徵；（4）習近平復夢韜的研究對象與範圍；（5）習近平復夢韜的地位與本質屬性；（6）習近平復夢韜的基本目標與主要任務；（7）習近平復夢韜的主要亮點與基本内容；（8）習近平復夢韜的實踐活動與貫徹落實；（9）習近平復夢韜的遵循原則與實現途徑；（10）習近平復夢韜的小結與展望。

由以上幾個方面搆成習近平復夢韜——復興偉夢之韜略的完整應用體系。

四、習近平復夢韜——復興偉夢之韜略：實踐活動與貫徹落實

（一）習近平復夢韜：實踐活動

習近平復夢韜——復興偉夢之韜略的實踐活動主要體現在：參觀、視察、考察、調研、訪問、會議、峰會、論壇、講話、演講、簽署命令、署名文章、批示指示、復信回信、賀詞賀信、專題研討班、集體學習等幾個方面。其中，會議包括全國黨代會、全國人代會、全國政協會、中央紀委會、政治局會議、黨的全會、每年全國人代會、每年全國政協會、每年紀委會、部委工作會、座談會、茶話會、團拜會、研討會、領導小組會議等；署名文章包括國内署名文章與海外署名文章。比較重要的有：

---

① 習近平在會見第七屆世界華僑華人社團聯誼大會代表時的講話（2014 年 6 月 5 日）．人民日報．2014 年 6 月 6 日。

② 習近平：在接受《華爾街日報》采訪時的講話（2015 年 9 月 21 日）．人民日報．2015 年 9 月 22 日

③ 習近平：在中法建交 50 週年紀念大會上的講話（2014 年 3 月 26 日）．人民日報．2014 年 3 月 27 日。

（1）參觀展覽：論述中國夢。

2012 年 11 月 29 日，習近平總書記參觀國家博物館《復興之路》基本陳列①，回顧近代以來中國人民爲實現民族復興走過的歷史進程，號召全黨同志承前啓後、繼往開來，團結全體中華兒女把我們國家建設好，把我們民族發展好，繼續朝着中華民族偉大復興的目標奮勇前進。

2017 年 9 月 25 日，習近平總書記參觀北京展覽館“砥礪奮進的五年”大型成就展，強調黨的十八大以來的 5 年是黨和國家發展進程中很不平凡的 5 年，要廣泛宣傳黨的十八大以來黨和國家事業發展的重大成就與寶貴經驗，深入推進偉大鬥爭、偉大工程、偉大事業，爲實現“兩個一百年”奮斗目標、實現中華民族偉大復興的中國夢繼續奮鬥。

（2）集體學習與專題研討班：論述中國夢。

【集體學習】中共十八大期間，一共舉行了 43 次中央政治局集體學習②，大多數集體學習都論及了“復興夢或中國夢”。代表性論述有：

2013 年 1 月 28 日，中共第十八屆中央政治局就堅定不移走和平發展道路進行第三次集體學習。習近平強調指出：“黨的十八大明確提出了“兩個一百年”的奮斗目標，我們還明確提出了實現中華民族偉大復興的“中國夢”的奮斗目標。實現我們的奮斗目標，必須有和平國際環境。”③

2015 年 12 月 30 日，中共第十八屆中央政治局就中華民族愛國主義精神的歷史形成和發展進行第二十九次集體學習。習近平強調：“實現中華民族偉大復興的中國夢，是當代中國愛國主義的鮮明主題。要大力弘揚偉大愛國主義精神，大力弘揚以改革創新爲核心的時代精神，爲實現中華民族偉大復興的中國夢提供共同精神支柱和強大精神動力。”④

---

① 《復興之路》展覽：國家博物館《復興之路》基本陳列共分中國淪爲半殖民地半封建社會、探求救亡圖存的道路、中國共產黨肩負民族獨立和人民解放歷史重任、建設社會主義新中國、走中國特色社會主義道路 5 個部分，通過 1200 多件（套）珍貴文物、870 多張歷史照片，回顧了 1840 年鴉片戰爭以來中國人民在屈辱苦難中奮起抗爭，爲實現民族復興進行的種種探索，特別是中國共產黨領導全國各族人民爭取民族獨立、人民解放和國家富強、人民幸福的光輝歷程。

② 中央政治局集體學習：係指中共中央政治局定期學習的一種制度或習慣。由中共中央總書記主持并發表講話，中央政治局全體成員參加，邀請有關部門負責人、專家學者，就經濟、政治、歷史、文化、社會、生態、科技、軍事、外交等重大問題進行專題講解。

③ 習近平：在中共第十八屆中央政治局第三次集體學習時的講話（2013 年 1 月 28 日）. 人民日報. 2013 年 1 月 29 日。

④ 習近平：在中共第十八屆中央政治局第二十九次集體學習時的講話（2015 年 12 月 30 日）. 人民日報. 2015 年 12 月 31 日。

【專題研討班】中共十八大期間，一共舉行了 6 次專題研討班①，每次研討班都不同程度地論及了"復興夢或中國夢"。

2013 年 1 月 5 日，習近平在省部級主要領導幹部專題班上指出："中國特色社會主義，是全面建成小康社會、實現中華民族偉大復興的必由之路。"②

2017 年 7 月 26 日，習近平在省部級主要領導幹部專題班上強調："要牢牢把握我國發展的階段性特徵，牢牢把握人民群眾對美好生活的向往，決勝全面建成小康社會，奪取中國特色社會主義偉大勝利，爲實現中華民族偉大復興的中國夢不懈奮鬥。"③

（3）相關會議：論述中國夢。

2014 年 8 月 20 日，習近平指出："鄧小平同志爲我們擘畫的社會主義現代化藍圖正在一步步變成美好現實，我們偉大的祖國正在一天天走向繁榮富強，中華民族正在一步步走向偉大復興。對此，我們感到無比自豪。"④

2014 年 9 月 5 日，習近平指出："當代中國共產黨人和中國人民一定要把這個崇高使命擔當起來，不斷發展具有強大生命力的社會主義民主政治，在實現中國夢的偉大奮鬥中，共同創造中國人民和中華民族更加幸福美好的未來。"⑤

（二）習近平復夢韜：貫徹落實

一是中共中央宣傳部先後編寫《習近平總書記系列重要講話讀本（2014 年版）》、《習近平總書記系列重要講話讀本（2016 年版）》；該書第一部分專題解讀了習近平關於實現中華民族偉大復興的中國夢的重要思想。

二是中共中央組織部組織編寫全國幹部學習培訓教材《全面建成小康社會與中國夢（2015 年版）》。

三是中共中央文獻研究室編輯出版《習近平關於實現中華民族偉大復興的中國夢論述摘編（2013 年版）》。

四是中央組織部、中央宣傳部等聯合攝製專題文獻紀錄片《築夢中國——

---

① 專題研討班：就是中共黨和政府省部級主要領導幹部專題研討班。專題班始於 1999 年，每年舉辦一次已經舉辦。研討班的主題內容爲當年中共黨和政府全局性的、戰略性的、重大的問題。由中央主要領導作報告，省部級主要官員學習研討，隨後學習研討的成果將在今後的工作中加以貫徹和落實。

② 習近平：在省部級主要領導幹部專題研討班上的講話（2013 年 1 月 5 日）. 人民日報. 2013 年 1 月 6 日。

③ 習近平：在省部級主要領導幹部專題研討班上的講話（2017 年 7 月 26 日）. 人民日報. 2017 年 7 月 27 日。

④ 習近平：在紀念鄧小平同志誕辰 110 週年座談會上的講話（2014 年 8 月 20 日）. 人民日報. 2014 年 8 月 21 日。

⑤ 習近平：在慶祝全國人民代表大會成立 60 週年大會上的講話（2014 年 9 月 5 日）. 人民日報. 2014 年 9 月 6 日。

中華民族復興之路（2015 年）》，計分爲“風雨如磐”、“中流擊水”、“正道滄桑”、“偉大轉折”、“世紀跨越”、“發展新境”、“圓夢有時”等 7 集。

五是中宣部等部委召開深化中國夢宣傳教育座談會。2013 年 4 月 8 日，中宣部、教育部、共青團中央在北京召開深化中國夢宣傳教育座談會，學習貫徹習近平總書記重要講話精神，研究和暢談如何深化中國夢宣傳教育，凝聚全面建成小康社會、實現中華民族偉大復興的強大力量。

五、習近平復夢韜——復興偉夢之韜略：四個必須與實幹真干

（一）習近平復夢韜：四個必須——遵循原則

一是實現中國夢，必須走中國道路。習近平（2013 年 3 月）指出：“實現中國夢必須走中國道路。這就是中國特色社會主義道路。這條道路來之不易，它是在改革開放 30 多年的偉大實踐中走出來的，是在中華人民共和國成立 60 多年的持續探索中走出來的，是在對近代以來 170 多年中華民族發展歷程的深刻總結中走出來的，具有深厚的歷史淵源和廣泛的現實基礎。”[1] 習近平（2013 年 5 月）強調指出：“實現中國夢，必須堅持中國特色社會主義道路。我們已經在這條道路上走了 30 多年，歷史證明，這是一條符合中國國情、富民強國的正確道路，我們將堅定不移地沿着這條道路走下去。”[2]

二是實現中國夢，必須弘揚中國精神。習近平（2013 年 3 月）指出：“實現中國夢必須弘揚中國精神。這就是以愛國主義爲核心的民族精神，以改革創新爲核心的時代精神。這種精神是凝心聚力的興國之魂、強國之魂。愛國主義始終是把中華民族堅強團結在一起的精神力量，改革創新始終是鞭策我們在改革開放中與時俱進的精神力量。全國各族人民一定要弘揚偉大的民族精神和時代精神，不斷增強團結一心的精神紐帶、自強不息的精神動力，永遠朝氣蓬勃邁向未來。”[3] 習近平（2013 年 5 月）強調指出：“實現中國夢，必須弘揚中國精神。用以愛國主義爲核心的民族精神和以改革創新爲核心的時代精神振奮起全民族的“精氣神”。[4]

三是實現中國夢，必須凝聚中國力量。習近平（2013 年 3 月）指出：“實

---

① 中共中央文獻研究室．習近平關於實現中華民族偉大復興的中國夢論述摘編．北京：中央文獻出版社．2013：第 26 – 28 頁。

② 中共中央文獻研究室．習近平關於實現中華民族偉大復興的中國夢論述摘編．北京：中央文獻出版社．2013：第 26 – 28 頁。

③ 中共中央文獻研究室．習近平關於實現中華民族偉大復興的中國夢論述摘編．北京：中央文獻出版社．2013：第 35 – 39 頁。

④ 中共中央文獻研究室．習近平關於實現中華民族偉大復興的中國夢論述摘編．北京：中央文獻出版社．2013：第 35 – 39 頁。

現中國夢必須凝聚中國力量。這就是中國各族人民大團結的力量。中國夢是民族的夢，也是每個中國人的夢。只要我們緊密團結，萬衆一心，爲實現共同夢想而奮鬥，實現夢想的力量就無比強大，我們每個人爲實現自己夢想的努力就擁有廣闊的空間。全國各族人民一定要牢記使命，心往一處想，勁往一處使，用13億人的智慧和力量匯集起不可戰勝的磅礴力量。"① 習近平（2013年5月）強調指出："實現中國夢，必須凝聚中國力量。空談誤國，實幹興邦。我們要用13億中國人的智慧和力量，一代又一代中國人不懈努力，把我們的國家建設好，把我們的民族發展好。"②

四是實現中國夢，必須堅持和平發展。習近平（2013年5月）指出："實現中國夢，必須堅持和平發展。我們將始終不渝走和平發展道路，始終不渝奉行互利共贏的開放戰略，不僅致力於中國自身發展，也強調對世界的責任和貢獻；不僅造福中國人民，而且造福世界人民。實現中國夢給世界帶來的是和平，不是動盪；是機遇，不是威脅。"③ 習近平（2013年10月）強調指出："中國將堅定不移走和平發展道路，堅定不移奉行獨立自主的和平外交政策，堅定不移奉行互利共贏的開放戰略。中國的發展，是世界和平力量的壯大，是傳遞友誼的正能量，爲亞洲和世界帶來的是發展機遇而不是威脅。中國願繼續同東盟、同亞洲、同世界分享經濟社會發展的機遇。"④

（二）習近平復夢韜：實幹真干（實現途徑）

一是光榮艱巨，奮勇前進。習近平（2012年）指出："實現中華民族偉大復興是一項光榮而艱巨的事業，需要一代又一代中國人共同爲之努力。我們這一代共產黨人一定要承前啓後、繼往開來，把我們的黨建設好，團結全體中華兒女把我們國家建設好，把我們民族發展好，繼續朝着中華民族偉大復興的目標奮勇前進。"⑤

二是實幹真抓，夢想成真。習近平（2013年）指出："真抓才能攻堅克難，實幹才能夢想成真。我們要在全社會大力弘揚真抓實幹、埋頭苦干的良好風尚。

---

① 中共中央文獻研究室. 習近平關於實現中華民族偉大復興的中國夢論述摘編. 北京：中央文獻出版社. 2013：第48-53頁。

② 中共中央文獻研究室. 習近平關於實現中華民族偉大復興的中國夢論述摘編. 北京：中央文獻出版社. 2013：第48-53頁。

③ 中共中央文獻研究室. 習近平關於實現中華民族偉大復興的中國夢論述摘編. 北京：中央文獻出版社. 2013：第70-73頁。

④ 中共中央文獻研究室. 習近平關於實現中華民族偉大復興的中國夢論述摘編. 北京：中央文獻出版社. 2013：第70-73頁。

⑤ 中共中央文獻研究室. 習近平關於實現中華民族偉大復興的中國夢論述摘編. 北京：中央文獻出版社. 2013：第77頁。

各級領導幹部要帶頭發揚勞模精神，出實策、鼓實勁、辦實事，不圖虛名，不務虛功，堅決反對幹部群眾反映強烈的形式主義、官僚主義、享樂主義和奢靡之風"四風"，以身作則帶領群眾把各項工作落到實處。"①

三是空談誤國，實幹興邦。習近平（2012 年）指出："空談誤國，實幹興邦。我國改革開放 30 多年的實踐充分證明瞭這個真理。面向未來，全面建成小康社會要靠實幹，基本實現現代化要靠實幹，實現中華民族偉大復興要靠實幹。"②

四是求真務實，敢於擔當。習近平（2012 年）指出："要樹立正確的政績觀，多做打基礎、利長遠的事，不搞脫離實際的攀比，不搞勞民傷財的形象工程、政績工程，求真務實，真抓實幹，勇於擔當，真正做到對歷史和人民負責。"③ 習近平（2014 年）指出："要敢於擔當責任，勇於直面矛盾，善於解決問題，努力創造經得起實踐、人民、歷史檢驗的實績。"④

六、小結與展望

（一）小結

習近平復夢韜——復興偉夢之韜略是習近平"六韜九策"治國策體系內容之一。習近平復夢韜——復興偉夢之韜略，是指習近平同志關於實現中華民族偉大復興的中國夢的韜略。習近平復夢韜的研究對象與範圍：中共十八大期間，習近平同志關於實現中華民族偉大復興的中國夢的重要論述。習近平復夢韜的基本目標與主要任務就是實現中華民族偉大復興；基本內容與內部構成就是國家富強、民族振興、人民幸福與安居樂業。

習近平復夢韜——復興偉夢之韜略在政黨戰略學中屬於戰略目標的範疇與層次。其基本特徵表現在：奮鬥目標性，生動形象性，凝聚激勵性，開放互通性。習近平復夢韜——復興偉夢之韜略的本質屬性，就是中國夢歸根到底是人民的夢，必須緊緊依靠人民來實現，必須不斷爲人民造福。習近平復夢韜——復興偉夢之韜略的研究型、理論型的構成體系主要包括：1）習近平復夢韜的偉大夢想與重要意義；2）習近平復夢韜的文獻來源與三新思想要點；3）習近平

① 中共中央文獻研究室. 習近平關於實現中華民族偉大復興的中國夢論述摘編. 北京：中央文獻出版社. 2013：第 82 頁。

② 中共中央文獻研究室. 習近平關於實現中華民族偉大復興的中國夢論述摘編. 北京：中央文獻出版社. 2013：第 78 頁。

③ 中共中央文獻研究室. 習近平關於實現中華民族偉大復興的中國夢論述摘編. 北京：中央文獻出版社. 2013：第 79 頁。

④ 習近平在參加全國人大會議安徽代表團審議時的講話（2014 年 3 月 8 日）. 人民日報. 2014 年 3 月 9 日.

復夢韜的科學内涵與基本特徵；4）習近平復夢韜的研究對象與範圍；5）習近平復夢韜的地位與本質屬性；6）習近平復夢韜的基本目標與主要任務；7）習近平復夢韜的主要亮點與基本内容；8）習近平復夢韜的實踐活動與貫徹落實；9）習近平復夢韜的遵循原則與實現途徑；10）習近平復夢韜的小結與展望等幾個方面。

（二）展望（預測與建議）

"長風破浪會有時，直掛雲帆濟滄海"。2012 年 11 月，習近平指出："我堅信，到中國共産黨成立 100 年時全面建成小康社會的目標一定能實現，到新中國成立 100 年時建成富强民主文明和諧的社會主義現代化國家的目標一定能實現，中華民族偉大復興的夢想一定能實現。"① 2014 年 9 月，習近平强調："回顧歷史的時刻，也是展望未來的時刻。我們人民共和國的航船正在破浪前進，我們比歷史上任何時期都更接近中華民族偉大復興的目標。"② 2016 年 10 月，習近平進一步指出：藍圖已繪就，奮進正當時。前進道路上，我們要大力弘揚偉大長征精神，激勵和鼓舞全黨全軍全國各族人民特别是青年一代發憤圖强、奮發有爲，繼續把革命前輩開創的偉大事業推向前進，在實現"兩個一百年"奮斗目標、實現中華民族偉大復興中國夢新的長征路上續寫新的篇章、創造新的輝煌！"③

幾點建議：一是，盡快修改完善 2013 年版《習近平關於實現中華民族偉大復興的中國夢論述摘編（2013 年版）》，增加補充習近平同志在 2013 年 12 月—2017 年 10 月之間的有關"復興夢與中國夢"的重要講話，進一步豐富完善習近平關於實現中華民族偉大復興的中國夢的重要論述。

二是，盡快編輯出版《中華民族偉大復興史》，特别是近代以來的民族復興歷史，幫助廣大黨員幹部系統瞭解共産黨人振興中華的偉大歷史，激勵廣大黨員幹部戮力奪取中國特色社會主義偉大勝利，爲實現中華民族偉大復興的中國夢不懈奮鬥。

---

① 習近平：中國夢，復興夢——在參觀《復興之路》展覽時的講話（2012 年 11 月 29 日），十八大以來重要文獻選編（上）．北京：中央文獻出版社．2014：第 83–84 頁。

② 習近平：在慶祝中華人民共和國成立 65 週年招待會上的講話（2014 年 9 月 30 日）．人民日報．2014 年 10 月 1 日。

③ 習近平：在紀念紅軍長征勝利 80 週年大會上的講話（2016 年 10 月 21 日）．人民日報．2016 年 10 月 22 日。

第二章
習近平特信韜——特色自信之韜略

【知識導引】

習近平特信韜——特色自信之韜略，是指習近平同志關於中國特色社會主義道路自信、理論自信、制度自信與文化自信等四個自信的韜略。簡而言之，就是習近平關於中國特色社會主義自信的韜略或稱習近平關於中國特色社會主義四個自信的韜略。習近平特色自信之韜略又稱特色四信之韜略、四個自信之韜略。習近平特信韜在政黨戰略學中屬於戰略主題的層次與範疇。習近平特信韜的基本內容包括道路自信、理論自信、制度自信、文化自信；基本來源包括偉大實踐、真理信念、人民精神狀態與偉大成就。

【經典論述】

堅持不忘初心、繼續前進，就要堅持中國特色社會主義道路自信、理論自信、制度自信、文化自信，堅持黨的基本路線不動搖，不斷把中國特色社會主義偉大事業推向前進。

——習近平

習近平強調指出："弘揚偉大長征精神，走好今天的長征路，必須堅定中國特色社會主義道路自信、理論自信、制度自信、文化自信，為奪取中國特色社會主義偉大事業新勝利而矢志奮鬥。

——習近平

【內容提要】習近平特信韜是習近平 "六韜九策" 治國策體系內容之一。習近平特信韜——特色自信之韜略，是指習近平同志關於中國特色社會主義道路自信、理論自信、制度自信與文化自信等四個自信的韜略。習近平特信韜的研究對象與範圍：中共十八大期間，習近平同志關於中國特色社會主義道路自信、理論自信、制度自信與文化自信等四個自信的重要論述。

習近平特信韜——特色自信之韜略在政黨戰略學中屬於戰略主題的層次與範疇。其基本特徵表現在突出主題主線、突出旗幟方向、強調理想信念與強調四個自信；其基本內容包括道路自信、理論自信、制度自信與文化自信等四個自信；其內部構成包括中國特色社會主義、中國特色社會主義自信、道路自信、理論自信、制度自信、文化自信等幾個方面；其基本來源包括偉大實踐、真理信念、人民精神狀態與偉大成就。習近平特信韜——特色自信之韜略的研究型、理論型的構成體系主要包括：1）習近平特信韜的偉大自信與重大意義；2）習近平特信韜的文獻來源與三新思想要點；3）習近平特信韜的科學涵義與基本特徵；4）習近平特信韜的地位與基本分類；5）習近平特信韜的內部構成與自信來源；6）習近平特信韜與習近平復夢韜的關係；（7）習近平特信韜的實踐活動與貫徹落實；8）習近平特信韜的四個堅信與實現途徑；9）小結與展望等幾個方面。

幾點建議：一是要進一步加大中國特色社會主義文化自信的宣傳學習力度，加大中國特色社會主義自信四位一體宣傳與研究力度。二是盡快編輯出版《習近平關於中國特色社會主義道路自信、理論自信、制度自信與文化自信論述摘編（2012 年 11 月—2017 年 10 月）》。三是盡快編輯出版全國幹部培訓教材《文化自信通俗讀本》。

【關鍵詞】習近平；特信韜；特色自信；構成體系；建議

引　言

　　"習近平特信韜——特色自信之韜略"是習近平治國理政思想體系宏觀戰略層面的重要內容。中共十八大期間（2012年—2017年10月），習近平圍遶什麼是"四個自信"、怎樣堅持"四個自信"這個富國強軍、振興民族的戰略主題問題，作了一系列深刻闡釋，由此勾畫了"四個自信"的中國特色信念體系，形成、創立了"習近平特信韜——特色自信之韜略"。

　　"習近平特信韜——特色自信之韜略"，是指習近平同志關於中國特色社會主義道路自信、理論自信、制度自信與文化自信等四個自信的韜略。研究探討"習近平特信韜——特色自信之韜略"，深刻理解和全面把握"四個自信"的科學內涵、精神實質與構成體系，對於堅定信心、振奮精神，毫不動搖地堅持和發展中國特色社會主義，實現中華民族偉大復興的中國夢，具有十分重要的意義。

一、習近平特信韜——特色自信之韜略：偉大自信與重大意義

（一）習近平特信韜：偉大自信

　　2014年上半年，習近平初次將"文化自信"與道路自信、理論自信、制度自信並提；2016年年中首次提出"四個自信"；2017年10月前後又多次提到"四個自信"。資料顯示：中共十八大五年間，習近平在國內外很多重要場合，從不同的角度，在論述"三個自信"的基礎上對"四個自信"進行了多方面、立體式的一系列深刻闡釋，構築了"中國特色信念"新體系。代表性論述主要有：

　　1. 初次並提四個自信。2014年3月10日，習近平在參見貴州代表團審議時指出："我們要堅定道路自信、理論自信、制度自信，最根本的還有一個文化自信。"[①] 2014年10月15日，習近平在文藝工作座談會上指出："增強文化自覺和文化自信，是堅定道路自信、理論自信、制度自信的題中應有之義。"[②]

　　2. 正式提出四個自信。2016年6月28日，習近平中共第十八屆中央政治局第三十三次集體學習時首次四個自信。習近平強調指出："要把加強思想政治

---

　　① 萬群、趙國樑. 習近平總書記參加貴州代表團審議側記——堅守發展和生態兩條底綫切實做到經濟效益社會效益生態效益同步提昇. 貴州日報. 2014年03月10日。

　　② 習近平：在文藝工作座談會上的講話（2014年10月15日）. 人民日報. 2014年10月16日。

建設擺在首位，引導黨員特別是領導幹部築牢信仰之基、補足精神之鈣、把穩思想之舵，堅定中國特色社會主義道路自信、理論自信、制度自信、文化自信。"① 2016 年 7 月 1 日，習近平在慶祝中國共產黨成立 95 週年大會上首次正式對外提出了四個自信。習近平指出："堅持不忘初心、繼續前進，就要堅持中國特色社會主義道路自信、理論自信、制度自信、文化自信，堅持黨的基本路綫不動搖，不斷把中國特色社會主義偉大事業推向前進。"②

3. 堅定四個自信。2016 年 10 月 21 日，習近平在紀念紅軍長征勝利 80 週年大會上強調要堅定四個自信。習近平強調指出："弘揚偉大長征精神，走好今天的長征路，必須堅定中國特色社會主義道路自信、理論自信、制度自信、文化自信，爲奪取中國特色社會主義偉大事業新勝利而矢志奮鬥。"③

4. 牢固樹立四個自信。2017 年 7 月 26 日，習近平在省部級主要領導幹部專題班上強調要牢固樹立四個自信。習近平強調指出："中國特色社會主義是改革開放以來黨的全部理論和實踐的主題，全黨必須高舉中國特色社會主義偉大旗幟，牢固樹立中國特色社會主義道路自信、理論自信、制度自信、文化自信，確保黨和國家事業始終沿着正確方向勝利前進。"④

（二）習近平特信韜：重要意義

習近平"四個自信——中國特色社會主義四個自信"一經提出，就産生了強大的號召力、凝聚力、感染力與自信力。

習近平特信韜提供動力保障："四個自信"既是不斷把中國特色社會主義偉大事業推向前進的内在動力，也是全面建成小康社會和實現中華民族偉大復興中國夢的重要保障。

習近平特信韜豐富理論體系："四個自信"創造性地拓展了"三個自信"的自信譜系，形成了中國特色信念體系，進一步豐富了中國特色社會主義理論體系。

習近平特信韜提供精神動力："四個自信"有利於增強黨和人民的自信心，有利於凝聚黨心民心，有利於激勵中華兒女爲實現中華民族偉大復興的中國夢而不懈奮鬥。

---

① 習近平：在中共第十八屆中央政治局第三十三次集體學習時的講話（2016 年 6 月 28 日）．人民日報．2016 年 6 月 29 日。

② 習近平：在慶祝中國共產黨成立95週年大會上的講話（2016 年 7 月 1 日）．人民日報．2016 年 7 月 2 日。

③ 習近平：在紀念紅軍長征勝利 80 週年大會上的講話（2016 年 10 月 21 日）．人民日報．2016 年 10 月 22 日。

④ 習近平：在省部級主要領導幹部專題班上的講話（2017 年 7 月 26 日）．人民日報．2017 年 7 月 27 日。

二、習近平特信韜——特色自信之韜略：文獻來源與三新思想要點

（一）習近平特信韜：文獻來源

習近平特信韜——特色自信之韜略的經典文獻主要有以下幾個方面：

一是《習近平談治國理政》第一部分①。計有 4 篇：人民對美好生活的向往，就是我們的奮鬥目標（2012 年 11 月 15 日）；緊緊圍遶堅持和發展中國特色社會主義學習宣傳貫徹黨的十八大精神（2012 年 11 月 17 日）；毫不動搖堅持和發展中國特色社會主義（2013 年 1 月 5 日）；堅持和運用好毛澤東思想活的靈魂（2013 年 12 月 26 日）。

二是《十八大以來重要文獻選編（上）》②。計有 4 篇：人民對美好生活的向往，就是我們的奮鬥目標（2012 年 11 月 15 日）；緊緊圍遶堅持和發展中國特色社會主義學習宣傳貫徹黨的十八大精神（2012 年 11 月 17 日）；關於堅持和發展中國特色社會主義的幾個問題（2013 年 1 月 5 日）；在紀念毛澤東同志誕辰一百二十週年座談會上的講話（2013 年 12 月 26 日）。

三是十八大以來重要文獻選編（中）③。計有 6 篇：青年要自覺踐行社會主義核心價值觀（2014 年 5 月 4 日）；在紀念鄧小平同志誕辰一百一十週年座談會上的講話（2014 年 8 月 20 日）；在慶祝全國人民代表大會成立六十週年大會上的講話（2014 年 9 月 5 日）；在慶祝中國人民政治協商會議成立六十五週年大會上的講話（2014 年 9 月 21 日）；在慶祝中華人民共和國成立六十五週年招待會上的講話（2014 年 9 月 30 日）；習近平在文藝工作座談會上的講話（2014 年 10 月 15 日）；加快建設社會主義法治國家（2014 年 10 月 23 日）。

四是《習近平關於社會主義文化建設論述摘編》第一部分・堅定文化自信④。計有 11 篇，33 段論述。

五是習近平其他文獻關於中國特色社會主義自信的重要論述。比較重要的文獻計有篇：習近平在全國宣傳思想工作會議上的講話（2013 年 8 月 19 日）；習近平在參見貴州代表團審議時的講話（2014 年 3 月 10 日）；習近平在上海考察時的講話（2014 年 5 月 23 日）；習近平在哲學社會科學工作座談會上的講話（2016 年 5 月 17 日）；習近平在慶祝中國共產黨成立 95 週年大會上的講話（2016 年 7 月 1 日）；習近平在紀念紅軍長征勝利 80 週年大會上的講話（2016

①　習近平. 習近平談治國理政. 北京：外文出版社. 2014：第 3 - 34 頁。
②　中共中央文獻研究室. 十八大以來重要文獻選編（上）. 北京：中央文獻出版社. 2014.
③　中共中央文獻研究室. 十八大以來重要文獻選編（中）. 北京：中央文獻出版社. 2016.
④　中共中央文獻研究室. 習近平關於社會主義文化建設論述摘編. 北京：中央文獻出版社. 2017. 10.

年 10 月 21 日）；習近平在省部級主要領導幹部專題班上的講話（2017 年 7 月 26 日）；習近平在慶祝中國人民解放軍建軍 90 週年大會上的講話（2017 年 8 月 1 日）；習近平在參觀"砥礪奮進的五年"大型成就展時的講話（2017 年 9 月 26 日）；習近平在中央政治局第四十三次集體學習時的講話（2017 年 9 月 29 日）；習近平：在黨外人士座談會上的講話（2017 年 10 月 15 日）。

（二）習近平特信韜：三新思想要點（新思想新理念新觀點）

根據以上文獻分析，習近平特信韜——特色自信之韜略的三新思想要點（新思想新理念新觀點）主要有以下幾個方面：

一是，中國特色社會主義是改革開放以來黨的全部理論和實踐的主題。二是，中國特色社會主義是社會主義而不是其他什麼主義，科學社會主義基本原則不能丟，丟了就不是社會主義。三是，只有社會主義才能救中國，只有中國特色社會主義才能發展中國，這是歷史的結論、人民的選擇。四是，堅持和發展中國特色社會主義是一篇大文章；我們這一代共產黨人的任務，就是繼續把這篇大文章寫下去。五是，全黨必須高舉中國特色社會主義偉大旗幟，毫不動搖堅持和發展中國特色社會主義。六是，堅定不移走中國特色社會主義政治發展道路。七是，全黨要牢牢把握社會主義初級階段這個最大國情，牢牢立足社會主義初級階段這個最大實際。八是，我國發展站到了新的歷史起點上，中國特色社會主義進入了新的發展階段。九是，我們堅持和發展中國特色社會主義，必須高度重視理論的作用，增強理論自信和戰略定力。十是，全面推進依法治國，加快建設社會主義法治國家。十一是，全黨要堅定道路自信、理論自信、制度自信與文化自信。十二是，堅定堅持中國特色社會主義道路自信、理論自信、制度自信與文化自信。十三是，牢固樹立中國特色社會主義道路自信、理論自信、制度自信與文化自信。十四是，我們要堅定道路自信、理論自信、制度自信，最根本的還有一個文化自信。十五是，堅定中國特色社會主義道路自信、理論自信、制度自信，說到底是要堅定文化自信。十六是，中國有堅定的道路自信、理論自信、制度自信，其本質是建立在 5000 多年文明傳承基礎上的文化自信。十七是，文化自信，是更基礎、更廣泛、更深厚的自信；文化自信是更基本、更深沉、更持久的力量。十八是，中國特色社會主義道路是實現社會主義現代化的必由之路，是創造人民美好生活的必由之路。十九是，中國特色社會主義理論體系是指導黨和人民沿着中國特色社會主義道路實現中華民族偉大復興的正確理論。二十是，中國特色社會主義制度是當代中國發展進步的根本制度保障，是具有鮮明中國特色、明顯制度優勢、強大自我完善能力的先進制度。二十一是，我們依然處在馬克思主義所指明的歷史時代，這是我們對馬克思主義保持堅定信心、對社會主義保持必勝信念的科學根據。二十二是，我們要堅持把自己的事情辦好，不斷發展中國特色社會主義，不斷壯大我國綜合國力，充分展示我國社會主義制度的優越性。

三、習近平特信韜——特色自信之韜略：科學內涵與構成體系

（一）習近平特信韜：科學內涵與基本內容

什麼是特信韜？習近平特信韜——特色自信之韜略，是指習近平同志關於中國特色社會主義道路自信、理論自信、制度自信與文化自信等四個自信的韜略。簡而言之，就是習近平關於中國特色社會主義自信的韜略或稱習近平關於中國特色社會主義四個自信的韜略。習近平特色自信之韜略又稱特色四信之韜略、四個自信之韜略。韜略即文韜武略，原意指古代兵書《六韜》《三略》，引申義指用兵的計謀和謀略，這裏擴展為關於樹立與堅定"四個自信"——中國特色社會主義四個自信而采取的具有總體的宏觀的全面的戰略的等特徵的一種選擇與安排。

習近平特信韜的研究對象與範圍：中共十八大期間，習近平同志關於中國特色社會主義道路自信、理論自信、制度自信與文化自信等四個自信的重要論述。

與習近平特信韜密切相關的新詞彙、新提法主要有：中國特色社會主義自信、中國特色社會主義道路自信、中國特色社會主義理論自信、中國特色社會主義制度自信、中國特色社會主義文化自信；中國自信、三個自信、四個自信、民族自信、人民自信；中國模式、中國方案；中國道路、中國制度、中國理論、中國文化；自信來源、自信體系、信念體系；政治定力。

什麼是自信？自信來源？自信體系？自信原意是指自己相信自己，引申義是在堅信自己的能力、水平和力量的概括統稱。自信是一種信念，也是一種健康的心理狀態；自信本身就是一種積極性，也是取得成功的重要條件。自信不是憑空產生的，它是在對客觀世界和主觀世界發展規律正確認識的基礎上而產生的一種認識或積極狀態。自信來源就是自信的歷史、根據與基礎。自信體系就是由自信的概念、範疇及其相關原理構成的一種有機聯繫。

習近平特信韜包括五層含義：一是，中國特色社會主義自信的對象、核心與重點是中國特色社會主義；二是，中國特色社會主義自信包括道路自信、理論自信、制度自信與文化自信等"四個自信"；三是，中國特色社會主義四個自信是中國特色社會主義整個體系的重要內容；四是，中國特色社會主義四個自信是一個相互聯繫的有機整體；五是，中國特色社會主義自信來源於實踐、來源於人民、來源於真理；六是，中國特色社會主義自信是一種強大的精神動力。

習近平特信韜的基本內容包括：中國特色社會主義道路自信、中國特色社會主義理論自信、中國特色社會主義制度自信與中國特色社會主義文化自信等四個方面；簡而言之包括道路自信、理論自信、制度自信與文化自信等"四個自信"。中國特色社會主義道路自信，是指黨和人民堅持和發展中國特色社會主義道路的一種堅定信心與決心。中國特色社會主義理論自信，是指黨和人民對中國特色社會主義理論體系的科學性、真理性與正確性的一種堅定信念與認可。中國特色社會主義制度自信，是指黨和人民對中國特色社會主義制度體系的正確性、適應性與優越性的一種堅定信心與認可。中國特色社會主義文化自信，是指黨和人民對中國特色社會主義文化的優秀性、悠久性與民族性的一種堅定信念與認可。

中國特色社會主義自信，就是指中國共產黨對中國特色社會主義自身價值的充分肯定以及對中國特色社會主義自身生命力的堅定信念。中國特色社會主義自信體系，就是由道路自信、理論自信、制度自信與文化自信等"四個自信"信的概念、範疇及其相關原理構成的一種有機聯繫。習近平指出：我們要堅定道路自信、理論自信、制度自信，最根本的還有一個文化自信；文化自信，是更基礎、更廣泛、更深厚的自信；文化自信是更基本、更深沉、更持久的力量。

習近平特信韜與習近平復夢韜的關係：要實現偉大復興的中國夢必須堅定中國特色社會主義四個自信；中國特色社會主義道路自信是中國夢的實現途徑，中國特色社會主義理論自信是實現中國夢的行動指南，中國特色社會主義制度自信是實現中國夢的根本保障，文化自信是實現中國夢的精神動力。

（二）習近平特信韜：地位與基本特徵

在政黨戰略學中，習近平特信韜——特色自信之韜略屬於戰略主題的層次與範疇。其基本特徵表現在：

（1）突出主題主綫。習近平（2012 年）指出："堅持和發展中國特色社會主義是貫穿黨的十八大報告的一條主綫。我們要緊緊抓住這條主綫，把堅持和發展中國特色社會主義作爲學習貫徹黨的十八大精神的聚焦點、着力點、落脚點，只有這樣，才能把黨的十八大精神學得更加深入、領會得更加透徹、貫徹得更加自覺。"[1] 習近平（2017 年）指出："中國特色社會主義是改革開放以來黨的全部理論和實踐的主題。"[2]

---

[1]　習近平．習近平談治國理政．北京：外文出版社．2014：第 6–20 頁。
[2]　習近平：在省部級主要領導幹部專題班上的講話（2017 年 7 月 26 日）．人民日報．2017 年 7 月 27 日。

（2）突出旗幟方向。習近平（2012 年）指出：“只有高舉中國特色社會主義偉大旗幟，我們才能團結帶領全黨全國各族人民，在中國共產黨成立 100 年時全面建成小康社會，在新中國成立 100 年時建成富強民主文明和諧的社會主義現代化國家，贏得中國人民和中華民族更加幸福美好的未來。”① 習近平（2012 年）指出：“中國特色社會主義是中國共產黨和中國人民團結的旗幟、奮進的旗幟、勝利的旗幟。我們要全面建成小康社會、加快推進社會主義現代化、實現中華民族偉大復興，必須始終高舉中國特色社會主義偉大旗幟，堅定不移堅持和發展中國特色社會主義。”② 習近平（2017 年）指出：“高舉中國特色社會主義偉大旗幟，爲決勝全面小康社會實現中國夢而奮鬥。”③

（3）強調理想信念。習近平（2012 年）指出：“堅定理想信念，堅守共產黨人精神追求，始終是共產黨人安身立命的根本。對馬克思主義的信仰，對社會主義和共產主義的信念，是共產黨人的政治靈魂，是共產黨人經受住任何考驗的精神支柱。”④ 習近平（2013 年）指出：“我們既要堅定走中國特色社會主義道路的信念，也要胸懷共產主義的崇高理想，矢志不移貫徹執行黨在社會主義初級階段的基本路綫和基本綱領，做好當前每一項工作。”⑤

（4）強調四個自信。習近平（2013 年）指出：“我們就是要有這樣的道路自信、理論自信、制度自信，真正做到千磨萬擊還堅勁，任爾東西南北風。”⑥ 習近平（2013 年）指出：“全國各族人民一定要增強對中國特色社會主義的理論自信、道路自信、制度自信，堅定不移沿着正確的中國道路奮勇前進。”⑦ 習近平（2016 年 7 月）強調指出：“全黨要堅定道路自信、理論自信、制度自信、文化自信。”⑧ 習近平（2016 年 10 月）強調指出：“必須堅定中國特色社會主義道路自信、理論自信、制度自信、文化自信，爲奪取中國特色社會主義偉大

① 習近平．習近平談治國理政．北京：外文出版社．2014：第 6－20 頁。
② 習近平．習近平談治國理政．北京：外文出版社．2014：第 6－20 頁。
③ 習近平：在省部級主要領導幹部專題班上的講話（2017 年 7 月 26 日）．人民日報．2017 年 7 月 27 日。
④ 習近平．習近平談治國理政．北京：外文出版社．2014：第 6－20 頁。
⑤ 中共中央文獻研究室．十八大以来重要文獻選編（上）．北京：中央文獻出版社．2014：第 109－118 頁。
⑥ 中共中央文獻研究室．十八大以来重要文獻選編（上）．北京：中央文獻出版社．2014：第 109－118 頁。
⑦ 中共中央文獻研究室．習近平關於實現中華民族偉大復興的中國夢論述摘編．北京：中央文獻出版社．2013：第 26－28 頁。
⑧ 習近平：在中共第十八屆中央政治局第三十三次集體學習時的講話（2016 年 6 月 28 日）．人民日報．2016 年 6 月 29 日。

事業新勝利而矢志奮鬥。"①

（三）習近平特信韜：基本分類與構成體系

根據習近平特信韜——特色自信之韜略的科學涵義與基本內容，可將其劃分爲四類：

習近平特信·道路韜——特色四個自信之道路自信韜略；習近平特信·理論韜——特色四個自信之理論自信韜略；習近平特信·制度韜——特色四個自信之制度自信韜略；習近平特信·文化韜——特色四個自信之文化自信韜略。

習近平特信·道路韜是指習近平同志關於中國特色社會主義自信之道路自信的韜略。習近平特信·理論韜是指習近平同志關於中國特色社會主義自信之理論自信的韜略。習近平特信·制度韜是指習近平同志關於中國特色社會主義自信之制度自信的韜略。習近平特信·文化韜是指習近平同志關於中國特色社會主義自信之文化自信的韜略。

習近平特信韜——特色自信之韜略的研究型、理論型的構成體系主要爲：

（1）習近平特信韜的偉大自信與重大意義；（2）習近平特信韜的文獻來源與三新思想要點；（3）習近平特信韜的科學涵義與基本特徵；（4）習近平特信韜的地位與基本分類；（5）習近平特信韜的內部構成與自信來源；（6）習近平特信韜與習近平復夢韜的關係；（7）習近平特信韜的實踐活動與貫徹落實；（8）習近平特信韜的四個堅信與實現途徑；（9）小結與展望。

由以上幾個方面構成習近平特信韜——特色自信之韜略的完整應用體系。

四、習近平特信韜——特色自信之韜略：內部構成與自信來源

（一）習近平特信韜：內部構成

習近平特信韜——特色自信之韜略的內部構成主要爲：中國特色社會主義；中國特色社會主義自信；道路自信、理論自信、制度自信、文化自信。

一是中國特色社會主義：必由之路、主綫主題、旗幟方向。

什麼是中國特色社會主義？什麼是中國特色社會主義必由之路？習近平（2013年）指出："中國特色社會主義，是科學社會主義理論邏輯和中國社會發展歷史邏輯的辯證統一，是根植於中國大地、反映中國人民意願、適應中國和時代發展進步要求的科學社會主義，是全面建成小康社會、加快推進社會主

---

① 習近平：在紀念紅軍長征勝利80週年大會上的講話（2016年10月21日）．人民日報．2016年10月22日。

現代化、實現中華民族偉大復興的必由之路。"① 什麼是中國特色社會主義主綫主題？什麼是中國特色社會主義旗幟方向？習近平（2012 年）指出："堅持和發展中國特色社會主義是貫穿黨的十八大報告的一條主綫。"② 習近平（2012年）指出："實踐充分證明，中國特色社會主義是中國共産黨和中國人民團結的旗幟、奮進的旗幟、勝利的旗幟。"③ 習近平（2013 年）指出："要深入開展中國特色社會主義宣傳教育，把全國各族人民團結和凝聚在中國特色社會主義偉大旗幟之下。"④ 習近平（2017 年）指出："高舉中國特色社會主義偉大旗幟，爲決勝全面小康社會實現中國夢而奮鬥。"⑤

二是中國特色社會主義自信：相互關係。

中國特色社會主義是中國特色社會主義自信的依據、基礎與對象；而中國特色社會主義自信則是中國特色社會主義的强大精神動力。要堅持和發展中國特色社會主義，就必須堅信中國特色社會主義自信；只有牢固樹立中國特色社會主義自信，才能堅持和發展中國特色社會主義。

三是自信體系：道路自信、理論自信、制度自信、文化自信。

中國特色社會主義自信包括道路自信、理論自信、制度自信、文化自信，由此也構成一個自信體系。習近平（2016 年 7 月）指出："堅持不忘初心、繼續前進，就要堅持中國特色社會主義道路自信、理論自信、制度自信、文化自信，堅持黨的基本路綫不動搖，不斷把中國特色社會主義偉大事業推向前進。"⑥ 習近平（2016 年 10 月）強調指出："弘揚偉大長征精神，走好今天的長征路，必須堅定中國特色社會主義道路自信、理論自信、制度自信、文化自信，爲奪取中國特色社會主義偉大事業新勝利而矢志奮鬥。"⑦ 習近平（2017 年7 月）進一步強調指出："全黨牢固樹立中國特色社會主義道路自信、理論自信、制度自信、文化自信，確保黨和國家事業始終沿着正確方向勝利前進。"⑧

---

① 中共中央文獻研究室．十八大以來重要文獻選編（上）．北京：中央文獻出版社．2014：第109－118 頁。

② 習近平．習近平談治國理政．北京：外文出版社．2014：第 6－20 頁。

③ 習近平．習近平談治國理政．北京：外文出版社．2014：第 6－20 頁。

④ 習近平：在全國宣傳思想工作會議上的講話（2013 年 8 月 19 日）．人民日報．2013 年 08 月 20日。

⑤ 習近平：在省部級主要領導幹部專題班上的講話（2017 年 7 月 26 日）．人民日報．2017 年 7 月27 日。

⑥ 習近平在在慶祝中國共産黨成立95 週年大會上的講話（2016 年 7 月 1 日）．人民日報．2016 年7 月 2 日。

⑦ 習近平：在紀念紅軍長征勝利 80 週年大會上的講話（2016 年 10 月 21 日）．人民日報．2016 年10 月 22 日。

⑧ 習近平在省部級主要領導幹部專題班上的講話（2017 年 7 月 26 日）．人民日報．2017 年 7 月 27日。

（二）習近平特信韜：自信來源

習近平特信韜的自信來源，就是指習近平特信韜——特色自信之韜略的根據、基礎。其自信來源包括：來源於偉大實踐、來源於真理信念、來源於人民精神狀態、來源於偉大成就。

一是三個來源。習近平（2013 年）指出："我們說的道路自信、理論自信、制度自信，來源於實踐、來源於人民、來源於真理。我們要在深入把握中國特色社會主義的科學性和真理性的基礎上增強自信，在領導人民推進改革開放和社會主義現代化建設的進程中繼續開拓，按照黨的十八大提出的堅持和發展中國特色社會主義的基本要求，不斷開創中國特色社會主義事業新局面。"①

二是四個 "走出來"。習近平（2013 年）指出："中國特色社會主義道路來之不易，它是在改革開放 30 多年的偉大實踐中走出來的，是在中華人民共和國成立 60 多年的持續探索中走出來的，是在對近代以來 170 多年中華民族發展歷程的深刻總結中走出來的，是在對中華民族 5000 多年悠久文明的傳承中走出來的，具有深厚的歷史淵源和廣泛的現實基礎。"②

三是民族創造力。習近平（2013 年）指出："中華民族是具有非凡創造力的民族，我們創造了偉大的中華文明，我們也能夠繼續拓展和走好適合中國國情的發展道路。全國各族人民一定要增強對中國特色社會主義的理論自信、道路自信、制度自信，堅定不移沿着正確的中國道路奮勇前進。"③

四是黨的光輝歷程。習近平（2013 年）強調指出："面對黨和國家事業發展新要求，重溫黨和人民共同走過的光輝歷程，在新的歷史條件下堅持和發展中國特色社會主義，必須堅持走自己的路，必須順應世界大勢，必須代表最廣大人民根本利益，必須加強黨的自身建設，必須堅定中國特色社會主義自信。"④

五、習近平特信韜——特色自信之韜略：實踐活動與貫徹落實

（一）習近平特信韜：實踐活動

習近平特信韜——特色自信之韜略的實踐活動主要體現在：參觀、視察、

---

① 習近平：在中共第十八屆中央政治局第七次集體學習時的講話（2013 年 6 月 25 日）. 人民日報. 2013 年 6 月 26 日。

② 中共中央文獻研究室. 習近平關於實現中華民族偉大復興的中國夢論述摘編. 北京：中央文獻出版社. 2013：第 26－28 頁。

③ 中共中央文獻研究室. 習近平關於實現中華民族偉大復興的中國夢論述摘編. 北京：中央文獻出版社. 2013：第 26－28 頁。

④ 習近平：在中共第十八屆中央政治局第七次集體學習時的講話（2013 年 6 月 25 日）. 人民日報. 2013 年 6 月 26 日。

考察、調研、訪問、會議、峰會、論壇、講話、演講、簽署命令、署名文章、批示指示、復信回信、賀詞賀信、專題研討班、集體學習等幾個方面。其中，會議包括全國黨代會、全國人代會、全國政協會、中央紀委會、政治局會議、黨的全會、每年全國人代會、每年全國政協會、每年紀委會、部委工作會、座談會、茶話會、團拜會、研討會、領導小組會議等；署名文章包括國內署名文章與海外署名文章。比較重要的有：

（1）相關會議：論述四個自信。

【誕辰座談會】 一是毛澤東、鄧小平誕辰座談會。習近平（2013 年）在紀念毛澤東同志誕辰 120 週年座談會上指出：＂要堅定不移走中國特色社會主義道路，既不走封閉僵化的老路，也不走改旗易幟的邪路。我們要增強政治定力，增強道路自信、理論自信、制度自信。＂① 習近平（2014 年）在紀念鄧小平同志誕辰 110 週年座談會上指出：＂中國特色社會主義是適合中國國情、符合中國特點、順應時代發展要求的理論和實踐，所以才能取得成功，並將繼續取得成功。＂② 二是文藝文化座談會。習近平（2014 年）在文藝工作座談會上指出：＂增強文化自覺和文化自信，是堅定道路自信、理論自信、制度自信的題中應有之義。＂③ 習近平（2016 年）在哲學社會科學座談會上指出：＂我們說要堅定中國特色社會主義道路自信、理論自信、制度自信，說到底是要堅定文化自信。文化自信是更基本、更深沉、更持久的力量。歷史和現實都表明，一個拋棄了或者背叛了自己歷史文化的民族，不僅不可能發展起來，而且很可能上演一場歷史悲劇。＂④

【成立週年大會】 一是，習近平（2014 年）在慶祝全國人民代表大會成立 60 週年大會上指出：堅定中國特色社會主義制度自信，首先要堅定對中國特色社會主義政治制度的自信，增強走中國特色社會主義政治發展道路的信心和決心。⑤ 二是，習近平（2014 年）在慶祝中國人民政治協商會議成立 65 週年大會上指出：中國特色社會主義制度的生命力，就在於這一制度是在中國的社會土壤中生長起來的，人民政協就是適合中國國情、具有鮮明中國特色的制度安

---

① 習近平：在紀念毛澤東同志誕辰 120 週年座談會上的講話（2013 年 12 月 26 日）. 人民日報. 2013 年 12 月 27 日。

② 習近平在紀念鄧小平同志誕辰 110 週年座談會上的講話（2014 年 8 月 20 日）. 人民日報. 2014 年 8 月 21 日。

③ 習近平：在文藝工作座談會上的講話（2014 年 10 月 15 日）. 人民日報. 2014 年 10 月 16 日。

④ 習近平：在哲學社會科學工作座談會上的講話（2016 年 5 月 17 日）. 人民日報. 2016 年 5 月 19 日。

⑤ 習近平：在慶祝全國人民代表大會成立 60 週年大會上的講話. 人民日報. 2014 年 9 月 6 日。

排。① 三是，習近平（2014 年）在慶祝中華人民共和國成立 65 週年招待會上指出："我們自己的路，就是中國特色社會主義道路。我們要不斷增強中國特色社會主義道路自信、理論自信、制度自信，使中國特色社會主義這條康莊大道越走越寬廣。"②

【部委工作會】習近平（2013 年）在全國宣傳思想工作會議上指出："要深入開展中國特色社會主義宣傳教育，把全國各族人民團結和凝聚在中國特色社會主義偉大旗幟之下。要加強社會主義核心價值體系建設，積極培育和踐行社會主義核心價值觀，全面提高公民道德素質，培育知榮辱、講正氣、作奉獻、促和諧的良好風尚。"③

（2）集體學習：論述四個自信。

中共十八大期間，一共舉行了 43 次中央政治局集體學習④，多數集體學習都不同程度地論及了"中國特色社會主義"，有 4 次是重點論述"中國特色社會主義及其自信問題"。

一是，2012 年 11 月 7 日，第十八屆中央政治局就深入學習貫徹黨的十八大精神進行第一次集體學習。習近平強調："堅持和發展中國特色社會主義是貫穿黨的十八大報告的一條主綫。我們要緊緊抓住這條主綫，把堅持和發展中國特色社會主義作爲學習貫徹黨的十八大精神的聚焦點、着力點、落腳點，把黨的十八大精神學得更加深入、領會得更加透徹、貫徹得更加自覺。"⑤

二是，2013 年 6 月 25 日，第十八屆中央政治局就中國特色社會主義理論和實踐進行第七次集體學習。習近平強調："我們說的道路自信、理論自信、制度自信，來源於實踐、來源於人民、來源於真理。我們要在深入把握中國特色社會主義的科學性和真理性的基礎上增強自信，在領導人民推進改革開放和社會主義現代化建設的進程中繼續開拓，按照黨的十八大提出的堅持和發展中國特色社會主義的基本要求，不斷開創中國特色社會主義事業新局面。"⑥

---

① 習近平：在慶祝中國人民政治協商會議成立 65 週年大會上的講話．人民日報．2014 年 9 月 22 日。

② 習近平：在慶祝中華人民共和國成立 65 週年招待會上的講話．人民日報．2014 年 9 月 30 日。

③ 習近平：在全國宣傳思想工作會議上的講話（2013 年 8 月 19 日）．人民日報．2013 年 8 月 20 日。

④ 中央政治局集體學習：係指中共中央政治局定期學習的一種制度或習慣。由中共中央總書記主持并發表講話，中央政治局全體成員參加，邀請有關部門負責人、專家學者，就經濟、政治、歷史、文化、社會、生態、科技、軍事、外交等重大問題進行專題講解。

⑤ 習近平：在中共第十八屆中央政治局第一次集體學習時的講話（2012 年 11 月 7 日）．人民日報．2012 年 11 月 8 日。

⑥ 習近平：在中共第十八屆中央政治局第七次集體學習時的講話（2013 年 6 月 25 日）．人民日報．2013 年 6 月 26 日。

三是，2014年2月24日，第十八屆中央政治局就培育和弘揚社會主義核心價值觀、弘揚中華傳統美德進行第十三次集體學習。習近平強調："繼承和發揚中華優秀傳統文化和傳統美德，廣泛開展社會主義核心價值觀宣傳教育，積極引導人們講道德、尊道德、守道德，追求高尚的道德理想，不斷夯實中國特色社會主義的思想道德基礎。"①

四是，2016年6月28日，中共第十八屆中央政治局就嚴肅黨內政治生活、淨化黨內政治生態進行第三十三次集體學習。習近平強調指出："要把加強思想政治建設擺在首位，引導黨員特別是領導幹部築牢信仰之基、補足精神之鈣、把穩思想之舵，堅定中國特色社會主義道路自信、理論自信、制度自信、文化自信。"②

（3）專題研討班：論述四個自信。

中共十八大期間，一共舉行了6次專題研討班③，每次研討班都不同程度地論及了"道路自信、理論自信、制度自信"或"文化自信"。代表性論述有：

一是，2013年1月5日，習近平在省部級領導研討班開班式上強調："要毫不動搖堅持和發展中國特色社會主義 在實踐中不斷有所發現有所創造有所前進。"④習近平指出："黨的十八大精神，說一千道一萬，歸結為一點，就是堅持和發展中國特色社會主義。我們就是要有這樣的道路自信、理論自信、制度自信，真正做到"千磨萬擊還堅勁，任爾東西南北風"。⑤

二是，2014年2月17日，習近平在省部級主要領導幹部學習貫徹十八屆三中全會精神 全面深化改革專題研討班開班式上強調："要完善和發展中國特色社會主義制度，推進國家治理體系和治理能力現代化。"⑥習近平指出："推進國家治理體系和治理能力現代化，必須完整理解和把握全面深化改革的總目標，這是兩句話組成的一個整體，即完善和發展中國特色社會主義制度、推進國家

---

① 習近平在第十八屆中央政治局第十三次集體學習時的講話（2014年2月24日）. 人民日報. 2014年2月25日。

② 習近平：在中共第十八屆中央政治局第三十三次集體學習時的講話（2016年6月28日）. 人民日報. 2016年6月29日。

③ 專題研討班：就是中共黨和政府省部級主要領導幹部專題研討班。專題班始於1999年，每年舉辦一次已經舉辦。研討班的主題內容為當年中共黨和政府全局性的、戰略性的、重大的問題。由中央主要領導作報告，省部級主要官員學習研討，隨後學習研討的成果將在今後的工作中加以貫徹和落實。

④ 習近平：在省部級主要領導幹部專題研討班上的講話（2013年1月5日）. 人民日報. 2013年1月6日。

⑤ 習近平：在省部級主要領導幹部專題研討班上的講話（2013年1月5日）. 人民日報. 2013年1月6日。

⑥ 習近平：在省部級主要領導幹部專題研討班上的講話（2014年2月17日）. 人民日報. 2014年2月18日。

治理體系和治理能力現代化。我們的方向就是中國特色社會主義道路。"①

三是，2017 年 7 月 26 日，習近平在省部級主要領導幹部專題研討班開班式上強調："高舉中國特色社會主義偉大旗幟，爲決勝全面小康社會實現中國夢而奮鬥。"② 習近平指出："中國特色社會主義是改革開放以來黨的全部理論和實踐的主題，全黨必須高舉中國特色社會主義偉大旗幟，牢固樹立中國特色社會主義道路自信、理論自信、制度自信、文化自信，確保黨和國家事業始終沿着正確方向勝利前進。"③

（二）習近平特信韜：貫徹落實

一是中共中央宣傳部先後編寫《習近平總書記系列重要講話讀本（2014 年版)》、《習近平總書記系列重要講話讀本（2016 年版)》；該書第二部分專題解讀了習近平關於中國特色社會主義及其自信的重要思想。

二是中共中央組織部編寫《堅持和發展中國特色社會主義（全國幹部學習培訓教材)（2015 年版)》，該書堅持以十八大精神爲指導，重點闡述中國特色社會主義旗幟、道路、理論體系、制度、總依據、總布局、總任務以及 "八個必須堅持" 的基本要求等方面的內容。

三是中共中央宣傳部等部委聯合攝製專題片《不忘初心繼續前進（2017 年10 月)》，分爲《舉旗定向》、《人民至上》、《攻堅克難》、《凝心鑄魂》、《强軍路上》、《合作共贏》、《永立潮頭》等 7 集。該片圍遶以習近平同志爲核心的黨中央五年來治國理政的偉大實踐，真實展示五年以來中國經濟社會全面發展的生動實踐和巨大成就，充分表現了黨中央繼往開來、逐夢前行的勇氣、擔當和智慧，全景展示中國共產黨人不忘初心、砥礪奮進的壯闊征程，生動講述五年以來打動世界、激盪人心的中國故事。

六、習近平特信韜——特色自信之韜略：四個堅信與實現途徑

（一）習近平特信韜：四個堅信——遵循原則

一是堅信必由之路。習近平（2016 年 7 月）指出："我們要堅信，中國特色社會主義道路是實現社會主義現代化的必由之路，是創造人民美好生活的必

---

① 習近平：在省部級主要領導幹部專題研討班上的講話（2014 年 2 月 17 日）. 人民日報. 2014 年2 月 18 日。

② 習近平：在省部級主要領導幹部專題研討班上的講話（2017 年 7 月 26 日）. 人民日報. 2017 年7 月 27 日。

③ 習近平：在省部級主要領導幹部專題研討班上的講話（2017 年 7 月 26 日）. 人民日報. 2017 年7 月 27 日。

由之路。"① 習近平（2016 年 10 月）指出："我們要堅信，中國特色社會主義道路是實現社會主義現代化的必由之路，是指引中國人民創造自己美好生活的必由之路。"②

二是堅信正確理論。習近平（2016 年 7 月）指出："我們要堅信，中國特色社會主義理論體系是指導黨和人民沿着中國特色社會主義道路實現中華民族偉大復興的正確理論，是立於時代前沿、與時俱進的科學理論。"③ 習近平（2016 年 10 月）指出："我們要堅信，中國特色社會主義理論體系是指導黨和人民沿着中國特色社會主義道路實現中華民族偉大復興的正確理論，是立於時代前沿、與時俱進的科學理論。"④

三是堅信制度保障。習近平（2016 年 7 月）指出："我們要堅信，中國特色社會主義制度是當代中國發展進步的根本制度保障，是具有鮮明中國特色、明顯制度優勢、強大自我完善能力的先進制度。"⑤ 習近平（2016 年 10 月）指出："我們要堅信，中國特色社會主義制度是當代中國發展進步的根本制度保障，是具有鮮明中國特色、明顯制度優勢、強大自我完善能力的先進制度。"⑥

四是堅信精神追求。習近平（2016 年 10 月）指出："我們要堅信，中國特色社會主義文化積澱着中華民族最深層的精神追求，代表着中華民族獨特的精神標識，是中國人民勝利前行的強大精神力量。"⑦ 習近平（2016 年 11 月）指出："堅定文化自信，是事關國運興衰、事關文化安全、事關民族精神獨立性的大問題。"⑧

（二）習近平特信韜：實現途徑

一是堅持四個自信。習近平（2016 年 7 月）指出："堅持不忘初心、繼續

---

① 習近平：在慶祝中國共產黨成立95週年大會上的講話（2016 年 7 月 1 日）. 人民日報. 2016 年 7 月 2 日。

② 習近平：在紀念紅軍長征勝利 80 週年大會上的講話（2016 年 10 月 21 日）人民日報. 2016 年 10 月 22 日。

③ 習近平：在慶祝中國共產黨成立95週年大會上的講話（2016 年 7 月 1 日）. 人民日報. 2016 年 7 月 2 日。

④ 習近平：在紀念紅軍長征勝利 80 週年大會上的講話（2016 年 10 月 21 日）人民日報. 2016 年 10 月 22 日。

⑤ 習近平：在慶祝中國共產黨成立95週年大會上的講話（2016 年 7 月 1 日）. 人民日報. 2016 年 7 月 2 日。

⑥ 習近平：在紀念紅軍長征勝利 80 週年大會上的講話（2016 年 10 月 21 日）人民日報. 2016 年 10 月 22 日。

⑦ 習近平：在紀念紅軍長征勝利 80 週年大會上的講話（2016 年 10 月 21 日）人民日報. 2016 年 10 月 22 日。

⑧ 中共中央文獻研究室. 習近平關於社會主義文化建設論述摘編. 北京：中央文獻出版社. 2017；第 16 頁。

前進，就要堅持中國特色社會主義道路自信、理論自信、制度自信、文化自信。"①

二是堅定四個自信。習近平（2014年3月）指出："我們要堅定道路自信、理論自信、制度自信，最根本的還有一個文化自信。"② 習近平（2016年5月）指出："我們說要堅定中國特色社會主義道路自信、理論自信、制度自信，說到底是要堅定文化自信。"③ 習近平（2016年7月）強調指出："全黨要堅定道路自信、理論自信、制度自信、文化自信。"④ 習近平（2016年10月）強調指出："必須堅定中國特色社會主義道路自信、理論自信、制度自信、文化自信，爲奪取中國特色社會主義偉大事業新勝利而矢志奮鬥。"⑤

三是牢固樹立四個自信。習近平（2017年7月）強調指出："必須牢固樹立中國特色社會主義道路自信、理論自信、制度自信、文化自信，確保黨和國家事業始終沿着正確方向勝利前進。"⑥ 習近平（2017年10月）強調指出："要牢固樹立中國特色社會主義道路自信、理論自信、制度自信、文化自信，正確分析國際國內形勢，凝聚政治共識，匯聚各方力量。"⑦

四是創新豐富四個自信。習近平（2014年）指出："沒有堅定的制度自信就不可能有全面深化改革的勇氣，同樣，離開不斷改革，制度自信也不可能徹底、不可能久遠。我們全面深化改革，是要使中國特色社會主義制度更好；我們說堅定制度自信，不是要固步自封，而是要不斷革除體制機制弊端，讓我們的制度成熟而持久。"⑧ 習近平（2016年）指出："我們強調堅定道路自信、理論自信、制度自信、文化自信，不是說就固步自封、不思進取了，我們必須不斷有所發現、有所發明、有所創造、有所前進，使中國特色社會主義永遠充滿

---

① 習近平：在慶祝中國共產黨成立95週年大會上的講話（2016年7月1日）．人民日報．2016年7月2日。

② 萬群、趙國樑．習近平總書記參加貴州代表團審議側記——堅守發展和生態兩條底線切實做到經濟效益社會效益生態效益同步提昇．貴州日報．2014年03月10日。

③ 習近平：在哲學社會科學工作座談會上的講話（2016年5月17日）．人民日報．2016年5月19日。

④ 習近平：在中共第十八屆中央政治局第三十三次集體學習時的講話（2016年6月28日）．人民日報．2016年6月29日。

⑤ 習近平：在紀念紅軍長征勝利80週年大會上的講話（2016年10月21日）．人民日報．2016年10月22日。

⑥ 習近平：在省部級主要領導幹部專題研討班上的講話（2017年7月26日）．人民日報．2017年7月27日。

⑦ 習近平：在黨外人士座談會上的講話（2017年10月15日）．人民日報．2017年10月16日。

⑧ 習近平：在省部級主要領導幹部專題研討班上的講話（2014年2月17日）．人民日報．2014年2月18日。

蓬勃生機活力。"①

五是切實增強政治戰略定力。習近平（2013 年）指出："我們要增強政治定力，增強道路自信、理論自信、制度自信。我們要根據形勢任務發展變化，通過全面深化改革，不斷拓展中國特色社會主義道路，不斷豐富中國特色社會主義理論體系，不斷完善中國特色社會主義制度。"② 習近平（2013 年）指出："我們必須有很強大的戰略定力，堅決抵制拋棄社會主義的各種錯誤主張，自覺糾正超越階段的錯誤觀念。"③ 習近平（2015 年）指出："我們推進各項工作，要靠實踐出真知。理論必須同實踐相統一。必須高度重視理論的作用，增強理論自信和戰略定力，對經過反復實踐和比較得出的正確理論，要堅定不移堅持。"④

七、小結與展望

（一）小結

習近平特信韜是習近平"六韜九策"治國策體系內容之一。習近平特信韜——特色自信之韜略，是指習近平同志關於中國特色社會主義道路自信、理論自信、制度自信與文化自信等四個自信的韜略。習近平特信韜的研究對象與範圍：中共十八大期間，習近平同志關於中國特色社會主義道路自信、理論自信、制度自信與文化自信等四個自信的重要論述。

習近平特信韜——特色自信之韜略在政黨戰略學中屬於戰略主題的層次與範疇。其基本特徵表現在突出主題主線、突出旗幟方向、強調理想信念與強調四個自信；其基本內容包括道路自信、理論自信、制度自信與文化自信等四個自信；其內部構成包括中國特色社會主義、中國特色社會主義自信、道路自信、理論自信、制度自信、文化自信等幾個方面；其基本來源包括偉大實踐、真理信念、人民精神狀態與偉大成就。習近平特信韜——特色自信之韜略的研究型、理論型的構成體系主要包括：1）習近平特信韜的偉大自信與重大意義；2）習近平特信韜的文獻來源與三新思想要點；3）習近平特信韜的科學涵義與基本特徵；4）習近平特信韜的地位與基本分類；5）習近平特信韜的內部構成與自信

---

① 習近平：在紀念紅軍長征勝利 80 週年大會上的講話（2016 年 10 月 21 日）．人民日報．2016 年 10 月 22 日。

② 習近平：在紀念毛澤東同志誕辰一百二十週年座談會上的講話（2013 年 12 月 26 日）．人民日報．2013 年 12 月 27 日。

③ 中共中央文獻研究室．十八大以來重要文獻選編（上）．北京：中央文獻出版社．2014：第 109－118 頁。

④ 習近平：在第十八屆中央政治局第二十次集體學習時的講話（2015 年 1 月 23 日）．人民日報．2015 年 1 月 24 日。

來源；6）習近平特信韜與習近平復夢韜的關係；7）習近平特信韜的實踐活動
與貫徹落實；8）習近平特信韜的四個堅信與實現途徑；9）小結與展望等幾個
方面。

（二）展望（預測與建議）

"自信人生二百年，會當水擊三千裏"。2013 年 12 月 26 日，習近平指出：
"站立在 960 萬平方公里的廣袤土地上，吸吮着中華民族漫長奮鬥積累的文化養
分，擁有 13 億中國人民聚合的磅礴之力，我們走自己的路，具有無比廣闊的舞
臺，具有無比深厚的歷史底蘊，具有無比強大的前進定力。中國人民應該有這
個信心，每一個中國人都應該有這個信心。"① 2016 年 7 月 1 日，習近平指出：
"當今世界，要說哪個政黨、哪個國家、哪個民族能夠自信的話，那中國共產
黨、中華人民共和國、中華民族是最有理由自信的。有了'自信人生二百年，
會當水擊三千裏'的勇氣，我們就能毫無畏懼面對一切困難和挑戰，就能堅定
不移開闢新天地、創造新奇迹。"②

幾點建議：一是，要進一步加大中國特色社會主義文化自信的宣傳學習力
度，加大中國特色社會主義自信四位一體宣傳與研究力度；

二是，盡快編輯出版《習近平關於中國特色社會主義道路自信、理論自信、
制度自信與文化自信論述摘編（2012 年 11 月—2017 年 10 月）》，以便於廣大幹
部群眾全面系統地學習、理解和掌握習近平關於中國特色社會主義道路自信、
理論自信、制度自信、文化自信的重要論述。

三是，盡快編輯出版全國幹部培訓教材《文化自信通俗讀本》，以便於廣
大幹部學習、瞭解文化自信的基本知識、基本原理與基本規律，進一步堅持與
樹立中國特色社會主義四個自信。

---

① 中共中央文獻研究室. 習近平關於社會主義文化建設論述摘編. 北京：中央文獻出版社. 2017：
第 4 頁。

② 習近平：在慶祝中國共產黨成立 95 週年大會上的講話（2016 年 7 月 1 日）. 人民日報. 2016 年
7 月 2 日。

第三章
習近平五體韜——五位一體之韜略

【知識導引】

習近平五體韜——五位一體之韜略，是指習近平同志關於統籌推進經濟建設、政治建設、文化建設、社會建設、生態文明建設等"五位一體"總體布局的韜略。習近平五體韜——五位一體之韜略在政黨戰略學中屬於戰略總體布局的層次與範疇。

【經典論述】

強調五位一體總布局，是因為中國特色社會主義是全面發展的社會主義，我們要在經濟不斷發展的基礎上，協調推進政治建設、文化建設、社會建設、生態文明建設以及其他各方面建設。

——習近平

堅持不忘初心、繼續前進，就要統籌推進'五位一體'總體布局，協調推進'四個全面'戰略布局，全力推進全面建成小康社會進程，不斷把實現兩個一百年奮鬥目標推向前進。

——習近平

【内容提要】習近平五體韜——五位一體之韜略是習近平 "六韜九策" 治國策體系内容之一。習近平五體韜——五位一體之韜略,是指習近平同志關於統籌推進經濟建設、政治建設、文化建設、社會建設、生態文明建設等 "五位一體" 總體布局的韜略。習近平五體韜的研究對象與範圍:中共十八大期間,習近平同志關於繼續統籌推進經濟建設、政治建設、文化建設、社會建設、生態文明建設等 "五位一體" 總體布局的重要論述。

習近平五體韜屬——五位一體之韜略在政黨戰略學中於戰略總體布局的層次與範疇。其基本特徵表現在:突出全面性,強調人民性,突出發展性,強調生態性。習近平五體韜——五位一體之韜略的研究型、理論型的構成體系主要包括:1) 習近平五體韜的偉大事業與重要意義;2) 習近平五體韜的文獻來源與三新思想要點;3) 習近平五體韜的科學涵義與基本内容;4) 習近平五體韜的地位與基本特徵;5) 習近平五體韜的基本分類與構成體系;6) 習近平五體韜的實踐活動與貫徹落實;7) 習近平五體韜的遵循原則與基本要求;8) 小結與展望等幾個方面。

幾點建議:一是盡快編輯出版《習近平關於社會主義教育工作論述摘編 (2012 年 11 月—2017 年 10 月)》;二是盡快編輯出版《習近平關於社會主義文藝工作論述摘編 (2012 年 11 月—2017 年 10 月)》。

【關鍵詞】習近平;五體韜;五位一體;構成體系;建議

引　言

　　"習近平五體韜——五位一體之韜略"是習近平治國理政思想體系宏觀戰略層面的重要内容。中共十八大期間（2012 年—2017 年 10 月），習近平圍遶如何統籌"五位一體"、怎樣推進"五位一體"這個富國强軍、振興民族的戰略總體布局問題，作了一系列深刻闡釋，由此勾畫了"五位一體"的宏偉規劃，形成、創立了"習近平五體韜——五位一體之韜略"。

　　"習近平五體韜——五位一體之韜略"，是指習近平同志關於統籌推進經濟建設、政治建設、文化建設、社會建設、生態文明建設等"五位一體"總體布局的韜略。研究探討"習近平五體韜——五位一體之韜略"，深刻理解和全面把握"五位一體"的科學内涵、精神實質與構成體系，對於堅定不移、統籌兼顧，不斷推進中國特色社會主義偉大事業，實現中華民族偉大復興的中國夢，具有十分重要的意義。

一、習近平五體韜——五位一體之韜略：總體布局與重要意義

（一）習近平五體韜：總體布局

　　2012 年—2014 年，習近平着重從發展的角度論述"五位一體"總體布局；2015 年—2017 年，習近平則着重從統籌推進的角度論述"五位一體"總體布局。資料顯示：中共十八大五年間，習近平在國内外很多重要場合，從不同的的角度，對"五位一體"進行了多方面、立體式的一系列深刻闡釋，進一步豐富了"五位一體"總體布局的時代内容。代表性論述主要有：

　　1. 强調"五位一體"。2012 年 11 月 17 日，習近平首次指出："强調五位一體總布局，是因爲中國特色社會主義是全面發展的社會主義，我們要在經濟不斷發展的基礎上，協調推進政治建設、文化建設、社會建設、生態文明建設以及其他各方面建設。"[①]

　　2. 强調"五位一體"。2013 年 4 月 25 日，習近平强調指出："黨的十八大提出中國特色社會主義事業五位一體總體布局，把生態文明建設放到更加突出的位置，强調要實現科學發展，要加快轉變經濟方式。"[②]

---

　　① 習近平：在中共第十八屆中央政治局第一次集體學習時的講話（2012 年 11 月 17）．人民日報．2012 年 11 月 18。

　　② 中共中央文獻研究室．習近平關於社會主義生態文明建設論述摘編．北京：中央文獻出版社．2017：第 5 頁。

3. 强調五個建設。習近平（2014年）指出："我們要堅持以經濟建設爲中心、以科學發展爲主題、以造福人民爲根本目的，不斷解放和發展社會生產力，全面推進經濟建設、政治建設、文化建設、社會建設、生態文明建設，不斷開拓生產發展、生活富裕、生態良好的文明發展道路，爲實現全體人民共同富裕而不懈努力。"①

4. 强調五個建設。2015年7月9日，習近平强調指出："我們將繼續堅持以經濟建設爲中心，致力於建設改革發展成果真正惠及人民，經濟、政治、文化、社會、生態文明全面發展的小康社會。"②

5. 强調"五位一體"。2016年7月1日，習近平指出："堅持不忘初心、繼續前進，就要統籌推進'五位一體'總體布局，協調推進'四個全面'戰略布局，全力推進全面建成小康社會進程，不斷把實現兩個一百年奮鬥目標推向前進。"③

6. 强調"五位一體"。2017年7月26日，習近平在省部級主要領導幹部專題班上强調指出："要繼續統籌推進'五位一體'總體布局、協調推進'四個全面'戰略布局，決勝全面建成小康社會，奪取中國特色社會主義偉大勝利，爲實現中華民族偉大復興的中國夢不懈奮鬥。"④2017年9月25日，習近平在參觀"砥礪奮進的五年"大型成就展時强調指出："黨中央團結帶領全黨全國各族人民，統籌推進'五位一體'總體布局、協調推進'四個全面'戰略布局，團結一心，與時俱進，頑强拼搏，攻堅克難，推動中國特色社會主義事業取得長足發展、人民生活得到顯著改善，黨和國家事業取得歷史性成就、發生歷史性變革。"⑤

（二）習近平五體韜：重要意義

研究探討習近平政治建設的重要論述，對於全黨全社會堅定政治自信，增强中國特色社會主義政治發展道路的信心和決心，推進國家治理體系和治理能力現代化，具有十分重要的指導意義。

研究探討習近平經濟建設的重要論述，對於牢固樹立和貫徹落實新發展理

①　習近平：在慶祝中華人民共和國成立65週年招待會上的講話（2014年9月30日）. 人民日報. 2014年10月1日。

②　中共中央文獻研究室. 習近平關於全面建成小康社會論述摘編. 北京：中央文獻出版社. 2016：第9頁。

③　習近平：在慶祝中國共產黨成立95週年大會上的講話（2016年7月1日）. 人民日報. 2016年7月2日。

④　習近平：在省部級主要領導幹部專題班上的講話（2017年7月26日）. 人民日報. 2017年7月27日。

⑤　習近平：在參觀"砥礪奮進的五年"大型成就展時的講話. 人民日報. 2017年9月26日.

念，適應把握引領經濟發展新常態，促進經濟平穩健康發展和社會和諧穩定，具有十分重要的指導意義。

研究探討習近平社會建設的重要論述，對於落實以民爲本的執政理念，不斷實現好維護好發展好最廣大人民根本利益，做到發展爲了人民、發展依靠人民、發展成果由人民共享，具有十分重要的指導意義。

研究探討習近平文化建設的重要論述，對於鞏固全黨全國人民團結奮鬥的共同思想基礎，堅定文化自信，發展社會主義精神文明，加快建設社會主義文化强國，具有十分重要的指導意義。

研究探討習近平生態文明建設的重要論述，對於堅定不移走生産發展、生活富裕、生態良好的文明發展道路，推動形成綠色發展方式和生活方式，推進美麗中國建設，具有十分重要的指導意義。

二、習近平五體韜——五位一體之韜略：文獻來源與三新思想要點

（一）習近平五體韜：文獻來源

習近平五體韜——五位一體之韜略的經典文獻主要有以下幾個方面：

一是《習近平談治國理政》第四、六、七、八部分[①]。計有 4 個專題 25 篇：（1）促進經濟持續健康發展：經濟增長必須是實實在在和没有水分的增長（2012 年 11 月 30 日）；提高開放型經濟水平（2013 年 4 月 8 日）；“看不見的手”和“看得見的手”都要用好（2014 年 5 月 26 日）；加快從要素驅動、投資規模驅動發展爲主向以創新驅動發展爲主的轉變（2014 年 6 月 9 日）；積極推動我國能源生産和消費革命（2014 年 6 月 13 日）。（2）建設社會主義文化强國：把宣傳思想工作做得更好（2013 年 8 月 19 日）；爲實現中國夢凝聚有力道德支撑（2013 年 9 月 26 日）；提高國家文化軟實力（2013 年 12 月 30 日）；培育和弘揚社會主義核心價值觀（2014 年 2 月 24 日）；青年要自覺踐行社會主義核心價值觀（2014 年 5 月 4 日）；從小積極培育和踐行社會主義核心價值觀（2014 年 5 月 30 日）。（3）推進社會事業和社會管理改革發展：推動貧困地區脱貧致富、加快發展（2012 年 12 月 29 日、30 日）；讓十三億人民享有更好更公平的教育（2013 年 9 月 25 日）；加快推進住房保障和供應體系建設（2013 年 10 月 29 日）；始終把人民群衆生命安全放在第一位（2013 年 11 月 24 日）；努力把我國建設成爲網絡强國（2014 年 2 月 27 日）；堅持總體國家安全觀，走中國特色國家安全道路（2014 年 4 月 15 日）；切實維護國家安全和社會安定（2014 年 4 月 25 日）。（4）建設生態文明：爲建設美麗中國創造更好生態條件

[①]　習近平．習近平談治國理政．北京：外文出版社．2014。

（2013 年 4 月 2 日）；努力走向社會主義生態文明新時代（2013 年 5 月 24 日）；爲子孫後代留下天藍、地綠、水清的生產生活環境（2013 年 7 月 18 日）。

二是《十八大以來重要文獻選編（上）》①。計有篇：緊緊圍遶堅持和發展中國特色社會主義學習宣傳貫徹黨的十八大精神（2012 年 11 月 17 日）；關於堅持和發展中國特色社會主義的幾個問題（2013 年 1 月 5 日）。

三是十八大以來重要文獻選編（中）②。計有篇：習近平在文藝座談會上的講話（2014 年 10 月 15 日）。

四是《習近平關於社會主義政治建設論述摘編》③。該書摘自習近平同志 2012 年 11 月 15 日至 2017 年 5 月 3 日期間的講話、報告、談話、指示等 70 多篇重要文獻，計有 330 段重要論述。

五是《習近平關於社會主義經濟建設論述摘編》④。該書摘自習近平同志 2012 年 11 月 15 日至 2017 年 3 月 12 日期間的講話、報告、指示等 120 多篇重要文獻，計有 494 段重要論述。

六是《習近平關於社會主義社會建設論述摘編》⑤。該書摘自習近平同志 2012 年 11 月 15 日至 2017 年 9 月 19 日期間的講話、報告、演講、指示、批示、賀信等 140 篇重要文獻，計有 326 段論述。

七是《習近平關於社會主義文化建設論述摘編》⑥。該書摘自習近平同志 2012 年 11 月 15 日至 2017 年 7 月 26 日期間的講話、報告、演講、指示、批示、賀信等 70 多篇重要文獻，計有 361 段論述。

八是《習近平關於社會主義生態文明建設論述摘編》⑦。該書摘自習近平同志 2012 年 11 月 15 日至 2017 年 9 月 11 日期間的講話、報告、談話、指示、批示、賀信等 80 多篇重要文獻，計有 259 段論述。

九是習近平其他文獻關於五位一體的重要論述。比較重要的有：習近平在哲學社會科學工作座談會上的講話（2016 年 5 月 17 日）；習近平在慶祝中國共

---

① 中共中央文獻研究室 . 十八大以來重要文獻選編（上）. 北京：中央文獻出版社 . 2014.

② 中共中央文獻研究室 . 十八大以來重要文獻選編（中）. 北京：中央文獻出版社 . 2016。

③ 中共中央文獻研究室 . 習近平關於社會主義政治建設論述摘編 . 北京：中央文獻出版社 . 2017.8。

④ 中共中央文獻研究室 . 習近平關於社會主義經濟建設論述摘編 . 北京：中央文獻出版社 . 2017.6。

⑤ 中共中央文獻研究室 . 習近平關於社會主義社會建設論述摘編 . 北京：中央文獻出版社 . 2017.10。

⑥ 中共中央文獻研究室 . 習近平關於社會主義文化建設論述摘編 . 北京：中央文獻出版社 . 2017.10。

⑦ 中共中央文獻研究室 . 習近平關於社會主義生態文明建設論述摘編 . 北京：中央文獻出版社 . 2017.9。

產黨成立95週年大會上的講話（2016年7月1日）；習近平在紀念紅軍長征勝利80週年大會上的講話（2016年10月21日）；習近平2017年在省部級主要領導幹部專題班上的講話（2017年7月26日）；習近平在參觀"砥礪奮進的五年"大型成就展時的講話（2017年9月26日）；習近平就精神文明建設"五個一工程"作出重要指示（2017年9月27日）；習近平致中國人民大學建校80週年的賀信（2017年10月3日）。

（二）習近平五體韜：三新思想觀點（新思想新理念新觀點）

根據以上文獻分析，習近平五體韜──五位一體之韜略的三新思想觀點（新思想新理念新觀點）主要有以下幾個方面：

（1）政治建設重要論述：堅定不移走中國特色社會主義政治發展道路；堅持黨的領導，發揮黨總攬全局、協調各方的領導核心作用；與時俱進完善人民代表大會制度；推進協商民主廣泛多層制度化發展；全面推進依法治國，加快建設社會主義法治國家；深化行政體制改革，推動政府職能轉變；鞏固和發展最廣泛的愛國統一戰綫；全面貫徹黨的民族政策和宗教政策；加強和改進新形勢下黨的群團工作。

（2）經濟建設重要論述：發展是解決我國一切問題的基礎和關鍵；堅持以人民爲中心的發展思想，用新發展理念統領發展全局；使市場在資源配置中起決定性作用和更好發揮政府作用；主動適應、把握、引領經濟發展新常態，着力推進供給側結構性改革；實施創新驅動發展戰略；推進新型工業化、信息化、城鎮化、農業現代化同步發展；實施精準扶貧、精準脫貧，堅決打贏脫貧攻堅戰；實施"一帶一路"建設、京津冀協同發展、長江經濟帶發展三大戰略；在更大範圍、更寬領域、更深層次上提高開放型經濟水平；堅持穩中求進工作總基調，全面提高黨領導經濟工作水平。

（3）社會建設重要論述：人民對美好生活的向往，就是我們的奮斗目標；促進社會公平正義，讓廣大人民群衆共享改革發展成果；不斷促進教育發展成果更多更公平惠及全體人民；把做好就業工作擺到突出位置，多渠道創造就業崗位；建設更加公平可持續的社會保障制度；加快推進健康中國建設；加強和創新社會治理，完善中國特色社會主義社會治理體系；切實維護公共安全和社會穩定，着力建設平安中國；堅持總體國家安全觀，走出一條中國特色國家安全道路。

（4）文化建設重要論述：中華優秀傳統文化是中華民族的精神命脈，是涵養社會主義核心價值觀的重要源泉；要用中華優秀傳統文化爲人民提供豐潤的道德滋養，提高精神文明建設水平；要加強對中華優秀傳統文化的挖掘和闡發，使中華民族最基本的文化基因同當代中國文化相適應、同現代社會相協調；文化自信是更基礎、更廣泛、更深厚的自信，是更基本、更深沉、更持久的力量；堅定文化自信，是事關國運興衰、事關文化安全、事關民族精神獨立性的大問題；中華民族偉大復興需要以中華文化發展繁榮爲條件；提高國家文化軟實力，關係"兩個一百年"奮斗目標和中華民族偉大復興中國夢的實現；要緊緊圍遶建設社會主義核心價值體系、建設社會主義文化強國。

（5）生態文明建設重要論述：建設生態文明，關係人民福祉，關乎民族未來；貫徹新發展理念，推動形成綠色發展方式和生活方式；按照系統工程的思路，全方位、全地域、全過程開展生態環境保護建設；環境保護和治理要以解決損害群衆健康突出環境問題爲重點；完善生態文明制度體系，用最嚴格的制度、最嚴密的法治保護生態環境；強化公民環境意識，把建設美麗中國化爲人民自覺行動；積極參與國際合作，携手共建生態良好的地球美好家園。

三、習近平五體韜——五位一體之韜略：科學涵義與構成體系

（一）習近平五體韜：科學涵義與基本內容

習近平五體韜——五位一體之韜略，是指習近平同志關於統籌推進經濟建設、政治建設、文化建設、社會建設、生態文明建設等"五位一體"總體布局的韜略。"五位一體"總體布局就是中國特色社會主義事業"五位一體"總體布局的簡稱。韜略即文韜武略，原意指古代兵書《六韜》《三略》，引申義指用兵的計謀和謀略，這裏擴展爲關於統籌推進"五位一體"總體布局——中國特色社會主義偉大事業而采取的具有總體的宏觀的全面的戰略的等特徵的一種選擇與安排。

習近平五體韜的研究對象與範圍：中共十八大期間，習近平同志關於繼續統籌推進經濟建設、政治建設、文化建設、社會建設、生態文明建設等"五位一體"總體布局的重要論述。

與習近平五體韜密切相關的新詞彙、新提法主要有：總體布局、五位一體、五位一體總體布局、五位一體建設、偉大事業、生態文明建設、美麗中國、統籌推進、全面推進。

習近平五體韜的基本內容或內部構成包括：經濟建設、政治建設、文化建設、社會建設、生態文明建設。這五個方面相互聯繫，不可分割，進而構成"五位一體"，在戰略規劃的領域形成"五位一體"戰略總體布局。

什麼是"五位一體"總體布局？習近平指出："黨的十八大把生態文明建設納入中國特色社會主義事業總體布局，使生態文明建設的戰略地位更加明確，有利於把生態文明建設融入經濟建設、政治建設、文化建設、社會建設各方面

和全過程。"① 進一步而言，"五位一體"總體布局，是關於經濟建設、政治建設、文化建設、社會建設、生態文明建設的等總體的、宏觀的戰略規劃與安排。"五位一體"就是經濟建設、政治建設、文化建設、社會建設、生態文明建設。總體布局就是關於經濟建設、政治建設、文化建設、社會建設、生態文明建設等總體的、宏觀的戰略規劃與安排。

"五位一體"總體布局是一個有機整體：不可分割、相輔相成、相互促進，構成一體化的辯證統一關係。經濟建設是根本，政治建設是保证，文化建設是靈魂，社會建設是條件，生態文明建設是基礎。只有堅持"五位一體"建設全面推進、協調發展，才能形成經濟富裕、政治民主、文化繁榮、社會公平、生態良好的發展格局，才能把中國建設成爲富强民主文明和諧美麗的社會主義現代化國家。

"五位一體"總體布局表明：一方面，標誌着我國社會主義現代化建設進入新的歷史階段，體現了我們黨對於中國特色社會主義的認識達到了新境界；另一方面，"五位一體"總布局與社會主義初級階段總依據、實現社會主義現代化和中華民族偉大復興總任務有機統一，對進一步明確中國特色社會主義發展方向，奪取中國特色社會主義新勝利意義重大。

（二）習近平五體韜：地位與基本特徵

在政黨戰略學中，習近平五體韜——五位一體之韜略屬於戰略總體布局的層次與範疇。其基本特徵表現在：

（1）突出全面性。習近平（2013 年）指出：中國特色社會主義是全面發展的社會主義，我們要在經濟不斷發展的基礎上，協調推進政治建設、文化建設、社會建設、生態文明建設以及其他各方面建設。習近平（2014 年）指出：要全面推進經濟建設、政治建設、文化建設、社會建設、生態文明建設，不斷開拓生産發展、生活富裕、生態良好的文明發展道路，爲實現全體人民共同富裕而不懈努力。

（2）強調人民性。習近平（2013 年）指出：我們將堅持以人爲本，全面推進經濟建設、政治建設、文化建設、社會建設、生態文明建設，促進現代化建設各個方面、各個環節相協調，建設美麗中國。習近平（2016 年）指出：我們提出"五位一體"總體布局和"四個全面"戰略布局，就是爲了更好推動經濟社會發展，爲了人民群衆生活改善不斷打下更爲雄厚的基礎。"②

---

① 中共中央文獻研究室．習近平關於社會主義生態文明建設論述摘編．北京：中央文獻出版社．2017：第 3–6 頁。

② 中共中央文獻研究室．習近平關於實現中華民族偉大復興的中國夢論述摘編．北京：中央文獻出版社．2017：第 4–5 頁。

（3）突出發展性。習近平（2013 年）指出：要堅持發展是硬道理的戰略思想，堅持以經濟建設爲中心，全面推進社會主義經濟建設、政治建設、文化建設、社會建設、生態文明建設。習近平（2013 年）指出：我們將堅持把發展作爲第一要務，堅持改革開放，全面推進經濟建設、政治建設、文化建設、社會建設、生態文明建設，促進現代化建設各個方面各個環節相協調。

（4）強調生態性。習近平（2012 年）指出：把生態文明建設納入中國特色社會主義事業總體布局，使生態文明建設的戰略地位更加明確，有利於把生態文明建設融入經濟建設、政治建設、文化建設、社會建設各方面和全過程。習近平（2013 年）指出：推進生態文明建設，必須堅持節約資源和保護環境的基本國策，把生態文明建設融入經濟建設、政治建設、文化建設、社會建設各方面和全過程，形成節約資源和保護環境的空間格局。

（三）習近平五體韜：基本分類與構成體系

根據習近平五體韜——五體經濟建設之韜略的科學涵義與內容構成，可分爲以下幾分類：

習近平五體・經濟韜——五體經濟建設之韜略；習近平五體・政治韜——五體政治建設之韜略；習近平五體・文化韜——五體文化建設之韜略；習近平五體・社會韜——五體社會建設之韜略；習近平五體・生態韜——五體生態文明建設之韜略。

習近平五體・經濟韜是指習近平同志關於 "五位一體" 總體布局之經濟建設的韜略。習近平五體・政治韜是指習近平同志關於 "五位一體" 總體布局之政治建設的韜略。習近平五體・文化韜是指習近平同志關於 "五位一體" 總體布局之文化建設的韜略。習近平五體・社會韜是指習近平同志關於 "五位一體" 總體布局之社會建設的韜略。習近平五體・生態文明韜是指習近平同志關於 "五位一體" 總體布局之生態文明建設的韜略。

習近平五體韜——五位一體之韜略的研究型、理論型的構成體系主要爲：

（1）習近平五體韜的偉大事業與重要意義；（2）習近平五體韜的文獻來源與三新思想要點；（3）習近平五體韜的科學涵義與基本內容；（4）習近平五體韜的地位與基本特徵；（5）習近平五體韜的基本分類與構成體系；（6）習近平五體韜的實踐活動與貫徹落實；（7）習近平五體韜的遵循原則與基本要求；（8）小結與展望。

由以上幾個方面構成習近平五體韜——五位一體之韜略的完整應用體系。

四、習近平五體韜——五位一體之韜略：實踐活動與貫徹落實

（一）習近平五體韜：實踐活動

習近平五體韜——五位一體之韜略的實踐活動主要體現在：參觀、視察、考察、調研、訪問、會議、峰會、論壇、講話、演講、簽署命令、署名文章、批示指示、復信回信、賀詞賀信、專題研討班、集體學習等幾個方面。其中，會議包括全國黨代會、全國人代會、全國政協會、中央紀委會、政治局會議、黨的全會、每年全國人代會、每年全國政協會、每年紀委會、部委工作會、座談會、茶話會、團拜會、研討會、領導小組會議等；署名文章包括國內署名文章與海外署名文章。比較重要的有：

（1）相關會議：論述五位一體。

中共十八大期間，黨和政府大多數會議都是圍遶五位一體進行的，包括軍隊、外交等會議也圍遶五位一體進行的。綜合會議主要是中央、全國人大、國務院、全國政協等有關工作會議，包括：黨代會、人代會、政協會、黨的全會、中央紀委會、政治局會議、座談會、茶話會、研討會、領導小組會議等；專門會議主要是黨和政府有關部委工作會議，包括：全國組織工作會議、全國宣傳工作會議、中央經濟工作會議、全國文化工作會議、全國教育工作會議、全國人力社會保障工作會議、全國環境保護會議、座談會、研討會、領導小組會議等。舉例一二如下：

一是，中共第十八屆二中全會強調指出：要進一步深化改革開放，尊重人民首創精神，把經濟、政治、文化、社會、生態等方面的體制改革有機結合起來，把理論創新、制度創新、科技創新、文化創新以及其他各方面創新有機銜接起來，構建系統完備、科學規範、運行有效的制度體系。

二是，中共第十八屆中紀委七中全會強調指出：深入貫徹習近平總書記系列重要講話精神，統籌推進"五位一體"總體布局和協調推進"四個全面"戰略布局，堅決維護以習近平同志為核心的黨中央權威，加強黨內監督，推進標本兼治，保持懲治腐敗高壓態勢，維護好黨內政治生態，推動全面從嚴治黨向縱深發展。

（2）集體學習：論述五位一體。

中共十八大期間，一共舉行了 43 次中央政治局集體學習①，大多數集體學

---

①　中央政治局集體學習：係指中共中央政治局定期學習的一種制度或習慣。由中共中央總書記主持并發表講話，中央政治局全體成員參加，邀請有關部門負責人、專家學者，就經濟、政治、歷史、文化、社會、生態、科技、軍事、外交等重大問題進行專題講解。

習都不同程度地論及了 "五位一體" 問題。代表性論述有：

一是，2012 年 11 月 7 日，第十八屆中央政治局就深入學習貫徹黨的十八大精神進行第一次集體學習。習近平強調："黨的十八大把生態文明建設納入中國特色社會主義事業總體布局，使生態文明建設的戰略地位更加明確，有利於把生態文明建設融入經濟建設、政治建設、文化建設、社會建設各方面和全過程。"①

二是，2013 年 5 月 24 日，第十八屆中央政治局就堅持節約資源和保護環境基本國策努力走向社會主義生態文明新時代進行了第六次集體學習。習近平強調指出："黨的十八大把生態文明建設納入中國特色社會主義事業五位一體總體布局，明確提出大力推進生態文明建設，努力建設美麗中國，實現中華民族永續發展。這標誌着我們對中國特色社會主義規律認識的進一步深化，表明瞭我們加強生態文明建設的堅定意志和堅強決心。"②

三是，2013 年 10 月 29 日，第十八屆中央政治局就加快推進住房保障體系和供應體系建設進行第十次集體學習。習近平強調指出："加快推進住房保障和供應體系建設，是滿足群眾基本住房需求、實現全體人民住有所居目標的重要任務，是促進社會公平正義、保證人民群眾共享改革發展成果的必然要求。"③

四是，2013 年 12 月 30 日，第十八屆中央政治局就提高國家文化軟實力研究進行第十二次集體學習。習近平強調指出： "提高國家文化軟實力，關係 "兩個一百年" 奮斗目標和中華民族偉大復興中國夢的實現。"④

五是，2014 年 2 月 24 日，第十八屆中央政治局就培育和弘揚社會主義核心價值觀、弘揚中華傳統美德進行第十三次集體學習。習近平強調指出："核心價值觀是文化軟實力的靈魂、文化軟實力建設的重點。這是決定文化性質和方向的最深層次要素。"⑤

六是，2014 年 4 月 25 日，第十八屆中央政治局就切實維護國家安全和社會安定進行第十四次集體學習。習近平強調指出："面對新形勢新挑戰，維護國家安全和社會安定，對全面深化改革、實現 "兩個一百年" 奮斗目標、實現中華

① 中共中央文獻研究室．習近平關於社會主義生態文明建設論述摘編．北京：中央文獻出版社．2017：第 3 - 6 頁。

② 中共中央文獻研究室．習近平關於社會主義生態文明建設論述摘編．北京：中央文獻出版社．2017：第 3 - 6 頁。

③ 習近平：在第十八屆中央政治局第十次集體學習時的講話（2013 年 10 月 29 日）．人民日報．2013 年 10 月 30 日。

④ 習近平：在第十八屆中央政治局第十二次集體學習時的講話（2013 年 12 月 30 日）．人民日報．2013 年 12 月 31 日。

⑤ 習近平：在第十八屆中央政治局第十三次集體學習時的講話（2014 年 2 月 24 日）．人民日報．2014 年 2 月 25 日。

民族偉大復興的中國夢都十分緊要。各地區各部門要各司其職、各負其責，密切配合、通力合作，勇於負責、敢於擔當，形成維護國家安全和社會安定的強大合力。"①

（3）專題研討班：論述五位一體。

中共十八大期間，一共舉行了6次專題研討班②，每次研討班都不同程度地論及了"五位一體"。代表性論述有：

一是，2013年1月5日，習近平在省部級領導研討班開班式上強調："要毫不動搖堅持和發展中國特色社會主義 在實踐中不斷有所發現有所創造有所前進。"③

二是，2014年2月17日，習近平在省部級主要領導幹部學習貫徹十八屆三中全會精神 全面深化改革專題研討班開班式上強調："要完善和發展中國特色社會主義制度，推進國家治理體系和治理能力現代化。"④

三是，2017年7月26日，習近平在省部級主要領導幹部專題研討班開班式上強調："高舉中國特色社會主義偉大旗幟，爲決勝全面小康社會實現中國夢而奮鬥。"⑤

（二）習近平五體韜：貫徹落實

（1）編輯出版讀本教材與論述摘編。

一是中共中央宣傳部組織編寫學習讀本。先後編寫《習近平總書記系列重要講話讀本（2014年版)》、《習近平總書記系列重要講話讀本（2016年版)》；該書第六至十三部分專題解讀了習近平關於統籌推進"五位一體"總體布局的重要思想。

二是中央組織部組織編寫全國幹部學習培訓教材。主要有：《加快轉變經濟發展方式（2015年版)》；《社會主義民主政治建設（2015年版)》；《社會主義文化強國建設（2015年版)》；《社會主義和諧社會建設（2015年版)》；《建設美麗中國（2015年)》。

---

① 習近平：在第十八屆中央政治局第十四次集體學習時的講話（2013年10月29日）．人民日報．2013年10月30日。

② 專題研討班：就是中共黨和政府省部級主要領導幹部專題研討班。專題班始於1999年，每年舉辦一次已經舉辦。研討班的主題內容爲當年中共黨和政府全局性的、戰略性的、重大的問題。由中央主要領導作報告，省部級主要官員學習研討，隨後學習研討的成果將在今後的工作中加以貫徹和落實。

③ 習近平：在省部級主要領導幹部專題研討班上的講話（2013年1月5日）．人民日報．2013年1月6日。

④ 習近平：在省部級主要領導幹部專題研討班上的講話（2014年2月17日）．人民日報．2014年2月18日。

⑤ 習近平：在省部級主要領導幹部專題研討班上的講話（2017年7月26日）．人民日報．2017年7月27日。

三是中共中央文獻研究室編輯出版系列論述摘編。主要有：編輯出版《習近平關於社會主義經濟建設論述摘編（2017年版）》；《習近平關於社會主義政治建設論述摘編（2017年版）》；《習近平關於社會主義社會建設論述摘編（2017年版）》；《習近平關於社會主義文化建設論述摘編（2017年版）》；《習近平關於社會主義生態文明建設論述摘編（2017年版）》。

（2）制定政策法規文件。

一是政治文化社會方面。主要有：中共中央關於印發《中央黨內法規制定工作五年規劃綱要（2013—2017年）》的通知、中共中央辦公廳印發《關於培育和踐行社會主義核心價值觀的意見》的通知、中共中央關於印發《建立健全懲治和預防腐敗體系2013—2017年工作規劃》的通知、中共中央關於印發《黨政領導幹部選拔任用工作條例》的通知、中共中央關於全面推進依法治國若干重大問題的決定、中共中央關於加強和改進黨的群團工作的意見、中國共產黨統一戰線工作條例（試行）、中共中央辦公廳關於印發〈推進領導幹部能上能下若干規定（試行）〉的通知、中國共產黨巡視工作條例、中共中央關於印發〈中國共產黨廉潔自律準則〉的通知、中國共產黨紀律處分條例、國務院關於加快發展養老服務業的若干意見、中共中央國務院關於調整完善生育政策的意見、國務院關於建立統一的城鄉居民基本養老保險制度的意見、中共中央關於新形勢下黨內政治生活的若干準則、中國共產黨黨內監督條例等。

二是經濟生態文明方面。主要有：國務院關於印發《大氣污染防治行動計劃》的通知、國務院關於印發《中國（上海）自由貿易試驗區總體方案》的通知、國務院關於化解產能嚴重過剩矛盾的指導意見、中共中央關於全面深化改革若干重大問題的決定、黨政機關厲行節約反對浪費條例、中共中央國務院關於全面深化農村改革加快推進農業現代化的若干意見、國務院關於大力推進大眾創業萬眾創新若干政策措施的意見、中共中央國務院關於深化國有企業改革的指導意見、中共中央關於制定國民經濟和社會發展第十三個五年規劃的建議、中華人民共和國國民經濟和社會發展第十三個五年規劃綱要、國務院辦公廳印發《關於健全生態保護補償機制的意見》、中共中央辦公廳國務院辦公廳印發《關於甘肅祁連山國家級自然保護區生態環境問題督查處理情況及其教訓的通報》等。

五、習近平五體韜——五位一體：遵循原則與基本要求

（一）習近平五體韜：遵循原則

一是統籌推進。習近平（2015年）指出：要統籌推進經濟建設、政治建設、文化建設、社會建設、生態文明建設，確保如期全面建成小康社會，為實

現第二個百年奮鬥目標、實現中華民族偉大復興的中國夢奠定更加堅實的基礎。習近平（2016 年 7 月）指出：要統籌推進"五位一體"總體布局，全力推進全面建成小康社會進程，不斷把實現"兩個一百年"奮鬥目標推向前進。習近平（2016 年 10 月）指出：我們必須統籌推進"五位一體"總體布局、一心一意爲實現"兩個一百年"奮鬥目標而努力工作，不斷把完成總任務的歷史進程推向前進。習近平（2017 年 7 月）指出：要繼續統籌推進'五位一體'總體布局，決勝全面建成小康社會，奪取中國特色社會主義偉大勝利，爲實現中華民族偉大復興的中國夢不懈奮鬥。習近平（2017 年 9 月）指出：黨中央團結帶領全黨全國各族人民，統籌推進"五位一體"總體布局，推動中國特色社會主義事業取得長足發展。

二是全面推進。習近平（2012 年）指出：強調總體布局，是因爲中國特色社會主義是全面發展的社會主義。習近平（2013 年）指出：要全面推進經濟建設、政治建設、文化建設、社會建設、生態文明建設，促進現代化建設各個方面、各個環節相協調，建設美麗中國。習近平（2014 年）指出：要全面推進經濟建設、政治建設、文化建設、社會建設、生態文明建設，不斷開拓文明發展道路，爲實現全體人民共同富裕而不懈努力。習近平（2016 年 3 月）指出：全黨全國各族人民團結一心、開拓創新，全面推進經濟建設、政治建設、文化建設、社會建設、生態文明建設和黨的建設，我國經濟實力、科技實力、國防實力又上了一個大臺階。

（二）習近平五體韜：基本要求（實現途徑）

習近平（2012 年）指出：發展中國特色社會主義是一項長期的艱巨的歷史任務，必須準備進行具有許多新的歷史特點的偉大鬥爭。推進"五位一體建設"基本要求爲：

一是堅持中國特色社會主義道路。習近平（2012 年）指出："中國特色社會主義道路，既堅持以經濟建設爲中心，又全面推進經濟建設、政治建設、文化建設、社會建設、生態文明建設以及其他各方面建設；既堅持四項基本原則，又堅持改革開放；既不斷解放和發展社會生產力，又逐步實現全體人民共同富裕、促進人的全面發展。"[①]

二是立足社會主義初級階段。習近平（2012 年）指出："經濟建設中要始終立足初級階段，而且在政治建設、文化建設、社會建設、生態文明建設中也

---

① 習近平：在中共第十八屆中央政治局第一次集體學習時的講話（2012 年 11 月 7 日）. 人民日報. 2012 年 11 月 8 日。

要始終牢記初級階段。"①

　　三是堅持以人民爲中心。習近平（2013 年）指出："我們將堅持以人爲本，全面推進經濟建設、政治建設、文化建設、社會建設、生態文明建設，促進現代化建設各個方面、各個環節相協調，建設美麗中國。"② 習近平（2014 年）指出："我們要堅持以經濟建設爲中心、以科學發展爲主題、以造福人民爲根本目的，不斷解放和發展社會生產力，全面推進經濟建設、政治建設、文化建設、社會建設、生態文明建設，不斷開拓生產發展、生活富裕、生態良好的文明發展道路，爲實現全體人民共同富裕而不懈努力。"③

　　三是堅持以經濟建設爲中心。習近平（2012 年）指出："我們要牢牢抓好黨執政興國的第一要務，始終代表中國先進生產力的發展要求，堅持以經濟建設爲中心，在經濟不斷發展的基礎上，協調推進政治建設、文化建設、社會建設、生態文明建設以及其他各方面建設。"④

　　四是堅持發展是硬道理。習近平（2013 年）強調指出："我們要堅持發展是硬道理的戰略思想，堅持以經濟建設爲中心，全面推進社會主義經濟建設、政治建設、文化建設、社會建設、生態文明建設，深化改革開放，推動科學發展，不斷夯實實現中國夢的物質文化基礎。"⑤

　　五是重視生態文明建設。習近平（2012 年）指出："黨的十八大把生態文明建設納入中國特色社會主義事業總體布局，使生態文明建設的戰略地位更加明確，有利於把生態文明建設融入經濟建設、政治建設、文化建設、社會建設各方面和全過程。這是我們黨對社會主義建設規律在實踐和認識上不斷深化的重要成果。"⑥

　　六是堅持不忘初心，繼續前進。習近平（2016 年）指出："堅持不忘初心、繼續前進，就要統籌推進 "五位一體" 總體布局，協調推進 "四個全面" 戰略布局，全力推進全面建成小康社會進程，不斷把實現 "兩個一百年" 奮鬥目標

---

　　① 習近平：在中共第十八屆中央政治局第一次集體學習時的講話（2012 年 11 月 7 日）．人民日報．2012 年 11 月 8 日。

　　② 中共中央文獻研究室．習近平關於社會主義經濟建設述摘編．北京：中央文獻出版社．2017：第 4-5 頁。

　　③ 習近平：在慶祝中華人民共和國成立 65 週年招待會上的講話（2014 年 9 月 30 日）．人民日報．2014 年 10 月 1 日。

　　④ 習近平：在中共第十八屆中央政治局第一次集體學習時的講話（2012 年 11 月 7 日）．人民日報．2012 年 11 月 8 日。

　　⑤ 習近平：在第十二屆全國人民代表大會第一次會議上的講話（2013 年 3 月 17 日）．人民日報．2013 年 3 月 18 日。

　　⑥ 習近平：在中共第十八屆中央政治局第一次集體學習時的講話（2012 年 11 月 7 日）．人民日報．2012 年 11 月 8 日。

推向前進。"[1]

七是堅定信心，毫不動搖。習近平（2012 年）指出："全黨同志一定要以更加堅定的信念、更加頑强的努力，毫不動搖堅持、與時俱進發展中國特色社會主義，不斷豐富中國特色社會主義的實踐特色、理論特色、民族特色、時代特色，團結帶領全國各族人民，努力實現全面建成小康社會各項目標任務。"[2]

六、小結與展望

（一）小結

習近平五體韜——五位一體之韜略是習近平"六韜九策"治國策體系内容之一。習近平五體韜——五位一體之韜略，是指習近平同志關於統籌推進經濟建設、政治建設、文化建設、社會建設、生態文明建設等"五位一體"總體布局的韜略。習近平五體韜的研究對象與範圍：中共十八大期間，習近平同志關於繼續統籌推進經濟建設、政治建設、文化建設、社會建設、生態文明建設等"五位一體"總體布局的重要論述。

習近平五體韜屬——五位一體之韜略在政黨戰略學中於戰略總體布局的層次與範疇。其基本特徵表現在：突出全面性，强調人民性，突出發展性，强調生態性。習近平五體韜——五位一體之韜略的研究型、理論型的構成體系主要包括：1）習近平五體韜的偉大事業與重要意義；2）習近平五體韜的文獻來源與三新思想要點；3）習近平五體韜的科學涵義與基本内容；4）習近平五體韜的地位與基本特徵；5）習近平五體韜的基本分類與構成體系；6）習近平五體韜的實踐活動與貫徹落實；7）習近平五體韜的遵循原則與基本要求；8）小結與展望等幾個方面。

（二）展望（預測與建議）

路漫漫其修遠兮，吾將上下而求索。2012 年 11 月，習近平指出：發展中國特色社會主義是一項長期的艱巨的歷史任務，必須準備進行具有許多新的歷史特點的偉大鬥爭。2017 年 9 月，習近平强調：十九大期間，要繼續統籌推進"五位一體"總體布局、協調推進"四個全面"戰略布局，繼續推進黨的建設新的偉大工程，爲決勝全面建成小康社會、努力開創中國特色社會主義新局面而團結奮鬥。

---

[1]　習近平在在慶祝中國共產黨成立95週年大會上的講話（2016 年 7 月 1 日）．人民日報．2016 年 7 月 2 日。

[2]　習近平：在中共第十八届中央政治局第一次集體學習時的講話（2012 年 11 月 7 日）．人民日報．2012 年 11 月 8 日。

幾點建議：一是，盡快編輯出版《習近平關於社會主義教育工作論述摘編（2012 年 11 月—2017 年 10 月）》，以便於廣大黨員幹部全面系統學習習近平關於社會主義教育工作的重要論述。

二是，盡快編輯出版《習近平關於社會主義文藝工作論述摘編（2012 年 11 月—2017 年 10 月）》，以便於廣大黨員幹部全面系統學習習近平關於社會主義文藝工作的重要論述。

第四章
習近平四全韜——四個全面之韜略

【知識導引】

習近平四全韜——四個全面之韜略，是指習近平關於協調推進"全面建成小康社會、全面深化改革、全面依法治國、全面從嚴治黨"等"四個全面"戰略推進部署的韜略。習近平四全韜——四個全面之韜略在政黨戰略學中屬於戰略推進部署的層次與範疇。

【經典論述】

我們提出五位一體總體布局和四個全面戰略布局，就是為了更好推動經濟社會發展，為了人民群眾生活改善不斷打下更為雄厚的基礎。

——習近平

積極推進全面建成小康社會、全面深化改革、全面依法治國、全面從嚴治黨的戰略布局，是實現中華民族偉大復興中國夢的重要保障。

——習近平

【內容提要】 習近平四全韜——四個全面之韜略是習近平 "六韜九策" 治國策體系內容之一。習近平四全韜——四個全面之韜略，是指習近平關於協調推進 "全面建成小康社會、全面深化改革、全面依法治國、全面從嚴治黨" 等 "四個全面" 戰略布局的韜略。習近平四全韜——四個全面之韜略的研究對象與範圍：中共十八大期間，習近平同志關於協調推進 "全面建成小康社會、全面依法治國、全面深化改革、全面從嚴治黨" 等 "四個全面" 的重要論述。

習近平四全韜——四個全面之韜略在政黨戰略學中屬於戰略推進部署的層次與範疇。其基本特徵表現在：強調全面一體、突出目標引領、強調協調推進、突出問題導向。習近平四全韜——四個全面之韜略的研究型、理論型的構成體系主要包括：1) 習近平四全韜的戰略抓手與重要意義；2) 習近平四全韜的文獻來源與三新思想要點；3) 習近平四全韜的科學內涵與基本內容；4) 習近平四全韜的地位與基本特徵；5) 習近平四全韜的基本分類與構成體系；6) 習近平四全韜的實踐活動與貫徹落實；7) 習近平四全韜的遵循原則與實現途徑；8) 小結與展望等幾個方面。

幾點建議：一是盡快修改完善2015年《習近平關於協調推進 "四個全面" 戰略布局論述摘編；二是盡快修改完善2016年版《習近平關於全面建成小康社會論述摘編》；三是盡快修改完善2015年版《習近平關於全面依法治國論述摘編》；四是盡快修改完善2016年版《習近平關於全面從嚴治黨會論述摘編》；

【關鍵詞】 習近平；四全韜；四個全面；構成體系；建議

引 言

"習近平四全韜——四個全面之韜略"是習近平治國理政思想體系宏觀戰略層面的重要內容。中共十八大期間（2012 年—2017 年 10 月），習近平圍遶如何協調"四個全面"、怎樣推進"四個全面"這個富國強軍、振興民族的戰略推進部署問題，作了一系列深刻闡釋，由此勾畫了"四個全面"的戰略舉措，形成、創立了"習近平四體韜——四個全面之韜略"。

"習近平四全韜——四個全面之韜略"，是指習近平關於協調推進"全面建成小康社會、全面深化改革、全面依法治國、全面從嚴治黨"等"四個全面"戰略推進部署的韜略。研究探討"習近平四體韜——四個全面之韜略"，深刻理解和全面把握"四個全面"的科學內涵、精神實質與構成體系，對於立足發展實際、堅持問題導向、全面建成小康社會、實現"兩個一百年"奮斗目標、實現中華民族偉大復興的中國夢，具有十分重要的意義。

一、習近平四全韜——四個全面之韜略：戰略抓手與重要意義

（一）習近平四全韜：戰略抓手

2012 年 11 月—2014 年上半年，習近平在論述"全面建成小康社會"的過程中，分別論述了"全面深化改革、全面依法治國或全面從嚴治黨"；2014 年下半年—2017 年，習近平在論述"全面建成小康社會、全面深化改革、全面依法治國"三個全面"的基礎上，着重論述了包括"全面從嚴治黨"在內的"四個全面"。資料顯示：中共十八大五年間，習近平在國內外很多重要場合，從不同的角度，在論述"三個全面"的基礎上對"四個全面"進行了多方面、立體式的一系列深刻闡釋，構築了戰略抓手新體系。代表性論述主要有：

（1）首次提出"四個全面"。2014 年 12 月 13 日，習近平在江蘇調研時首次提出了"四個全面"。習近平指出："要主動把握和積極適應經濟發展新常態，協調推進全面建成小康社會、全面深化改革、全面推進依法治國、全面從嚴治黨，推動改革開放和社會主義現代化建設邁上新臺階。"①

（2）確立"四個全面"。2015 年 2 月 2 日，習近平在省部級主要領導幹部專題研討班上正式確立了"四個全面"的戰略布局。習近平指出："中央從堅持和發展中國特色社會主義全局出發，提出並形成了全面建成小康社會、全面

---

① 習近平：在江蘇調研時的講話（2014 年 12 月 13 日）．人民日報．2014 年 12 月 15 日。

深化改革、全面依法治國、全面從嚴治黨的戰略布局。”①

（3）強調“四個全面”布局。2016 年 5 月 16 日，習近平在中央財經領導小組第 33 次會議上指出：“我們提出五位一體總體布局和四個全面戰略布局，就是爲了更好推動經濟社會發展，爲了人民群衆生活改善不斷打下更爲雄厚的基礎。”② 2016 年 12 月 14 日，習近平在中央經濟工作會議上指出：“我們積極推進五位一體總體布局，逐步形成四個全面戰略布局，初步確立了適應經濟發展新常態的經濟政策框架。”③

（4）強調協調推進“四個全面”。2017 年 7 月 26 日，習近平在省部級主要領導幹部專題班上強調指出：“要繼續統籌推進‘五位一體’總體布局、協調推進‘四個全面’戰略布局，決勝全面建成小康社會，奪取中國特色社會主義偉大勝利，爲實現中華民族偉大復興的中國夢不懈奮鬥。”④ 2017 年 9 月 25 日，習近平在參觀“砥礪奮進的五年”大型成就展時強調指出：“黨中央團結帶領全黨全國各族人民，統籌推進‘五位一體’總體布局、協調推進‘四個全面’戰略布局，團結一心，與時俱進，頑強拼搏，攻堅克難，推動中國特色社會主義事業取得長足發展、人民生活得到顯著改善，黨和國家事業取得歷史性成就、發生歷史性變革。”⑤

（二）習近平四全韜：重要意義

研究探討習近平“四個全面”重要論述，系統把握“四個全面”戰略布局的科學內涵和總體要求、把“四個全面”戰略布局落到實處，具有十分重要的意義。

研究探討習近平全面建成小康社會的重要論述，對於準確把握全面建成小康社會的基本要求和重點任務，奪取全面建成小康社會決勝階段的偉大勝利，具有十分重要的指導意義。

研究探討習近平全面深化改革的重要論述，對於充分認識全面深化改革的重要性和艱巨性，系統把握全面深化改革的內在規律和重點任務，深入推動黨的十八屆三中全會精神的落實，具有十分重要的意義。

---

① 習近平：在省部級主要領導幹部專題研討班上的講話（2015 年 2 月 2 日）．人民日報．2015 年 2 月 3 日。

② 中共中央文獻研究室．習近平關於實現中華民族偉大復興的中國夢論述摘編．北京：中央文獻出版社．2017：第 4－5 頁。

③ 中共中央文獻研究室．習近平關於實現中華民族偉大復興的中國夢論述摘編．北京：中央文獻出版社．2017：第 110 頁。

④ 習近平在省部級主要領導幹部專題班上的講話（2017 年 7 月 26 日）．人民日報．2017 年 7 月 27 日。

⑤ 習近平：在參觀“砥礪奮進的五年”大型成就展時的講話．人民日報．2017 年 9 月 26 日。

研究探討習近平全面依法治國的重要論述，對於系統把握全面依法治國的指導思想、總目標、基本原則和總體要求，深入貫徹落實黨的十八屆四中全會精神，不斷開創依法治國新局面，具有十分重要的意義。

研究探討習近平全面從嚴治黨的重要論述，對於準確把握全面從嚴治黨的基本要求和重點任務，牢固樹立四個意識，繼續推進黨的建設新的偉大工程，確保黨團結帶領人民不斷開創中國特色社會主義事業新局面，具有十分重要的意義。

二、習近平四全韜——四個全面之韜略：文獻來源與三新思想要點

（一）習近平四全韜：文獻來源

習近平四全韜——四個全面之韜略的經典文獻來源主要有：

一是《習近平談治國理政》第三、五、十八部分①。計有 3 個專題 12 篇：（1）全面深化改革：改革開放只有進行時沒有完成時（2012 年 12 月 31 日）；關於《中共中央關於全面深化改革若干重大問題的決定》的說明（2013 年 11 月 9 日）；切實把思想統一到黨的十八屆三中全會精神上來（2013 年 11 月 12 日）；改革再難也要向前推進（2014 年 2 月 7 日）；不斷提高運用中國特色社會主義制度有效治理國家的能力（2014 年 2 月 17 日）。（2）建設法治中國：在首都各界紀念現行憲法公布施行 30 週年大會上的講話（2012 年 12 月 4 日）；堅持法治國家、法治政府、法治社會一體建設（2013 年 2 月 23 日）；促進社會公平正義，保障人民安居樂業（2014 年 1 月 7 日）。（3）提高黨的領導水平：發揚釘釘子的精神，一張好的藍圖一干到底（2013 年 2 月 28 日）；依靠學習走向未來（2013 年 3 月 1 日）；"治大國若烹小鮮"（2013 年 3 月 19 日）；着力培養選拔黨和人民需要的好幹部（2013 年 6 月 28 日）。

二是《十八大以來重要文獻選編（上）》②。計有篇：關於《中共中央關於全面深化改革若干重大問題的決定》的說明（2013 年 11 月 9 日）；切實把思想統一到黨的十八屆三中全會精神上來（2013 年 11 月 12 日）；嚴格執法，公正司法（2014 年 1 月 7 日）。

三是十八大以來重要文獻選編（中）③。計有篇：《關於〈中共中央關於全面推進依法治國若干重大問題的決定〉的說明（2014 年 10 月 20 日）；《加快建設社會主義法治國家（2014 年 10 月 23 日）；習近平在紀念中國人民抗日戰爭

---

① 習近平．習近平談治國理政．北京：外文出版社．2014：第 67－104 頁。
② 中共中央文獻研究室．十八大以來重要文獻選編（上）．北京：中央文獻出版社．2014.
③ 中共中央文獻研究室．十八大以來重要文獻選編（中）．北京：中央文獻出版社．2016.

暨世界反法西斯戰爭勝利 70 週年大會上的講話（2015 年 9 月 3 日）；《協調推進 "四個全面" 戰略布局（2014 年 12 月至 2015 年 9 月）；《以新的發展理念引領發展，奪取全面建成小康社會決勝階段的偉大勝利（2015 年 10 月 29 日）。

四是《習近平關於協調推進 "四個全面" 戰略布局論述摘編》①。該書摘自習近平同志 2012 年 11 月 15 日至 2015 年 9 月 3 日期間的講話、報告、批示、指示等 110 多篇重要文獻，計有 287 段論述。

五是《習近平關於全面深化改革述摘編》②。該書摘自習近平同志 2012 年 11 月 15 日至 2014 年 4 月 1 日期間的講話、演講、批示、指示等 70 多篇重要文獻，計有 274 段論述。

六是《習近平關於全面建成小康社會論述摘編》③。該書摘自習近平 2012 年 11 月 15 日至 2016 年 3 月 10 日期間的講話、談話、演講、賀信、指示等 130 多篇重要文獻，計有 332 段論述。

七是《習近平關於全面依法治國論述摘編》④。該書摘自習近平同志 2012 年 12 月 4 日至 2015 年 2 月 2 日期間的講話、報告、批示、指示等 30 多篇重要文獻，計有 193 段論述。

八是《習近平關於全面從嚴治黨論述摘編》⑤。該書摘自習近平同志 2012 年 11 月 15 日至 2016 年 10 月 27 日期間的講話、文章等 80 多篇重要文獻，計有 371 段論述。

九是習近平其他文獻關於四個全面的重要論述。比較重要的有：習近平在哲學社會科學工作座談會上的講話（2016 年 5 月 17 日）；習近平在慶祝中國共產黨成立 95 週年大會上的講話（2016 年 7 月 1 日）；習近平在紀念紅軍長征勝利 80 週年大會上的講話（2016 年 10 月 21 日）；習近平 2017 年在省部級主要領導幹部專題班上的講話（2017 年 7 月 26 日）；習近平在參觀 "砥礪奮進的五年" 大型成就展時的講話（2017 年 9 月 26 日）。

（二）習近平四全韜：三新思想要點（新思想新理念新觀點）

根據以上文獻分析，習近平四全韜——四個全面之韜略的三新思想要點（新思想新理念新觀點）主要有：

---

① 中共中央文獻研究室. 習近平關於協調推進 "四個全面" 戰略布局論述摘編. 北京：中央文獻出版社. 2015. 10.

② 中共中央文獻研究室. 習近平關於全面深化改革述摘編. 北京：中央文獻出版社. 2014. 5.

③ 中共中央文獻研究室. 習近平關於全面建成小康社會論述摘編. 北京：中央文獻出版社. 2016. 6

④ 中共中央文獻研究室. 習近平關於全面依法治國論述摘編. 北京：中央文獻出版社. 2015. 4.

⑤ 中共中央文獻研究室. 習近平關於全面從嚴治黨論述摘編. 北京：中央文獻出版社. 2016. 12.

（1）四個全面重要論述："四個全面"戰略布局是中國在新的歷史條件下治國理政方略；"四個全面"戰略布局是從我國發展現實需要中得出來的，從人民群眾的熱切期待中得出來的，也是爲推動解決我們面臨的突出矛盾和問題提出來的；協調推進"四個全面"戰略布局，要求全黨同志以與時俱進、奮發有爲的精神狀態，不斷推進實踐創新和理論創新，繼續書寫馬克思主義中國化、時代化新篇章。

（2）全面建成小康社會重要論述：全面建成小康社會是實現中華民族偉大復興中國夢的關鍵一步；主動把握和積極引領經濟發展新常態，堅持用新發展理念引領和推動經濟發展；堅持從國情出發設計和發展國家政治制度，使各方面制度更加成熟更加定型；推進社會主義文化強國建設，顯著提高國民素質和社會文明程度；保障和改善民生，維護國家安全和社會穩定；建設美麗中國，爲人民創造良好生產生活環境；提高黨領導發展的能力和水平，確保全面建成小康社會各項任務落到實處。

（3）全面深化改革重要論述：改革開放是實現中華民族偉大復興的關鍵一招；改革開放是有方向、有立場、有原則的；全面深化改革的總目標是完善和發展中國特色社會主義制度、推進國家治理體系和治理能力現代化；要把握全面深化改革的內在規律，堅持正確的方法論；要堅持社會主義市場經濟改革方向，使市場在資源配置中起決定性作用，更好發揮政府作用；要堅定不移走中國特色社會主義政治發展道路，不斷推進社會主義政治制度自我完善和發展；要深化文化體制改革，加強社會主義核心價值體系建設；要改革創新社會體制，促進公平正義，增進人民福祉；要領導好全面深化改革這場攻堅戰。

（4）全面依法治國重要論述：依法治國是堅持和發展中國特色社會主義的本質要求和重要保障；堅持中國特色社會主義法治道路，最根本的是堅持中國共產黨的領導；推進科學立法，完善以憲法爲統帥的中國特色社會主義法律體系；嚴格依法行政，加快建設法治政府；堅持公正司法，努力讓人民群眾在每一個司法案件中都能感受到公平正義；增強全民法治觀念，使尊法守法成爲全體人民共同追求和自覺行動；建設一支德才兼備的高素質法治隊伍；全面依法治國，必須抓住領導幹部這個關鍵少數。

（5）全面從嚴治黨重要論述：全面從嚴治黨，確保黨始終成爲中國特色社會主義事業的堅強領導核心；黨要管黨首先要從黨內政治生活管起，從嚴治黨首先要從黨內政治生活嚴起；堅定理想信念，補足精神之鈣；牢固樹立"四個意識"，堅決維護黨中央權威；堅持把紀律挺在前面，嚴明政治紀律和政治規矩；從嚴治吏，培養選拔黨和人民需要的好幹部；作風建設永遠在路上；以零容忍態度懲治腐敗；加強黨內監督，發揮巡視利劍作用；落實全面從嚴治黨主體責任。

三、習近平四全韜——四個全面之韜略：科學基本內涵與構成體系

（一）習近平四全韜：科學內涵與基本內容

習近平四全韜——四個全面之韜略，是指習近平關於協調推進"全面建成小康社會、全面深化改革、全面依法治國、全面從嚴治黨"等"四個全面"戰略布局的韜略。協調推進包括：積極推進、繼續推進。韜略即文韜武略，原意指古代兵書《六韜》《三略》，引申義指用兵的計謀和謀略，這裏擴展爲關於協調推進"四位一體"戰略布局——中國特色社會主義偉大事業而采取的具有總體的宏觀的全面的戰略的等特徵的一種選擇與安排。

習近平四全韜——四個全面之韜略的研究對象與範圍：中共十八大期間，習近平同志關於協調推進"全面建成小康社會、全面依法治國、全面深化改革、全面從嚴治黨"等"四個全面"的重要論述。

與習近平四體韜密切相關的新詞彙、新提法主要有：四個全面、協調推進、戰略布局、全面建成小康社會、全面深化改革、全面依法治國、全面從嚴治黨；四個意識、四大考驗、政治紀律、政治規矩、"兩學一做"、關鍵少數、三大攻堅戰。四個意識就是政治意識、大局意識、核心意識、看齊意識。四大考驗就是執政考驗、改革開放考驗、市場經濟考驗、外部環境考驗。四大危險就是精神懈怠的危險、能力不足的危險、脫離群衆的危險、消極腐敗的危險。

習近平四全韜基本內容或內部構成主要包括：全面建成小康社會、全面深化改革、全面依法治國、全面從嚴治黨。

什麼是"四個全面"？習近平（2015 年 1 月）指出："我們提出要協調推進全面建成小康社會、全面深化改革、全面依法治國、全面從嚴治黨，這'四個全面'是當前黨和國家事業發展中必須解決好的主要矛盾。"[①] 進一步而言，所謂"四個全面"就是指全面建成小康社會、全面依法治國、全面深化改革與全面從嚴治黨的概括統稱。"四個全面"基本內涵包括：戰略方向、戰略目標、重點領域、主攻目標、戰略舉措。

"四個全面"相互關係：相互聯繫、相互促進；相輔相成、相得益彰；全面建成小康社會是我們的戰略目標，全面深化改革、全面依法治國、全面從嚴治黨是三大戰略舉措。習近平（2015 年 2 月）指出："'四個全面'這個戰略布局，既有戰略目標，也有戰略舉措，每一個"全面"都具有重大戰略意義。全

---

① 中共中央文獻研究室．習近平關於協調推進"四個全面"戰略布局論述摘編．北京：中央文獻出版社．2015：第 15 頁。

面建成小康社會是我們的戰略目標，到2020年實現這個目標，我們國家的發展水平就會邁上一個大臺階，我們所有奮鬥都要聚焦於這個目標。全面深化改革、全面依法治國、全面從嚴治黨是三大戰略舉措，對實現全面建成小康社會戰略目標一個都不能缺。不全面深化改革，發展就缺少動力，社會就沒有活力。不全面依法治國，國家生活和社會生活就不能有序運行，就難以實現社會和諧穩定。不全面從嚴治黨，黨就做不到"打鐵還需自身硬"，也就難以發揮好領導核心作用。"①

習近平四全韜"四個全面"與"中國夢"的關係：一是，"四個全面"是中國夢的重要保障。習近平（2015年3月）指出：積極推進全面建成小康社會、全面深化改革、全面依法治國、全面從嚴治黨的戰略布局，是實現中華民族偉大復興中國夢的重要保障。

二是，"四個全面"是中國夢的實踐指南。習近平（2015年4月）指出：黨中央從堅持和發展中國特色社會主義全局出發，提出並形成了全面建成小康社會、全面深化改革、全面依法治國、全面從嚴治黨的戰略布局，爲實現"兩個一百年"奮斗目標、實現中華民族偉大復興的中國夢提供了理論指導和實踐指南。

（二）習近平四全韜：地位與基本特徵

在政黨戰略學中，習近平四全韜——四個全面之韜略屬於戰略推進部署的層次與範疇。其基本特徵表現在：

（1）強調全面一體。習近平（2015年10月）指出："全面建成小康社會，強調的不僅是小康而且更重要的也是更難做到的是'全面'，小康講的是發展水平，'全面'講的是發展的平衡性、協調性、可持續性。"② 習近平（2015年10月）進一步指出："全面小康，覆蓋的領域要全面，是五位一體全面進步。全面小康，覆蓋的人口要全面，是惠及全體人民的小康。全面小康，覆蓋的區域要全面，是城鄉區域共同的小康。"③

（2）突出目標引領。習近平（2015年2月）指出："四個全面"戰略布局，既有戰略目標，也有戰略舉措，每一個"全面"都具有重大戰略意義。習近平（2015年2月）強調：全面建成小康社會是我們的戰略目標，到2020年

---

① 中共中央文獻研究室.習近平關於協調推進"四個全面"戰略布局論述摘編.北京：中央文獻出版社.2015：第17頁。

② 習近平：在黨的十八屆五中全會第二次全體會議上的講話（節選）（2015年10月29日）.求是，2016，（1）：1—9。

③ 習近平：在黨的十八屆五中全會第二次全體會議上的講話（節選）（2015年10月29日）.求是，2016，（1）：1—9。

實現這個目標，我們國家的發展水平就會邁上一個大臺階，我們所有奮鬥都要聚焦於這個目標。全面深化改革、全面依法治國、全面從嚴治黨是三大戰略舉措，對實現全面建成小康社會戰略目標一個都不能缺。

（3）強調協調推進。習近平（2014年12月）指出：要協調推進全面建成小康社會、全面深化改革、全面依法治國、全面從嚴治黨，推動改革開放和社會主義現代化建設邁上新臺階。習近平（2015年1月）指出：要協調推進全面建成小康社會、全面深化改革、全面依法治國、全面從嚴治黨，這是當前黨和國家事業發展中必須解決好的主要矛盾。

（4）突出問題導向。習近平（2013年3月）指出：“當前，國際形勢依然復雜多變，國內改革發展穩定任務依然艱巨繁重，我們具有做好工作的許多有利條件，但也面對着許多嚴峻挑戰。特別是要看到，解決我國經濟社會發展的突出矛盾和問題，需要我們付出長期艱苦的努力，不可能一蹴而就。”① 習近平（2015年3月）指出：“我們立足中國發展實際，堅持問題導向，逐步形成並積極推進全面建成小康社會、全面深化改革、全面依法治國、全面從嚴治黨的戰略布局。”②

（三）習近平四全韜：基本分類與構成體系

根據習近平四全韜——四個全面之韜略的科學涵義與内容構成，可分爲以下幾分類：

習近平四全·小康社會韜——四個全面之建成小康社會韜略；習近平四全·深化改革韜——四個全面之深化改革韜略；習近平四全·依法治國韜——四個全面之依法治國韜略；習近平四全·從嚴治黨韜——四個全面之從嚴治黨韜略。

習近平五體·小康社會韜是指習近平同志關於“四個全面”戰略布局之全面建成小康社會的韜略。習近平五體·深化改革韜是指習近平同志關於“四個全面”戰略布局之深化改革的韜略。習近平五體·依法治國韜是指習近平同志關於“四個全面”戰略布局之建成依法治國的韜略。習近平五體·從嚴治黨韜是指習近平同志關於“四個全面”戰略布局之建成從嚴治黨的韜略。

習近平四全韜——四個全面之韜略的研究型、理論型的構成體系主要爲：

（1）習近平四全韜的戰略抓手與重要意義；（2）習近平四全韜的文獻來源與三新思想要點；（3）習近平四全韜的科學内涵與基本内容；（4）習近平四全

---

① 中共中央文獻研究室．習近平關於協調推進“四個全面”戰略布局論述摘編．北京：中央文獻出版社．2015：第155頁。

② 中共中央文獻研究室．習近平關於協調推進“四個全面”戰略布局論述摘編．北京：中央文獻出版社．2015：第18頁。

韜的地位與基本特徵；（5）習近平四全韜的基本分類與構成體系；（6）習近平四全韜的實踐活動與貫徹落實；（7）習近平四全韜的遵循原則與實現途徑；（8）小結與展望。

由以上幾個方面構成習近平四全韜——四個全面之韜略的完整應用體系。

四、習近平四全韜——四個全面之韜略：實踐活動與貫徹落實

（一）習近平四全韜：實踐活動

習近平四全韜——四個全面之韜略的實踐活動主要體現在：參觀、視察、考察、調研、訪問、會議、峰會、論壇、講話、演講、簽署命令、署名文章、批示指示、復信回信、賀詞賀信、專題研討班、集體學習等幾個方面。其中，會議包括全國黨代會、全國人代會、全國政協會、中央紀委會、政治局會議、黨的全會、每年全國人代會、每年全國政協會、每年紀委會、部委工作會、座談會、茶話會、團拜會、研討會、領導小組會議等；署名文章包括國內署名文章與海外署名文章。比較重要的實踐活動有：

（1）相關會議會議：論述四個全面。

中共第十八屆第三、四、六次全體會議，分別研究了全面深化改革、全面依法治國、全面從嚴治黨等"四個全面"問題。

2013年11月，中共第十八屆第三次全體會議，研究了全面深化改革重大問題，審議通過了《中共中央關於全面深化改革若干重大問題的決定》，習近平就《決定（討論稿）》向全會作了說明。

2014年10月，中共第十八屆第四次全體會議，研究了全面推進依法治國重大問題，審議通過了《中共中央關於全面推進依法治國若干重大問題的決定》，習近平就《決定（討論稿）》向全會作了說明。

2016年10月，中共第十八屆第六次全體會議，研究了全面從嚴治黨重大問題，審議通過了《關於新形勢下黨內政治生活的若干準則》和《中國共產黨黨內監督條例》，習近平就《準則（討論稿）》和《條例（討論稿）》向全會作了說明。

（3）政治局集體學習與專題研討班：論述四個全面。

【集體學習】中共十八大期間，一共舉行了43次中央政治局集體學習[1]，不少次都論及了四個全面問題。其中，有3次是重點學習了"四個全面"問題。

---

[1]　中央政治局集體學習：係指中共中央政治局定期學習的一種制度或習慣。由中共中央總書記主持并發表講話，中央政治局全體成員參加，邀請有關部門負責人、專家學者，就經濟、政治、歷史、文化、社會、生態、科技、軍事、外交等重大問題進行專題講解。

2013 年 2 月 23 日，第十八屆中共中央政治局就全面推進依法治國進行第四次集體學習。習近平指出："要全面推進科學立法、嚴格執法、公正司法、全民守法，堅持依法治國、依法執政、依法行政共同推進，堅持法治國家、法治政府、法治社會一體建設，不斷開創依法治國新局面。"①

2015 年 1 月 23 日，第十八屆中共中央政治局就辯證唯物主義基本原理和方法論進行第二十次集體學習。習近平指出："我們黨要團結帶領人民協調推進全面建成小康社會、全面深化改革、全面依法治國、全面從嚴治黨，實現 "兩個一百年" 奮斗目標、實現中華民族偉大復興的中國夢。"②

2016 年 1 月 29 日，第十八屆中共中央政治局就 "十三五" 時期我國經濟社會發展的戰略重點進行第三十次集體學習。習近平指出："四個全面戰略布局，既有戰略目標，也有戰略舉措，每一個 "全面" 都具有重大戰略意義，是我們黨在新形勢下治國理政的總方略，是事關黨和國家長遠發展的總戰略。推進 "十三五" 時期經濟社會發展，一定要緊緊扭住全面建成小康社會這個戰略目標不動搖，緊緊扭住全面深化改革、全面依法治國、全面從嚴治黨三個戰略舉措不放鬆，努力做到四個全面相輔相成、相互促進、相得益彰。"③

【專題研討班】中共十八大期間，一共舉行了 6 次專題研討班④。其中，有 4 次是專題研究 "四個全面" 問題。代表性論述有：

2014 年 2 月的專題研討班，聚焦全面深化改革。習近平在省部級主要領導幹部開班式上指出："黨的十八屆三中全會提出的全面深化改革的總目標，就是完善和發展中國特色社會主義制度、推進國家治理體系和治理能力現代化，這是堅持和發展中國特色社會主義的必然要求，也是實現社會主義現代化的應有之義。"⑤

2015 年 2 月的專題研討班，聚焦全面推進依法治國。習近平在省部級主要領導幹部開班式上指出："各級領導幹部在推進依法治國方面肩負著重要責任，全面依法治國必須抓住領導幹部這個 "關鍵少數"。領導幹部要做尊法學法守

---

① 習近平：在第十八屆中共中央政治局第四次集體學習時的講話（2013 年 2 月 23 日）．人民日報．2013 年 2 月 24 日。

② 習近平：在第十八屆中共中央政治局第二十次集體學習時的講話（2015 年 1 月 23 日）．人民日報．2015 年 1 月 24 日。

③ 習近平：在第十八屆中共中央政治局第三十次集體學習時的講話（2016 年 1 月 29 日）．人民日報．2016 年 01 月 31 日。

④ 專題研討班：就是中共黨和政府省部級主要領導幹部專題研討班。專題班始於 1999 年，每年舉辦一次已經舉辦。研討班的主題內容爲當年中共黨和政府全局性的、戰略性的、重大的問題。由中央主要領導作報告，省部級主要官員學習研討，隨後學習研討的成果將在今後的工作中加以貫徹和落實。

⑤ 習近平：在省部級主要領導幹部專題研討班上的講話（2014 年 2 月 17 日）．人民日報．2014 年 2 月 18 日。

法用法的模範，帶動全黨全國一起努力，在建設中國特色社會主義法治體系、建設社會主義法治國家上不斷見到新成效。"①

2017 年 2 月的專題研討班，聚焦全面從嚴治黨。習近平在省部級主要領導幹部開班式上指出："貫徹好黨的十八屆六中全會精神，對順利推進具有許多新的歷史特點的偉大鬥爭、黨的建設新的偉大工程、中國特色社會主義偉大事業，具有重大而深遠的意義。"②

2017 年 7 月的專題研討班，聚焦迎接黨的十九大。習近平在省部級主要領導幹部開班式上指出："我們要牢牢把握我國發展的階段性特徵，牢牢把握人民群衆對美好生活的向往，提出新的思路、新的戰略、新的舉措，繼續統籌推進"五位一體"總體布局、協調推進"四個全面"戰略布局，決勝全面建成小康社會，奪取中國特色社會主義偉大勝利，爲實現中華民族偉大復興的中國夢不懈奮鬥。"③

（二）習近平四全韜：貫徹落實

（1）學習宣傳教育：編輯出版讀本。

一是編輯出版讀本與教材。中共中央宣傳部編寫先後《習近平總書記系列重要講話讀本（2014 年版）》、《習近平總書記系列重要講話讀本（2016 年版）》；該書第三部分專題解讀了習近平關於協調推進"四個全面"戰略布局的重要思想，中共中央組織部組織編寫《全面建成小康社會與中國夢（全國幹部學習培訓教材 2015 年版）》與組織編寫《提高黨的建設科學化水平（全國幹部學習培訓教材 2015 年版）》。

二是編輯出版系列論述摘編。中央文獻研究室先後組織編輯出版《習近平關於協調推進"四個全面"戰略布局論述摘編》、《習近平關於全面建成小康社會論述摘編》、《習近平關於全面深化改革述摘編》；《習近平關於全面依法治國論述摘編》、《習近平關於全面從嚴治黨論述摘編》。

三是聯合攝製政論專題片。中共中央有關部門聯合攝製政論專題片《法治中國（2017 年 8 月）》，共分《奉法者強》《大智立法》《依法行政》《公正司法（上）》《公正司法（下）》《全民守法》6 集。該片全景式反映了習近平同志高瞻遠矚、審時度勢、統籌謀劃，堅持和拓展中國特色社會主義法治道路，將法治確立爲治國理政的基本方式，把全面依法治國納入"四個全面"戰略布局，

---

① 習近平：在省部級主要領導幹部專題研討班上的講話（2015 年 2 月 26 日）．人民日報．2015 年 2 月 27 日。

② 習近平：在省部級主要領導幹部專題研討班上的講話（2017 年 2 月 13 日）．人民日報．2017 年 2 月 14 日。

③ 習近平：在省部級主要領導幹部專題研討班上的講話（2017 年 7 月 26 日）．人民日報．2017 年 7 月 27 日。

帶領13億中國人民凝心聚力、團結奮鬥，在新的歷史起點上全面推進法治中國建設的偉大征程。

（2）制定出臺政策文件。

一是全面建成小康社會政策法規文件。主要有：《中共中央關於制定國民經濟和社會發展第十三個五年規劃的建議（2015年）》；《中華人民共和國國民經濟和社會發展第十三個五年規劃綱要（2016年）》。

二是全面深化改革政策法規文件。主要有：《中共中央關於全面深化改革若干重大問題的決定（2013年）》；《中共中央、國務院關於全面深化農村改革加快推進農業現代化的若干意見（2014年）》；《中共中央、國務院新時期產業工人隊伍建設改革方案（2017年）》；《中共中央、國務院關於深化石油天然氣體制改革的若干意見（2017年）》。

三是全面依法治國政策法規文件。主要有：《中共中央關於全面推進依法治國若干重大問題的決定（2014年10月）》；《中華人民共和國深海海底區域資源勘探開發法（2016年）》；《中華人民共和國國家情報法（2017年）》。

四是全面從嚴治黨政策法規文件。主要有：《中央黨內法規制定工作五年規劃綱要（2013—2017年）（2013年）》；《中國共產黨廉潔自律準則（2015年）》；《中國共產黨紀律處分條例（2015年）》；《中國共產黨巡視工作條例（2015年）》；《關於新形勢下黨內政治生活的若干準則（2016年）》；《中國共產黨黨內監督條例（2016年）》；《中國共產黨問責條例（2016年）》；《中國共產黨紀律檢查機關監督執紀工作規則（試行）（2017年）》、《中國共產黨工作機關條例（試行）》。

五、習近平四全韜——四個全面之韜略：遵循原則與實幹狠抓

（一）習近平四全韜：遵循原則——協調繼續

一是協調推進。習近平（2014年12月）指出：要協調推進全面建成小康社會、全面深化改革、全面依法治國、全面從嚴治黨，推動改革開放和社會主義現代化建設邁上新臺階。習近平（2015年1月）指出：要協調推進全面建成小康社會、全面深化改革、全面依法治國、全面從嚴治黨，這是當前黨和國家事業發展中必須解決好的主要矛盾。習近平（2015年7月）指出："當前，中國正在協調推進全面建成小康社會、全面深化改革、全面依法治國、全面從嚴治黨，規劃了在新形勢下治國理政的戰略目標和戰略舉措。"①

---

① 中共中央文獻研究室. 習近平關於協調推進"四個全面"戰略布局論述摘編. 北京：中央文獻出版社. 2015：第19頁。

二是繼續推進。習近平（2014 年 12 月）指出：“我們要繼續推進全面建成小康社會、全面深化改革、全面依法治國、全面從嚴治黨，突出創新驅動，強化風險防控，加強民生保障，如期完成“十二五”規劃確定的各項目標任務。”①

三是積極推進。習近平（2015 年 3 月）指出：積極推進全面建成小康社會、全面深化改革、全面依法治國、全面從嚴治黨的戰略布局，是實現中華民族偉大復興中國夢的重要保障。習近平（2016 年 12 月）指出：“我們積極推進全面深化改革，供給側結構性改革邁出重要步伐，國防和軍隊改革取得重大突破，各領域具有四樑八柱性質的改革主體框架已經基本確立。我們積極推進全面依法治國，深化司法體制改革，全力促進司法公正、維護社會公平正義。我們積極推進全面從嚴治黨，堅定不移“打虎拍蠅”，繼續純淨政治生態，黨風、政風、社會風氣繼續好轉。”②

（二）習近平四全韜：實幹狠抓——實現途徑

一是，崇尚實幹，狠抓落實。習近平（2014 年 2 月）指出：“要抓實、再抓實，不抓實，再好的藍圖只能是一紙空文，再近的目標只能是鏡花水月。”③習近平（2014 年 10 月）強調：“崇尚實幹、狠抓落實是我反復強調的。如果不沉下心來抓落實，再好的目標，再好的藍圖，也只是鏡中花、水中月。”④

二是，堅持問題導向，傾聽人民呼聲。習近平（2014 年 10 月）指出：“問題是時代的聲音，人心是最大的政治。推進黨和國家各項工作，必須堅持問題導向，傾聽人民呼聲。我們要堅持求真務實、真抓實幹，積極適應國際國內形勢新變化，準確把握規律，緊緊依靠人民，奮發有爲開創各項工作新局面。我們的事業是全新的事業，在前進的道路上，我們既不能因循守舊、墨守成規，也不能罔顧國情、東施傚顰。”⑤ 習近平（2015 年 2 月）指出：“‘四個全面’的戰略布局是從我國發展現實需要中得出來的，從人民群眾的熱切期待中得出來的，也是爲推動解決我們面臨的突出矛盾和問題提出來的。統一戰綫有自己的優勢，應該也完全能夠爲落實“四個全面”的戰略布局作出貢獻。”⑥

① 習近平：在全國政協新年茶話會上的講話（2014 年 12 月 31 日）．人民日報．2015 年 1 月 1 日。

② 習近平：2017 年新年賀詞（2016 年 12 月 31 日）．人民日報．2017 年 1 月 1 日。

③ 中共中央文獻研究室．習近平關於協調推進“四個全面”戰略布局論述摘編．北京：中央文獻出版社．2015：第 156 頁。

④ 中共中央文獻研究室．習近平關於協調推進“四個全面”戰略布局論述摘編．北京：中央文獻出版社．2015：第 157 頁。

⑤ 中共中央文獻研究室．習近平關於協調推進“四個全面”戰略布局論述摘編．北京：中央文獻出版社．2015：第 157 頁。

⑥ 習近平：在同黨外人士共迎新春時的講話（2015 年 2 月 11 日）．人民日報．2015 年 2 月 13 日。

三是，既講兩點論，又講重點論。習近平（2015 年）指出：“在推進這‘四個全面’過程中，我們既要注重總體謀劃，又要注重牽住牛鼻子。我們既要講兩點論，又要講重點論，沒有主次，不加區別，眉毛胡子一把抓，是做不好工作的。”①

四是，奮發有爲，實事求是。習近平（2015 年 2 月）指出：“落實好全面建成小康社會、全面深化改革、全面依法治國、全面從嚴治黨的戰略布局，要求全黨同志以與時俱進、奮發有爲的精神狀態，不斷推進實踐創新和理論創新，繼續書寫馬克思主義中國化、時代化新篇章。”② 習近平（2015 年 6 月）指出：“實踐反復證明，能不能做到實事求是，是黨和國家各項工作成敗的關鍵。全黨同志一定要把實事求是貫穿到各項工作中去，經常、廣泛、深入開展調查研究，努力把真實情況掌握得更多一些、把客觀規律認識得更透一些，爲協調推進‘四個全面’戰略布局打下扎實的工作基礎。”③

五是，依靠人民，爲了人民。習近平（2015 年 2 月）指出：“我們要緊緊依靠人民，從人民中吸取智慧，從人民中凝聚力量。”④ 習近平（2015 年 2 月）進一步指出：“要更加有效地維護公平正義，更加有力地保障和改善民生，更加深入地改進黨風政風，爲國家增創更多財富，爲人民增加更多福祉。”⑤ 習近平（2015 年 4 月）強調指出：“人民是歷史的創造者，是推動我國經濟社會發展的基本力量和基本依靠。推進“四個全面”戰略布局，必須充分調動廣大人民群衆的積極性、主動性、創造性。”⑥

六、小結與展望

（一）小結

習近平四全韜——四個全面之韜略是習近平“六韜九策”治國策體系内容之一。習近平四全韜——四個全面之韜略，是指習近平關於協調推進“全面建成小康社會、全面深化改革、全面依法治國、全面從嚴治黨”等“四個全面”戰略布局的韜略。習近平四全韜——四個全面之韜略的研究對象與範圍：中共

---

① 中共中央文獻研究室. 習近平關於協調推進“四個全面”戰略布局論述摘編. 北京：中央文獻出版社. 2015：第 160 頁。

② 習近平：在陝西調研考察時的講話（2015 年 2 月 13 日—16 日）. 人民日報. 2015 年 2 月 17 日。

③ 習近平：在紀念陳雲同志誕辰一百一十週年座談會上的講話（2015 年 6 月 12 日）. 人民日報. 2015 年 6 月 13 日。

④ 習近平：在 2015 年春節團拜會上的講話（2015 年 2 月 17 日）. 人民日報. 2015 年 2 月 18 日。

⑤ 習近平：在 2015 年春節團拜會上的講話（2015 年 2 月 17 日）. 人民日報. 2015 年 2 月 18 日。

⑥ 中共中央文獻研究室. 習近平關於協調推進“四個全面”戰略布局論述摘編. 北京：中央文獻出版社. 2015：第 163 頁。

十八大期間，習近平同志關於協調推進"全面建成小康社會、全面依法治國、全面深化改革、全面從嚴治黨"等"四個全面"的重要論述。

習近平四全韜——四個全面之韜略在政黨戰略學中屬於戰略推進部署的層次與範疇。其基本特徵表現在：強調全面一體、突出目標引領、強調協調推進、突出問題導向。習近平四全韜——四個全面之韜略的研究型、理論型的構成體系主要包括：1）習近平四全韜的戰略抓手與重要意義；2）習近平四全韜的文獻來源與三新思想要點；3）習近平四全韜的科學內涵與基本內容；4）習近平四全韜的地位與基本特徵；5）習近平四全韜的基本分類與構成體系；6）習近平四全韜的實踐活動與貫徹落實；7）習近平四全韜的遵循原則與實現途徑；8）小結與展望等幾個方面。

（二）展望（預測與建議）

干在實處永無止境，走在前列要謀新篇。2013 年 1 月，習近平指出："現在，全面建成小康社會的號角已經吹響，關鍵是要樹立起攻堅克難的堅定信心，凝聚起推進事業的強大力量，緊緊依靠全國各族人民，推動黨和國家事業不斷從勝利走向新的勝利。"[1] 2017 年 9 月，習近平在中共中央政治局會議上強調：十九大期間，要繼續統籌推進"五位一體"總體布局、協調推進"四個全面"戰略布局，繼續推進黨的建設新的偉大工程，為決勝全面建成小康社會、努力開創中國特色社會主義新局面而團結奮鬥。"

幾點建議：一是，盡快修改完善 2015 年《習近平關於協調推進"四個全面"戰略布局論述摘編》，增加補充習近平同志在 2015 年 10 月—2017 年 10 月之間的有關"四個全面"的重要講話。

二是，盡快修改完善 2016 年版《習近平關於全面建成小康社會論述摘編》，補充增加增加補充習近平同志在 2016 年 7 月—2017 年 10 月之間的有關"全面建成小康社會"的重要講話。

三是，盡快修改完善 2015 年版《習近平關於全面依法治國論述摘編》，補充增加增加補充習近平同志在 2015 年 4 月—2017 年 10 月之間的有關"全面依法治國"的重要講話。

四是，盡快修改完善 2016 年版《習近平關於全面從嚴治黨會論述摘編》，補充增加增加補充習近平同志在 2016 年 12 月—2017 年 10 月之間的有關"全面從嚴治黨"的重要講話。

---

[1]　習近平 · 在全國政協新年荼話會上的講話（2013 年 1 月 1 日）. 人民日報. 2013 年 1 月 2 日。

第五章
習近平外交韜——大國外交之韜略

【知識導引】

習近平外交韜——大國外交之韜略，是指習近平關於全面推進中國特色大國外交建設發展的韜略。習近平大國外交之韜略，又稱新型外交之韜略。習近平外交韜——大國外交之韜略在政黨戰略學中屬於戰略縱橫的範疇與層次。

【經典論述】

中國必須有自己特色的大國外交。我們要在總結實踐經驗的基礎上，豐富和發展對外工作理念，使我國對外工作有鮮明的中國特色、中國風格、中國氣派。

——習近平

我們堅定不移推進中國特色大國外交，營造了我國發展的和平國際環境和良好周邊環境。

——習近平

【內容提要】 習近平外交韜——大國外交之韜略是習近平 "六韜九策" 治國策體系內容之一。習近平外交韜——大國外交之韜略，是指習近平關於全面推進中國特色社會主義大國外交建設發展的韜略。習近平外交韜——大國外交之韜略的研究對象與範圍：中共十八大期間，習近平同志關於全面推進中國特色大國外交建設發展的重要論述。

習近平外交韜——大國外交之韜略在政黨戰略學中屬於戰略縱橫的範疇與層次。其基本特徵表現在：強調和平發展道路、突出發展合作共贏、強調人類命運共同體、突出全球治理。習近平外交韜——大國外交之韜略的研究型、理論型的構成體系主要包括：1) 習近平外交韜的特色外交與重大意義；2) 習近平外交韜的文獻來源與三新思想要點；3) 習近平外交韜的科學涵義與基本內容；4) 習近平外交韜的地位與基本特徵；5) 習近平外交韜的政策立場與基本走向；6) 習近平外交韜的基本分類與構成體系；7) 習近平外交韜的實踐活動與貫徹落實；8) 習近平外交韜的遵循原則與實現途徑；9) 小結與展望等幾個方面。

幾點建議：一是要大膽而積極參與國際性文件的起草制定工作；積極參與聯合國及其相關國際組織的活動。二是盡快編輯出版《習近平關於中國特色大國外交建設論述摘編 (2012 年 11 月—2017 年 10 月)》。三是盡快編輯出版《中國特色大國外交白皮書 (2012—2017 年)》，重點論述十八大期間中國特色大國外交的基本內容、基本原理與基本體系。

【關鍵詞】 習近平；外交韜；大國外交；構成體系；建議

引 言

"習近平外交韜——大國外交之韜略"是習近平治國理政思想體系宏觀戰略層面的重要內容。中共十八大期間（2012 年—2017 年 10 月），習近平圍遶什麼是"大國外交"，怎樣建設"大國外交"這個富國強軍、振興民族的戰略縱橫問題，作了一系列深刻闡釋，由此勾畫了"中國特色大國外交"的框架體系，形成、創立了"習近平外交韜——大國外交之韜略"。

"習近平外交韜——大國外交之韜略"，是指習近平關於全面推進中國特色社會主義大國外交建設發展的韜略。研究探討習近平外交韜——大國外交之韜略，深刻理解和全面把握"大國外交"的科學內涵、精神實質與搆成體系，對於統籌國內國際兩個大局，深入開展全方位外交、堅持和發展中國特色社會主義、實現中華民族偉大復興的中國夢，具有十分重要的意義。

一、習近平外交韜——大國外交之韜略：特色外交與重要意義

（一）習近平外交韜：特色外交

2012 年 11 月—2014 年上半年，習近平提出並論述"命運共同體理念、合作共贏、互信包容、公平開放、共享共建、互利共贏，"等大國外交新理念。習近平 2014 年 11 月，習近平首次提出"中國特色大國外交"；2017 年 7 月再次強調"大國外交"。資料顯示：中共十八大五年間，習近平在國內外很多重要場合，從不同的角度，對"中國特色大國外交"進行了多方面、立體式的一系列深刻闡釋，搆築了"大國外交"新體系。代表性論述主要有：

1. 首提"親誠惠容"。2013 年 10 月 24 日，習近平在中央首次周邊外交工作座談會上強調指出："要堅持與鄰爲善、以鄰爲伴，堅持睦鄰、安鄰、富鄰，突出體現親、誠、惠、容的理念，爲我國發展爭取良好周邊環境。"①

2. 首次提出大國外交。2014 年 11 月 28 日，習近平在中央外事工作會議上首次提出了"大國外交"。習近平指出："中國必須有自己特色的大國外交。我們要在總結實踐經驗的基礎上，豐富和發展對外工作理念，使我國對外工作有鮮明的中國特色、中國風格、中國氣派。"②

3. 強調中美新型大國關係。2015 年 9 月 25 日，習近平同奧巴馬舉行會晤，

---

① 中共中央黨史研究室編寫. 黨的十八大以來大事記. 人民日報. 2017 年 10 月 16 日。

② 習近平：在中央外事工作會議上的講話（2014 年 11 月 28）. 人民日報. 2014 年 11 月 30 日。

強調要推動中美新型大國關係不斷向前發展。① 2017 年 4 月 6 日至 7 日，習近平在佛羅裏達州海湖莊園同美國總統特朗普會晤，雙方同意在新起點上推動中美關係取得更大發展，宣佈兩國建立外交安全對話、全面經濟對話、執法及網絡安全對話、社會和人文對話等 4 個高級別對話機制。②

4. 強調深化中俄關係。2013 年 3 月 22 日，習近平對俄羅斯進行國事訪問，習近平在俄羅斯莫斯科國際關係學院發表演講，提出命運共同體理念，呼吁建立以合作共贏爲核心的新型國際關係。③ 2016 年 6 月 25 日，俄羅斯總統普京對中國進行國事訪問。習近平與普京強調：要堅定不移致力於深化中俄全面戰略協作伙伴關係。兩國元首共同出席《中俄睦鄰友好合作條約》簽署 15 週年紀念大會，習近平發表《共創中俄關係更加美好的明天》的講話。④

5. 強調大國外交。2017 年 7 月 26 日，習近平在省部級主要領導幹部專題班上強調指出："我們堅定不移推進中國特色大國外交，營造了我國發展的和平國際環境和良好周邊環境。⑤

(二) 習近平外交韜的重要意義

習近平大國外交重要論述，科學回答了建設什麼樣的世界、構建什麼樣的國際關係，以及需要什麼樣的大國外交、怎樣推進大國外交等重大問題，爲指導新形勢下的大國外交建設提供了系統理論和思想武器，爲推動國際體系變革完善貢獻了中國智慧和中國方案。

習近平大國外交重要論述，具有豐富內涵和鮮明特色，創造性地提出一系列大國外交新理念新思想新戰略，拓展、提昇了中國特色大國外交理論，進一步豐富了中國特色社會主義理論。

習近平大國外交重要論述，具有高度的戰略性、前瞻性和很強的針對性、指導性，是黨中央治國理念和執政方略的重要組成部分，是新形勢下全面推進大國外交工作的行動綱領與行動指南。

二、習近平外交韜——大國外交之韜略：文獻來源與三新思想要點

(一) 習近平外交韜：經典文獻

習近平外交韜——大國外交之韜略的經典文獻主要有以下幾個方面：

---

① 中共中央黨史研究室編寫. 黨的十八大以來大事記. 人民日報. 2017 年 10 月 16 日。
② 中共中央黨史研究室編寫. 黨的十八大以來大事記. 人民日報. 2017 年 10 月 16 日。
③ 中共中央黨史研究室編寫. 黨的十八大以來大事記. 人民日報. 2017 年 10 月 16 日。
④ 中共中央黨史研究室編寫. 黨的十八大以來大事記. 人民日報. 2017 年 10 月 16 日。
⑤ 習近平在省部級主要領導幹部專題班上的講話（2017 年 7 月 26 日）. 人民日報. 2017 年 7 月 27 日。

　　一是《習近平談治國理政》[①] 第十一至第十五部分。計有五個專題 20 篇：
（1）走和平發展道路：更好統籌國內國際兩個大局，夯實走和平發展道路的基礎（2013 年 1 月 28 日）；走出一條和衷共濟、合作共贏的新路子（2013 年 6 月 19 日、2014 年 5 月 19 日）；堅持理性、協調、並進的核安全觀（2014 年 3 月 24 日）；文明因交流而多彩，文明因互鑒而豐富（2014 年 3 月 27 日）；走和平發展道路是中國人民對實現自身發展目標的自信和自覺（2014 年 3 月 28 日）。（2）推動構建新型大國關係：順應時代前進潮流，促進世界和平發展（2013 年 3 月 23 日）；構建中美新型大國關係（2013 年 6 月 7 日）；在亞歐大陸架起一座友誼和合作之橋（2014 年 4 月 1 日）。（3）做好周邊外交工作：共同建設 "絲綢之路經濟帶"（2013 年 9 月 7 日）；共同建設二十一世紀 "海上絲綢之路"（2013 年 10 月 3 日）；堅持親、誠、惠、容的周邊外交理念（2013 年 10 月 24 日）。（4）加強與發展中國家團結合作：永遠做可靠朋友和真誠伙伴（2013 年 3 月 25 日）；推動中拉關係實現新的更大發展（2013 年 6 月 5 日）；弘揚絲路精神，深化中阿合作（2014 年 6 月 5 日）。（5）積極參與多邊事務：携手合作，共同發展（2013 年 3 月 27 日）；共同創造亞洲和世界的美好未來（2013 年 4 月 7 日）；共同維護和發展開放型世界經濟（2013 年 9 月 5 日）；弘揚 "上海精神"，促進共同發展（2013 年 9 月 13 日）；深化改革開放，共創美好亞太（2013 年 10 月 7 日）；積極樹立亞洲安全觀，共創安全合作新局面（2014 年 5 月 21 日）。

　　二是《十八大以來重要文獻選編（上）》[②]。計有 4 篇：順應時代前進潮流，促進世界和平發展（2013 年 3 月 23 日）；構建中美新型大國關係（2013 年 6 月 7 日）；共同維護和發展開放型世界經濟（2013 年 9 月 5 日）；深化改革開放，共創美好亞太（2013 年 10 月 7 日）。

　　三是十八大以來重要文獻選編（中）[③]。計有 6 篇：聯通引領發展，伙伴聚焦合作（2014 年 11 月 8 日）；共建面向未來的亞太伙伴關係（2014 年 11 月 11 日）；在華盛頓州當地政府和美國友好團體聯合歡迎宴會上的演講（2015 年 9 月 22 日）；在白宮南草坪歡迎儀式上的致辭（2015 年 9 月 25 日）；携手構建合作共贏新伙伴，同心打造人類命運共同體（2015 年 9 月 28 日）；携手消除貧困，促進共同發展（2015 年 10 月 16 日）。

---

① 習近平 . 習近平談治國理政 . 北京：外文出版社 . 2014：第 247－362 頁。
② 中共中央文獻研究室 . 十八大以來重要文獻選編（上）. 北京：中央文獻出版社 . 2014.
③ 中共中央文獻研究室 . 十八大以來重要文獻選編（中）. 北京：中央文獻出版社 . 2016.

四是《習近平關於實現中華民族偉大復興的中國夢論述摘編》第七部分①。計有 11 篇、23 段論述。

五是《習近平關於社會主義經濟建設論述摘編》第九部分②。計有 23 篇、48 段論述。

六是《習近平關於全面深化改革述摘編》第九部③。計有 9 篇、17 段論述。

七是習近平其他文獻關於中國特色大國外交的重要論述。比較重要的文獻主要有：

（1）習近平在中法建交 50 週年紀念大會上的講話（2014 年 3 月 27 日）；習近平會見第七屆世界華僑華人社團聯誼大會代表時的講話（2014 年 6 月 6 日）；習近平在澳大利亞聯邦議會的演講（2014 年 11 月 17 日）；習近平在倫敦金融城的演講（2015 年 10 月 22 日）；習近平在亞太經合組織工商領導人峰會上的演講（2015 年 11 月 18 日）；習近平在中非合作論壇約翰內斯堡峰會開幕式上的演講（2015 年 12 月 4 日）；習近平在亞信第五次外長會議開幕式上的演講（2016 年 4 月 28 日）；習近平在 G20 工商峰會開幕式上的演講（2016 年 9 月 4 日）；習近平在聯合國日內瓦總部高級別會議上的演講（2017 年 1 月 18 日）；習近平在“一帶一路”國際合作高峰論壇開幕式上的演講（2017 年 5 月 14 日）；習近平在金磚國家領導人第九次會晤上的有關講話（2017 年 9 月 3—5 日）。

（2）習近平在第十八屆中央政治局第三次集體學習時的講話（2013 年 1 月 28 日）；習近平在第十二屆全國人民代表大會第一次會議上的講話（2013 年 3 月 17 日）；習近平在周邊外交工作座談會上的講話（2013 年 10 月 24 日）；習近平在中央外事工作會議上的講話（2014 年 11 月 28 日）；習近平在慶祝中國共產黨成立 95 週年大會上的講話（2016 年 7 月 1 日）；習近平在省部級主要領導幹部專題班上的講話（2017 年 7 月 26 日）；習近平在慶祝中國人民解放軍建軍 90 週年大會上的講話（2017 年 8 月 1 日）；習近平致俄中友協成立 60 週年賀信（2017 年 10 月 9 日）。

（二）習近平外交韜：三新思想要點（新思想新理念新觀點）

根據以上文獻分析，習近平外交韜——大國外交之韜略的三新思想要點（新思想新理念新觀點）有以下就個方面：

---

① 中共中央文獻研究室. 習近平關於實現中華民族偉大復興的中國夢論述摘編. 北京：中央文獻出版社. 2013. 12.

② 中共中央文獻研究室. 習近平關於社會主義經濟建設論述摘編. 北京：中央文獻出版社. 2017. 6。

③ 中共中央文獻研究室. 習近平關於全面深化改革述摘編. 北京：中央文獻出版社. 2014. 5.

　　一是，中國必須有自己特色的大國外交。二是，堅定不移推進中國特色大國外交，營造我國發展的和平國際環境和良好周邊環境。三是，統籌國內國際兩個大局，統籌發展安全兩件大事。四是，牢牢把握堅持和平發展、促進民族復興這條主綫。五是，我們觀察和規劃改革發展，必須統籌考慮和綜合運用國際國內兩個市場、國際國內兩種資源、國際國內兩類規則。六是，做好外交工作，胸中要裝着國內國際兩個大局。七是，做好周邊外交工作，是實現“兩個一百年”奮鬥目標、實現中華民族偉大復興的中國夢的需要。八是，堅持與鄰爲善、以鄰爲伴，堅持睦鄰、安鄰、富鄰，突出體現親、誠、惠、容的理念。九是，堅定不移走自己的路，走和平發展道路，同時決不能放棄我們的正當權益，決不能犧牲國家核心利益。十是中國堅持走和平發展道路，堅持獨立自主的和平外交政策，不是權宜之計，而是我們的戰略選擇和鄭重承諾。十一是，堅持互利共贏的開放戰略，把合作共贏理念體現到政治、經濟、安全、文化等對外合作的方方面面。十二是，要堅持合作共贏，推動建立以合作共贏爲核心的新型國際關係。十三是，我們應該求同存異、聚同化異，共同構建合作共贏的新型國際關係。十四是，一是，同爲地球村居民，我們要樹立人類命運共同體意識。十五是，堅定不移推動構建以合作共贏爲核心的新型國際關係，致力於打造人類命運共同體。十六是，要堅持正確義利觀，做到義利兼顧，要講信義、重情義、揚正義、樹道義。十七是，一是，積極參與全球治理體系建設，努力爲完善全球治理貢獻中國智慧，同世界各國人民一道，推動國際秩序和全球治理體系朝着更加公正合理方向發展。十八是，要提高中國參與全球治理的能力，着力增強規則制定能力、議程設置能力、輿論宣傳能力、統籌協調能力。

三、習近平外交韜——大國外交之韜略：科學內涵與構成體系

（一）習近平外交韜：科學內涵與基本內容

　　習近平外交韜——大國外交之韜略，是指習近平關於全面推進中國特色社會主義大國外交建設發展的韜略。習近平大國外交之韜略，又稱新型外交之韜略。韜略即文韜武略，原意指古代兵書《六韜》《三略》，引申義指用兵的計謀和謀略，這裏擴展爲關於全面推進“大國外交”——中國特色社會主義外交事業而采取的具有總體的宏觀的全面的戰略的等的特徵一種選擇與安排。

　　習近平外交韜——大國外交之韜略的研究對象與範圍：中共十八大期間，習近平同志關於全面推進中國特色大國外交建設發展的重要論述。

　　與習近平外交韜密切相關的新詞彙、新提法主要有：大國外交、主場外交、中國方案、中國風格、中國氣派、一帶一路、人類命運共同體、新型國際關係、全球伙伴關係、全球治理體系變革、親誠惠容、正確義利觀、共商共建共享原

則、"16+1合作"、網絡空間命運共同體、中美新型大國關係、深化中俄關係。

什麼是 "大國外交"？什麼是中國特色社會主義大國外交？大國外交，就是領域更廣、層次更高、內容廣泛的一種新型外交。中國特色社會主義大國外交，就是具有鮮明的中國特色、中國風格、中國氣派的一種新型外交。習近平指出："中國必須有自己特色的大國外交。我們要在總結實踐經驗的基礎上，豐富和發展對外工作理念，使我國對外工作有鮮明的中國特色、中國風格、中國氣派。"①

習近平外交輯的基本內容或基本格局包括：全面建設中國特色大國外交；堅持和平發展道路；建立以合作共贏爲核心的新型國家關係；構建美新型大國關係；堅持正確義利觀；堅持親誠惠容；推動與各方面關係全面發展；堅決維護國家核心利益；建設人類命運共同體；推進全球治理體系變革。這既是其基本內容，也是其基本任務。

習近平外交輯的政策立場與走向②：一是，中國共產黨和中國人民從苦難中走過來，深知和平的珍貴、發展的價值，把促進世界和平與發展視爲自己的神聖職責。二是，中國主張各國人民同心協力，變壓力爲動力，化危機爲生機，以合作取代對抗，以共贏取代獨佔。三是中國將積極參與全球治理體系建設，努力爲完善全球治理貢獻中國智慧，同世界各國人民一道，推動國際秩序和全球治理體系朝着更加公正合理方向發展。四是，中國始終是世界和平的建設者、全球發展的貢獻者、國際秩序的維護者，願擴大同各國的利益交匯點，推動構建以合作共贏爲核心的新型國際關係，推動形成人類命運共同體穌利益共同體。五是，中國堅持獨立自主的和平外交政策，在和平共處五項原則的基礎上同所有國家發展友好合作。六是，中國堅定不移實行對外開放的基本國策，堅持打開國門搞建設，在 "一帶一路" 等重大國際合作項目中創造更全面、更深入、更多元的對外開放格局。七是，中國對外開放，不是要一家唱獨角戲，而是要歡迎各方共同參與；不是要謀求勢力範圍，而是要支持各國共同發展；不是要營造自己的後花園，而是要建設各國共享的百花園。八是，中國堅持國家不分大小、強弱、貧富一律平等，尊重各國人民自主選擇發展道路的權利，維護國際公平正義，反對把自己的意志強加於人，反對干涉別國內政，反對以強凌弱。九是，中國人民不信邪也不怕邪，不惹事也不怕事，任何外國不要指望我們會拿自己的核心利益做交易，不要指望我們會吞下損害我國主權、安全、發展利益的苦果。十是，中國共產黨將在獨立自主、完全平等、相互尊重、互不干涉

---

① 習近平：在中央外事工作會議上的講話（2014年11月28）. 人民日報. 2014年11月30日。
② 習近平：在慶祝中國共產黨成立95週年大會上的講話（2016年7月1日）. 人民日報. 2016年7月2日。

內部事務原則的基礎上，同各國各地區政黨和政治組織發展交流合作，促進國家關係發展。

（二）習近平外交韜：地位與基本特徵

在政黨戰略學中，習近平外交韜——大國外交之韜略屬於戰略縱橫的範疇與層次。其基本特徵表現在：

（1）強調和平發展道路。習近平（2013 年）指出：走和平發展道路，是中華民族優秀文化傳統的傳承和發展，也是中國人民從近代以後苦難遭遇中得出的必然結論。中國走和平發展道路，其他國家也都要走和平發展道路，只有各國都走和平發展道路，各國才能共同發展，國與國才能和平相處。習近平（2015 年）指出：中國堅持走和平發展道路，堅持獨立自主的和平外交政策，不是權宜之計，而是我們的戰略選擇和鄭重承諾。習近平（2016 年）指出：中國堅定不移走和平發展道路，堅定不移維護以聯合國憲章宗旨和原則爲核心的國際秩序，堅定不移推動構建以合作共贏爲核心的新型國際關係，致力於打造人類命運共同體。

（2）突出發展合作共贏。習近平（2013 年）指出：我們將高舉和平、發展、合作、共贏的旗幟，始終不渝走和平發展道路，始終不渝奉行互利共贏的開放戰略，致力於同世界各國發展友好合作，履行應盡的國際責任和義務，繼續同各國人民一道推進人類和平與發展的崇高事業。習近平（2015 年）指出：當今世界，各國相互依存、休戚與共，我們要繼承和弘揚聯合國憲章宗旨和原則，構建以合作共贏爲核心的新型國際關係。習近平（2016 年）指出：我們應該求同存異、聚同化異，共同構建合作共贏的新型國際關係。國家不論大小、強弱、貧富，都應該平等相待，既把自己發展好，也幫助其他國家發展好。大家都好，世界才能更美好。

（2）強調人類命運共同體。習近平（2013 年）指出：世界各國相互聯繫、相互依存的程度空前加深，人類生活在同一個地球村裏，生活在歷史和現實交匯的同一個時空裏，越來越成爲你中有我、我中有你的命運共同體。習近平（2015 年）指出：邁向命運共同體，必須堅持各國相互尊重、平等相待；必須堅持合作共贏、共同發展；必須堅持共同、綜合、合作、可持續的安全；必須堅持不同文明兼容並蓄、交流互鑒。習近平（2016 年）指出：在經濟全球化的今天，沒有與世隔絕的孤島。同爲地球村居民，我們要樹立人類命運共同體意識。伙伴精神是二十國集團最寶貴的財富，也是各國共同應對全球性挑戰的選擇。

（4）突出全球治理。習近平（2013 年）指出：不管全球治理體系如何變革，我們都要積極參與，發揮建設性作用，推動國際秩序朝着更加公正合理的方向發展，爲世界和平穩定提供制度保障。習近平（2015 年）指出：國際社會普遍認爲，全球治理體制變革正處在歷史轉折點上。國際力量對比發生深刻變化，新興市場國家和一大批發展中國家快速發展，國際影響力不斷增强，是近代以來國際力量對比中最具革命性的變化。習近平（2016 年月）指出：中國將積極參與全球治理體系建設，努力爲完善全球治理貢獻中國智慧，同世界各國人民一道，推動國際秩序和全球治理體系朝着更加公正合理方向發展。

（三）習近平外交韜：基本分類與構成體系

根據習近平外交韜——大國外交之韜略的科學涵義與内容構成，可分爲以下幾分類：

習近平外交·政治韜——政治外交之韜略，亦稱習近平政治外交韜略；習近平外交·經濟韜——經濟外交之韜略，亦稱習近平經濟外交韜略；習近平外交·人文韜——人文外交之韜略，亦稱習近平人文外交韜略；習近平外交·文化韜——文化外交之韜略，亦稱習近平文化外交韜略；習近平外交·教育韜——教育外交之韜略，亦稱習近平教育外交韜略；習近平外交·科技韜——科技外交之韜略，亦稱習近平科技外交韜略。

習近平政治外交韜略，是指習近平同志關於中國特色大國外交之政治外交建設發展的韜略。習近平經濟外交韜略，是指習近平同志關於中國特色大國外交之經濟外交建設發展的韜略。習近平人文外交韜略，是指習近平同志關於中國特色大國外交之人文外交建設發展的韜略。習近平文化外交韜略，是指習近平同志關於中國特色大國外交之文化外交建設發展的韜略。習近平教育外交韜略，是指習近平同志關於中國特色大國外交之教育外交建設發展的韜略。習近平科技外交韜略，是指習近平同志關於中國特色大國外交之科技外交建設發展的韜略。

習近平外交韜——大國外交之韜略的研究型、理論型的構成體系主要爲：

（1）習近平外交韜的特色外交與重大意義；（2）習近平外交韜的文獻來源與三新思想要點；（3）習近平外交韜的科學涵義與基本内容；（4）習近平外交韜的地位與基本特徵；（5）習近平外交韜的政策立場與基本走向；（6）習近平外交韜的基本分類與構成體系；（7）習近平外交韜的實踐活動與貫徹落實；（8）習近平外交韜的遵循原則與實現途徑；（9）小結與展望。

由以上幾個方面構成習近平外交韜——大國外交之韜略的完整應用體系。

四、習近平外交韜——大國外交之韜略：實踐活動與貫徹落實

（一）習近平外交韜：實踐活動

習近平特信韜——大國外交之韜略的實踐活動主要體現在：參觀、視察、

考察、調研、訪問、會議、峰會、論壇、講話、演講、簽署命令、署名文章、批示指示、復信回信、賀詞賀信、專題研討班、集體學習等幾個方面。其中，會議包括全國黨代會、全國人代會、全國政協會、中央紀委會、政治局會議、黨的全會、每年全國人代會、每年全國政協會、每年紀委會、部委工作會、座談會、茶話會、團拜會、研討會、領導小組會議等；署名文章包括國內署名文章與海外署名文章。比較重要的有：

（1）國內相關會議：論述大國外交。

與“大國外交”相關的會議主要有：黨代會、人代會、政協會、黨的全會、政治局會議、座談會、外交工作會議。代表性的主要有：

一是中共黨的三、四中全會。中共第十八屆三中全會指出：適應經濟全球化新形勢，必須推動對內對外開放相互促進、引進來和走出去更好結合，促進國際國內要素有序自由流動，以開放促改革。中共第十八屆四中全會指出：我們黨要更好統籌國內國際兩個大局，更好維護和運用我國發展的重要戰略機遇期，更好統籌社會力量、平衡社會利益、調節社會關係、規範社會行爲，使我國社會在深刻變革中既生機勃勃又井然有序。

二是座談會與工作會。2013 年 10 月 24 日，中央周邊外交工作座談會在北京召開，這是中央首次召開的一次重要會議。習近平強調指出：做好周邊外交工作，是實現“兩個一百年”奮鬥目標、實現中華民族偉大復興的中國夢的需要，要更加奮發有爲地推進周邊外交，爲我國發展爭取良好的周邊環境，使我國發展更多惠及周邊國家，實現共同發展。

2014 年 11 月 29 日，中央外事工作會議在北京召開。習近平強調指出：要高舉和平、發展、合作、共贏的旗幟，統籌國內國際兩個大局，統籌發展安全兩件大事，牢牢把握堅持和平發展、促進民族復興這條主綫，維護國家主權、安全、發展利益，爲和平發展營造更加有利的國際環境，維護和延長我國發展的重要戰略機遇期，爲實現“兩個一百年”奮鬥目標、實現中華民族偉大復興的中國夢提供有力保障。

（2）集體學習與專題研討班：論述大國外交。

【集體學習】中共十八大期間，一共舉行了 43 次政治局集體學習[①]，不少次都論及了“大國外交”問題。其中，有 4 次是重點學習了“大國外交”問題。

一是，2013 年 1 月 28 日，中共第十八屆中央政治局就堅定不移走和平發展

---

① 中央政治局集體學習：係指中共中央政治局定期學習的一種制度或習慣。由中共中央總書記主持并發表講話，中央政治局全體成員參加，邀請有關部門負責人、專家學者，就經濟、政治、歷史、文化、社會、生態、科技、軍事、外交等重大問題進行專題講解。

道路進行第三次集體學習。習近平強調指出："走和平發展道路,是我們黨根據時代發展潮流和我國根本利益作出的戰略抉擇,要更好統籌國內國際兩個大局,堅持開放的發展、合作的發展、共贏的發展,不斷提高我國綜合國力,不斷夯實走和平發展道路的物質基礎和社會基礎。"①

二是,2014 年 12 月 5 日,中共第十八屆中央政治局就加快自由貿易區建設進行第十九次集體學習。習近平指出："必須適應經濟全球化新趨勢、準確判斷國際形勢新變化、深刻把握國內改革發展新要求,以更加積極有爲的行動,推進更高水平的對外開放,加快實施自由貿易區戰略,加快構建開放型經濟新體制,以對外開放的主動贏得經濟發展的主動、贏得國際競爭的主動。"②

三是,2015 年 10 月 12 日,中共第十八屆中央政治局就全球治理格局和全球治理體制進行第二十七次集體學習。習近平強調指出:我們參與全球治理的根本目的,就是服從服務於實現 "兩個一百年" 奮鬥目標、實現中華民族偉大復興的中國夢。要審時度勢,努力抓住機遇,妥善應對挑戰,統籌國內國際兩個大局,推動全球治理體制向着更加公正合理方向發展,爲我國發展和世界和平創造更加有利的條件。③

四是,2016 年 9 月 27 日,中共第十八屆中央政治局就二十國集團領導人峰會和全球治理體系變革進行第三十五次集體學習。習近平強調指出:"隨着國際力量對比消長變化和全球性挑戰日益增多,加強全球治理、推動全球治理體系變革是大勢所趨。我們要推動國際秩序朝着更加公正合理的方向發展,更好維護我國和廣大發展中國家共同利益,爲促進人類和平與發展的崇高事業作出更大貢獻。"④

中共十八大期間,一共舉行了 6 次專題研討班⑤,每次研討班都不同程度地論及了 "大國外交"。代表性論述有:

一是,2016 年 1 月 18 日,習近平在省部級主要領導幹部學習貫徹十八屆五中全會精神專題研討班開班式上強調:"要着力形成對外開放新體制。實踐告訴

---

① 習近平:在中共第十八屆中央政治局第三次集體學習時的講話 (2013 年 1 月 28 日). 人民日報. 2013 年 1 月 29 日。

② 習近平:在在中共第十八屆中央政治局第十九次集體學習時的講話 (2014 年 12 月 5 日). 人民日報. 2014 年 12 月 6 日。

③ 習近平:在中共第十八屆中央政治局第二十七次集體學習時的講話 (2015 年 10 月 12 日). 人民日報. 2015 年 10 月 13 日。

④ 習近平:在中共第十八屆中央政治局第三十一次集體學習時的講話 (2016 年 4 月 29 日). 人民日報. 2016 年 4 月 30 日。

⑤ 專題研討班:就是中共黨和政府省部級主要領導幹部專題研討班。專題班始於 1999 年,每年舉辦一次已經舉辦。研討班的主題內容爲當年中共黨和政府全局性的、戰略性的、重大的問題。由中央主要領導作報告,省部級主要官員學習研討,隨後學習研討的成果將在今後的工作中加以貫徹和落實。

我們，要發展壯大，必須主動順應經濟全球化潮流，堅持對外開放，充分運用人類社會創造的先進科學技術成果和有益管理經驗。要不斷探索實踐，提高把握國內國際兩個大局的自覺性和能力，提高對外開放質量和水平。"①

二是，2017 年 7 月 26 日，習近平在省部級主要領導幹部專題研討班開班式上強調：我們堅定不移推進中國特色大國外交，營造了我國發展的和平國際環境和良好周邊環境。②

（3）出國訪問與峰會論壇：外交主張與方針。

習近平外交外事方面的實踐活動主要有：出國訪問、參加出席峰會、參加出席參加論壇、主旨演講、主旨講話、會晤、對話、簽署文件、發布署名文章等方面。

一是出國訪問。2013 年 3 月，習近平主席首次出訪，對俄羅斯等國進行國事訪問，十八大以來的中國外交布局從此拉開序幕；2017 年 9 月 5 日，金磚國家領導人第九次會晤於在中國廈門市落下帷幕，這是十八大期間習近平大國外交的"收官之作"。2013 年 3 月—2017 年 7 月，習近平 28 次踏出國門，出訪足迹遍及五大洲的 56 國家及主要國際和區域組織進行訪問，飛行里程達到 57 萬公里，累計時長 193 天。

二是峰會、論壇與會晤。①參見或出席峰會主要有：2013 年 9 月二十國集團領導人峰會；2014 年 5 月亞洲相互協作與信任措施會議第四次峰會；2014 年 11 月亞太經合組織工商領導人峰會；2015 年 9 月聯合國成立 70 週年系列峰會；2015 年 11 月中非合作論壇約翰內斯堡峰會；2016 年 3 月核安全峰會；2016 年 9 月二十國集團領導人第十一次峰會；2017 年 7 月大國—二十國集團領導人第十二次峰會。②參見或出席論壇主要有：2013 年 4 月海南博鰲亞洲論壇 2013 年年會；2015 年 3 月海南博鰲亞洲論壇 2015 年年會；2014 年 6 月中國—阿拉伯國家合作論壇；2017 年 1 月世界經濟論壇；2017 年 5 月"一帶一路"國際合作高峰論壇。③參見或出席對話會晤主要有：2014 年 7 月第六輪中美戰略與經濟對話；2014 年 7 月中國—拉美和加勒比國家領導人會晤；2015 年 7 俄羅斯—金磚國家領導人第七次會晤；2017 年 4 佛羅裏達州海湖莊園同美國總統特朗普會晤；2017 年 9 月 3 日—5 日金磚國家領導人第九次會晤。

（4）主旨演講與一般講話：外交主張與方針

習近平在訪問國訪問和參加峰會論壇時多次發佈主旨演講和講話。其中主

---

① 習近平：在省部級主要領導幹部學習貫徹黨的十八屆五中全會精神專題研討班上的講話（2016 年 1 月 18 日）. 人民日報. 2016 年 05 月 10 日。

② 習近平：在省部級主要領導幹部專題研討班上的講話（2017 年 7 月 26 日）. 人民日報. 2017 年 7 月 27 日。

旨演講有 10 多次、講話 10 多次。

一是發表主旨演講或主旨講話。主要有：海南博鰲亞洲論壇 2013 年年會開幕式——《共同創造亞洲和世界的美好未來》；二十國集團領導人峰會上——《共同維護和發展開放型世界經濟》的主旨講話；亞洲相互協作與信任措施會議第四次峰會——《積極樹立亞洲安全觀，共創安全合作新局面》；亞太經合組織工商領導人峰會開幕式——《謀求持久發展，共築亞太夢想》；海南博鰲亞洲論壇 2015 年年會開幕式——《邁向命運共同體，開創亞洲新未來》；金磚國家領導人會晤——《共建伙伴關係，共創美好未來》；阿拉伯國家聯盟總部——《共同開創中阿關係的美好未來》；2017 年 "一帶一路" 國際合作高峰論壇開幕式——《携手推進 "一帶一路" 建設》；2017 年金磚國家工商論壇開幕式——《共同開創金磚合作第二個 "金色十年"》的主旨演講。

二是發表一般講話。主要有：中國—阿拉伯國家合作論壇第六屆部長級會議開幕式——《弘揚絲路精神，深化中阿合作》；上合組織成員國元首理事會會議——《團結互助，共迎挑戰，推動上海合作組織實現新跨越》；氣候變化巴黎大會開幕式——《携手構建合作共贏、公平合理的氣候變化治理機制》；核安全峰會——《加強國際核安全體系，推進全球核安全治理》；亞太經合組織領導人非正式會議——《面向未來開拓進取，促進亞太發展繁榮》；二十國集團領導人峰會——《堅持開放包容，推動聯動增長》。

（5）賀信賀詞與署名文章：外交主張與方針.

一是致發賀信。2017 年 10 月 10 日，習近平在致俄中友協成立 60 週年賀信中指出："60 年來，俄中友協始終秉持對華友好理念，積極開展兩國民間交往，爲增進兩國人民相互瞭解和友誼作出積極貢獻，是鞏固和發展中俄關係的一支重要力量。"

二是發布署名文章。習近平抵達往訪國前夕，常常在當地媒體發表署名文章，闡述對兩國關係的看法以及中國外交理念主張。主要有：蒙古國《日報》——《策馬奔向中蒙關係更好的明天》；塔吉克斯坦《人民報》——《讓中塔友好像雄鷹展翅》；巴基斯坦《戰鬥報》——《中巴人民友誼萬歲》；俄羅斯《俄羅斯報》發表——《銘記歷史，開創未來》；越南《人民報》——《携手開創中越關係的美好明天》；新加坡《聯合早報》——《承前啓後 繼往開來 共創中新關係美好未來》；津巴布韋《先驅報》——《讓中津友誼綻放出更加絢麗的芳華》；南非《星報》——《讓友誼、合作的彩虹更加絢麗奪目》；埃及《金字塔報》——《讓中阿友誼如尼羅河水奔涌向前》；波蘭《共和國報》——《推動中波友誼航船全速前進》；秘魯《商報》——《共圓百年發展夢 同譜合作新華章》；智利《信使報》——《共同開創中國和智利關係更加美好的未來》；德國《世界報》——《爲了一個更加美好的世界》。

（二）習近平外交韜：貫徹落實

（1）學習宣傳教育：讀本、摘編與專題片。

一是中共中央宣傳部編寫先後《習近平總書記系列重要講話讀本（2014 年版）》、《習近平總書記系列重要講話讀本（2016 年版）》，該書第十五部分專題解讀了習近平中國特色大國外交問題。

二是中共中央組織部組織編寫全國幹部學習培訓教材《國際形勢與中國外交（2015 年版）》。

三是中共中央宣傳部等聯合攝製專題片《大國外交（2017 年 8 月）》，共分爲《大道之行》《衆行致遠》《中流擊水》《穿雲破霧》《東方風來》《美美與共》等 6 集。該片反映了習近平以大格局大氣魄大手筆精心謀劃、開拓進取、攻堅克難，引領中國走近世界舞臺中心的恢宏歷程，充分展現大國領導人風采和當今中國“世界和平建設者、全球發展貢獻者、國際秩序維護者”形象。

（2）制定政策文件：白皮書、公報與宣言。

一是發布白皮書：網絡白皮書與南海白皮書。2017 年 3 月 1 日，中國外交部和國家互聯網信息辦公室聯合聯合發佈《網絡空間國際合作戰略（2017 年 3 月 1 日）》白皮書；2016 年 7 月 13 日，國務院新聞辦公室發佈《中國堅持通過談判解決中國與菲律賓在南海的有關爭議》白皮書。

三是發表聲明：識別區聲明與主權權益聲明。2013 年 11 月 23 日，中國國防部發佈《中華人民共和國政府關於劃設東海防空識別區的聲明》；2016 年 7 月 12 日，中國外交部發佈《中華人民共和國政府關於在南海的領土主權和海洋權益的聲明》。

四是聯合公報：杭州公報與北京公報。2016 年 9 月 5 日，二十國集團領導人第十一次峰會通過《二十國集團領導人杭州峰會公報》；2017 年 5 月 15 日，“一帶一路”國際合作高峰論壇會議通過《“一帶一路”國際合作高峰論壇圓桌峰會聯合公報》。

五是發表規劃與宣言：合作規劃與北京宣言。2013 年 11 月 21 日，中國—歐盟聯合發表《中歐合作 2020 戰略規劃》；2015 年 1 月 9 日中國—拉美和加勒比國家共同體論壇首屆部長級會議通過《中國與拉美和加勒比國家合作規劃（2015—2019）》；2014 年 11 月 11 日，亞太經合組織第二十二次領導人非正式會議發表《北京綱領：構建融合、創新、互聯的亞太——亞太經合組織領導人宣言》；2015 年 1 月 9 日中國—拉美和加勒比國家共同體論壇首屆部長級會議通過《中拉論壇首屆部長級會議北京宣言》。

五、習近平外交韜——大國外交之韜略：遵循原則與實現途徑

(一) 習近平外交韜：遵循原則

一是堅持不忘初心，繼續前進。習近平指出（2016 年 7 月）指出："堅持不忘初心、繼續前進，就要始終不渝走和平發展道路，始終不渝奉行互利共贏的開放戰略，加強同各國的友好往來，同各國人民一道，不斷把人類和平與發展的崇高事業推向前進。"[1]

二是弘揚偉大長征精神，走好今天的長征路。習近平指出（2016 年 10 月）指出："弘揚偉大長征精神，走好今天的長征路，就要立足世情國情黨情，統籌國內國際兩個大局，統籌黨和國家事業發展全局，協調推進各項事業發展，抓住戰略重點，實現關鍵突破，贏得戰略主動，防範系統性風險，避免顛覆性危機，維護好發展全局。"[2]

(二) 習近平外交韜：實現途徑

一是充分闡述六個堅持，建設大國外交格局。習近平（2014 年）指出：要堅持中國共產黨領導和中國特色社會主義，堅持中國的發展道路、社會制度、文化傳統、價值觀念；要堅持獨立自主的和平外交方針，堅持把國家穌民族發展放在自己力量的基點上，堅定不移走和平發展道路；要堅持國際關係民主化，堅持和平共處五項原則，堅持國家不分大小、強弱、堅持世界的命運必須由各國人民共同掌握，維護國際公平正義。習近平（2014 年）進一步指出：要堅持合作共贏，推動建立以合作共贏為核心的新型國際關係，堅持互利共贏的開放戰略；要堅持正確義利觀，做到義利兼顧，要講信義、重情義、揚正義、樹道義；要堅持尊重各國人民自主選擇的發展道路與社會制度，堅持通過對話協商以和平方式解決國家間的分歧和爭端。[3]

二是做好周邊外交工作，爭取良好周邊環境。習近平（2013 年）指出：做好新形勢下周邊外交工作，要從戰略高度分析和處理問題，提高駕馭全局、統籌謀劃、操作實施能力，全面推進周邊外交。習近平（2013 年）進一步指出：要着力深化互利共贏格局，積極參與區域經濟合作，深化沿邊省區同周邊國家的互利合作；要着力推進區域安全合作，主動參與區域和次區域安全合作，深

---

① 習近平：在慶祝中國共產黨成立 95 週年大會上的講話（2016 年 7 月 1 日）．人民日報．2016 年 7 月 2 日。

② 習近平：在紀念紅軍長征勝利 80 週年大會上的講話（2016 年 10 月 21 日）．人民日報．2016 年 10 月 22 日。

③ 習近平：在中央外事工作會議上的講話（2014 年 11 月 28）．人民日報．2014 年 11 月 30 日。

化有關合作機制，增進戰略互信；要着力加強對周邊國家的宣傳工作、民間外交與人文交流，講好中國故事，傳播好中國聲音，讓命運共同體意識在周邊國家落地生根。[①]

三是堅持合作共贏核心，構建新型國際關係。習近平（2013 年）指出：各國應該共同推動建立以合作共贏爲核心的新型國際關係，各國人民應該一起來維護世界和平、促進共同發展。習近平（2015 年）指出：今天的人類比以往任何時候都更有條件朝和平與發展目標邁進，更應該努力構建以合作共贏爲核心的新型國際關係。習近平（2016 年）指出：堅定不移維護以聯合國憲章宗旨和原則爲核心的國際秩序，堅定不移推動構建以合作共贏爲核心的新型國際關係，致力於打造人類命運共同體。

四是積極推動全球治理，推動世界和平發展。習近平（2015 年）指出：隨着全球性挑戰增多，加強全球治理、推進全球治理體制變革已是大勢所趨。這不僅事關應對各種全球性挑戰，而且事關各國在國際秩序和國際體系長遠制度性安排中的地位和作用。習近平（2015 年）指出：要推動全球治理理念創新發展，積極發掘中華文化中積極的處世之道和治理理念同當今時代的共鳴點，繼續豐富打造人類命運共同體等主張，弘揚共商共建共享的全球治理理念。[②] 習近平（2016 年）進一步指出：我們要積極參與全球治理，主動承擔國際責任，但也要盡力而爲、量力而行。要提高我國參與全球治理的能力，着力增強規則制定能力、議程設置能力、輿論宣傳能力、統籌協調能力。[③]

六、小結與展望

（一）小結

習近平外交韜——大國外交之韜略是習近平"六韜九策"治國策體系內容之一。習近平外交韜——大國外交之韜略，是指習近平關於全面推進中國特色社會主義大國外交建設發展的韜略。習近平外交韜——大國外交之韜略的研究對象與範圍：中共十八大期間，習近平同志關於全面推進中國特色大國外交建設發展的重要論述。

習近平外交韜——大國外交之韜略在政黨戰略學中屬於戰略縱橫的範疇與

---

① 習近平：在中央周邊外交工作座談會上的講話（2013 年 10 月 24 日）．人民日報．2013 年 10 月 25 日。

② 習近平：在中共第十八屆中央政治局第二十七次集體學習時的講話（2015 年 10 月 12 日）．人民日報．2015 年 10 月 13 日。

③ 習近平：在中共第十八屆中央政治局第三十一次集體學習時的講話（2016 年 4 月 29 日）．人民日報．2016 年 4 月 30 日。

層次。其基本特徵表現在：強調和平發展道路、突出發展合作共贏、強調人類命運共同體、突出全球治理。習近平外交韜——大國外交之韜略的研究型、理論型的構成體系主要包括：1）習近平外交韜的特色外交與重大意義；2）習近平外交韜的文獻來源與三新思想要點；3）習近平外交韜的科學涵義與基本內容；4）習近平外交韜的地位與基本特徵；5）習近平外交韜的政策立場與基本走向；6）習近平外交韜的基本分類與構成體系；7）習近平外交韜的實踐活動與貫徹落實；8）習近平外交韜的遵循原則與實現途徑；9）小結與展望等幾個方面。

（二）展望（預測與建議）

海內存知己，天涯若比鄰。2013 年 10 月，習近平指出：發展同周邊國家睦鄰友好關係是我國周邊外交的一貫方針。要堅持睦鄰友好，守望相助；講平等、重感情；常見面，多走動；多做得人心、暖人心的事，使周邊國家對我們更友善、更親近、更認同、更支持，增強親和力、感召力、影響力。① 2016 年 7 月，習近平強調：我們要積極參與全球治理，主動承擔國際責任，繼續向國際社會闡釋我們關於推動全球治理體系變革的理念，堅持要合作而不要對抗，要雙贏、多贏、共贏而不要單贏，不斷尋求最大公約數、擴大合作面，引導各方形成共識，加強協調合作，共同推動全球治理體系變革。②

幾點建議：一是，要大膽而積極參與國際性文件的起草制定工作；積極參與聯合國及其相關國際組織的活動。

二是，盡快編輯出版《習近平關於中國特色大國外交建設論述摘編（2012 年 11 月—2017 年 10 月）》。

三是，盡快編輯出版《中國特色大國外交白皮書（2012—2017 年）》，重點論述十八大期間中國特色大國外交的基本內容、基本原理與基本體系。

---

① 習近平：在中央周邊外交工作座談會上的講話（2013 年 10 月 24 日）. 人民日報. 2013 年 10 月 25 日。

② 習近平：在中共第十八屆中央政治局第三十一次集體學習時的講話（2016 年 4 月 29 日）. 人民日報. 2016 年 4 月 30 日。

第六章
習近平強軍韜——強軍固防之韜略

【知識導引】

習近平強軍韜——強軍固防之韜略，是指習近平同志關於全面推進中國特色國防和軍隊現代化建設的韜略。習近平強軍韜即強軍興軍韜略，也稱習近平軍防韜，習近平強軍固防之韜略，也稱強軍興軍與堅固國防之韜略。習近平強軍韜——強軍固防之韜略在政黨戰略學中屬於戰略保障的層次與範疇。

【經典論述】

我們要實現中華民族偉大復興，必須堅持富國和強軍相統一，努力建設鞏固國防和強大軍隊。

——習近平

中華民族走出苦難、中國人民實現解放，有賴於一支英雄的人民軍隊；中華民族實現偉大復興，中國人民實現更加美好生活，必須加快把人民軍隊建設成為世界一流軍隊。

——習近平

【內容提要】 習近平強軍韜——強軍固防之韜略是習近平 "六韜九策" 治國策體系內容之一。習近平強軍韜——強軍固防之韜略，是指習近平同志關於全面推進中國特色國防和軍隊現代化建設的韜略。習近平強軍韜的研究對象與範圍：中共十八大期間，習近平同志關於全面推進中國特色國防和軍隊現代化建設的重要論述。

習近平強軍韜——強軍固防之韜略在政黨戰略學中屬於戰略保障的層次與範疇。其基本特徵表現在：強調強軍目標、突出政治建軍、強調改革強軍、突出軍民融合。習近平強軍韜——強軍固防之韜略的研究型、理論型的構成體系主要爲包括：1）習近平強軍韜的強軍夢與重要意義；2）習近平強軍韜的文獻來源與三新思想要點；3）習近平強軍韜的科學內涵與基本特徵；4）習近平強軍韜的研究對象與範圍；5）習近平強軍韜的地位與本質屬性；6）習近平強軍韜的基本目標與主要任務；7）習近平強軍韜的政治建軍與改革強軍；8）習近平強軍韜的實踐活動與貫徹落實；9）習近平強軍韜的遵循原則與推進強軍事業；10）習近平強軍韜的小結與展望等幾個方面。

幾點建議：一是盡快成立中央軍委古田幹部學院，加快選拔培養新形勢下軍隊高級人才的重大步伐。二是盡快修改完善 2016 年版《習主席國防和軍隊建設重要論述讀本》，增加、補充習近平 2016 年 6 月—2017 年 10 月有關國防和軍隊建設重要講話，形成更加全面系統的《習主席國防和軍隊建設重要論述讀本（2012 年—2017 年）》。

【關鍵詞】 習近平；強軍韜；強軍固防；構成體系；建議

引　言

　　"習近平強軍韜——強軍固防之韜略"是習近平治國理政思想體系宏觀戰略層面的重要內容。中共十八大期間（2012年—2017年10月），習近平圍遶什麼是"強軍興軍"，怎樣實現"強軍興軍"這個富國強軍、振興民族的戰略保障問題，作了一系列深刻闡釋，由此勾畫了"強軍興軍"的理論體系，形成、創立了"習近平強軍韜——強軍興軍之韜略"。

　　習近平強軍韜——強軍固防之韜略，是指習近平同志關於全面推進中國特色國防和軍隊現代化建設的韜略。研究探討"習近平強軍韜——強軍興軍之韜略"，深刻理解和全面把握"強軍興軍"的科學內涵、精神實質與構成體系，對於貫徹強軍思想、樹立強軍信心，堅定不移走中國特色強軍之路、實現強軍目標、建設世界一流軍隊，具有十分重要的意義。

一、習近平強軍韜——強軍固防之韜略：強軍夢與重大意義

（一）習近平強軍韜：強軍夢

　　2012年12月10日，習近平在廣州戰區考察時首次提出"強軍夢"；2013年3月11日，習近平在第十二屆全國人大一次會議上正式提出"強軍目標"；2017年8月1日，習近平在慶祝中國人民解放軍建軍90週年大會上強調"走中國特色強軍之路"。資料顯示：中共十八大五年間，習近平在國內外很多重要場合，從不同的角度，對"強軍興軍"進行了多方面、立體式的一系列深刻闡釋，構建了"強軍興軍"建設框架。代表性論述主要有：

　　1. 首次提出強軍夢。2012年12月10日，習近平在廣州戰區考察時指出："實現中華民族偉大復興是中華民族近代以來最偉大的夢想。我想説，這個偉大的夢想，就是強國夢，對軍隊來説，也是強軍夢。"[①]

　　2. 正式提出強軍目標。2013年3月11日，習近平在十二屆全國人大一次會議解放軍代表團全體會議上指出："建設一支聽黨指揮、能打勝仗、作風優良的人民軍隊，是黨在新形勢下的強軍目標。聽黨指揮是靈魂，決定軍隊建設的政治方向；能打勝仗是核心，反映軍隊的根本職能和軍隊建設的根本指向；作

---

① 習近平. 在廣州戰區考察工作時的講話（2012年12月10日）. 人民日報. 2012年12月13日。

風優良是保証，關係軍隊的性質、宗旨、本色。"①

3. 提出強軍興軍。2014 年 3 月 11 日，習近平在第十二屆全國人大二次會議解放軍代表團全體會議上指出："各級黨委和領導幹部要把帶領部隊實現強軍目標作爲重大政治責任，一心一意想強軍、謀強軍，增強貫徹落實強軍目標的能力。廣大官兵要自覺踐行社會主義核心價值觀和當代革命軍人核心價值觀，堅定信念，忠誠使命，努力在強軍興軍征程中書寫出彩的軍旅人生。"②

5. 提出強軍之路。2015 年 11 月 24 日，習近平在中央軍委改革工作會議強調："要全面實施改革強軍戰略，堅定不移走中國特色強軍之路，建設同我國國際地位相稱、同國家安全和發展利益相適應的鞏固國防和強大軍隊。"③

4. 強調戰略指導。2016 年 2 月 24 日，習近平出席中央軍委擴大會議上強調："更加注重聚焦實戰、更加注重創新驅動、更加注重體系建設、更加注重集約高效、更加注重軍民融合的軍隊建設發展戰略指導。"④

5. 提出世界一流軍隊。2017 年 7 月 30 日，習近平指出："今天，我們比歷史上任何時期都更接近中華民族偉大復興的目標，比歷史上任何時期都更需要建設一支強大的人民軍隊。"⑤ 2017 年 8 月 1 日，習近平在慶祝中國人民解放軍建軍 90 週年大會上指出："中華民族走出苦難、中國人民實現解放，有賴於一支英雄的人民軍隊；中華民族實現偉大復興，中國人民實現更加美好生活，必須加快把人民軍隊建設成爲世界一流軍隊。"⑥

（二）習近平強軍韜：重要意義

習近平強軍興軍重要論述，科學回答了爲什麼要強軍興軍、怎樣強軍興軍以及怎樣走中國特色強軍之路這個重大課題，爲新形勢下全面推進國防和軍隊現代化建設提供了思想武器與根本引領。

習近平強軍興軍重要論述，具有豐富內涵和鮮明特色，創造性地提出一系列強軍興軍新理念新思想新戰略，拓展、提昇了中國強軍興軍理論，進一步豐富了中國特色社會主義理論。

---

① 中共中央文獻研究室．習近平關於全面深化改革述摘編．北京：中央文獻出版社．2014：第 114 頁。

② 習近平：在第十二屆全國人大二次會議解放軍代表團全體會議上的講話（2014 年 3 月 11 日）．人民日報．2014 年 3 月 12 日。

③ 中共中央黨史研究室編寫．黨的十八大以來大事記．人民日報．2017 年 10 月 16 日。

④ 中共中央黨史研究室編寫．黨的十八大以來大事記．人民日報．2017 年 10 月 16 日。

⑤ 習近平：在慶祝中國人民解放軍建軍 90 週年閱兵時的講話（2017 年 7 月 30 日）．人民日報．2017 年 7 月 31 日。

⑥ 習近平：在慶祝中國人民解放軍建軍 90 週年大會上的講話（2017 年 8 月 1 日）．人民日報．2017 年 8 月 2 日。

習近平強軍興軍重要論述，具有前瞻性、針對性與指導性，是黨中央治國理念和治軍方略的重要組成部分，是新形勢下全面推進強軍興軍工作的行爲規範與行動指南。

二、習近平強軍韜——强軍固防之韜略：文獻來源與三新思想要點

（一）習近平強軍韜：文獻來源

習近平強軍韜——强軍固防之韜略的經典文獻主要有：

一是《習近平談治國理政》第九部分・推進國防和軍隊現代化①。計有 3 篇：把國防和軍隊建設不斷推向前進（2012 年 11 月 16 日）；努力建設鞏固國防和强大軍隊（2012 年 12 月 8 日、10 日）；建設一支聽黨指揮、能打勝仗、作風優良的人民軍隊（2013 年 3 月 11 日）。

二是《習近平論强軍興軍（2012 年 11 月—2017 年 4 月）》（團以上領導幹部使用）。該書收錄習近平 2012 年 11 月至 2017 年 4 月期間的重要文稿 60 多篇篇，集中體現了習近平强軍興軍的一系列重大戰略思想、重大理論觀點、重大決策部署。

三是《習近平論强軍興軍（2012 年 11 月—2017 年 4 月）》（基層官兵使用）。該書收錄習近平 2012 年 11 月至 2017 年 4 月期間的部分重要文稿 60 多篇，集中體現了習主席强軍興軍的一系列重大戰略思想、重大理論觀點、重大決策部署。

四是《十八大以來重要文獻選編（上）》②。計有 1 篇：在紀念毛澤東同志誕辰一百二十週年座談會上的講話（2013 年 12 月 26 日）；

五是《十八大以來重要文獻選編（中）》③。計有 1 篇：切實加強和改進新形勢下我軍政治工作（2014 年 10 月 31 日）；習近平在紀念中國人民抗日戰爭暨世界反法西斯戰爭勝利 70 週年大會上的講話（2015 年 9 月 3 日）。

六是《習近平關於全面深化改革述摘編》第十部④。計有 10 篇、28 段論述。

七是習近平其他文獻關於强軍興軍的講話。比較重要的有：習近平在慶祝

---

① 習近平．習近平談治國理政．北京：外文出版社．2014．爲豐富習近平强軍興軍的內容，特收錄習近平撰寫的一首七律詩．《七律・軍民情》：“挽住雲河洗天青，關山闊水物革新；小梅正吐黃金蕊，老榕先拗碧玉心；君馭南風冬亦暖，我臨東海情同深；難得舉城作一慶，愛我人民愛我軍。”

② 中共中央文獻研究室．十八大以來重要文獻選編（上）．北京：中央文獻出版社．2014：83 - 84．

③ 中共中央文獻研究室．十八大以來重要文獻選編（中）．北京：中央文獻出版社．2016．

④ 中共中央文獻研究室．習近平關於全面深化改革述摘編．北京：中央文獻出版社．2014.5．

中國共產黨成立 95 週年大會上的講話（2016 年 7 月 1 日）；習近平在紀念紅軍長征勝利 80 週年大會上的講話（2016 年 10 月 21 日）；習近平在中央軍委後勤工作會議上的講話（2016 年 11 月 9 日）；習近平在中央軍民融合發展委員會第一次全體會議上的講話（2017 年 6 月 20 日）；習近平在慶祝中國人民解放軍建軍 90 週年閱兵時的講話（2017 年 7 月 30 日）；習近平在慶祝中國人民解放軍建軍 90 週年大會上的講話（2017 年 8 月 1 日）；習近平在中央軍民融合發展委員會第二次全體會議上的講話（2017 年 9 月 22 日）。

（二）習近平強軍韜：三新思想要點（新思想新理念新觀點）

根據以上文獻分析，習近平強軍韜——強軍固防之韜略的三新思想要點（新思想新理念新觀點）主要有以下幾個方面：

一是，實現中華民族偉大復興，是中華民族近代以來最偉大的夢想。這個夢想是強國夢，對軍隊來說也是強軍夢。二是，建設一支聽黨指揮、能打勝仗、作風優良的人民軍隊，是黨在新形勢下的強軍目標。三是，堅持黨對軍隊絕對領導，確保槍杆子永遠掌握在忠於黨的可靠的人手中。四是，全軍要強化政治意識、大局意識、核心意識、看齊意識，堅決維護黨中央權威。五是，加強部隊全面建設和軍事鬥爭準備，不斷提高履行使命任務能力，不斷創造無愧於黨、無愧於祖國、無愧於人民的新業績。六是，要堅決貫徹戰訓一致原則，切實端正訓風、演風、考風。要進一步抓好訓練基地建設和使用，充分發揮訓練基地在提高部隊實戰化水平方面的重要作用。七是，牢牢把握軍隊組織形態現代化這個指向。沒有軍隊組織形態現代化，就沒有國防和軍隊現代化。八是，強化使命擔當，以只爭朝夕的緊迫意識、責無旁貸的擔當精神、搏擊空天的凌雲壯志，埋頭苦干，加快空軍現代化建設步伐。九是，堅如磐石的軍政軍民關係是我們戰勝一切艱難險阻、不斷從勝利走向勝利的重要法寶。十是，要牢牢扭住國防科技自主創新這個戰略基點，大力推進科技進步和創新，努力在前瞻性、戰略性領域佔有一席之地。十一是，國防和軍隊建設目標任務已經明確，關鍵在抓好落實，抓住領導幹部這個"關鍵少數"。十二是，把軍民融合發展上升為國家戰略，是我們長期探索經濟建設和國防建設協調發展規律的重大成果。十三是，今天，我們比歷史上任何時期都更接近中華民族偉大復興的目標，比歷史上任何時期都更需要建設一支強大的人民軍隊。十四是，中華民族實現偉大復興，中國人民實現更加美好生活，必須加快把人民軍隊建設成為世界一流軍隊。十五是，要堅定不移走中國特色強軍之路，努力實現黨在新形勢下的強軍目標，把我們這支英雄的人民軍隊建設成為世界一流軍隊。十六是，在新的長征路上，我們要堅持以黨在新形勢下的強軍目標為引領，深入貫徹新形勢下軍事戰略方針，努力建設世界一流軍隊。十七是，我們要不忘初心、繼續前進，堅定不移走中國特色強軍之路，把強軍事業不斷推向前進。十八是，我們要實現中華民族偉大復興，必須堅持富國和強軍相統一，努力建設鞏固國防和強大軍隊。十九是，弘揚偉大長征精神，走好今天的長征路，必須建設同我國國際地位相稱、同國家安全和發展利益相適應的鞏固國防和強大軍隊，爲維護國家安全和世界和平而矢志奮鬥。二十是，要動員全黨全軍全國各族人民繼續奮鬥，匯聚起強國強軍的磅礴力量，共同爲實現"兩個一百年"奮鬥目標、實現中華民族偉大復興的中國夢而不懈奮鬥。

三、習近平強軍韜——強軍固防之韜略：科學內涵與構成體系

（一）習近平強軍韜：基本內涵與基本內容

習近平強軍韜——強軍固防之韜略，是指習近平同志關於全面推進中國特色國防和軍隊現代化建設的韜略。習近平強軍韜即強軍興軍韜略，也稱習近平軍防韜，習近平強軍固防之韜略，也稱強軍興軍與堅固國防之韜略。韜略即文韜武略，原意指古代兵書《六韜》《三略》，引申義指用兵的計謀和謀略，這裏擴展爲關於全面推進"強軍興軍"——中國特色國防和軍隊現代化建設而采取的具有總體的宏觀的全面的戰略的等特徵的一種選擇與安排。

習近平強軍韜的研究對象與範圍：中共十八大期間，習近平同志關於全面推進中國特色國防和軍隊現代化建設的重要論述。

與習近平復夢韜密切相關的新詞彙、新提法主要有：強軍興軍、強軍強國、富國強軍、鞏固國防、強軍夢、強軍目標、政治建軍、改革強軍、依法治軍、新古田會議、依法治軍、"四有"新一代革命軍人、"四鐵"過硬部隊、五大軍種、"五大戰區"、火箭軍、世界一流軍隊、軍民融合發展、三個維護、三個根本性轉變。

習近平強軍韜的基本內容包括：核心思想、強軍目標、戰略任務、軍事戰略方針、戰略指導、政治建軍方略、抓備戰謀打贏、改革強軍戰略、依法治軍、軍隊黨的建設、軍民融合發展戰略、軍事辯證法等。

進一步而言，習近平強軍韜之核心思想——強軍興軍、強軍強國與富國強軍；鞏固國防與強大軍隊；強軍目標——黨在新形勢下的強軍目標，就是建設一支聽黨指揮、能打勝仗、作風優良的人民軍隊；戰略任務——新形勢下的戰略任務，就是建設同我國國際地位相稱、同國家安全和發展利益相適應的鞏固國防和強大軍隊；戰略方針——貫徹新形勢下軍事戰略方針，必須實施強國強軍戰略先行的戰略步驟；政治建軍——貫徹新的歷史條件下政治建軍方略，充分發揮政治工作生命綫的重要作用；改革強軍戰略——全面實施改革強軍戰略，堅決打贏深化國防和軍隊改革這場攻堅戰；依法治軍——深入推進依法治軍，

提高國防和軍隊建設法治化水平；黨的建設——全面加強軍隊黨的建設，把黨的政治優勢和組織優勢轉化爲軍隊制勝優勢；軍民融合戰略——實施軍民融合發展戰略，形成要素領域高效益的軍民深渡融合發展新格局。

（二）習近平強軍韜：地位與基本特徵

在政黨戰略學中，習近平強軍韜——強軍固防之韜略屬於戰略保障的層次與範疇。其基本特徵表現在：

（1）強調強軍目標。習近平（2013 年 3 月）指出：建設一支聽黨指揮、能打勝仗、作風優良的人民軍隊，是黨在新形勢下的強軍目標。習近平（2014 年3 月）指出：實現強軍目標，必須勇敢承擔起我們這一代革命軍人的歷史責任；各級黨委和領導幹部要把帶領部隊實現強軍目標作爲重大政治責任，一心一意想強軍、謀強軍，增強貫徹落實強軍目標的能力。習近平（2017 年 7 月）指出：我們要深入貫徹黨的強軍思想，堅定不移走中國特色強軍之路，努力實現黨在新形勢下的強軍目標，把我們這支英雄的人民軍隊建設成爲世界一流軍隊。

（2）突出政治建軍。習近平（2016 年 1 月）指出：政治建軍是我軍的立軍之本，任何時候任何情況下都不能有絲毫鬆懈。習近平（2016 年 10 月）指出：要緊緊扭住政治建軍不放鬆，堅持黨對軍隊的絕對領導，永葆人民軍隊性質、宗旨、本色，永遠做紅軍的傳人，着力培養有靈魂、有本事、有血性、有品德的新一代革命軍人，努力鍛造具有鐵一般信仰、鐵一般信念、鐵一般紀律、鐵一般擔當的過硬部隊。習近平（2017 年 7 月）指出：全軍將士們，要堅定不移堅持政治建軍、改革強軍、科技興軍、依法治軍，全面提高國防和軍隊現代化建設水平。

（3）強調改革強軍。習近平（2015 年 11 月）指出：要全面實施改革強軍戰略，堅定不移走中國特色強軍之路，建設同我國國際地位相稱、同國家安全和發展利益相適應的鞏固國防和強大軍隊。習近平（2016 年 10 月）指出：要緊緊扭住改革強軍不放鬆，堅定不移深化國防和軍隊改革，着力解決制約國防和軍隊建設的體制性障礙、結構性矛盾、政策性問題，深入推進軍隊組織形態現代化，加快構建中國特色現代軍事力量體系。習近平（2017 年 8 月）指出：推進強軍事業，必須堅持政治建軍、改革強軍、科技興軍、依法治軍，全面提高國防和軍隊現代化水平。

（4）突出軍民融合。習近平（2013 年 3 月）指出：進一步做好軍民融合式發展這篇大文章，堅持需求牽引、國家主導，努力形成基礎設施和重要領域軍民深度融合的發展格局。習近平（2015 年 3 月）指出：把軍民融合發展上昇爲國家戰略，是我們長期探索經濟建設和國防建設協調發展規律的重大成果，是從國家安全和發展戰略全局出發作出的重大決策。習近平（2017 年 6 月）指出：推進軍民融合深度發展，必須立足國情軍情，走出一條中國特色軍民融合路子，把軍民融合發展理念和決策部署貫徹落實到經濟建設和國防建設全領域全過程。[①]

（三）習近平強軍韜：基本分類與構成體系

根據習近平強軍韜——強軍固防之韜略的科學涵義與内容構成，可分爲以下幾分類：

習近平強軍·固防韜——強軍固防之鞏固國防韜略；習近平強軍·軍强韜——強軍固防之强大軍隊韜略。

習近平强軍·固防韜是指習近平同志關於全面推進中國特色國防現代化建設的韜略。習近平强軍·軍强韜是指習近平同志關於全面推進中國特色軍隊現代化建設的韜略。

習近平强軍韜——強軍固防之韜略的研究型、理論型的構成體系主要爲：

（1）習近平强軍韜的强軍夢與重要意義；（2）習近平强軍韜的文獻來源與三新思想要點；（3）習近平强軍韜的科學内涵與基本特徵；（4）習近平强軍韜的研究對象與範圍；（5）習近平强軍韜的地位與本質屬性；（6）習近平强軍韜的基本目標與主要任務；（7）習近平强軍韜的政治建軍與改革强軍；（8）習近平强軍韜的實踐活動與貫徹落實；（9）習近平强軍韜的遵循原則與推進强軍事業；（10）習近平强軍韜的小結與展望。

由以上幾個方面構成習近平復夢韜——復興偉夢之韜略的完整應用體系。

四、習近平强軍韜——强軍固防之韜略：强軍目標與全面軍改

（一）習近平强軍韜：强軍目標

習近平强軍韜的强軍目標，就是建設一支聽黨指揮、能打勝仗、作風優良的人民軍隊。其中，聽黨指揮是靈魂，決定軍隊建設的政治方向；能打勝仗是核心，反映軍隊的根本職能和軍隊建設的根本指向；作風優良是保證，關係軍隊的性質、宗旨、本色。

什麼是强軍目標？習近平（2013 年 3 月）指出：“建設一支聽黨指揮、能打勝仗、作風優良的人民軍隊，是黨在新形勢下的强軍目標。”[②] 習近平指出（2016 年 10 月）指出：“在新的長征路上，我們要堅持以黨在新形勢下的强軍

---

① 習近平：在中央軍民融合發展委員會第一次全體會議上的講話（2017 年 06 月 20 日）．人民日報．2017 年 06 月 21 日。

② 中共中央文獻研究室．習近平關於全面深化改革述摘編．北京：中央文獻出版社．2014：第 114 頁。

目標爲引領，深入貫徹新形勢下軍事戰略方針，努力建設世界一流軍隊。"① 習近平指出（2017 年 7 月）指出："我們要深入貫徹黨的強軍思想，堅定不移走中國特色強軍之路，努力實現黨在新形勢下的強軍目標，把我們這支英雄的人民軍隊建設成爲世界一流軍隊。"②

強軍目標之間的關係是什麼？習近平（2013 年 3 月）指出："聽黨指揮是靈魂，決定軍隊建設的政治方向；能打勝仗是核心，反映軍隊的根本職能和軍隊建設的根本指向；作風優良是保証，關係軍隊的性質、宗旨、本色。這三者相互聯繫、密不可分，與我軍一以貫之的建軍治軍指導思想和方針原則是一致的，與革命化現代化正規化建設相統一的全面建設思想是一致的。"③ 習近平（2013 年 3 月）強調指出："全軍要準確把握這一強軍目標，用以統領軍隊建設、改革和軍事鬥爭準備，努力把國防和軍隊建設提高到一個新水平。"④

（二）習近平強軍韜：全面軍改（改革強軍戰略）

一是堅持用強軍目標審視改革，確保改革起好步開好局。習近平（2014 年 3 月）強調指出："要堅持用強軍目標審視改革、以強軍目標引領改革、圍遶強軍目標推進改革，確保深化國防和軍隊改革工作起好步、開好局。"⑤

二是全面實施改革強軍戰略，走中國特色強軍之路。習近平（2015 年）強調指出："要全面實施改革強軍戰略，堅定不移走中國特色強軍之路，建設同我國國際地位相稱、同國家安全和發展利益相適應的鞏固國防和強大軍隊。"⑥

三是堅持改革總體要求，落實六個 "着眼於"。習近平（2015 年）強調指出：深化國防和軍隊改革，要堅持以黨在新形勢下的強軍目標爲引領，貫徹新形勢下軍事戰略方針，全面實施改革強軍戰略，着力解決制約國防和軍隊建設的體制性障礙、結構性矛盾、政策性問題，推進軍隊組織形態現代化，進一步解放和發展戰鬥力，進一步解放和增強軍隊活力，建設同我國國際地位相稱、同國家安全和發展利益相適應的鞏固國防和強大軍隊，爲實現 "兩個一百年"

① 習近平：在紀念紅軍長征勝利 80 週年大會上的講話（2016 年 10 月 21 日）. 人民日報. 2016 年 10 月 22 日。
② 習近平：在慶祝中國人民解放軍建軍 90 週年閱兵時的講話（2017 年 7 月 30 日）. 人民日報. 2017 年 7 月 31 日。
③ 中共中央文獻研究室. 習近平關於全面深化改革述摘編. 北京：中央文獻出版社. 2014：第 115 頁。
④ 中共中央文獻研究室. 習近平關於全面深化改革述摘編. 北京：中央文獻出版社. 2014：第 115 頁。
⑤ 中共中央黨史研究室編寫. 黨的十八大以來大事記. 人民日報. 2017 年 10 月 16 日。
⑥ 中共中央黨史研究室編寫. 黨的十八大以來大事記. 人民日報. 2017 年 10 月 16 日。

奮鬥目標、實現中華民族偉大復興的中國夢提供堅強力量保证。[1] 習近平（2015 年）進一步強調指出："深化國防和軍隊改革關鍵是要牽住黨在新形勢下的強軍目標這個牛鼻子。要着眼於貫徹新形勢下政治建軍的要求，推進領導掌握部隊和高效指揮部隊有機統一，形成軍委管總、戰區主戰、軍種主建的格局；着眼於深入推進依法治軍、從嚴治軍，抓住治權這個關鍵，構建嚴密的權力運行制約和監督體系；着眼於打造精銳作戰力量，優化規模結構和部隊編成，推動我軍由數量規模型向質量效能型轉變；着眼於搶佔未來軍事競爭戰略制高點，充分發揮創新驅動發展作用，培育戰鬥力新的增長點；着眼於開發管理用好軍事人力資源，推動人才發展體制改革和政策創新，形成人才輩出、人盡其才的生動局面；着眼於貫徹軍民融合發展戰略，推進跨軍地重大改革任務，推動經濟建設和國防建設融合發展。"[2]

五、習近平強軍韜——強軍固防之韜略：實踐活動與貫徹落實

（一）習近平強軍韜：實踐活動

習近平強軍韜——強軍固防之韜略的實踐活動主要體現在：參觀、視察、考察、調研、訪問、會議、峰會、論壇、講話、演講、簽署命令、署名文章、批示指示、復信回信、賀詞賀信、專題研討班、集體學習等幾個方面。其中，會議包括全國黨代會、全國人代會、全國政協會、中央紀委會、政治局會議、黨的全會、每年全國人代會、每年全國政協會、每年紀委會、部委工作會、座談會、茶話會、團拜會、研討會、領導小組會議等；署名文章包括國內署名文章與海外署名文章。比較重要的有：

（1）相關會議：論述強軍興軍。

與"強軍興軍"相關的會議主要有：黨代會、人代會、政協會、黨的全會、政治局會議、座談會、軍隊工作會議。代表性的主要有：

一是中共黨的三、四中全會。中共第十八屆三中全會指出：緊緊圍遶黨在新形勢下的強軍目標，着力解決制約國防和軍隊建設發展的突出矛盾和問題，深化軍隊體制編制調整改革，推進軍隊政策制度調整改革，推動軍民融合深度發展。中共第十八屆四中全會指出：深入推進依法治軍、從嚴治軍，緊緊圍遶黨在新形勢下的強軍目標，構建完善的中國特色軍事法治體系，提高國防和軍隊建設法治化水平。

---

① 中共中央宣傳部.習近平總書記系列重要講話讀本（2016 年版）.人民出版社.2016：第 254 - 258 頁。

② 中共中央宣傳部.習近平總書記系列重要講話讀本（2016 年版）.人民出版社.2016：第 254 - 258 頁。

二是國防和軍隊工作會議。2012 年 11 月—2017 年 10 月，習近平主持和參加的軍事會議主要有：2014 年 3 月 15 日中央軍委深化國防和軍隊改革領導小組召開第一次全體會議；2014 年 10 月 30 日—11 月 2 日全軍政治工作會議；2014 年 12 月 3 日—4 日全軍裝備工作會議；2015 年 9 月 3 日紀念中國人民抗日戰爭暨世界反法西斯戰爭勝利 70 週年大會；2015 年 11 月 24 日—26 日中央軍委改革工作會議；2015 年 12 月 31 日中國人民解放軍陸軍領導機構、中國人民解放軍火箭軍、中國人民解放軍戰略支援部隊成立大會；2016 年 2 月 1 日中國人民解放軍戰區成立大會；2016 年 2 月 24 日中央軍委擴大會議；2016 年 10 月 21 日紀念紅軍長征勝利 80 週年大會；2016 年 11 月 9 日—10 日中央軍委後勤工作會議；2016 年 12 月 12 月 2 日—3 日中央軍委軍隊規模結構和力量編成改革工作會議；2017 年 1 月 22 日中央軍民融合發展委員會第一次全體會議；2017 年 7 月 19 日新調整組建的軍事科學院、國防大學、國防科技大學成立大會暨軍隊院校、科研機構、訓練機構主要領導座談會；2017 年 8 月 1 日慶祝中國人民解放軍建軍 90 週年大會；2017 年 9 月 22 中央軍民融合發展委員會第二次全體會議等。

（2）成立機構、大閱兵：關係強軍興軍。

一是成立中央軍委深化國防和軍隊改革領導小組。2014 年 3 月 15 日，成立中央軍委深化國防和軍隊改革領導小組，習近平擔任小組組長。2014 年 3 月 15 日，習近平在主持召開中央軍委深化國防和軍隊改革領導小組第一次全體會議強調：要堅持用強軍目標審視改革、以強軍目標引領改革、圍遶強軍目標推進改革，確保深化國防和軍隊改革工作起好步、開好局。

二是中央軍民融合發展委員會主任。2017 年 1 月 22 日，中央成立中央軍民融合發展委員會，習近平擔任主任。6 月 20 日，習近平在主持召開中央軍民融合發展委員會第一次全體會議上強調：要加強集中統一領導，加快形成全要素、多領域、高效益的軍民融合深度發展格局。

三是兩次大閱兵。2015 年 9 月 3 日，北京天安門——長安街舉行大閱兵，習近平檢閱受閱部隊並講話。2017 年 7 月 30 日，慶祝中國人民解放軍建軍 90 週年閱兵在朱日和聯合訓練基地舉行，習近平檢閱部隊並講話。這是人民軍隊整體性、革命性變革後的全新亮相。

（4）集體學習與專題研討班：論述強軍興軍。

【集體學習】中共十八大期間，一共舉行了 43 次中央政治局集體學習①，

---

① 中央政治局集體學習：係指中共中央政治局定期學習的一種制度或習慣。由中共中央總書記主持并發表講話，中央政治局全體成員參加，邀請有關部門負責人、專家學者，就經濟、政治、歷史、文化、社會、生態、科技、軍事、外交等重大問題進行專題講解。

不少次都論及了四個全面問題。其中，有 3 次是重點學習了"四個全面"問題。

一是，2014 年 8 月 29 日，第十八屆中央政治局就世界軍事發展新趨勢和推進我軍軍事創新進行第十七次集體學習。習近平强調指出："我們要登高望遠、見微知著，看到世界軍事領域發展變化走向，看到世界新軍事革命重大影響，形成科學的認識和判斷，與時俱進大力推進軍事創新，有針對性推進國防和軍隊建設改革，更好堅持黨對軍隊絕對領導、堅持人民軍隊根本宗旨，使我軍真正擔當起黨賦予的歷史重任。"①

二是，2015 年 7 月 30 日，第十八屆中央政治局就中國人民抗日戰爭的回顧和思考進行第二十五次集體學習。習近平强調指出："深入開展中國人民抗日戰爭研究，必須堅持正確歷史觀、加强規劃和力量整合、加强史料收集和整理、加强輿論宣傳工作，讓歷史説話，用史實發言，着力研究和深入闡釋中國人民抗日戰爭的偉大意義、中國人民抗日戰爭在世界反法西斯戰爭中的重要地位、中國共產黨的中流砥柱作用是中國人民抗日戰爭勝利的關鍵等重大問題。"②

三是，2016 年 7 月 26 日，第十八屆中央政治局就深化國防和軍隊改革進行第三十四次集體學習。習近平强調指出："深化國防和軍隊改革是一場整體性、革命性變革，要堅持以黨在新形勢下的强軍目標爲引領，貫徹新形勢下軍事戰略方針，全面實施改革强軍戰略，着力解決制約國防和軍隊建設的體制性障礙、結構性矛盾、政策性問題，推進軍隊組織形態現代化，進一步解放和發展戰鬥力，進一步解放和增强軍隊活力，建設同我國國際地位相稱、同國家安全和發展利益相適應的鞏固國防和强大軍隊，爲實現兩個一百年奮鬥目標、實現中華民族偉大復興的中國夢提供堅强力量保證。"③

四是，2017 年 7 月 24 日，第十八屆中央政治局就推進軍隊規模結構和力量編成改革，重塑中國特色現代軍事力量體系進行第四十二次集體學習。習近平强調指出："深化國防和軍隊改革是一場攻堅戰役，軍隊要全力以赴，全黨全國要大力支持，堅持軍地一盤棋，齊心協力完成跨軍地改革任務，以實際行動支持國防和軍隊改革，把軍政軍民團結的政治優勢轉化爲助推改革强軍的巨大力量。"④

---

① 習近平：在中共第十八屆中央政治局第十七次集體學習時的講話（2014 年 8 月 29 日）．人民日報．2014 年 8 月 30 日。

② 習近平：在中共第十八屆中央政治局第二十五次集體學習時的講話（2015 年 7 月 30 日）．人民日報．2015 年 8 月 1 日。

③ 習近平：在中共第十八屆中央政治局第二十五次集體學習時的講話（2016 年 7 月 26 日）．人民日報．2016 年 7 月 27 日。

④ 習近平：在中共第十八屆中央政治局第二十五次集體學習時的講話（2017 年 7 月 24 日）．人民日報．2017 年 7 月 25 日。

【專題研討班】中共十八大期間，一共舉行了 6 次專題研討班①，每次研討班都不同程度地論及了“强軍興軍”。代表性論述有：

2017 年 7 月 26 日，習近平在省部級主要領導幹部專題研討班開班式上强調：“我們堅定不移推進國防和軍隊現代化，推動國防和軍隊改革取得歷史性突破。”②

（二）習近平强軍韜：貫徹落實

（1）巡航、護航與訪問：彰顯强軍興軍。

一是不定期巡航釣魚島。2012 年 11 月以來，中國政府進一步加大對釣魚島及其島嶼實行不定期巡航護漁行動。

二是繼續實施海外護航。2015 年 3 月 29 日正在亞丁灣索馬裏海域執行護航任務的中國海軍護航編隊臨沂艦搭載首批 124 名中國公民，從也門亞丁港安全撤離。至 4 月 7 日，我國共派出 3 艘軍艦，從也門撤出中國公民 621 人。2017 年 4 月，中國海軍派出由導彈護衛艦揚州艦、艦載直昇機等組成第 26 批護航編隊，繼續執行保護中國航經亞丁灣、索馬裏海域船舶和人員的安全及世界糧食計劃署等國際組織運送人道主義物資船舶的安全。到 2017 年 4 月，已連續派出 26 批艦艇編隊，被稱爲是“國際護航任務中的主導力量之一”。

三是中國海軍艦隊首次訪問倫敦。2017 年 10 月 3 日，中國海軍第 26 批護航艦隊抵達英國倫敦訪問，這是中國海軍艦隊歷史上首次到訪英國首都倫敦。

四是首個海外保障基地建成投入使用。2017 奶奶 7 月 11 日中國人民解放軍駐吉布提保障基地成立。8 月 1 日，駐吉布提保障基地部隊進駐營區，標誌着我國首個海外保障基地建成和投入使用。

（2）國防軍事白皮書：論述强軍興軍。

一是 2015 年 5 月，國務院新聞辦公室發佈《中國的軍事戰略（2015 年）》白皮書。内容包括：前言、國家安全形勢、軍隊使命和戰略任務、積極防禦戰略方針、軍事力量建設發展、軍事鬥爭準備與軍事安全合作等幾個方面。

二是 2016 年 1 月 27 日，國務院新聞辦公室發佈了我國涉核領域的首部白皮書——《中國的核應急（2016 年）》。該白皮書以總體國家安全觀和中國核安全觀等重要思想爲指導，從中國核能發展、核應急基本形勢、核應急方針政策等多個方面，對人們關注的核能安全問題進行了全面闡述。

---

① 專題研討班：就是中共黨和政府省部級主要領導幹部專題研討班。專題班始於 1999 年，每年舉辦一次已經舉辦。研討班的主題內容爲當年中共黨和政府全局性的、戰略性的、重大的問題。由中央主要領導作報告，省部級主要官員學習研討，隨後學習研討的成果將在今後的工作中加以貫徹和落實。

② 習近平：在省部級主要領導幹部專題研討班上的講話（2017 年 7 月 26 日）．人民日報．2017 年 7 月 27 日。

（3）編輯出版教材讀本：宣傳強軍興軍。

一是中共中央宣傳部編寫先後《習近平總書記系列重要講話讀本（2014 年版）》、《習近平總書記系列重要講話讀本（2016 年版）》；該書第十四部分簡明扼要地專題解讀了習近平強軍興軍的重要思想。

二是中央軍委政治工作部先後組織編寫《習主席國防和軍隊建設重要論述讀本（2014 年）》與《習主席國防和軍隊建設重要論述讀本（2016 年）》；該書全面、系統地解讀了習近平習近平強軍興軍的重要思想。

三是中共中央組織部組織編寫《加快國防和軍隊現代化（全國幹部學習培訓教材）》；該書全面、系統地論述了關於國防和軍隊的基本概念與基本原理、基本規律。

四是中央軍委政治工作部組織編寫《習近平論強軍興軍（2017 年版）》（團以上領導幹部使用）與《習近平論強軍興軍（2017 年版）》（基層官兵使用）；該書集中體現了習主席強軍興軍的一系列重大戰略思想、重大理論觀點、重大決策部署。

五是中央軍委政治工作部等聯合攝製專題紀錄片《強軍》，分為《逐夢》、《鑄魂》、《制勝》、《重塑》、《浴火》、《跨越》、《鐵律》、《偉力》8 集。該片全景展現了習近平建軍治軍的偉大實踐，系統闡述了習近平一系列強軍興軍的戰略舉措和戰略布局，充分反映全軍官兵深入學習貫徹強軍思想，踐行強軍目標、建設世界一流軍隊的昂揚風貌，熱情謳歌我們黨為建設強大人民軍隊的不懈奮鬥。

（4）制定政策文件：規範強軍興軍。

一是中共中央與中央軍委聯合制定的政策文件。主要有：2013 年 4 月 4 日中共中央、國務院、中央軍委辦公廳等印發《關於進一步加強烈士紀念工作的意見》；2016 年 5 月 1 日中共中央、國務院、中央軍委印發《關於經濟建設和國防建設融合發展的意見》；2014 年 12 月 30 日中共中央轉發《關於新形勢下軍隊政治工作若干問題的決定》。

二是中央軍委制定的政策文件。主要有：2014 年 3 月 7 日中央軍委印發《關於提高軍事訓練實戰化水平的意見》；2014 年 4 月 10 日中央軍委印發《關於貫徹落實軍委主席負責制建立和完善相關工作機制的意見》；2015 年 2 月 21 日中央軍委印發《關於新形勢下深入推進依法治軍從嚴治軍的決定》；2015 年 11 月 23 日中央軍委印發《領導指揮體制改革實施方案》；2015 年 11 月 28 日中央軍委印發《關於深化國防和軍隊改革的意見》；2016 年 2 月 16 日中央軍委印發《關於軍隊和武警部隊全面停止有償服務活動的通知》；2017 年 5 月 8 日中央軍委印發《軍事立法工作條例》；2017 年 8 月 4 日中央軍委辦公廳發出《關於認真學習貫徹習近平總書記在省部級主要領導幹部專題研討班上重要講話精神的通知》。

六、習近平強軍韜——強軍固防之韜略：遵循原則與推進強軍事業

（一）習近平強軍韜：遵循原則

一是弘揚長征精神，完成戰略任務。習近平指出（2015 年 11 月）指出："要全面實施改革強軍戰略，建設同我國國際地位相稱、同國家安全和發展利益相適應的鞏固國防和強大軍隊。"① 習近平指出（2016 年 10 月）指出："弘揚偉大長征精神，走好今天的長征路，必須建設同我國國際地位相稱、同國家安全和發展利益相適應的鞏固國防和強大軍隊，爲維護國家安全和世界和平而矢志奮鬥。"②

二是實現強軍目標，建設一流軍隊。習近平指出（2016 年 10 月）指出："在新的長征路上，我們要堅持以黨在新形勢下的強軍目標爲引領，深入貫徹新形勢下軍事戰略方針，努力建設世界一流軍隊。"③ 習近平指出（2017 年 8 月）強調指出："中華民族走出苦難、中國人民實現解放，有賴於一支英雄的人民軍隊；中華民族實現偉大復興，中國人民實現更加美好生活，必須加快把人民軍隊建設成爲世界一流軍隊。"④

三是堅持繼續前進，走好強軍之路。習近平指出（2015 年 11 月）指出："要全面實施改革強軍戰略，堅定不移走中國特色強軍之路，建設同我國國際地位相稱、同國家安全和發展利益相適應的鞏固國防和強大軍隊。"習近平指出（2017 年 8 月）強調指出："我們要不忘初心、繼續前進，堅定不移走中國特色強軍之路，把強軍事業不斷推向前進。"⑤

（二）習近平強軍韜：推進強軍事業（實現途徑）

第一，堅持四個扭住，推進強軍事業。習近平指出："一是要緊緊扭住政治建軍不放鬆，堅持黨對軍隊的絕對領導，永葆人民軍隊性質、宗旨、本色，永遠做紅軍的傳人，着力培養有靈魂、有本事、有血性、有品德的新一代革命軍

---

① 中共中央黨史研究室編寫. 黨的十八大以來大事記. 人民日報. 2017 年 10 月 16 日。

② 習近平：在紀念紅軍長征勝利 80 週年大會上的講話（2016 年 10 月 21 日）. 人民日報. 2016 年 10 月 22 日。

③ 習近平：在紀念紅軍長征勝利 80 週年大會上的講話（2016 年 10 月 21 日）. 人民日報. 2016 年 10 月 22 日。

④ 習近平：在慶祝中國人民解放軍建軍 90 週年大會上的講話（2017 年 8 月 1 日）. 人民日報. 2017 年 8 月 2 日。

⑤ 習近平：在慶祝中國人民解放軍建軍 90 週年大會上的講話（2017 年 8 月 1 日）. 人民日報. 2017 年 8 月 2 日。

人，努力鍛造具有鐵一般信仰、鐵一般信念、鐵一般紀律、鐵一般擔當的過硬部隊。二是要緊緊扭住改革強軍不放鬆，堅定不移深化國防和軍隊改革，着力解決制約國防和軍隊建設的體制性障礙、結構性矛盾、政策性問題，深入推進軍隊組織形態現代化，加快構建中國特色現代軍事力量體系。"① 習近平進一步指出："三是要緊緊扭住依法治軍不放鬆，着力構建中國特色軍事法治體系，推動實現治軍方式的根本性轉變，提高國防和軍隊建設法治化水平。四是要緊緊扭住備戰打仗不放鬆，堅持戰斗力這個唯一的根本標準，拓展和深化軍事鬥爭準備，加強實戰化軍事訓練，加快提昇打贏信息化戰爭能力。"②

第二，堅持六個"必須"，推進強軍事業。習近平指出："一是必須毫不動搖堅持黨對軍隊的絕對領導，確保人民軍隊永遠跟黨走，強化政治意識、大局意識、核心意識、看齊意識，堅決維護黨中央權威，堅決聽從黨中央和中央軍委指揮。二是必須堅持和發展黨的軍事指導理論，不斷開拓馬克思主義軍事理論和當代中國軍事實踐發展新境界，全軍要堅持用黨在新時期的強軍思想武裝官兵，讓馬克思主義軍事理論在強軍偉大實踐中放射出更加燦爛的真理光芒。三是必須始終聚焦備戰打仗，鍛造召之即來、來之能戰、戰之必勝的精兵勁旅，確保在黨和人民需要的時候拉得出、上得去、打得贏，堅決維護中國共產黨領導和我國社會主義制度，堅決維護國家主權、安全、發展利益，堅決維護地區和世界和平。"③ 習近平進一步指出："四是必須堅持政治建軍、改革強軍、科技興軍、依法治軍，全面提高國防和軍隊現代化水平，發揮政治工作生命綫作用，深入解決制約國防和軍隊建設的體制性障礙、結構性矛盾、政策性問題，不斷提高科技創新對人民軍隊建設和戰斗力發展的貢獻率，加快構建中國特色軍事法治體系。五是必須深入推進軍民融合發展，構建軍民一體化的國家戰略體系和能力，加快形成全要素、多領域、高效益的軍民融合深度發展格局。六是必須堅持全心全意爲人民服務的根本宗旨，始終做人民信賴、人民擁護、人民熱愛的子弟兵，牢記爲人民扛槍、爲人民打仗的神聖職責，發揚密切聯繫群衆的優良傳統，永遠做人民利益的捍衛者。"④

---

① 習近平：在紀念紅軍長征勝利80週年大會上的講話（2016年10月21日）．人民日報．2016年10月22日。

② 習近平：在紀念紅軍長征勝利80週年大會上的講話（2016年10月21日）．人民日報．2016年10月22日。

③ 習近平：在慶祝中國人民解放軍建軍90週年大會上的講話（2017年8月1日）．人民日報．2017年8月2日。

④ 習近平：在慶祝中國人民解放軍建軍90週年大會上的講話（2017年8月1日）．人民日報．2017年8月2日。

七、小結與展望

（一）小結

習近平强軍韜——强軍固防之韜略是習近平 "六韜九策" 治國策體系内容之一。習近平强軍韜——强軍固防之韜略，是指習近平同志關於全面推進中國特色國防和軍隊現代化建設的韜略。習近平强軍韜的研究對象與範圍：中共十八大期間，習近平同志關於全面推進中國特色國防和軍隊現代化建設的重要論述。

習近平强軍韜——强軍固防之韜略在政黨戰略學中屬於戰略保障的層次與範疇。其基本特徵表現在：强調强軍目標、突出政治建軍、强調改革强軍、突出軍民融合。習近平强軍韜——强軍固防之韜略的研究型、理論型的構成體系主要爲包括：1）習近平强軍韜的强軍夢與重要意義；2）習近平强軍韜的文獻來源與三新思想要點；3）習近平强軍韜的科學内涵與基本特徵；4）習近平强軍韜的研究對象與範圍；5）習近平强軍韜的地位與本質屬性；6）習近平强軍韜的基本目標與主要任務；7）習近平强軍韜的政治建軍與改革强軍；8）習近平强軍韜的實踐活動與貫徹落實；9）習近平强軍韜的遵循原則與推進强軍事業；10）習近平强軍韜的小結與展望等幾個方面。

（二）展望（預測與建議）

强國必須强軍，軍强才能國安。2012 年 12 月，習近平指出："我們要實現中華民族偉大復興，必須堅持富國和强軍相統一，努力建設鞏固國防和强大軍隊。"[①] 2017 年 8 月，習近平指出："我們的事業是偉大的，我們的任務是艱巨的，我們的發展前景是無比光明的。全黨全軍全國各族人民一定要團結一心向前進，在中國特色社會主義偉大實踐中，不斷書寫强國强軍更爲輝煌的篇章，不斷創造無愧於歷史和時代的新的光輝業績！"[②]

幾點建議：一是，盡快成立中央軍委古田幹部學院，加快選拔培養新形勢下軍隊高級人才的重大步伐。

二是，盡快修改完善 2016 年版《習主席國防和軍隊建設重要論述讀本》，增加、補充習近平 2016 年 6 月—2017 年 10 月有關國防和軍隊建設重要講話，形成更加全面系統的《習主席國防和軍隊建設重要論述讀本（2012 年—2017 年）》。

[①] 習近平：在廣州戰區考察工作時的講話（2012 年 12 月 10 日）．人民日報．2012 年 12 月 13 日。

[②] 習近平：在慶祝中國人民解放軍建軍 90 週年大會上的講話（2017 年 8 月 1 日）．人民日報．2017 年 8 月 2 日。

第七章
習近平八規策──八項規定之策略

【知識導引】

習近平八規策──八項規定之策略，是指習近平同志關於改進工作作風、密切聯繫群眾的八項規定的策略。習近平八項規定俗稱"約法八章"，被譽為新時代"三大紀律八項注意"。習近平八規策──八項規定之策略在政黨戰略學中屬於戰略對策的層次與範疇。

【經典論述】

改進工作作風的任務非常繁重，中央八項規定是一個切入口和動員令。中央八項規定既不是最高標準，更不是最終目的，只是我們改進作風的第一步，是我們作為共產黨人應該做到的基本要求。

——習近平

黨內脫離群眾的現象大量存在，集中表現在形式主義、官僚主義、享樂主義和奢靡之風這"四風"上。我們必須對作風之弊，行為之垢，來一次大排查，大檢修，大掃除。

——習近平

【内容提要】 習近平八規策——八項規定之策略是習近平 "六韜九策" 治國策體系内容之一。習近平八規策——八項規定之策略，是指習近平同志關於改進工作作風、密切聯繫群衆的八項規定的策略。習近平八項規定俗稱 "約法八章"，被譽爲新時代 "三大紀律八項注意"，包括改進工作作風策略、密切聯繫群衆策略、反對 "四風" 問題策略。習近平八規策的研究對象與範圍：中共十八大期間，習近平同志關於改進工作作風、密切聯繫群衆的八項規定以及反對 "四風" 問題的重要論述。

習近平八規策——八項規定之策略在政黨戰略學中屬於戰略對策的層次與範疇。其基本特徵表現在：强調領導帶頭；突出四風問題；强調反復性頑固性；突出長效機制。習近平八規策——八項規定之策略的研究型、理論型的構成體系主要包括：1）習近平八規策的約法八章與重要意義；2）習近平八規策的文獻來源與三新思想要點；3）習近平八規策的科學内涵與基本内容；4）習近平八規策的研究對象與範圍；5）習近平八規策的地位與基本分類；6）習近平八規策的形成淵源與構成體系；7）習近平八規策的抓什麽與怎麽抓；8）習近平八規策的實踐活動與貫徹落實；9）習近平八規策的基本研判與基本成效；10）小結與展望等幾個方面。

幾點建議：一是盡快編輯出版《習近平關於改進工作作風、密切聯繫群衆論述摘編（2012—2017)》。二是盡快修改完善 2012 年版《中共中央關於改進工作作風、密切聯繫群衆的八項規定》，。三是習近平 "約法八章" ——《八項規定》的作用與成效舉世認可，解決了多年來未能解決的疑難雜症，這一治國理政模式值得思考與借鑒。建議在充分學習、吸收《1945 年關於若干歷史問題的決議》、《1981 關於建國以來黨的若干歷史問題的決議》的基礎上，盡快制定出臺《改革開放以來黨的若干歷史問題的決議》，以全面地、綜合地、系統地破解現階段中國存在的種種問題，真正達到：放下包袱，解放思想，團結一致，決勝全面建成小康社會，奪取中國特色社會主義偉大勝利，爲實現中華民族偉大復興的中國夢不懈奮鬥。

【關鍵詞】 習近平；八規策；八項規定；構成體系；建議

引　言

　　"習近平八規策——八項規定之策略"是習近平治國理政思想體系微觀戰術層面的重要内容。中共十八大期間（2012 年 11 月—2017 年 10 月），習近平圍遶作風建設抓什麽、作風建設怎麽抓這個事關黨風政風、人心向背的重大問題進行了一系列深刻闡釋，由此勾畫了新的歷史條件下"約法八章"的行爲規範與政策體系，形成、創設了"習近平八規策——八項規定之策略"。

一、習近平八規策——八項規定之策略：約法八章與重要意義

（一）習近平八規策：約法八章

　　2012 年 12 月 4 日，習近平在主持召開中央政治局會議上首次提出了"八項規定"。2013 年 6 月 18 日，習近平在黨的群衆路綫教育實踐活動工作會議上強調反對"四風"問題。2014—2017 年，習近平反復強調"八項規定"與反對"四風"問題。資料顯示：中共十八大五年間，習近平在國内外很多重要場合，從不同的角度，對"八項規定"進行了多方面、立體式的一系列深刻闡釋，構建了新的歷史條件下"八項規定"建設性框架，被譽爲新時代"三大紀律八項注意"。代表性論述主要有：

　　1. 首次提出八項規定。2012 年 12 月 4 日，習近平在第十八届中央政治局會議於改進工作作風、密切聯繫群衆的會議上指出："新一届中央領導集體要定規矩，這《八項規定》是很重要的規矩。没有規矩，不成方圓。從我們在座各位做起來，新人新辦法。"① 2013 年 1 月 22 日，習近平在第十八届中央紀委二次全會上強調："改進工作作風的任務非常繁重，八項規定是一個切入口和動員令。八項規定既不是最高標準，更不是最終目的，只是我們改進作風的第一步，是我們作爲共産黨人應該做到的基本要求。"②

　　2. 首次提出反對"四風"。2013 年 6 月 18 日，習近平在黨的群衆路綫教育實踐活動工作會議上指出："黨内脱離群衆的現象大量存在，集中表現在形式主義、官僚主義、享樂主義和奢靡之風這'四風'上。我們必須對作風之弊，行

---

　　① 中共中央文獻研究室. 習近平關於黨風廉政建設和反腐敗鬥爭論述摘編. 北京：中央文獻出版社. 2015：第 67 頁。

　　② 習近平：在第十八届中央紀委第二次全體會議上的講話（2013 年 1 月 22 日）. 人民日報. 2013 年 1 月 23 日。

爲之垢，來一次大排查，大檢修，大掃除。”①

4. 強調扎緊制度籠子。2015 年 1 月 13 日，習近平在第十八屆中央紀律檢查委員會第五次全體會議上強調：“” 黨中央從立規矩開始，首先制定了八項規定，隨後陸續出臺一系列制度。各級根據中央八項規定精神，在聯繫服務群衆、規範權力運行等方面制定和修訂了一批工作制度和管理制度。制度的籠子越扎越緊，針對幹部工作生活的監督制度已基本建立健全，下一步就是要嚴格執行。”②

5. 強調八項規定。2016 年 1 月 12 日，習近平在第十八屆中央紀律檢查委員會第六次全體會議上指出：“我在中央政治局會議審議八項規定時就說過，我們不舒服一點、不自在一點，老百姓的舒適度就好一點、滿意度就高一點，對我們的感覺就好一點。”③ 2017 年 1 月 6 日，習近平第十八屆中央紀律檢查委員會第七次全體會議上強調：全面從嚴治黨取得顯著成效，但仍然任重道遠。落實中央八項規定精神是一場攻堅戰、持久戰，要堅定不移做好工作。”④

（二）習近平八規策：重要意義

實踐證明：八項規定改變中國，作風建設已成黨的建設亮麗名片。

習近平八規策，明確了新形勢下作風建設抓什麼、作風建設怎麼抓的重大問題，爲有效推動黨風政風社會風氣的根本性好轉提供了強大思想武器與行動指南。

習近平八規策，內容精煉，簡便易行，簡化、精煉與充實了傳統的作風建設理論，豐富了黨的建設理論與政黨戰略學，進一步豐富了中國特色社會主義理論體系。

習近平八規策，堅決反對“四風”，成爲從嚴治黨的重要抓手，對維護黨中央權威、增強黨的向心力、保持黨同人民群衆的血肉聯繫、對進一步協調推進四個全面戰略部署具有十分重要的意義。

---

① 中共中央文獻研究室．習近平關於黨風廉政建設和反腐敗鬥爭論述摘編．北京：中央文獻出版社．2015：第 67 頁。

② 習近平：在第十八屆中央紀律檢查委員會第五次全體會議上的講話》（2015 年 1 月 13 日）．人民日報．2015 年 1 月 14 日。

③ 習近平：在第十八屆中央紀律檢查委員會第六次全體會議上的講話》（2016 年 1 月 12 日）．人民日報．2016 年 1 月 13 日。

④ 習近平：在第十八屆中央紀律檢查委員會第七次全體會議上的講話》（2017 年 1 月 6 日）．人民日報．2017 年 1 月 7 日。

二、習近平八規策——八項規定之策略：文獻來源與三新政策要點

（一）習近平八規策：文獻來源

習近平八規策——八項規定之策略的經典文獻主要有：

一是《習近平談治國理政》第十六部分①。計有 4 篇：厲行勤儉節約，反對鋪張浪費（2013 年 1 月 17 日）；群眾路綫是黨的生命綫和根本工作路綫（2013 年 6 月 18 日）準確把握黨的群眾路綫教育實踐活動的指導思想和目標要求（2013 年 6 月 18 日）樹立和發揚 "三嚴三實" 的作風（2014 年 3 月 9 日）。

二是《十八大以來重要文獻選編（上）》②。計有 2 篇：厲行勤儉節約，反對鋪張浪費（2013 年 1 月 17 日）；在黨的群眾路綫教育實踐活動工作會議上的講話（2013 年 6 月 18 日）。

三是《十八大以來重要文獻選編（中）》③。計有 2 篇：在黨的群眾路綫教育實踐活動總結大會上的講話（2014 年 10 月 8 日）；黨員、幹部都要按照 "三嚴三實" 要求鞭策自己（2015 年 9 月 11 日）。

四是《習近平關於黨的群眾路綫教育實踐活動論述摘編》④。該書摘自習近平同志 2012 年 11 月至 2014 年 3 月期間的有關講話、批示、指示等 20 多篇重要文獻，共計 174 段論述，集中反映了習近平同志關於開展黨的群眾路綫教育實踐活動的一系列重大戰略思想、重大理論觀點、重大決策部署。

五是《習近平關於黨風廉政建設和反腐敗鬥爭論述摘編》⑤。該書摘自習近平同志 2012 年 11 月 15 日至 2014 年 10 月 23 日期間的講話、文章、批示等 40 多篇重要文獻，計有 216 段論述。

六是是《習近平關於協調推進 "四個全面" 戰略布局論述摘編》第五部分⑥。計有文獻 19 篇、48 段論述。

七是《習近平關於全面從嚴治黨論述摘編》⑦。該書摘自習近平同志 2012 年 11 月 15 日至 2016 年 10 月 27 日期間的講話、文章等 80 多篇重要文獻，計有

---

① 習近平．習近平談治國理政．北京：外文出版社．2014.
② 中共中央文獻研究室．十八大以來重要文獻選編（上）．北京：中央文獻出版社．2014.
③ 中共中央文獻研究室．十八大以來重要文獻選編（中）．北京：中央文獻出版社．2016.
④ 中共中央文獻研究室．習近平關於黨的群眾路綫教育實踐活動論述摘編．北京：中央文獻出版社．2014. 3.
⑤ 中共中央文獻研究室．習近平關於黨風廉政建設和反腐敗鬥爭論述摘編．北京：中央文獻出版社．2015. 1.
⑥ 中共中央文獻研究室．習近平關於協調推進 "四個全面" 戰略布局論述摘編．北京：中央文獻出版社．2015. 10.
⑦ 中共中央文獻研究室．習近平關於全面從嚴治黨論述摘編．北京：中央文獻出版社．2016. 12.

371 段論述。

八是《厲行節約 反對浪費——論述摘編》①。計有 5 篇 10 段論述：包括深入調查研究、密切聯繫群眾、真抓實幹、反對形式主義、官僚主義、享樂主義和奢靡之風等方面。

九是其他文獻習近平關於八項規定的重要論述。比較重要的文獻計有：習近平在全國宣傳思想工作會議上的講話（2013 年 8 月 19 日）；習近平在哲學社會科學工作座談會上的講話（2016 年 5 月 17 日）；習近平在慶祝中國共產黨成立 95 週年大會上的講話（2016 年 7 月 1 日）；習近平在省部級主要領導幹部專題班上的講話（2017 年 7 月 26 日）；習近平在慶祝中國人民解放軍建軍 90 週年大會上的講話（2017 年 8 月 1 日）；習近平在第十八屆中央政治局會議上的講話（2017 年 9 月 18 日）。

（二）習近平八規策：三新政策要點（新政策新規定新要求）

根據以上文獻分析，習近平八規策——八項規定之策略的三新政策要點（新政策新規定新要求）主要有以下幾個方面：

一是，抓作風建設，首先要從中央政治局做起，要求別人做到的自己先要做到，要求別人不做的自己堅決不做。二是，要改進調查研究，切忌走過場、搞形式主義；要輕車簡從、減少陪同、簡化接待。三是，要精簡會議活動，切實改進會風；提高會議實效，開短會、講短話，力戒空話、套話。四是，要精簡文件簡報，切實改進文風，沒有實質內容、可發可不發的文件、簡報一律不發。五是，要規範出訪活動，嚴格控制出訪隨行人員，嚴格按照規定乘坐交通工具。六是，要改進警衛工作，減少交通管制，一般情況下不得封路、不清場閉館。七是，要改進新聞報導，中央政治局同志出席會議和活動應根據工作需要、新聞價值、社會效果決定是否報導，進一步壓縮報導的數量、字數、時長。八是，要嚴格文稿發表，除中央統一安排外，個人不公開出版著作、講話單行本，不發賀信、賀電，不題詞、題字。九是，要厲行勤儉節約，嚴格執行住房、車輛配備等有關工作和生活待遇的規定。十是，各級黨政機關和領導幹部要堅持以人為本、執政為民，帶頭改進工作作風，帶頭深入基層調查研究，帶頭密切聯繫群眾，帶頭解決實際問題。十一是，各地區各部門要嚴格按照本規定，結合實際情況，制定貫徹落實辦法，狠抓落實，切實抓出成效。十二是，各地區各部門要嚴格執行本規定，每年年底對執行情況進行專項檢查，對違反規定的要進行處理；各級紀檢監察機關要把監督執行本規定作為改進黨風政風的一項經常性工作來抓。

---

① 中共中央文獻研究室．厲行節約 反對浪費——論述摘編．北京：中央文獻出版社．2013.7.

三、習近平八規策——八項規定之策略：科學涵義與構成體系

（一）習近平八規策：科學內涵與基本內容

習近平八規策——八項規定之策略，是指習近平同志關於改進工作作風、密切聯繫群眾的八項規定的策略。習近平八項規定俗稱"約法八章"，被譽爲新時代"三大紀律八項注意"。廣義的八規策包括改進工作作風策略、密切聯繫群眾策略、反對"四風"問題策略。策略原意指計策、謀略，引申義指行動方針、鬥爭藝術與方法手段，這裏擴展爲關於落實八項規定以及反對"四風"問題而采取的具有微觀的局部的戰術的等特徵的一種選擇與安排。

習近平八規策的研究對象與範圍：中共十八大期間，習近平同志關於改進工作作風、密切聯繫群眾的八項規定以及反對"四風"問題的重要論述。

與習近平八規策密切相關的新詞彙、新提法主要有：八項規定、"四風"問題、釘釘子精神、三嚴三實、"兩學一做"、精神之"鈣"；打鐵還需自身硬、政治紀律、政治規矩、四個意識、四大考驗、四大危險、三個確保、關鍵少數、把權力關進制度的籠子、四個合格、四講四有、四個自我、净化政治生態、黨內政治生活四性、監督執紀四種形態、一案雙查。四個意識就是指政治意識、大局意識、核心意識、看齊意識。四個合格就是指政治合格、執行紀律合格、品德合格、發揮作用合格。三個確保就是指確保黨的組織充分履行職能、發揮核心作用，確保黨員領導幹部忠誠乾净擔當、發揮表率作用，確保廣大黨員黨性堅強、發揮先鋒模範作用。四講四有就是指講政治、有信念，講規矩、有紀律，講道德、有品行，講奉獻、有作爲。四個自我就是指自我净化、自我完善、自我革新、自我提高。黨內政治生活四性就是指政治性、時代性、原則性、戰鬥性。一案雙查就是指在查辦違紀違法案件的同時，一並調查發案單位黨委主體責任、紀委監督責任是否落實到位，做到有錯必究、有責必問。

什麽是八項規定？所謂八項規定，是指習近平主持制定的關於改進工作作風、密切聯繫群眾的八項規定。八項規定從基層調研、精簡會議、改進文風、規範出訪、交通管制、新聞報導、文稿發表、厲行節約等方面對領導幹部特別是高級幹部的作風作出了要求。其主要目的與基本要求：遏制"舌尖飯桌上的浪費"；遏制"迎來送往上的腐敗"；消除"文山會海里的浮夸"；消除"樓堂管所裏的歪風"。

什麽是三嚴三實？三嚴三實就是指既嚴以修身、嚴以用權、嚴以律己，又謀事要實、創業要實、做人要實。兩學一做就是指學黨章黨規、學系列講話，做合格黨員。什麽是監督執紀四種形態？監督執紀四種形態就是指即開展批評和自我批評、約談函詢，讓"紅紅臉、出出汗"成爲常態；黨紀輕處分、組織

調整成爲違紀處理的大多數；黨紀重處分、重大職務調整的成爲少數；嚴重違紀涉嫌違法立案審查的成爲極少數。

習近平八規策的基本内容：俠義的内容包括改進調查研究、精簡會議活動、精簡文件簡報、規範出訪活動、改進警衛工作、改進新聞報導、嚴格文稿發表、厲行勤儉節約；廣義的内容除八項規定外，還包括反對“四風”問題，即形式主義、官僚主義、享樂主義和奢靡之風。

什麼是“四風”問題？什麼是“四風”問題的實質？習近平（2013 年 6月）指出：“中央反復研究，決定把這次教育實踐活動的主要任務聚焦到作風建設上，集中解決形式主義、官僚主義、享樂主義和奢靡之風這“四風”問題。”① 習近平（2013 年 7 月）指出：“形式主義實質是主觀主義、功利主義，根源是政績觀錯位、責任心缺失，用轟轟烈烈的形式代替了扎扎實實的落實，用光鮮亮麗的外表掩蓋了矛盾和問題。官僚主義實質是封建殘餘思想作祟，根源是官本位思想嚴重、權力觀扭曲，做官當老爺，高高在上，脱離群衆，脱離實際。有些領導幹部愛憶苦思甜，口頭上説是窮苦家庭出身，是黨和人民培養了自己，但言行不一，心裏想的是自己當上官了，終於可以揚眉吐氣了，要好好享受一下當官的尊榮，擺起官架子來比誰都大。享樂主義實質是革命意志衰退、奮鬥精神消減，根源是世界觀、人生觀、價值觀不正確，拈輕怕重，貪圖安逸，追求感官享受。奢靡之風實質是剝削階級思想和腐朽生活方式的反映，根源是思想墮落、物慾膨脹，燈紅酒綠，紙醉金迷。“四風”的後果，就是浪費了有限資源，延誤了各項工作，疏遠了人民群衆，敗壞了黨風政風，最終會嚴重損害黨的先進性和純潔性、嚴重損害黨的執政基礎和執政地位。”②

（二）習近平八規策：形成淵源

習近平八規策的形成淵源：習近平從當年在正定縣制定實施“六項規定”，到在寧德地區制定執行“十二項規定”，再到十八大之後中央政治局制定並執行“八項規定”，從一個側面反映了習近平同志抓作風建設的持續思考和重要方法。

1983 年 12 月，習近平主持制定《正定縣關於改進領導作風的六項規定》：一是各級領導幹部總攬全局，抓大事，謀大勢。二是反對官僚作風，注重工作實效。三是搞好班子團結，維護班子統一。四是堅持以身作則，不搞不正之風。五是努力加強學習，不斷提高領導水平。六是樹立雄心壯志，爲“四化”創優

---

① 中共中央文獻研究室. 習近平關於黨風廉政建設和反腐敗鬥爭論述摘編. 北京：中央文獻出版社. 2015：第 72 頁。

② 中共中央文獻研究室. 習近平關於黨風廉政建設和反腐敗鬥爭論述摘編. 北京：中央文獻出版社. 2015：第 75 頁。

爭先。

1989 年 3 月，習近平主持制定《寧德地委和行署關於領導幹部廉潔自律的 12 條規定》：一是在職期間不準以任何名義占地營建私房。二是不準個人介紹基建工程。三是不準貪污受賄和索賄。四是不準違反招工、招干、招生、畢業生分配、征兵、復員轉業軍人安置和人事調動的有關規定，私自安插子女、親友，謀求特殊照顧。五是不準在幹部的提昇、晋級和調配選拔上，違反組織原則和人事幹部工作程序。六是公務往來不收禮，不向基層單位索要各種產品、禮品，索購緊俏商品。七是下基層不準大吃大喝。要嚴格要求按接待標準辦伙食，按規定繳納伙食費。八是不準公車私用。如特殊情況私事要用車，要向車輛管理單位繳納用車費。九是不準利用職便以任何名義參與經商辦企業。十是不準弄虛作假騙取榮譽或獎勵。十一是敢於堅持原則，敢於碰硬，帶頭抵制各種不正之風；不準爲違法亂紀的人和犯罪分子説情袒護、徇私枉法。十二是教育管理好家屬子女和身邊的工作人員。

2016 年 12 月，習近平主持制定《浙江省 2007 年 "作風建設年" 六項工作要求》：一是大興學習之風，完善學習制度，大力弘揚理論聯繫實際學風；二是深化機關效能建設，進一步完善行政審批方式，深化政務公開制度；三是改進工作作風，嚴格控制各種名目的節慶活動，進一步改進會風和文風，堅持和深化領導幹部下訪、約訪等制度；四是改進和規範公務接待，不得搞層層陪同，推行自助餐或者便餐、快餐；五是堅決刹住違規建設樓堂館所的不良風氣；六是厲行節儉、反對鋪張浪費，特別要重視解決好公款喫喝、公款旅遊等問題，努力建設節約型機關。

（三）習近平八規策：地位與基本特徵

在政黨戰略學中，習近平八規策——八項規定之策略屬於戰略對策的層次與範疇。其基本特徵表現在：

（1）強調領導帶頭。習近平（2012 年 12 月）指出："黨風廉政建設，要從領導幹部做起，領導幹部首先要從中央領導做起。正所謂己不正，焉能正人。"[1] 習近平（2013 年 1 月）指出："各級領導幹部要以身作則、率先垂範，説到的就要做到，承諾的就要兌現，中央政治局同志從我本人做起。"[2]

（2）突出四風問題。習近平（2013 年 4 月）指出："習近平（2013 年 1 月）指出："中央提出抓作風建設，反對形式主義、官僚主義、享樂主義，反

---

① 中共中央文獻研究室. 習近平關於黨風廉政建設和反腐敗鬥爭論述摘編. 北京：中央文獻出版社. 2015：第 67 頁。

② 中共中央文獻研究室. 習近平關於黨風廉政建設和反腐敗鬥爭論述摘編. 北京：中央文獻出版社. 2015：第 71 頁。

對奢靡之風，就是提出了一個抓反腐倡廉建設的着力點，提出了一個夯實黨執政的群衆基礎的切入點。"① 習近平（2013 年 9 月）指出："抓四風要首先把中央八項規定抓好，抓黨的建設要從四風抓起。"②

（3）強調反復性頑固性。習近平（2013 年 6 月）指出："作風問題具有反復性和頑固性，不可能一蹴而就、畢其功於一役，更不能一陣風、刮一下就停。"③ 習近平（2014 年 1 月）指出：作風問題具有頑固性和反復性，形成優良作風不可能一勞永逸，克服不良作風也不可能一蹴而就。"四風"問題積習甚深，可謂冰凍三尺非一日之寒。以往的經驗告訴我們，糾風之難，難在防止反彈。事物是不斷發展變化的，"四風"問題具有很强的變异性和傳染性，這樣的問題消失了，那樣的問題又會出現。"④

（4）突出長效機制。習近平（2013 年 6 月）指出：注重建立長效機制。保持黨同人民群衆的血肉聯係是一個永恒課題，作風問題具有反復性和頑固性，不可能一蹴而就、畢其功於一役，更不能一陣風、刮一下就停，必須經常抓、長期抓。我們既要立足當前、切實解決群衆反映强烈的突出問題，又要着眼長遠、建立健全促進黨員、幹部堅持爲民務實清廉的長效機制。"⑤

（四）習近平八規策：基本分類構成體系

根據習近平八規策——八項規定之策略的科學涵義與内容構成，可分爲以下幾分類：

習近平八規·改進作風策——八項規定之改進工作作風策略；習近平八規·密切群衆策——八項規定之密切聯繫群衆策略；習近平八規·反對"四風"策——八項規定之反對"四風"問題策略。

習近平八規·改進作風策——八項規定之改進工作作風策略，是指習近平同志關於改進工作作風的策略。習近平八規·密切群衆策——八項規定之密切聯繫群衆策略，是指習近平同志關於密切聯繫群衆的策略。習近平八規·反對"四風"策——八項規定之反對"四風"問題策略，是指習近平同志關於反對"四風"問題的策略。

習近平八規策——八項規定之策略的研究型、理論型的構成體系主要爲：

---

① 中共中央文獻研究室. 習近平關於黨風廉政建設和反腐敗鬥爭論述摘編. 北京：中央文獻出版社. 2015：第 71 頁。

② 中共中央文獻研究室. 習近平關於黨風廉政建設和反腐敗鬥爭論述摘編. 北京：中央文獻出版社. 2015：第 71 頁。

③ 習近平. 習近平談治國理政. 北京：外文出版社. 2014：373 – 380 頁。

④ 中共中央文獻研究室. 習近平關於黨風廉政建設和反腐敗鬥爭論述摘編. 北京：中央文獻出版社. 2015：第 80 頁。

⑤ 習近平. 習近平談治國理政. 北京：外文出版社. 2014：373 – 380 頁。

（1）習近平八規策的約法八章與重要意義；（2）習近平八規策的文獻來源與三新思想要點；（3）習近平八規策的科學內涵與基本內容；（4）習近平八規策的研究對象與範圍；（5）習近平八規策的地位與基本分類；（6）習近平八規策的形成淵源與構成體系；（7）習近平八規策的抓什麼與怎麼抓；（8）習近平八規策的實踐活動與貫徹落實；（9）習近平八規策的基本研判與基本成效；（10）小結與展望。

由以上幾個方面構成習近平八規策——八項規定之策略的完整應用體系。

四、習近平八規策——八項規定之策略：抓什麼與怎麼抓

（一）習近平八規策：抓什麼——任務要求

一是抓改進工作作風策略。習近平（2013 年月）指出："改進工作作風的任務非常繁重，中央八項規定是一個切入口和動員令。中央八項規定既不是最高標準，更不是最終目的，只是我們改進作風的第一步，是我們作爲共產黨人應該做到的基本要求。"[1]

二是抓密切聯繫群衆策略。習近平（2013 年 6 月）指出："群衆路綫是我們黨的生命綫和根本工作路綫。"[2] 習近平（2013 年 6 月）進一步指出："歷史和現實都告訴我們，密切聯繫群衆，是黨的性質和宗旨的體現，是中國共產黨區別於其他政黨的顯著標誌，也是黨發展壯大的重要原因；能否保持黨同人民群衆的血肉聯繫，決定着黨的事業的成敗。"[3]

三是抓反對"四風"問題策略。習近平（2013 年 6 月）指出："反對形式主義，要着重解決工作不實的問題，教育引導黨員、幹部改進學風文風會風，改進工作作風，在大是大非面前敢於擔當、敢於堅持原則，真正把心思用在幹事業上，把功夫下到察實情、出實招、辦實事、求實效上。反對官僚主義，要着重解決在人民群衆利益上不維護、不作爲的問題，教育引導黨員、幹部深入實際、深入基層、深入群衆，堅持民主集中制，虛心向群衆學習，真心對群衆負責，熱心爲群衆服務，誠心接受群衆監督，堅決整治消極應付、推諉扯皮、侵害群衆利益的問題。反對享樂主義，要着重克服及時行樂思想和特權現象，教育引導黨員、幹部牢記"兩個務必"，克己奉公，勤政廉政，保持昂揚向上、奮發有爲的精神狀態。反對奢靡之風，要着重狠刹揮霍享樂和驕奢淫逸的不良風氣，教育引導黨員、幹部堅守節約光榮、浪費可恥的思想觀念，做到艱苦樸

---

① 中共中央文獻研究室．習近平關於黨風廉政建設和反腐敗鬥爭論述摘編．北京：中央文獻出版社．2015：第 71 頁。

② 習近平．習近平談治國理政．北京：外文出版社．2014：365－372 頁。

③ 習近平．習近平談治國理政．北京：外文出版社．2014：365－372 頁。

素、精打細算，勤儉辦一切事情。"①

（二）習近平八規策：怎麼抓——方法對策

一是，抓改進工作作風，切實轉變黨風政風。習近平（2013 年 1 月）指出："抓改進工作作風，各項工作都很重要，但最根本的是要堅持和發揚艱苦奮鬥精神。能不能堅守艱苦奮鬥精神，是關係黨和人民事業興衰成敗的大事。"② 習近平（2013 年 7 月）指出："抓作風建設，尤其要重視基層風氣問題。"③ 習近平（2013 年 9 月）指出："抓四風要首先把中央八項規定抓好，抓黨的建設要從四風抓起。"④ 習近平（2014 年 3 月）指出："作風建設永遠在路上。如果前熱後冷、前緊後鬆，就會功虧一簣。各級領導幹部都要樹立和發揚好的作風，既嚴以修身、嚴以用權、嚴以律己，又謀事要實、創業要實、做人要實。要發揚釘釘子精神，保持力度、保持韌勁，善始善終、善作善成，不斷取得作風建設新成效。"⑤

二是，抓密切聯繫群眾，繼續弘揚優良作風。習近平（2013 年 6 月）指出："加強和改進黨的作風建設，核心問題是保持黨同人民群眾的血肉聯繫；馬克思主義執政黨的最大危險就是脫離群眾。"⑥ 習近平（2013 年 6 月）指出："黨要繼續經受住執政考驗、改革開放考驗、市場經濟考驗、外部環境考驗，就必須始終密切聯繫群眾。"⑦ 習近平（2013 年 6 月）指出："要使全黨同志牢記並恪守全心全意為人民服務的根本宗旨，以優良作風把人民緊緊凝聚在一起，為實現黨的十八大確定的目標任務而努力奮鬥。"⑧⑨ 習近平（2013 年 6 月）指出："我們一定要牢記奢靡之始危亡之漸的古訓，對作風之弊、行為之垢來一次大排查、大檢修、大掃除，切實解決人民群眾反映強烈的突出問題。"⑩

三是，抓反對 "四風" 問題，密切黨群干群關係。習近平（2013 年 6 月）

① 《習近平在黨的群眾路線教育實踐活動工作會議上的講話》（2013 年 6 月 18 日），《十八大以來重要文獻選編》（上）．北京：中央文獻出版社．2014：第 314 頁。

② 中共中央文獻研究室．習近平關於黨風廉政建設和反腐敗鬥爭論述摘編．北京：中央文獻出版社．2015：第 68 頁。

③ 中共中央文獻研究室．習近平關於黨風廉政建設和反腐敗鬥爭論述摘編．北京：中央文獻出版社．2015：第 76 頁。

④ 中共中央文獻研究室．習近平關於黨風廉政建設和反腐敗鬥爭論述摘編．北京：中央文獻出版社．2015：第 71 頁。

⑤ 習近平．習近平談治國理政．北京：外文出版社．2014：381－382 頁。

⑥ 習近平．習近平談治國理政．北京：外文出版社．2014：365－372 頁。

⑦ 習近平．習近平談治國理政．北京：外文出版社．2014：365－372 頁。

⑧ 習近平．習近平談治國理政．北京：外文出版社．2014：373－382 頁。

⑨ 習近平．習近平談治國理政．北京：外文出版社．2014：365－372 頁。

⑩ 習近平．習近平談治國理政．北京：外文出版社．2014：365－372 頁。

指出："解決四風問題，要對準焦距、找準穴位、抓住要害，不能走神，不能散光。"[1] 習近平（2013 年 6 月）指出："解決四風問題，要從實際出發，抓住主要矛盾，什麼問題突出就着重解決什麼問題，什麼問題緊迫就抓緊解決什麼問題，找準靶子，有的放矢，務求實效。"[2] 習近平（2013 年 7 月）指出："解決四風問題，要標本兼治，既治標又治本。治標，就是要着力針對面上四風問題的各種表現，該糾正的糾正，該禁止的禁止。治本，就是要查找產生問題的深層次原因，從理想信念、工作程序、體制機制等方面下功夫抑制不正之風。各地區各部門"四風"問題表現不盡相同，有的形式主義、官僚主義突出一點，有的享樂主義、奢靡之風突出一點，什麼問題突出就着力解決什麼問題。"[3]

四是，抓常抓細抓長，形成規範化常態化長效化。習近平（2014 年 5 月）指出："抓常，就是要經常抓、見常態。作風建設，重在經常，必須常常抓。風氣養成重在日常教化，作風建設貴在常抓不懈，時刻擺上位置、有機融入日常工作，做到管事就管人，管人就管思想、管作風。"[4] 習近平（2014 年 5 月）指出："抓細，就是要深入抓、見實招。作風建設，重在抓細節，必須環環抓。老百姓看作風建設，主要不是看開了多少會、講了多少話、發了多少文件，而是看解決了什麼問題。"[5] 習近平（2014 年 5 月）指出："抓長，就是要持久抓、見長效。作風建設，重在持久，必須反復抓。抓好作風建設非一日之功。作風問題必須抓長、長抓，扭住不放，持之以恒，久久為功。要從體制機制層面進一步破題，為作風建設形成長效化保障。"[6]

五、習近平八規策——八項規定之策略：實踐活動與貫徹落實

（一）習近平八規策：實踐活動

習近平八規策——八項規定之輅略的實踐活動主要體現在：參觀、視察、考察、調研、訪問、會議、峰會、論壇、講話、演講、簽署命令、署名文章、

---

① 中共中央文獻研究室. 習近平關於黨風廉政建設和反腐敗鬥爭論述摘編. 北京：中央文獻出版社. 2015：第 72 - 75 頁。

② 中共中央文獻研究室. 習近平關於黨風廉政建設和反腐敗鬥爭論述摘編. 北京：中央文獻出版社. 2015：第 72 - 75 頁。

③ 中共中央文獻研究室. 習近平關於黨風廉政建設和反腐敗鬥爭論述摘編. 北京：中央文獻出版社. 2015：第 72 - 75 頁。

④ 中共中央文獻研究室. 習近平關於黨風廉政建設和反腐敗鬥爭論述摘編. 北京：中央文獻出版社. 2015：第 84 - 85 頁。

⑤ 中共中央文獻研究室. 習近平關於黨風廉政建設和反腐敗鬥爭論述摘編. 北京：中央文獻出版社. 2015：第 84 - 85 頁。

⑥ 中共中央文獻研究室. 習近平關於黨風廉政建設和反腐敗鬥爭論述摘編. 北京：中央文獻出版社. 2015：第 84 - 85 頁。

批示指示、復信回信、賀詞賀信、專題研討班、集體學習等幾個方面。其中，會議包括全國黨代會、全國人代會、全國政協會、中央紀委會、政治局會議、黨的全會、每年全國人代會、每年全國政協會、每年紀委會、部委工作會、座談會、茶話會、團拜會、研討會、領導小組會議等；署名文章包括國內署名文章與海外署名文章。比較重要的有：

（1）政治局會議：論述八項規定。

與 "作風建設‧八項規定" 相關的會議主要有：黨代會、人代會、政協會、黨的全會、紀委全會、政治局會議、工作會議、每年全國人代會、每年全國政協會、每年紀委會等。初步統計表明：2013 年 11 月—2017 年 10 月，習近平主持召開 36 次中央政治局常委會會議、21 次中央政治局會議，對貫徹執行中央八項規定、加強作風建設進行專門研究部署；3 次中央政治局民主生活會對照檢查執行中央八項規定的情況。代表性的主要有：

【政治局會議】2012 年 12 月 4 日，中共第十八屆中央政治局召開會議，審議關於改進工作作風、密切聯繫群眾的有關規定。習近平主持會議并發表重要講話。

2013 年 6 月 22 日，中共第十八屆中央政治局召開專門會議，總結貫徹落實中央八項規定情況；分析在形式主義、官僚主義、享樂主義和奢靡之風方面存在的問題，研究提出加強作風建設的措施及有關制度規定。習近平主持會議并發表重要講話。

2017 年 9 月 18 日，中共第十八屆中央政治局召開會議，審議《關於五年來中央政治局貫徹執行中央八項規定並以此帶動全黨加強作風建設情況的報告》，習近平主持會議并發表重要講話。

【中紀委全會】2013 年 11 月—2017 年 10 月，第十八屆中紀委先後在開全會八次，習近平先後六次全部出席會議并發表重要講話。

（2）集體學習：論述八項規定。

中共十八大期間，一共舉行了 43 次中央政治局集體學習①，不少次都論及了 "作風建設‧八項規定" 問題。其中，有 2 次是重點學習了 "作風建設" ‧八項規定" 問題。

一是，2014 年 6 月 30 日，第十八屆中央政治局就加強改進作風制度建設進行第十六次集體學習。習近平強調指出："抓作風是推進黨的建設新的偉大工程的重要切入點和着力點，必須堅持從嚴治黨，落實管黨治黨責任，把作風建設要求融入黨的思想建設、組織建設、反腐倡廉建設、制度建設之中，全面提高

---

① 中央政治局集體學習：係指中共中央政治局定期學習的一種制度或習慣。由中共中央總書記主持并發表講話，中央政治局全體成員參加，邀請有關部門負責人、專家學者，就經濟、政治、歷史、文化、社會、生態、科技、軍事、外交等重大問題進行專題講解。

黨的建設工作水平。抓作風既要着力解決當前突出問題，又要注重建立長效機制，下功夫、用狠勁，持續努力、久久爲功。"①

二是，2015 年 9 月 11 日，第十八屆中央政治局就踐行"三嚴三實"進行第二十六次集體學習。習近平強調指出："黨中央在部署這次專題教育時明確提出要以上率下，中央政治局這次集體學習以"三嚴三實"爲題，就是落實這一要求的行動。中央政治局每位同志都要以身作則，爲全黨做好示範。"三嚴三實"是我們天天要面對的要求，大家要時時銘記、事事堅持、處處上心，隨時準備堅持真理、隨時準備修正錯誤，凡是有利於黨和人民事業的，就堅決干、加油干、一刻不停歇地干；凡是不利於黨和人民事業的，就堅決改、徹底改、一刻不耽誤地改。"②

（3）專題研討班：論述八項規定。

中共十八大期間，一共舉行了 6 次專題研討班③，每次專題研討班都不同程度地論及了"論及了"作風建設·八項規定"問題"。代表性論述有：

一是，2017 年 2 月 13 日，習近平在省部級主要領導幹部學習貫徹十八屆六中全會精神專題研討班開班式上強調："全黨必須牢固樹立政治意識、大局意識、核心意識、看齊意識，自覺在思想上政治上行動上同黨中央保持高度一致。每一個黨的組織、每一名黨員幹部，無論處在哪個領域、哪個層級、哪個部門和單位，都要服從黨中央集中統一領導，確保黨中央令行禁止。"

二是，2017 年 7 月 26 日，習近平在省部級領導幹部"學習習近平總書記重要講話精神，迎接黨的十九大"專題研討班開班式上強調："全面從嚴治黨永遠在路上。一個政黨，一個政權，其前途命運取決於人心向背。對黨的十八大以來全面從嚴治黨取得的成果，人民群衆給予了很高評價，成績值得充分肯定，經驗值得深入總結。但是，我們決不能因此而沾沾自喜、盲目樂觀。"

（二）習近平八規策：貫徹落實

（1）黨員教育活動：學習八項規定。

2012 年 11 月—2017 年 11 月，黨中央先後部署開展黨的群衆路綫教育實踐活動、"三嚴三實"專題教育、"兩學一做"學習教育，把貫徹執行中央八項規

---

① 習近平：在中共第十八屆中央政治局第十六次集體學習時的講話（2014 年 6 月 30 日）．人民日報．2014 年 7 月 1 日。

② 習近平：在中共第十八屆中央政治局第二十六次集體學習時的講話（2015 年 9 月 12 日）．人民日報．2015 年 9 月 13 日。

③ 專題研討班：就是中共黨和政府省部級主要領導幹部專題研討班。專題班始於 1999 年，每年舉辦一次已經舉辦。研討班的主題內容爲當年中共黨和政府全局性的、戰略性的、重大的問題。由中央主要領導作報告，省部級主要官員學習研討，隨後學習研討的成果將在今後的工作中加以貫徹和落實。

定精神、解決作風建設方面的問題作爲重要内容。

（2）編輯出版摘編教材：宣傳八項規定。

一是中共中央文獻研究室編輯出版《厲行節約 反對浪費——論述摘編（2013 年）》。

二是中共中央文獻研究室編輯出版《習近平關於黨的群衆路綫教育實踐活動論述摘編（2014 年）》。

三是中共中央文獻研究室編輯出版《習近平關於黨風廉政建設和反腐敗鬥爭論述摘編（2015 年）》。

四是中共中央組織部編寫出版全國幹部學習培訓教材《做好新形勢下的群衆工作（2015 年版）》。

五是中央紀委宣傳部録制專題實紀録片《作風建設永遠在路上——落實中央八項規定精神正風肅紀紀實（2014 年 12 月）》；計分爲《承諾與期盼》、《正風肅紀》、《狠抓節點》、《黨風正 民風淳》等 4 集。該片以大量翔實的第一手材料，展現中央堅決整肅 "四風"、推進作風建設的堅定決心，展現各級紀檢監察機關落實中央決策部署、嚴格監督執紀的堅決行動，展現八項規定實施兩年來黨風政風改進、社風民風轉變的重大成果。

（3）制定政策規定：規範八項規定。

一是中央地方及時制定八項規定的實施細則與實施意見。

【中央國家機關】2012 年 12 月 11 日，中共中央印發《第十八屆中央政治局關於改進工作作風、密切聯繫群衆的八項規定》。2012 年 12 月 12 日，中共中央辦公廳、國務院辦公廳印發《貫徹落實〈十八屆中央政治局關於改進工作作風、密切聯繫群衆的八項規定〉實施細則》。2012 年 12 月 20 日，中央軍委制定印發《中央軍委加强自身作風建設十項規定》；2017 年 9 月 25 日，中央軍委印發《關於嚴禁違規宴請喝酒問題的規定》。

【地方黨委政府】初步統計，截至 2013 年 1 月 5 日，甘肅、江蘇、安徽、山西、湖南、新疆、黑龍江、西藏、湖北、青海、福建、浙江、雲南、江西、北京、山東、寧夏、天津、吉林、貴州等 20 多個省份向社會公佈了具體實施細則，許多規定從細節入手，具有可操作性。

二是中央地方及時制定與八項規定相關的反對 "四風" 問題政策文件規定。

2013 年—2017 年 10 月，中央及地方先後制定了一大批與《八項規定》相關的反對 "四風" 問題的政策文件規定。代表性的主要有：

2013 年 9 月 3 日，中共中央紀委印發《關於落實中央八項規定精神堅決刹住中秋國慶期間公款送禮等不正之風的通知》。2013 年 12 月 22 日，中共中央紀中央紀委印發《關於在黨的群眾路綫教育實踐活動中嚴肅整治"會所中的歪風"的通知》。2014 年 10 月 19 日，中共中央辦公廳印發《關於深化"四風"整治、鞏固和拓展黨的群眾路綫教育實踐活動成果的指導意見》。

六、習近平八規策——八項規定之策略：基本研判與基本成效

(一) 習近平八規策：基本研判

習近平（2014 年 6 月）指出：黨的群眾路綫教育實踐活動正式啓動以來，取得了重要階段性成果，提高了全黨對加強作風建設重要性和必要性的認識。

習近平（2015 年 9 月）指出："三嚴三實"專題教育針對性強，是思想、作風、黨性上的又一次集中"補鈣"和"加油"，使全面從嚴治黨的氛圍更濃厚了、領導幹部的標杆作用更明顯了。

習近平（2016 年 1 月）指出：我們抓住重要節點，緊盯享樂主義和奢靡之風，加強日常監督檢查，嚴肅查處違規違紀問題，堅決防止反彈，推動黨的作風持續向好。我們着眼於以優良黨風帶動民風社風，發揮優秀黨員、幹部、道德模範的作用，把家風建設作爲領導幹部作風建設重要內容，弘揚真善美、抑制假惡醜，營造崇德向善、見賢思齊的社會氛圍，推動社會風氣明顯好轉。

(二) 習近平八規策：主要經驗與基本成效

習近平（2017 年 9 月）指出：中共十八大期間，通過很抓中央八項規定精神貫徹落實，深化了我們黨對作風建設的規律性認識，積累了寶貴經驗。[1] 主要有：

一是要精準發力，從具體事情抓起，以小見大、以小帶大，抓鐵有痕、踏石留印，以釘釘子精神加以推進。

二是要以上率下，從中央政治局做起，各級領導幹部帶頭，壓實各級黨組織特別是主要領導幹部管黨治黨主體責任，以行動作無聲的命令，以身教作執行的榜樣。

三是要聚焦問題，針對人民群眾反映強烈的突出問題，扭住不放、持續發力、鐵面執紀，集中解決形式主義、官僚主義、享樂主義和奢靡之風。

四是要標本兼治，注重用制度治黨管權治吏，用改革的思路和辦法破解作風頑症，着力從體制機制上堵塞漏洞。

習近平（2017 年 1 月）指出：黨的十八大以來，我們嚴抓中央八項規定精神落實，着力從作風建設這個環節突破，着力真管真嚴、敢管敢嚴、長管長嚴，

---

[1]　習近平：在第十八屆中央政治局會議上的講話（2017 年 9 月 18 日）．人民日報．2017 年 9 月 19 日。

懲治群衆身邊的不正之風和腐敗問題。資料顯示：一是，截至 2014 年截至 5 月底，全國共查處違反中央八項規定精神問題 41880 起，54862 人受到處理，給予黨紀政紀處分 14050 人。二是，截至 2015 年 10 月 31 日，全國各級紀檢監察機關查處違反中央八項規定精神問題 104934 起，處理 138867 人，給予黨紀政紀處分 55289 人。三是，截至 2017 年 9 月 30 日，全國各級紀檢監察機關查處違反中央八項規定精神問題 18.9 萬起，處理黨員幹部 25.6 萬人，給予黨紀政紀處分 13.61 萬人。①

人心是最大的政治，民意是最好的褒獎。一方面，2017 年 6 月國家統計局進行的民情民意電話調查顯示，94.8% 的受調查對象肯定以習近平同志爲核心的黨中央制定和落實中央八項規定的成效，91.8% 對中央八項規定長期執行有信心，85.5% 認爲中央八項規定實施以來身邊黨員幹部工作作風有明顯改進，89.5% 認爲黨員幹部工作作風帶動社會風氣有明顯改進。另一方面，2017 年全國黨風廉政建設民意調查同時顯示，92.7% 的群衆認爲黨的十八大以來落實中央八項規定精神、糾正 "四風" 有很大的效果，比 2013 年提高 11.4 個百分點。②

七、小結與展望

（一）小結

習近平八規策——八項規定之策略是習近平 "六韜九策" 治國策體系内容之一。習近平八規策——八項規定之策略，是指習近平同志關於改進工作作風、密切聯繫群衆的八項規定的策略。習近平八項規定俗稱 "約法八章"，被譽爲新時代 "三大紀律八項注意"，包括改進工作作風策略、密切聯繫群衆策略、反對 "四風" 問題策略。習近平八規策的研究對象與範圍：中共十八大期間，習近平同志關於改進工作作風、密切聯繫群衆的八項規定以及反對 "四風" 問題的重要論述。

習近平八規策——八項規定之策略在政黨戰略學中屬於戰略對策的層次與範疇。其基本特徵表現在：強調領導帶頭；突出四風問題；強調反復性頑固性；突出長效機制。習近平八規策——八項規定之策略的研究型、理論型的構成體系主要包括：1）習近平八規策的約法八章與重要意義；2）習近平八規策的文獻來源與三新思想要點；3）習近平八規策的科學内涵與基本内容；4）習近平八規策的研究對象與範圍；5）習近平八規策的地位與基本分類；6）習近平八

---

① 新華社記者. 八項規定，激濁揚清之劍——黨的十八大以來以習近平同志爲核心的黨中央貫徹執行八項規定、推動作風建設綜述. 人民日報. 2017 年 09 月 30 日。

② 新華社記者. 八項規定，激濁揚清之劍——黨的十八大以來以習近平同志爲核心的黨中央貫徹執行八項規定、推動作風建設綜述. 人民日報. 2017 年 09 月 30 日。

規策的形成淵源與構成體系；7）習近平八規策的抓什麼與怎麼抓；8）習近平八規策的實踐活動與貫徹落實；9）習近平八規策的基本研判與基本成效；10）小結與展望等幾個方面。

（二）展望（預測與建議）

作風建設永遠在路上，必須抓常抓細抓長效。2014 年 8 月 27 日，習近平指出：作風建設永遠在路上，永遠沒有休止符，不可蜻蜓點水，不可虎頭蛇尾，不可只是一陣風，否則不僅不可能從根本上解決問題，而且會導致作風問題不斷反彈、愈演愈烈，最後失信於民。這方面過去有不少教訓，要好好記取。"[1] 2017 年 9 月 18 日，習近平強調："作風建設永遠在路上。"習近平進一步強調："十九大期間，貫徹落實中央八項規定精神、轉作風改作風只能加強不能削弱。要保持戰略定力，堅持問題導向，鍥而不捨、持之以恒，強化責任、強化督查、強化查處，不斷把作風建設引向深入，努力使黨的作風全面好起來，確保黨同人民群眾始終同呼吸、共命運、心連心。"[2]

幾點建議：一是，盡快編輯出版《習近平關於改進工作作風、密切聯繫群眾論述摘編（2012—2017）》，進一步完善習近平"約法八章"的政策體系。

二是，盡快修改完善 2012 年版《中共中央關於改進工作作風、密切聯繫群眾的八項規定》,，在適當的時候制定出臺關於《中共中央關於改進工作作風、密切聯繫群眾的八項規定》,的有關細則。

三是，習近平"約法八章"——《八項規定》的作用與成效舉世認可，解決了多年來未能解決的疑難雜症，這一治國理政模式值得思考與借鑒。建議在充分學習、吸收《1945 年關於若干歷史問題的決議》、《1981 關於建國以來黨的若干歷史問題的決議》的基礎上，盡快制定出臺《改革開放以來黨的若干歷史問題的決議》，以全面地、綜合地、系統地破解現階段中國存在的種種問題，真正達到：放下包袱，解放思想，團結一致，決勝全面建成小康社會，奪取中國特色社會主義偉大勝利，為實現中華民族偉大復興的中國夢不懈奮鬥。

---

① 中共中央文獻研究室. 習近平關於協調推進"四個全面"戰略布局論述摘編. 北京：中央文獻出版社. 2015. 10.

② 習近平：在第十八屆中央政治局會議上的講話（2017 年 9 月 18 日）. 人民日報. 2017 年 9 月 19 日。

第八章
習近平反腐策——反腐倡廉之策略

【知識導引】

習近平反腐策——反腐倡廉之策略，是指習近平同志關於反腐敗鬥爭與廉政建設的策略。主要包括反腐敗鬥爭與廉政建設。習近平反腐策——反腐倡廉之策在政黨戰略學中屬於對策性的層次與範疇。

【經典論述】

堅決反對腐敗，防止黨在長期執政條件下腐化變質，是我們必須抓好的重大政治任務。

——習近平

反腐倡廉、拒腐防變必須警鐘長鳴。我們要以頑強的意志品質，堅持零容忍的態度不變，做到有案必查、有腐必懲，讓腐敗分子在黨內沒有任何藏身之地！

——習近平

【內容提要】習近平反腐策——反腐倡廉之策略是習近平 "六韜九策" 治國策體系內容之一。習近平反腐策——反腐倡廉之策略，是指關於反腐敗鬥爭與廉政建設的策略。主要包括：反腐敗鬥爭與廉政建設。習近平反腐策的研究對象與範圍：中共十八大期間，習近平同志關於反腐敗鬥爭與廉政建設的重要論述。

習近平反腐策——反腐倡廉之策略在政黨戰略學中屬於對策性的層次與範疇。其基本特徵表現在：強調反腐敗零容忍；突出老虎蒼蠅一起打；強調踏石留印、抓鐵有痕；突出反腐敗永遠在路上。習近平反腐策——反腐倡廉之策略的研究型、理論型的構成體系主要包括：1）習近平反腐策的打虎拍蠅與重要意義；2）習近平反腐策的文獻來源與三新政策要點；3）習近平反腐策的科學內涵與基本特徵；4）習近平反腐策的研究對象與範圍；5）習近平反腐策的核心機制與基本目標；6）習近平反腐策的地位與構成體系；7）習近平反腐策的抓什麼與怎麼抓；8）習近平反腐策的實踐活動與貫徹落實；9）習近平反腐策的基本研判與基本成效；10）小結與展望等幾個方面。

幾點建議：一是盡快修改完善 2014 年版《習近平關於黨風廉政建設和反腐敗鬥爭論述摘編》；二是盡快修改完善 2015 年版《習近平關於嚴明黨的紀律和規矩論述摘編》；三是盡快編輯出版《習近平總書記在十八屆中央紀委歷次全會上的重要講話（2012 年 11 月—2017 年 10 月）》。

【關鍵詞】習近平；反腐策；反腐倡廉；構成體系；建議

引　言

"習近平反腐策——反腐倡廉之策"是習近平治國理政思想體系微觀戰術層面的重要內容。中共十八大期間（2012 年 11 月—2017 年 10 月），習近平圍遶反腐倡廉反什麼倡什麼、反腐倡廉怎麼反怎麼倡這個事關從嚴治黨、生死存亡的重大問題進行了一系列深刻闡釋，由此勾畫了新的歷史條件下"反腐倡廉"的基本原則與政策體系，形成、創設了"習近平反腐策——反腐倡廉之策略"。

一、習近平反腐策——反腐倡廉之策：打虎拍蠅與重要意義

（一）習近平反腐策：打虎拍蠅

2012 年 11 月 15 日，習近平在中共第十八屆一中全會上強調要深入抓好反腐倡廉工作；2013 年—2015 年習近平多次強調堅決反對腐敗、反腐倡廉必須警鐘長鳴；2016 年—2017 年強調反腐敗鬥爭壓倒性態勢已經形成。資料顯示：中共十八大五年間，習近平在國內外很多重要場合，從不同的角度，對"反腐倡廉"進行了多方面、立體式的一系列深刻闡釋，構建了新的歷史條件下"反腐倡廉"建設性框架。代表性論述主要有：

1. 首次強調反腐倡廉。2012 年 11 月 15 日。習近平在中共第十八屆一中全會上指出："要深入抓好反腐倡廉工作，堅持有案必查、有腐必懲，任何人觸犯了黨紀國法都要依紀依法嚴肅查處，決不姑息，黨內決不允許腐敗分子有藏身之地。"[①] 2012 年 11 月 17 日。習近平在第十八屆中央政治局第一次集體學習時強調："反對腐敗、建設廉潔政治，保持黨的肌體健康，始終是我們黨一貫堅持的鮮明政治立場。黨風廉政建設，是廣大幹部群眾始終關注的重大政治問題。"[②]

2. 強調政治任務。2013 年 1 月 22 日，習近平在第十八屆中央紀律檢查委員會第二次全體會議上強調："黨風廉政建設和反腐敗鬥爭，是黨的建設的重大

---

① 中共中央文獻研究室. 習近平關於黨風廉政建設和反腐敗鬥爭論述摘編. 北京：中央文獻出版社. 2015：第 93 頁。

② 中共中央文獻研究室. 十八大以來重要文獻選編（上）. 北京：中央文獻出版社. 2014：第 81 頁。

任務。"① 2014 年 1 月 14 日，習近平在第十八屆中央紀律檢查委員會第三次全體會議上強調："堅決反對腐敗，防止黨在長期執政條件下腐化變質，是我們必須抓好的重大政治任務。"②

3. 強調警鐘長鳴。2013 年 1 月 22 日，習近平在第十八屆中央紀律檢查委員會第二次全體會議上強調指出："反腐倡廉必須常抓不懈，拒腐防變必須警鐘長鳴，關鍵就在 '常、長' 二字，一個是要經常抓，一個是要長期抓。我們要堅定決心，有腐必反、有貪必肅，不斷鏟除腐敗現象滋生蔓延的土壤，以實際成效取信於民。"③ 2016 年 7 月 1 日，習近平在慶祝中國共產黨成立 95 週年大會上進一步強調指出："反腐倡廉、拒腐防變必須警鐘長鳴。我們要以頑強的意志品質，堅持零容忍的態度不變，做到有案必查、有腐必懲，讓腐敗分子在黨內沒有任何藏身之地！"④

4. 強調壓倒性態勢。2016 年 7 月 1 日，習近平在慶祝中國共產黨成立 95 週年大會上進一步強調指出："我們黨作爲執政黨，面臨的最大威脅就是腐敗。黨的十八大以來，我們黨堅持 "老虎"、"蒼蠅" 一起打，使不敢腐的震懾作用得到發揮，不能腐、不想腐的效應初步顯現，反腐敗鬥爭壓倒性態勢正在形成。"⑤ 2017 年 7 月 26 日，習近平在省部級領導幹部學習 "習近平總書記重要講話精神迎接黨的十九大" 專題研討班開班式上強調："我們堅定不移推進全面從嚴治黨，着力解決人民群衆反映最強烈、對黨的執政基礎威脅最大的突出問題，形成了反腐敗鬥爭壓倒性態勢"⑥

（二）習近平反腐策：重要意義

習近平反腐策，深刻闡明瞭新形勢下反腐倡廉反什麼倡什麼、反腐倡廉怎麼反怎麼倡的重大問題，爲遏制腐敗蔓延的勢頭、形成反腐敗壓倒性態勢，提供了強大思想武器與行動指南。

習近平反腐策，立意高遠，內涵豐富，充實、提昇與拓展了傳統的反腐敗

---

① 習近平：在第十八屆中央紀律檢查委員會第二次全體會議上的講話．（2013 年 1 月 22 日）．人民日報．2013 年 1 月 23 日。

② 習近平：在第十八屆中央紀律檢查委員會第三次全體會議上的講話．（2014 年 1 月 14 日）．人民日報．2013 年 1 月 15 日。

③ 習近平：在第十八屆中央紀律檢查委員會第二次全體會議上的講話．（2013 年 1 月 22 日）．人民日報．2013 年 1 月 23 日。

④ 習近平：在慶祝中國共產黨成立 95 週年大會上的講話（2016 年 7 月 1 日）．人民日報．2016 年 7 月 2 日。

⑤ 習近平：在慶祝中國共產黨成立 95 週年大會上的講話（2016 年 7 月 1 日）．人民日報．2016 年 7 月 2 日。

⑥ 習近平：在省部級主要領導幹部專題研討班上的講話（2017 年 7 月 26 日）．人民日報．2017 年 7 月 27 日。

鬥爭與廉政建設理論，豐富了黨的建設理論與政黨戰略學，進一步豐富了中國特色社會主義理論體系。

習近平反腐策，堅定不移反腐敗，強化廉政建設，充分認識反腐敗鬥爭的長期性復雜性，對保持政治定力，聚焦目標任務，進一步把反腐敗鬥爭與廉政建設引向深入，具有十分重要的現實意義。

二、習近平反腐策——反腐倡廉之策：文獻來源與三新政策要點

（一）習近平反腐策：文獻來源

習近平反腐策——反腐倡廉之策的經典文獻主要有：

一是《習近平談治國理政》第十七部分‧推進反腐倡廉建設①。計有 3 篇：把權力關進制度的籠子裏（2013 年 1 月 22 日）；運用歷史智慧推進反腐倡廉建設（2013 年 4 月 19 日）；深入推進黨風廉政建設和反腐敗鬥爭（2014 年 1 月 14 日）。

二是《十八大以來重要文獻選編（上）》②。計有 1 篇：依紀依法嚴懲腐敗，着力解決群衆反映強烈的突出問題（2013 年 1 月 22 日）。

三是《十八大以來重要文獻選編（中）③。計有篇：在黨的群衆路綫教育實踐活動總結大會上的講話（2014 年 10 月 8 日）；加強紀律建設，把守紀律講規矩擺在更加重要的位置（2015 年 1 月 13 日）；黨員、幹部都要按照"三嚴三實"要求鞭策自己（2015 年 9 月 11 日）。

四是《習近平關於黨的群衆路綫教育實踐活動論述摘編》④。該書摘自習近平同志 2012 年 11 月至 2014 年 3 月期間的有關講話、批示、指示等 20 多篇重要文獻，共計 174 段論述。

五是《習近平關於黨風廉政建設和反腐敗鬥爭論述摘編》⑤。該書摘自習近平同志 2012 年 11 月 15 日至 2014 年 10 月 23 日期間的講話、文章、批示等 40 多篇重要文獻，計有 216 段論述。

六是《習近平關於嚴明黨的紀律和規矩論述摘編》⑥。該摘自習近平同志

---

① 習近平. 習近平談治國理政. 北京：外文出版社. 2014：第 385－388 頁.

② 中共中央文獻研究室. 十八大以來重要文獻選編（上）. 北京：中央文獻出版社. 2014.

③ 中共中央文獻研究室. 十八大以來重要文獻選編（中）. 北京：中央文獻出版社. 2016.

④ 中共中央文獻研究室. 習近平關於黨的群衆路綫教育實踐活動論述摘編. 北京：中央文獻出版社. 2014. 3.

⑤ 中共中央文獻研究室. 習近平關於黨風廉政建設和反腐敗鬥爭論述摘編. 北京：中央文獻出版社. 2015. 1.

⑥ 中共中央文獻研究室. 習近平關於嚴明黨的紀律和規矩論述摘編. 北京：中央文獻出版社. 2016. 1.

2012 年 11 月 16 日至 2015 年 10 月 29 日期間的講話、文章等 40 多篇重要文獻，計有 200 段論述。

七是《習近平關於協調推進 "四個全面" 戰略布局論述摘編》第五部分①。計有文獻 19 篇、48 段論述。

八是《習近平關於全面從嚴治黨論述摘編》②。該書摘自習近平同志 2012 年 11 月 15 日至 2016 年 10 月 27 日期間的講話、文章等 80 多篇重要文獻，計有 371 段論述。

九八是其他文獻習近平關於黨風廉政建設和反腐敗鬥爭的重要論述。比較重要的文獻計有：習近平在第十八屆中紀委第六次全會上的講話（2016 年 1 月 12 日）；習近平在慶祝中國共產黨成立 95 週年大會上的講話（2016 年 7 月 1 日）；習近平在第十八屆中紀委第七次全會上的講話（2017 年 1 月 6 日）；習近平在省部級主要領導幹部專題班上的講話（2017 年 7 月 26 日）；習近平在慶祝中國人民解放軍建軍 90 週年大會上的講話（2017 年 8 月 1 日）；習近平在第十八屆中央政治局會議上的講話（2017 年 9 月 18 日）。

（二）習近平反腐策：三新政策要點（新政策新規定新要求）

根據以上文獻分析，習近平反腐策——反腐倡廉之策的三新政策要點（新政策新規定新要求）主要有以下幾個方面：

一是，反腐倡廉必須常抓不懈，經常抓、長期抓，必須反對特權思想、特權現象，必須全黨動手。二是，反腐倡廉、拒腐防變必須警鐘長鳴。三是，黨風廉政建設和反腐敗鬥爭，是黨的建設的重大任務。四是，堅持無禁區、全覆蓋、零容忍，嚴肅查處腐敗分子，堅決遏制腐敗現象蔓延勢頭，着力營造不敢腐、不能腐、不想腐的政治氛圍。五是，堅決反對腐敗，防止黨在長期執政條件下腐化變質，是我們必須抓好的重大政治任務。六是，堅定不移懲治腐敗，是我們黨有力量的表現，也是全黨同志和廣大群眾的共同願望。七是，黨中央堅定不移反對腐敗的決心沒有變，堅決遏制腐敗現象蔓延勢頭的目標沒有變。八是，巡視組要當好中央的 "千裏眼"，找出 "老虎"、"蒼蠅"，抓住違紀違法問題綫索。九一是，把權力關進制度的籠子裏，形成不敢腐的懲戒機制、不能腐的防範機制、不易腐的保障機制。十是，要堅持 "老虎" "蒼蠅" 一起打，既堅決查處領導幹部違紀違法案件，又切實解決發生在群眾身邊的不正之風和腐敗問題。十一是，我們要以頑強的意志品質，堅持零容忍的態度不變，做到

① 中共中央文獻研究室. 習近平關於協調推進 "四個全面" 戰略布局論述摘編. 北京：中央文獻出版社. 2015. 10.

② 中共中央文獻研究室. 習近平關於全面從嚴治黨論述摘編. 北京：中央文獻出版社. 2016. 12.

有案必查、有腐必懲，讓腐敗分子在黨內沒有任何藏身之地！十二是，黨的十八大以來，我們黨堅持"老虎"、"蒼蠅"一起打，使不敢腐的震懾作用得到發揮，不能腐、不想腐的效應初步顯現，反腐敗鬥爭壓倒性態勢正在形成。十三是，我們堅定不移推進全面從嚴治黨，着力解決人民群衆反映最強烈、對黨的執政基礎威脅最大的突出問題，形成了反腐敗鬥爭壓倒性態勢。十四是，積極借鑒我國歷史上優秀廉政文化，不斷提高黨的領導水平和執政水平、提高拒腐防變和抵禦風險能力。十五是，幹部廉潔自律的關鍵在於守住底綫；廉潔自律，必須築牢思想防綫。十六是，要守共產黨人精神家園，不斷夯實黨員幹部廉潔從政的思想道德基礎，築牢拒腐防變的思想道德防綫。十七是，堅持用制度管權管事管人，讓人民監督權力，讓權力在陽光下運行，是把權力關進制度籠子的根本之策。十八是，必須健全懲治和預防腐敗體系，建設廉潔政治，努力實現幹部清正、政府清廉、政治清明。十九是，要深入推進黨風廉政建設和反腐敗鬥爭，鞏固反腐敗鬥爭成果，着力構建不敢腐、不能腐、不想腐的體制機制；二十是，積極營造風清氣正的政治生態，形成敢於擔當、奮發有爲的精神狀態，爲經濟社會發展提供堅強政治保证。

三、習近平反腐策——反腐倡廉之策：科學涵義與構成體系

（一）習近平反腐策：科學涵義與基本內容

習近平反腐策——反腐倡廉之策略，是指習近平同志關於反腐敗鬥爭與廉政建設的策略。主要包括：反腐敗鬥爭與廉政建設。策略原意指計策、謀略，引申義指行動方針、鬥爭藝術與方法手段，這裏擴展爲關於推進反腐敗鬥爭與廉政建設而采取的具有微觀的局部的戰術的等特徵的一種選擇與安排。

習近平反腐策的研究對象與範圍：中共十八大期間，習近平同志關於反腐敗鬥爭與廉政建設的重要論述。

與習近平反腐策密切相關的新詞彙、新提法主要有：反腐敗鬥爭、反腐倡廉、廉政建設、塌方式腐敗、集體腐敗、統計腐敗、高管腐敗、領導核心、四個意識、四大考驗、四大危險、政治紀律、政治規矩、關鍵少數、净化政治生態、黨內政治生活"四性"；"老虎蒼蠅一起打"、壓倒性態勢、專項巡視、監督執紀"四種形態"、把權力關進制度的籠子、黨風廉政建設"兩個責任"、一案雙查、專項巡視、天網行動、北京反腐敗宣言。四個意識就是指政治意識、大局意識、核心意識、看齊意識。四大考驗就是指執政考驗、改革開放考驗、市場經濟考驗、外部環境考驗。四大危險就是指精神懈怠的危險、能力不足的危險、脫離群衆的危險、消極腐敗的危險。黨風廉政建設兩個責任就是指黨委主體責任和紀委監督責任。黨風廉政建設一崗雙責就是指通俗地説，就是"一

個崗位，兩種責任"，每位幹部既要幹事，還不能出事，一手抓發展，一手抓廉政，"兩手抓、兩手都要硬"。一案雙查就是指在查辦違紀違法案件的同時，一並調查發案單位黨委主體責任、紀委監督責任是否落實到位，做到有錯必究、有責必問。專項巡視就是指以問題爲導向，形式更爲靈活，哪裏問題多、哪個部門問題多，就往哪投入更多力量，以便發揮巡視和監督的最大效力。

天網追逃行動——就是指中央反腐敗協調小組部署開展的針對外逃腐敗分子的重要行動，綜合運用警務、檢務、外交、金融等手段，集中時間、集中力量 "抓捕一批腐敗分子，清理一批違規証照，打擊一批地下錢莊，追繳一批涉案資產，勸返一批外逃人員。獵狐行動就是指中國公安機關緝捕在逃境外經濟犯罪嫌疑人的專項行動。紅色通緝令就是指應特定國家中心局的申請，針對需要逮捕並引渡的在逃犯作出的一種通報。具體又分爲要求對逃犯進行起訴的紅色通報和要求逃犯服刑的紅色通報。

習近平反腐策的基本內容：反腐敗鬥爭；黨風廉政建設；黨的紀律和規矩；反對奢侈浪費；廉潔政治建設；廉潔政府建設。廉政建設，即黨風建設與廉政建設。反腐倡廉亦稱懲腐倡廉，就是反對腐敗，倡導廉政；既屬於政治道德範疇，是廉政建設的基本內容。廉政建設就是關於廉潔的政治的建設，其含義包括：一是要造就一個公正廉明的政治局面和政治氛圍；二是要建立廉潔高效的政治制度和法律制度；三是要制定並嚴格實施確保政治清明的政策和措施以取信於民；四是要求各級官吏樹立廉潔奉公的官德和不貪不淫的私德以爲民之表率。

習近平反腐策的核心機制與基本目標：建立健全不敢腐、不能腐、不易腐的有效機制。習近平（2013 年）指出：要加強對權力運行的制約和監督，把權力關進制度的籠子裏，形成不敢腐的懲戒機制、不能腐的防範機制、不易腐的保障機制。習近平（2015 年）指出：只有堅持依法嚴厲懲治、形成不敢腐的懲戒機制和威懾力，堅持完善法規制度、形成不能腐的防範機制和預防作用，堅持加強思想教育、形成不想腐的自律意識和思想道德防綫，才能有效鏟除腐敗現象的生存空間和滋生土壤。習近平（2016 年）指出：黨的十八大以來，我們黨堅持 "老虎"、"蒼蠅" 一起打，使不敢腐的震懾作用得到發揮，不能腐、不想腐的效應初步顯現，反腐敗鬥爭壓倒性態勢正在形成。反腐倡廉、拒腐防變必須警鐘

（二）習近平反腐策：地位與基本特徵

在政黨戰略學中，習近平反腐策——反腐倡廉之策略屬於對策性的層次與範疇。其基本特徵表現在：

（1）強調反腐敗零容忍。習近平（2014 年 10 月）指出："深入推進反腐敗

鬥爭，持續保持高壓態勢，做到零容忍的態度不變、猛藥去疴的決心不減、刮骨療毒的勇氣不泄、嚴厲懲處的尺度不鬆，發現一起查處一起，發現多少查處多少，不定指標、上不封頂，凡腐必反，除惡務盡。"[1] 習近平（2015 年 1 月）指出："對腐敗分子，我們決不能放過去，放過他們就是對人民的犯罪、對黨不負責任！我們這麼強力反腐，對腐敗采取零容忍的態度，目的是什麼呢？是爲了贏得黨心民心。"[2]

（2）突出老虎蒼蠅一起打。習近平（2013 年 1 月）指出："從嚴治黨，懲治這一手決不能放鬆。要堅持老虎、蒼蠅一起打，既堅決查處領導幹部違紀違法案件，又切實解決發生在群衆身邊的不正之風和腐敗問題。要堅持黨紀國法面前沒有例外，不管涉及到誰，都要一查到底，決不姑息。"[3] 習近平（2014 年 1 月）指出："我們説"老虎"、"蒼蠅"一起打，有的群衆説"老虎"離得太遠，但"蒼蠅"每天撲面。這就告訴我們，必須着力解決發生在群衆身邊的腐敗問題，認真解決損害群衆利益的各類問題，切實維護人民群衆合法權益。"[4]

（3）強調踏石留印、抓鐵有痕。習近平（2013 年 1 月）指出："全黨同志一定要從這樣的政治高度來認識這個問題，從思想上警醒起來，牢記兩個務必，堅定不移轉變作風，堅定不移反對腐敗，切實做到踏石留印、抓鐵有痕，不斷以反腐倡廉的新進展、新成效取信於民，確保黨和國家興旺發達、長治久安。"[5]

（4）突出反腐敗永遠在路上。習近平（2015 年 1 月）指出："黨風廉政建設和反腐敗鬥爭永遠在路上。開弓沒有回頭箭，黨風廉政建設和反腐敗鬥爭是一場輸不起的鬥爭，必須決戰決勝。"[6] 習近平（2017 年 1 月）進一步指出："要堅定不移做好反腐敗工作，做到懲治腐敗力度決不減弱、零容忍態度決不改變，堅決打贏反腐敗這場正義之戰。"[7]

---

[1]　中共中央文獻研究室．習近平關於黨風廉政建設和反腐敗鬥爭論述摘編．北京：中央文獻出版社．2015：第 100 頁。

[2]　習近平：在第十八屆中央紀律檢查委員會第五次全體會議上的講話（2015 年 1 月 13 日）．人民日報．2015 年 1 月 14 日。

[3]　習近平．依紀依法嚴懲腐敗，着力解決群衆反映強烈的突出問題（2013 年 1 月 22 日）．《十八大以來重要文獻選編》（上）．中央文獻出版社．2014 年：第 135 頁。

[4]　中共中央文獻研究室．習近平關於黨風廉政建設和反腐敗鬥爭論述摘編．北京：中央文獻出版社．2015：第 99 頁。

[5]　習近平：在第十八屆中央政治局第五次集體學習時的講話（2013 年 4 月 19 日）．人民日報．2013 年 1 月 5 日。

[6]　中共中央文獻研究室．習近平關於協調推進"四個全面"戰略布局論述摘編．北京：中央文獻出版社．2015：第 145 頁。

[7]　習近平：在省部級主要領導幹部專題研討班上的講話（2017 年 7 月 26 日）．人民日報．2017 年 7 月 27 日。

（三）習近平反腐策：構成體系

習近平反腐策——反腐倡廉之策略的研究型、理論型的構成體系主要爲：

（1）習近平反腐策的打虎拍蠅與重要意義；（2）習近平反腐策的文獻來源與三新政策要點；（3）習近平反腐策的科學內涵與基本特徵；（4）習近平反腐策的研究對象與範圍；（5）習近平反腐策的核心機制與基本目標；（6）習近平反腐策的地位與構成體系；（7）習近平反腐策的抓什麼與怎麼抓；（8）習近平反腐策的實踐活動與貫徹落實；（9）習近平反腐策的基本研判與基本成效；（10）小結與展望。

由以上幾個方面構成習近平反腐策——反腐倡廉之策略的完整應用體系。

四、習近平反腐策——反腐倡廉之策：抓什麼與怎麼抓

（一）習近平反腐策：抓什麼——任務要求

一是，抓兩大任務——廉政建設和反腐敗鬥爭。2013 年 1 月 23 日，習近平在第十八屆中央紀律檢查委員會第二次全體會議上強調："黨風廉政建設和反腐敗鬥爭，是黨的建設的重大任務。"[1] 2014 年 1 月 14 日，習近平在第十八屆中央紀律檢查委員會第三次全體會議上強調："堅決反對腐敗，防止黨在長期執政條件下腐化變質，是我們必須抓好的重大政治任務。"[2] 2015 年 1 月 13 日，習近平在第十八屆中央紀律檢查委員會第五次全體會議上強調："各級紀檢監察機關要聚焦黨風廉政建設和反腐敗鬥爭這個中心任務，強化監督執紀問責，深化轉職能、轉方式、轉作風，更好履行黨章賦予的職責。"[3]

二是，抓反對四風——反腐倡廉建設着力點。2013 年 1 月，習近平在第十八屆中央政治局第五次集體學習時指出："中央提出抓作風建設，反對形式主義、官僚主義、享樂主義，反對奢靡之風，就是提出了一個抓反腐倡廉建設的着力點，提出了一個夯實黨執政的群衆基礎的切入點。"[4]

四是，抓巡視工作——廉政建設四個發現。習近平（2014 年 1 月）指出：巡視組要劍指黨風廉政方面存在的問題，重點就是 "四個着力發現"。習近平

---

[1] 習近平：在第十八屆中央紀律檢查委員會第二次全體會議上的講話．（2013 年 1 月 23 日）．人民日報．2013 年 1 月 24 日。

[2] 習近平：在第十八屆中央紀律檢查委員會第三次全體會議上的講話．（2014 年 1 月 14 日）．人民日報．2013 年 1 月 15 日。

[3] 習近平：在第十八屆中央紀律檢查委員會第三次全體會議上的講話．（2015 年 1 月 13 日）．人民日報．2015 年 1 月 14 日。

[4] 習近平：在第十八屆中央政治局第五次集體學習時的講話（2013 年 4 月 19 日）．人民日報．2013 年 1 月 5 日。

（2014 年 1 月）進一步指出：“要着力發現是否存在違反黨的政治紀律問題；着力發現領導幹部是否存在權錢交易、以權謀私、貪污賄賂、腐化墮落等違紀違法問題；着力發現是否存在形式主義、官僚主義、享樂主義和奢靡之風等問題；着力發現是否存在選人用人上的不正之風和腐敗問題。巡視組不固定地區和部門，臨時組建，臨時派遣。不固定，靈活機動，可以更好開展工作。”①

（二）習近平反腐策：怎麼抓——方法對策

第一，構建三個不腐機制，遏制腐敗蔓延勢頭。習近平（2013 年 1 月）強調：“要加強對權力運行的制約和監督，形成不敢腐的懲戒機制、不能腐的防範機制、不易腐的保障機制。”② 習近平（2014 年 9 月）強調：“堅持用制度管權管事管人，抓緊形成不想腐、不能腐、不敢腐的有效機制，讓人民監督權力，讓權力在陽光下運行，把權力關進制度的籠子裏。要堅持“老虎”、“蒼蠅”一起打，堅持有腐必反、有貪必肅，下最大氣力解決腐敗問題，努力營造風清氣正的黨風政風和社會風氣，不斷以反腐倡廉的新成效取信於民。”③ 習近平（2015 年 1 月）強調：“堅持無禁區、全覆蓋、零容忍，嚴肅查處腐敗分子，堅決遏制腐敗現象蔓延勢頭，着力營造不敢腐、不能腐、不想腐的政治氛圍。”④

第二，堅定不移反對腐敗，樹立四個足夠自信。習近平（2013 年 1 月）強調：“堅定不移懲治腐敗，是我們黨有力量的表現，也是全黨同志和廣大群眾的共同願望。我們黨嚴肅查處一些黨員幹部包括高級幹部嚴重違紀問題的堅強決心和鮮明態度，向全黨全社會表明，我們所說的不論什麼人，不論其職務多高，只要觸犯了黨紀國法，都要受到嚴肅追究和嚴屬懲處，決不是一句空話。”⑤ 習近平（2016 年 1 月）強調：“黨中央堅定不移反對腐敗的決心沒有變，堅決遏制腐敗現象蔓延勢頭的目標沒有變。”⑥ 習近平（2016 年 1 月）進一步強調：“全黨同志對黨中央在反腐敗鬥爭上的決心要有足夠自信，對反腐敗鬥爭取得的成績要有足夠自信，對反腐敗鬥爭帶來的正能量要有足夠自信，對反腐敗鬥爭

① 中共中央文獻研究室. 習近平關於黨風廉政建設和反腐敗鬥爭論述摘編. 北京：中央文獻出版社. 2015：第 109 頁。

② 中共中央文獻研究室. 習近平關於黨風廉政建設和反腐敗鬥爭論述摘編. 北京：中央文獻出版社. 2015：第 153 頁。

③ 習近平：在慶祝全國人民代表大會成立六十週年大會上的講話》（2014 年 9 月 5 日）. 人民日報. 2014 年 9 月 6 日。

④ 中共中央文獻研究室. 習近平關於協調推進“四個全面”戰略布局論述摘編. 北京：中央文獻出版社. 2015：第 145 頁。

⑤ 中央文獻研究室編.《十八大以來重要文獻選編》（上）. 北京：中央文獻出版社. 2014：第 135 頁。

⑥ 習近平：在第十八屆中央紀律檢查委員會第六次全體會議上的講話. （2016 年 1 月 12 日）. 人民日報. 2016 年 1 月 13 日。

的光明前景要有足夠自信！"①

第三，扎緊制度籠子，築牢拒腐防綫。習近平（2012 年 12 月）強調："我們要健全權力運行制約和監督體系，有權必有責，用權受監督，失職要問責，違法要追究，保證人民賦予的權力始終用來爲人民謀利益。"② 習近平（2013 年 7 月）強調："没有健全的制度，權力没有關進制度的籠子裏，腐敗現象就控制不住。在這次教育實踐活動中，建章立制非常重要，要把籠子扎緊一點，牛欄關貓是關不住的，空隙太大，貓可以來去自如。"③ 習近平（2013 年 1 月）強調："幹部廉潔自律的關鍵在於守住底綫。只要能守住做人、處事、用權、交友的底綫，就能守住黨和人民交給自己的政治責任，守住自己的政治生命綫，守住正確的人生價值觀。"④ 習近平（2013 年 1 月）強調："我們要堅持從教育抓起，教育引導廣大黨員、幹部堅定理想信念、堅守共產黨人精神家園，不斷夯實黨員幹部廉潔從政的思想道德基礎，築牢拒腐防變的思想道德防綫。"⑤ 習近平（2013 年 1 月）強調："廉潔自律，必須築牢思想防綫，加强主觀世界改造，牢固樹立正確的世界觀、人生觀、價值觀，加强黨性修養，做到持之爲明鏡、内化爲修養、昇華爲信條。要耐得住寂寞、守得住清貧。"⑥

第四，用好巡視利劍，强化黨内監督。習近平（2013 年 4 月）指出："巡視組要當好中央的"千裏眼"，找出"老虎"、"蒼蠅"，抓住違紀違法問題綫索。要落實監督責任，敢於碰硬，真正做到早發現、早報告，促進問題解决，遏制腐敗現象蔓延的勢頭。"⑦ 習近平（2014 年 6 月）指出："巡視作爲黨内監督的戰略性制度安排，不是權宜之計，要用好巡視這把反腐利劍。現在的巡視有點"八府巡按"的意思了，群衆説"包老爺來了"，有青天之感，有問題的

① 習近平：在第十八届中央紀律檢查委員會第六次全體會議上的講話．（2016 年 1 月 12 日）．人民日報．20176 年 1 月 13 日。

② 中共中央文獻研究室．習近平關於黨風廉政建設和反腐敗鬥爭論述摘編．北京：中央文獻出版社．2015：第 121 頁。

③ 中共中央文獻研究室．習近平關於黨風廉政建設和反腐敗鬥爭論述摘編．北京：中央文獻出版社．2015：第 125 頁。

④ 中央文獻研究室編．十八大以來重要文獻選編（上）．北京：中央文獻出版社．2014：第 138 頁。

⑤ 中共中央文獻研究室．習近平關於黨風廉政建設和反腐敗鬥爭論述摘編．北京：中央文獻出版社．2015：第 141 頁。

⑥ 中共中央文獻研究室．習近平關於黨風廉政建設和反腐敗鬥爭論述摘編．北京：中央文獻出版社．2015：第 146 頁。

⑦ 中共中央文獻研究室．習近平關於黨風廉政建設和反腐敗鬥爭論述摘編．北京：中央文獻出版社．2015：第 146 頁。

幹部害怕了。"①

第五，反腐倡廉建章立制，重點抓好4個着力。習近平（2015年1月）強調：反腐倡廉建章立制，要着重抓好4個方面的制度建設。習近平（2015年1月）強調指出："一是要着力健全黨内監督制度，着手修訂黨員領導幹部廉潔從政若干準則、中國共産黨紀律處分條例、巡視工作條例，突出重點、針對時弊。二是要着力健全選人用人管人制度，加强領導幹部監督和管理，敦促領導幹部按本色做人、按角色辦事。三是要着力深化體制機制改革，最大限度減少對微觀事務的管理，推行權力清單制度，公開審批流程，强化内部流程控制，防止權力濫用。四是要着力完善國有企業監管制度，加强黨對國有企業的領導，加强對國企領導班子的監督，搞好對國企的巡視，加大審計監督力度。國有資産資源來之不易，是全國人民的共同財富。要完善國有資産資源監管制度，强化對權力集中、資金密集、資源富集的部門和崗位的監管。"②

五、習近平反腐策——反腐倡廉之策：實踐活動與貫徹落實

（一）習近平反腐策：實踐活動

習近平反腐策——反腐倡廉之韜略的實踐活動主要體現在：參觀、視察、考察、調研、訪問、會議、峰會、論壇、講話、演講、簽署命令、署名文章、批示指示、復信回信、賀詞賀信、專題研討班、集體學習等幾個方面。其中，會議包括全國黨代會、全國人代會、全國政協會、中央紀委會、政治局會議、黨的全會、每年全國人代會、每年全國政協會、每年紀委會、部委工作會、座談會、茶話會、團拜會、研討會、領導小組會議等；署名文章包括國内署名文章與海外署名文章。比較重要的有：

（1）相關會議：論述反腐倡廉。

除中央政治局會議、每年全國人代會、每年全國政協會、每年紀委會、部委工作會外，習近平在中共中央全會全體會議、中共中央紀委全體會議等會上，對反腐倡廉進行了重要論述。

一是，中共中央三中、五中全會：論述反腐倡廉。

中共第十八屆五年，中共中央全體會議共召開7次，習近平每次均發表重要講話。代表性論述主要有：

中共第十八屆第三次全體會議2013年11月9日至12日在北京舉行。習近

---

① 中共中央文獻研究室. 習近平關於黨風廉政建設和反腐敗鬥爭論述摘編. 北京：中央文獻出版社. 2015：第114頁。

② 習近平：在第十八屆中央紀律檢查委員會第五次全體會議上的講話（2015年1月13日）. 人民日報. 2015年1月14日。

平在全會上強調指出：堅持用制度管權管事管人，讓人民監督權力，讓權力在陽光下運行，是把權力關進制度籠子的根本之策。必須構建決策科學、執行堅決、監督有力的運行體系，健全懲治和預防腐敗體系，建設廉潔政治，努力實現幹部清正、政府清廉、政治清明。要形成科學有效的權力制約和協調機制，加強反腐敗體制機制創新和制度保障，健全改進作風常態化制度。

中共第十八屆第五次全體會議 2015 年 10 月 26 日至 29 日在北京舉行。習近在全會上強調指出：要堅持全面從嚴治黨、依規治黨，深入推進黨風廉政建設和反腐敗鬥爭，鞏固反腐敗鬥爭成果，健全改進作風長效機制，着力構建不敢腐、不能腐、不想腐的體制機制，着力解決一些幹部不作爲、亂作爲等問題，積極營造風清氣正的政治生態，形成敢於擔當、奮發有爲的精神狀態，努力實現幹部清正、政府清廉、政治清明，爲經濟社會發展提供堅強政治保証。

二是，中共中紀委二中至八中全會：論述反腐倡廉。

中共第十八屆五年，中共中央紀委全體會議共召開 8 次，習近平 5 次發表重要講話。分別是：

2013 年 1 月 22 日，習近平在中共第十八屆中央紀律檢查委員會第二次全體會議上強調指出：科學有效防治腐敗，堅定不移把反腐倡廉建設引向深入。

2014 年 1 月 14，習近平在中共第十八屆中央紀律檢查委員會第三次全體會議上強調指出：強化反腐敗機制體制創新和制度保障，深入推進黨風廉政建設和反腐敗鬥爭。

2015 年 1 月 13 日，習近平在中共第十八屆中央紀律檢查委員會第五次全體會議上強調指出：深化改革鞏固成果積極拓展，不斷把反腐敗鬥爭引向深入。

2016 年 1 月 12 日，習近平在中共第十八屆中央紀律檢查委員會第六次全體會議上強調指出：堅持全面從嚴治黨依規治黨，創新體制機制強化黨內監督。

2017 年 1 月 6 日，習近平在中共第十八屆中央紀律檢查委員會第七次全體會議上強調指出：全面貫徹落實黨的十八屆六中全會精神，強全面從嚴治黨系統性創造性實效性。

（2）集體學習與專題研討班：論述反腐倡廉。

中共十八大期間，一共舉行了 43 次中央政治局集體學習①，不少次都論及了 "反腐倡廉" 問題。其中，有 2 次是重點學習了 "反腐倡廉" 問題。

一是，2013 年 4 月 19 日，第十八屆中央政治局就積極借鑒我國歷史上優秀廉政文化 不斷提高拒腐防變和抵禦風險能力進行第五次集體學習。習近平強調

---

① 中央政治局集體學習：係指中共中央政治局定期學習的一種制度或習慣。由中共中央總書記主持并發表講話，中央政治局全體成員參加，邀請有關部門負責人、專家學者，就經濟、政治、歷史、文化、社會、生態、科技、軍事、外交等重大問題進行專題講解。

指出：“面對復雜多變的國際形勢和艱巨繁重的改革發展穩定任務，實現“兩個一百年”奮鬥目標，實現中華民族偉大復興的中國夢，必須堅持黨要管黨、從嚴治黨，積極借鑒我國歷史上優秀廉政文化，不斷提高黨的領導水平和執政水平、提高拒腐防變和抵禦風險能力，確保黨始終成爲中國特色社會主義事業的堅強領導核心。”①

二是，2016 年 6 月 28 日，第十八屆中央政治局就嚴肅黨內政治生活、净化黨內政治生態進行第三十三次集體學習。習近平強調指出：“我們黨 95 年的奮鬥歷程充分表明，嚴肅認真的黨內政治生活、健康潔净的黨內政治生態，是黨的優良作風的生成土壤，是黨的旺盛生機的動力源泉，是保持黨的先進性純潔性、提高黨的創造力凝聚力戰鬥力的重要條件，是黨團結帶領全國各族人民完成歷史使命的有力保障，是我們黨區別於其他非馬克思主義政黨的鮮明標誌。抓好了黨內政治生活，全面從嚴治黨就有了重要基礎。全黨同志都要行動起來，爲開展嚴肅認真的黨內政治生活、净化黨內政治生態作出貢獻。”②

中共十八大期間，一共舉行了 6 次專題研討班③，每次研討班都不同程度地論及了“反腐倡廉”。代表性論述有：

一是，2017 年 2 月 13 日，習近平在省部級主要領導幹部學習貫徹十八屆六中全會精神專題研討班開班式上強調：“領導幹部嚴格自律，要注重自覺同特權思想和特權現象作鬥爭，從自己做起，從身邊人管起，從最近身的地方搆築起預防和抵制特權的防護網。”

二是，2017 年 7 月 26 日，習近平在省部級領導幹部學習“習近平總書記重要講話精神迎接黨的十九大”專題研討班開班式上強調：“我們堅定不移推進全面從嚴治黨，着力解決人民群衆反映最強烈、對黨的執政基礎威脅最大的突出問題，形成了反腐敗鬥爭壓倒性態勢，爲黨和國家各項事業發展提供了堅強政治保证。”

（二）習近平反腐策：貫徹落實

（1）論述摘編與專題片：宣傳反腐倡廉。

一是編輯出版反腐倡廉論述摘編。中央文獻研究室和中央教育實踐活動辦

---

① 習近平：在第十八屆中央政治局第五次集體學習時的講話（2013 年 4 月 19 日）．人民日報．2013 年 4 月 20 日。

② 習近平：在第十八屆中央政治局第五次集體學習時的講話（2016 年 6 月 28 日）．人民日報．2013 年 6 月 28 日。

③ 專題研討班：就是中共黨和政府省部級主要領導幹部專題研討班。專題班始於 1999 年，每年舉辦一次已經舉辦。研討班的主題內容爲當年中共黨和政府全局性的、戰略性的、重大的問題。由中央主要領導作報告，省部級主要官員學習研討，隨後學習研討的成果將在今後的工作中加以貫徹和落實。

公室編輯出版《習近平關於黨的群衆路綫教育實踐活動論述摘編（2014年）》。
中國中央文獻研究室編輯出版《習近平關於黨風廉政建設和反腐敗鬥爭論述摘編（2014年）》；《習近平關於嚴明黨的紀律和規矩論述摘編（2015年）》；《習近平關於協調推進"四個全面"戰略布局論述摘編（2015年）》；《習近平關於全面從嚴治黨論述摘編（2016年）》。

二是編輯出版反腐倡廉法規匯編。人民出版社先後組織編選《中共十八大以來廉政建設新規定（2014年）》、《中共十八大以來廉政建設新規定（2015年）》、《中共十八大以來廉政建設新規定（2016年）》與《中共十八大以來廉政建設新規定（2017年）》，方便廣大黨員幹部學習與貫徹執行。

三是聯合攝製反腐倡廉專題片。中共十八大期間，中央紀委宣傳部等部委聯合攝製了《作風建設永遠在路上》、《永遠在路上》、《打鐵還需自身硬》、《巡視利劍》等專題紀錄片。①專題片《永遠在路上（2016年10月）》，共分《人心向背》、《以上率下》《踏石留印》、《利劍出鞘》、《把紀律挺在前面》、《拍蠅懲貪》、《天網追逃》、《標本兼治》等8集。②專題片《打鐵還需自身硬（2017年1月）》，共分上篇《信任不能代替監督》、中篇《嚴防"燈下黑"》、下篇《以擔當詮釋忠誠》等3篇。③專題片《巡視利劍（2017年9月）》，共分《利劍高懸》、《政治巡視》、《震懾常在》、《巡視全覆蓋》、《破解歷史週期率》等5集。

（2）體制改革：保障反腐倡廉。

一是，加强派駐機構建設。2014年12月31日，中共中央辦公廳印發《關於加强中央紀委派駐機構建設的意見》。2015年11月20日，中共中央辦公廳印發《關於全面落實中央紀委向中央一級黨和國家機關派駐紀檢機構的方案》，共設置47家派駐機構，實現對139家中央一級黨和國家機關派駐紀檢機構全覆蓋。

二是，開展監察體制改革試點。2016年11月4日，中共中央辦公廳印發《監察體制改革試點方案》，部署在3個省（市）設立省、市、縣三級監察委員會。12月25日，十二屆全國人大常委會第二十五次會議通過關於在北京市、山西省、浙江省開展國家監察體制改革試點工作的決定。2017年4月，試點地區全面完成省、市、縣三級監察委員會組建和轉隸工作。

（3）制定政策法規：規範反腐倡廉。

2012年11月—2017年10月，中共中央及其部委及時制定了一大批反腐倡廉政策法規文件。從性質與地位上看，主要有黨章、準則、條例、規定、辦法、規範性文件等幾個方面；從工作內容上看，主要有强化幹部監督、引導示範帶頭、提倡厲行節約、規範公務員行爲、嚴禁公款送禮等幾個方面。代表性的主要有：

①中共中央印發《黨政機關厲行節約反對浪費條例》、《建立健全懲治和預防腐敗體系 2013—2017 年工作規劃》、《黨政領導幹部選拔任用工作條例》、《中國共產黨巡視工作條例》、《中國共產黨巡視工作條例》、《中國共產黨廉潔自律準則》、《中國共產黨紀律處分條例》、《中國共產黨問責條例》、《關於新形勢下加強政法隊伍建設的意見》、《關於加強黨內法規制度建設的意見》、《縣以上黨和國家機關黨員領導幹部民主生活會若干規定》、《關於新形勢下黨內政治生活的若干準則》和《中國共產黨黨內監督條例》、《幹部教育培訓工作條例》、《中國共產黨地方委員會工作條例》、《中國共產黨工作機關條例（試行）》。

②中央辦公廳、國務院辦公廳印發《關於全面推進公務用車制度改革的指導意見》、《中央和國家機關公務用車制度改革方案》、《領導幹部報告個人有關事項規定》、《領導幹部個人有關事項報告查覈結果處理辦法》《關於深化教育體制機制改革的意見》《聘任制公務員管理規定（試行）》。

③中共中央辦公廳印發《中國共產黨發展黨員工作細則》、《中國共產黨黨組工作條例（試行）》、《推進領導幹部能上能下若干規定（試行）》、《關於在全體黨員中開展"學黨章黨規、學系列講話，做合格黨員"學習教育方案》。

（4）"天網行動"：規範反腐倡廉。

一是，中央和省級反腐敗協調小組設立國際追逃追贓工作辦公室，建立集中統一的協調機制。

二是，公佈百名外逃人員紅色通緝令，連續組織開展"天網行動"，因國施策、因案制宜，追拿歸案一批外逃腐敗分子。

三是，追逃防逃兩手抓，設置防逃程序，定期開展"裸官"清理，嚴格執行出入境證件管理和審批報備制度。

三是，開展打擊利用地下錢莊和離岸公司轉移贓款專項行動。

（5）構建國際反腐敗新秩序：深化反腐倡廉。

一是，推動聯合國、二十國集團、亞太經合組織、上海合作組織、金磚國家等建立反腐敗合作機制。

二是，設立二十國集團反腐敗追逃追贓研究中心，協調建立亞太經合組織反腐敗執法合作網絡。

三是，主導制定《北京反腐敗宣言》和《反腐敗追逃追贓高級原則》等國際性反腐敗新規則。

六、習近平反腐策──反腐倡廉之策：基本研判與基本成效

（一）習近平反腐策：基本研判

習近平反腐策的基本研判：到 2017 年上半年，基本形成了反腐敗壓倒性態勢。

研判之一：2015 年反腐敗 "呈膠着狀態"。2015 年 1 月 13 日，習近平在第十八屆中央紀律檢查委員會第五次全體會議上指出：現階段反腐敗呈膠着狀態。習近平進一步指出："腐敗和反腐敗呈膠着狀態，主要是指我們在實現不敢腐、不能腐、不想腐上還沒有取得壓倒性勝利。"[1]

研判之二：2016 年 "反腐敗鬥爭壓倒性態勢正在形成"。2016 年 1 月 12 日，習近平在第十八屆中央紀律檢查委員會第六次全體會議上指出："我們着力解決管黨治黨失之於寬、失之於鬆、失之於軟的問題，使不敢腐的震懾作用充分發揮，不能腐、不想腐的效應初步顯現，反腐敗鬥爭壓倒性態勢正在形成。"[2]

研判之三：2017 年 "反腐敗鬥爭壓倒性態勢已經形成"。2017 年 1 月 6 日，習近平在第十八屆中央紀律檢查委員會第七次全體會議上指出："黨的各級組織管黨治黨主體責任明顯增強，中央八項規定精神得到堅決落實，黨的紀律建設全面加強，腐敗蔓延勢頭得到有效遏制，反腐敗鬥爭壓倒性態勢已經形成。"[3] 2017 年 7 月 26 日，習近平在省部級領導幹部學習 "習近平總書記重要講話精神迎接黨的十九大" 專題研討班開班式上強調："我們堅定不移推進全面從嚴治黨，着力解決人民群眾反映最強烈、對黨的執政基礎威脅最大的突出問題，形成了反腐敗鬥爭壓倒性態勢。"[4]

（二）習近平反腐策：重要啟示與基本成效

習近平（2017 年 1 月）強調："黨的十八大以來，我們在開展黨風廉政建設和反腐敗鬥爭中得到了一些重要啟示。"[5] 主要有四點：

---

[1] 中共中央文獻研究室．習近平關於協調推進 "四個全面" 戰略布局論述摘編．北京：中央文獻出版社．2015：第 145 頁。

[2] 習近平：在第十八屆中央紀律檢查委員會第六次全體會議上的講話．（2016 年 1 月 12 日）．人民日報．2016 年 1 月 13 日。

[3] 習近平：在第十八屆中央紀律檢查委員會第七次全體會議上的講話．（2017 年 1 月 6 日）．人民日報．2017 年 1 月 7 日。

[4] 習近平：在省部級主要領導幹部專題研討班上的講話（2017 年 7 月 26 日）．人民日報．2017 年 7 月 27 日。

[5] 習近平：在第十八屆中央紀律檢查委員會第七次全體會議上的講話．（2017 年 1 月 6 日）．人民日報．2017 年 1 月 7 日。

一是要堅持高標準和守底綫相統一，教育引導黨員、幹部自覺向着理想信念高標準努力，同時要以黨的紀律爲尺子，使黨員、幹部知敬畏、存戒懼、守底綫。

二是要堅持抓懲治和抓責任相統一，對"四風"問題露頭就打、執紀必嚴，同時要落實主體責任和監督責任，督促黨的各級組織和領導幹部強化責任擔當。

三是要堅持查找問題和深化改革相統一，從問題入手，抽絲剝繭，查找根源，深化改革，破立並舉，確保公權力在正確軌道上運行。

四是要堅持選人用人和嚴格管理相統一，既把德才兼備的好幹部選出來、用起來，又加強管理監督，形成優者上、庸者下、劣者汰的好局面。這些重要啓示和經驗，要長期堅持。

習近平（2017 年 7 月）指出：黨的十八大 5 年來，我們着力解決人民群衆反映最強烈、對黨的執政基礎威脅最大的突出問題，形成了反腐敗鬥爭壓倒性態勢，黨的執政基礎和群衆基礎更加鞏固，爲黨和國家各項事業發展提供了堅強政治保证。資料顯示：截至 2017 年 9 月底，全國紀檢監察機關立案 154.5 萬件，處分 153.7 萬人；其中，立案審查省軍級以上黨員幹部及其他中管幹部 440 人，包括十八屆中央委員、候補委員 43 人，中央紀委委員 9 人；廳局級幹部 8900 餘人，縣處級幹部 6.3 萬人；處分基層黨員幹部 27.8 萬人。追回外逃人員 3453 名，百名紅通人員 48 人落網。2017 年 9 月底，通過天網行動先後從 90 多個國家和地區追回外逃人員 3453 名，百名紅通人員 48 人落網，追回贓款 90 多億元。[①]

民心是最大的政治，正義是最強的力量。2015 年 10 月，國家統計局問卷調查結果顯示，91.5% 的群衆對黨風廉政建設和反腐敗工作成效表示很滿意或比較滿意。中國社科院一個問卷調查顯示，93.7% 的領導幹部、92.8% 的普通幹部、87.9% 的企業人員、86.9% 的城鄉居民對中國反腐敗表示有信心或比較有信心。[②] 2017 年 6 月，國家統計局問卷調查結果顯示，黨的十八大以來人民群衆對黨風廉政建設和反腐敗工作滿意度持續上升：2012 年爲 75%；2017 年爲 93%。[③]

七、小結與展望

（一）小結

習近平反腐策——反腐倡廉之策略是習近平"六韜九策"治國策體系內容

---

① 新華社記者．壓倒性態勢是如何形成的——黨的十八大以來反腐倡廉工作綜述．人民日報．2017 年 10 月 6 日。

② 習近平：在第十八屆中央紀律檢查委員會第六次全體會議上的講話．（2016 年 1 月 12 日）．人民日報．2016 年 1 月 13 日。

③ 新華社記者．八項規定，激濁揚清之劍——黨的十八大以來以習近平同志爲核心的黨中央貫徹執行八項規定、推動作風建設綜述．人民日報．2017 年 09 月 30 日。

之一。習近平反腐策——反腐倡廉之策略，是指關於反腐敗鬥爭與廉政建設的策略。主要包括：反腐敗鬥爭與廉政建設。習近平反腐策的研究對象與範圍：中共十八大期間，習近平關於反腐敗鬥爭與廉政建設的重要論述。

習近平反腐策——反腐倡廉之策略在政黨戰略學中屬於對策性的層次與範疇。其基本特徵表現在：強調反腐敗零容忍；突出老虎蒼蠅一起打；強調踏石留印、抓鐵有痕；突出反腐敗永遠在路上。習近平反腐策——反腐倡廉之策略的研究型、理論型的構成體系主要包括：1）習近平反腐策的打虎拍蠅與重要意義；2）習近平反腐策的文獻來源與三新政策要點；3）習近平反腐策的科學內涵與基本特徵；4）習近平反腐策的研究對象與範圍；5）習近平反腐策的核心機制與基本目標；6）習近平反腐策的地位與構成體系；7）習近平反腐策的抓什麼與怎麼抓；8）習近平反腐策的實踐活動與貫徹落實；9）習近平反腐策的基本研判與基本成效；10）小結與展望等幾個方面。

（二）展望（預測與建議）

反腐敗永遠在路上，抓廉政必須經常抓。2013 年 1 月，習近平指出："黨風廉政建設和反腐敗鬥爭是一項長期的、復雜的、艱巨的任務，不可能畢其功於一役。"[1] 2017 年 1 月，習近平進一步指出："黨的十八大以來，反腐敗鬥爭取得顯著成效，不敢腐的目標初步實現，不能腐的制度日益完善，不想腐的堤壩正在構築，但仍然任重道遠。要堅定不移做好反腐敗工作，做到懲治腐敗力度決不減弱、零容忍態度決不改變，堅決打贏反腐敗這場正義之戰。"[2]

幾點建議：一是，盡快修改完善 2014 年版《習近平關於黨風廉政建設和反腐敗鬥爭論述摘編》，增加補充習近平同志在 2014 年 11 月—2017 年 10 月之間的有關系列重要講話精神。

二是，盡快修改完善 2015 年版《習近平關於嚴明黨的紀律和規矩論述摘編》，增加補充習近平同志在 2015 年 11 月—2017 年 10 月之間的有關系列重要講話精神。

三是，盡快編輯出版《習近平總書記在十八屆中央紀委歷次全會上的重要講話（2012 年 11 月—2017 年 10 月）》，以便於廣大幹部群眾全面系統地學習、理解和掌握習近平關於黨風廉政建設和反腐敗鬥爭的重要論述。

---

① 中共中央文獻研究室．習近平關於黨風廉政建設和反腐敗鬥爭論述摘編．北京：中央文獻出版社．2015：第 13 頁。

② 習近平：在省部級主要領導幹部專題研討班上的講話（2017 年 7 月 26 日）．人民日報．2017 年 7 月 27 日。

第九章
習近平發展策——發展理念之策略

【知識導引】

習近平發展策——發展理念之策略，是指習近平同志關於新常態下牢固樹立與貫徹落實創新、協調、綠色、開放、共享等新的發展理念的策略。習近平發展策——發展理念之策略，又稱習近平新發展策——新發展理念之策略。習近平發展策——發展理念之策略在政黨戰略學中屬於對策性的層次與範疇。

【經典論述】

堅持創新發展、協調發展、綠色發展、開放發展、共享發展，是關係中國發展全局的一場深刻變革。

——習近平

我們積極踐行新發展理念，加快全面建成小康社會進程，推動中國經濟增長繼續走在世界前列。

——習近平

【內容提要】 習近平發展策——發展理念之策略是習近平 "六韜九策" 治國策體系內容之一。習近平發展策——發展理念之策略，是指習近平同志關於新常態下牢固樹立與貫徹落實創新、協調、綠色、開放、共享等新的發展理念的策略。習近平發展策——發展理念之策略的研究對象與範圍：中共十八大期間，習近平同志關於創新、協調、綠色、開放、共享等發展理念的的重要論述。

習近平發展策——發展理念之策略在政黨戰略學中屬於對策性的層次與範疇。其基本特徵表現在：強調發展新常態、突出發展新理念、強調發展五位一體、突出發展落地生根。習近平發展策——發展理念之策略的研究型、理論型的構成體系主要包括：1）習近平發展策的新發展理念與重要意義；2）習近平發展策的文獻來源與三新政策要點；3）習近平發展策的科學內涵與基本內容；4）習近平發展策的研究對象與範圍；5）習近平發展策的地位與基本特徵；6）習近平發展策輯的抓什麼與怎麼抓；7）習近平發展策的實踐活動與貫徹落實；9）習近平發展策的基本研判與基本成效；10）小結與展望等幾個方面。

幾點建議：一是盡快編輯出版《習近平同志關於經濟發展新常態論述摘編 (2012—2017)》；二是盡快編輯出版《習近平同志關於創新、協調、綠色、開放、共享等發展理念述摘編 (2012—2017)》。

【關鍵詞】 習近平；發展策；發展理念；構成體系；建議

引　言

　　"習近平發展策——發展理念之策略"是習近平治國理政思想體系微觀戰術層面的重要內容。中共十八大期間（2012 年 11 月—2017 年 10 月），習近平圍遶新常態下發展理念是什麼、抓什麼、怎麼抓這個事關順應時代潮流、把握經濟發展全局的重大問題進行了一系列深刻闡釋，由此勾畫了新常態下"發展理念"或稱"新發展理念"的政策體系，形成、創設了"習近平發展策——發展理念之策略"。

一、習近平發展策——發展理念之策略：新發展理念與重要意義

（一）習近平發展策：新發展理念

　　2012 年 11 月—2014 年，習近平在強調側重於高速度的"發展理念"的基礎上，開始探討"新常態"條件下的發展問題。2015 年 10 月，習近平首次提出了新的"發展理念"；2016—2017 年 10 月，習近平多次強調或重申"發展理念"或"新發展理念"。資料顯示：中共十八大五年間，習近平在國內外很多重要場合，從不同的角度，對"發展理念"進行了多方面、立體式的一系列深刻闡釋，構建了新的歷史條件下"發展理念"或稱"新發展理念"建設性框架。代表性論述主要有：

　　1. 強調發展問題。2013 年 2 月 26 日。習近平在第十八屆二中全會第一次會議上強調："以經濟建設爲中心是興國之要，發展仍是解決中國所有問題的關鍵"。[1]

　　2. 首次提出新常態。2014 年 5 月 9 日，習近平在河南省考察時指出："中國發展仍處於重要戰略機遇期，我們要增強信心，從當前中國經濟發展的階段性特徵出發，適應新常態，保持戰略上的平常心態。"[2]

　　3. 首提發展理念。2015 年 10 月 26 日，習近平在中共第十八屆第五次全體會議上指出："面對經濟社會發展新趨勢新機遇和新矛盾新挑戰，謀劃十三五時期經濟社會發展，必須確立新的發展理念，用新的發展理念引領發展行動。"[3]

---

　　① 中共中央文獻研究室. 習近平關於全面建成小康社會論述摘編. 北京：中央文獻出版社. 2016：第 19 頁。

　　② 習近平：在河南省考察時的講話（2014 年 5 月 9 日）. 人民日報. 2014 年 5 月 11 日。

　　③ 習近平：關於《中共中央關於制定國民經濟和社會發展第十三個五年規劃的建議》的說明（2015 年 10 月 26 日）. 人民日報. 2015 年 11 月 2 日。

4. 強調新發展理念。2016 年 12 月 31 日，習近平在二〇一七年新年賀詞中強調："我們積極踐行新發展理念，加快全面建成小康社會進程，推動中國經濟增長繼續走在世界前列。"2017 年 7 月 26 日，習近平在省部級主要領導幹部專題研討班上強調指出："我們堅定不移貫徹新發展理念，有力推動中國發展不斷朝着更高質量、更有效率、更加公平、更可持續的方向前進。"①

（二）習近平發展策：重要意義

實踐表明：堅持創新展、協調展、綠色展、開放展、共享五大發展理念，是關係中國發展全局的一場深刻變革。

習近平發展策，研判基本國情，順應曆史潮流，深刻闡明瞭新常態下發展理念抓什麼、怎麼抓的重大問題，爲破解發展難題、增強發展動力、厚植發展優勢提供了強大的思想武器與行動指南。

習近平發展策，深刻洞悉新的發展階段基本特徵，科學把握社會主義本質要求和發展方向，充實、提昇與拓展了傳統的經濟發展理論，豐富了現代經濟增長理論與政黨戰略學，進一步豐富了中國特色社會主義理論體系。

習近平發展策，立足中國問題、破解發展難題，指明瞭 "十三五" 乃至更長時期中國的發展思路、發展方向和發展着力點，對實現更高質量更可持續發展、統籌推進五位一體、協調推進四個全面，具有重要的現實意義。

二、習近平發展策——發展理念之策略:經典文獻與三新政策要點

（一）習近平發展策：經典文獻

習近平發展策——發展理念之策略的經典文獻主要有：

一是《習近平談治國理政》第二部分②。計有篇：經濟增長必須是實實在在和沒有水分的增長（2012 年 11 月 30 日）；提高開放型經濟水平（2013 年 4 月 8 日）；"看不見的手" 和 "看得見的手" 都要用好（2014 年 5 月 26 日）；加快從要素驅動、投資規模驅動發展爲主向以創新驅動發展爲主的轉變（2014 年 6 月 9 日）；積極推動中國能源生產和消費革命（2014 年 6 月 13 日）。

二是《十八大以來重要文獻選編（上）》③。計有 2 篇：共同維護和發展開放型世界經濟（2013 年 9 月 5 日）；深化改革開放，共創美好亞太（2013 年 10 月 7 日）。

---

① 習近平：在省部級主要領導幹部專題研討班上的講話（2017 年 7 月 26 日）. 人民日報. 2017 年 7 月 27 日。

② 習近平. 習近平談治國理政. 北京：外文出版社. 2014.

③ 中共中央文獻研究室. 十八大以來重要文獻選編（上）. 北京：中央文獻出版社. 2014.

三是《十八大以來重要文獻選編（中）》①。計有4篇：加快從要素驅動、投資規模驅動發展爲主向以創新驅動發展爲主的轉變（2014年6月9日日）；經濟工作要適應經濟發展新常態（2014年12月9日）；關於〈中共中央關於制定國民經濟和社會發展第十三個五年規劃的建議〉的説明（2015年10月26日）；以新的發展理念引領發展，奪取全面建成小康社會決勝階段的偉大勝利（2015年10月29日）。

四是《習近平關於社會主義經濟建設論述摘編》②。該書摘自習近平同志2012年11月15日至2017年3月12日期間的講話、報告、指示等120多篇重要文獻，計有494段重要論述。

五是《習近平關於全面建成小康社會論述摘編》③。該書摘自習近平2012年11月15日至2016年3月10日期間的講話、談話、演講、賀信、指示等130多篇重要文獻，計有332段論述。

六是《習近平關於科技創新論述摘編》④。計有2篇：該書摘自習近平同志2012年12月7日至2015年12月18日期間的講話、文章、賀信、批示等50多篇重要文獻，計有189段論述。

七是其他文獻習近平關於發展理念的重要論述。比較重要的文獻計有：習近平在黨的十八屆五中全會第二次全體會議上的講話（2015年10月29日）；習近平在中央經濟工作會議的講話（2015年12月18日）；習近平：在省部級主要領導幹部學習貫徹黨的十八屆五中全會精神專題研討班上的講話（2016年1月18日）；習近平在慶祝中國共產黨成立95週年大會上的講話（2016年7月1日）；習近平在中央經濟工作會議的講話（2016年12月4日）；習近平在省部級主要領導幹部專題班上的講話（2017年7月26日）；習近平在慶祝中國人民解放軍建軍90週年大會上的講話（2017年8月1日）；習近平在第十八屆中央政治局會議上的講話（2017年9月18日）。

（二）習近平發展策：三新政策要點（新政策新規定新要求）

根據以上文獻分析，習近平發展策——發展理念之策略的三新政策要點（新政策新規定新要求）主要有以下幾個方面：

一是，"十三五"時期，中國經濟發展的顯著特徵就是進入新常態。二是，

---

① 中共中央文獻研究室．十八大以來重要文獻選編（中）．北京：中央文獻出版社．2016.

② 中共中央文獻研究室．習近平關於社會主義經濟建設論述摘編．北京：中央文獻出版社．2017.6。

③ 中共中央文獻研究室．習近平關於全面建成小康社會論述摘編．北京：中央文獻出版社．2016.6

④ 中共中央文獻研究室．習近平關於科技創新論述摘編．北京：中央文獻出版社．2016.1.

謀劃和推動“十三五”時期中國經濟社會發展，就要把適應新常態、把握新常態、引領新常態作爲貫穿發展全局和全過程的大邏輯。三是，面對經濟社會發展新趨勢新機遇和新矛盾新挑戰，謀劃“十三五”時期經濟社會發展，必須確立新的發展理念，用新的發展理念引領發展行動。四是，發展理念是發展行動的先導，是管全局、管根本、管方向、管長遠的東西；發展理念是發展思路、發展方向、發展着力點的集中體現。五是，新發展理念就是指揮棒、紅綠燈。六是，全黨要把思想和行動統一到新發展理念上來，努力提高統籌貫徹新發展理念的能力和水平。七是，新發展理念要落地生根、變成普遍實踐，關鍵在各級領導幹部的認識和行動。八是，要抓住能够帶動五大發展理念貫徹落實的重點工作，統籌推動五大發展理念貫徹落實。九是，推動形成綠色發展方式和生活方式是貫徹新發展理念的必然要求，必須把生態文明建設擺在全局工作的突出地位。十是，推動形成綠色發展方式和生活方式，是發展觀的一場深刻革命。這就要堅持和貫徹新發展理念。十一是，堅持創新發展、協調發展、綠色發展、開放發展、共享發展，是關係中國發展全局的一場深刻變革。十二是，創新、協調、綠色、開放、共享的發展理念，集中體現了“十三五”乃至更長時期中國的發展思路、發展方向、發展着力點，是管全局、管根本、管長遠的導向。十三是，堅持創新驅動，打造富有活力的增長模式；堅持協同聯動，打造開放共贏的合作模式。

三、習近平發展策——發展理念之策略：科學涵義與構成體系

（一）習近平發展策：科學涵義與基本內容

習近平發展策——發展理念之策略，是指習近平同志關於新常態下牢固樹立與貫徹落實創新、協調、綠色、開放、共享等新的發展理念的策略。習近平發展策——發展理念之策略，又稱習近平新發展策——新發展理念之策略。策略原意指計策、謀略，引申義指行動方針、鬥爭藝術與方法手段，這裏擴展爲關於新常態下樹立與貫徹新的發展理念而采取的具有微觀的局部的戰術的等特徵的一種選擇與安排。

習近平發展策——發展理念之策略的研究對象與範圍：中共十八大期間，習近平同志關於創新、協調、綠色、開放、共享等新的發展理念的的重要論述。

與習近平發展策密切相關的新詞彙、新提法主要有：發展理念、新發展理念、五大發展理念、創新發展、協調發展、綠色發展、開放發展、共享發展、新常態、供給側結構性改革、創新驅動發展戰略、三去一降一補、中國製造2025、國家大數據戰略、網絡強國戰略、京津冀協同發展、長江經濟帶發展、四個沒有變、東北振興“十三五”規劃、新型農業經營體系、全域旅遊、海綿

城市、工匠精神。

什麼是新常態？什麼是經濟發展新常態？新常態就是不同以往的、相對穩定的一種狀態或趨勢性。經濟發展新常態是新常態的重要內容之一。習近平（2016 年）指出：「認識新常態要準確把握內涵：新常態不是一個事件，不要用好或壞來判斷；新常態是一個客觀狀態，是中國經濟發展到今天這個階段必然會出現的一種狀態；新常態不是一個筐子，不要什麼都往裏面裝；新常態不是一個避風港，不要把不好做或難做好的工作都歸結於新常態。」[1]

經濟發展新常態有什麼特徵？習近平（2015 年）指出：「新常態下，中國經濟發展表現出速度變化、結構優化、動力轉換三大特點，增長速度要從高速轉向中高速，發展方式要從規模速度型轉向質量效率型，經濟結構調整要從增量擴能為主轉向調整存量、做優增量並舉，發展動力要從主要依靠資源和低成本勞動力等要素投入轉向創新驅動。」[2] 習近平指出（2016 年）指出：「新常態下，中國經濟發展的主要特點是：增長速度要從高速轉向中高速，發展方式要從規模速度型轉向質量效率型，經濟結構調整要從增量擴能為主轉向調整存量、做優增量並舉，發展動力要從主要依靠資源和低成本勞動力等要素投入轉向創新驅動。」[3]

什麼是發展理念？什麼是新發展理念？什麼是五大發展理念？發展理念又稱新發展理念，就是指創新、協調、綠色、開放、共享的發展理念，是管全局、管根本、管長遠的導向，具有戰略性、綱領性、引領性。五大發展理念就是關於創新、協調、綠色、開放、共享的發展理念。

習近平發展策的基本內容：一是創新發展、協調發展、綠色發展、開放發展、共享發展；二是創新發展理念、協調發展理念、綠色發展理念、開放發展理念、共享發展理念；三是五大發展理念之間其相互關係。

習近平（2015 年 10 月）指出：創新是引領發展的第一動力；協調是持續健康發展的內在要求；綠色是永續發展的必要條件和人民對美好生活追求的重要體現；開放是國家繁榮發展的必由之路；共享是中國特色社會主義的本質要求。結，朝着共同富裕方向穩步前進。習近平（2015 年 10 月）強調：「堅持創新發展、協調發展、綠色發展、開放發展、共享發展，是關係中國發展全局的

---

① 中共中央文獻研究室. 習近平關於社會主義經濟建設論述摘編. 北京：中央文獻出版社. 2017：第 96－97 頁。

② 習近平：關於《中共中央關於制定國民經濟和社會發展第十三個五年規劃的建議》的說明（2015 年 10 月 26 日）. 人民日報. 2015 年 11 月 2 日。

③ 習近平：在省部級主要領導幹部學習貫徹黨的十八屆五中全會精神專題研討班上的講話（2016 年 1 月 18 日）. 人民日報. 2016 年 05 月 10 日。

一場深刻變革。這五大發展理念相互貫通、相互促進,是具有內在聯繫的集合體,要統一貫徹,不能顧此失彼,也不能相互替代。哪一個發展理念貫徹不到位,發展進程都會受到影響。全黨同志一定要提高統一貫徹五大發展理念的能力和水平,不斷開拓發展新境界。"①

(二) 習近平發展策——發展理念之策略:地位與基本特徵

在政黨戰略學中,習近平發展策——發展理念之策略屬於對策性的層次與範疇。其基本特徵表現在:

(1) 強調發展新常態。習近平 (2014 年) 指出:我們要增強信心,從當前中國經濟發展的階段性特徵出發,適應新常態,保持戰略上的平常心態。習近平 (2015 年) 指出:"十三五"規劃作爲中國經濟發展進入新常態後的第一個五年規劃,必須適應新常態、把握新常態、引領新常態。習近平 (2016 年) 指出:"十三五"時期,中國經濟發展的顯著特徵就是進入新常態。

(2) 突出發展新理念。習近平 (2015 年) 強調:首先要把應該樹立什麼樣的發展理念搞清楚,發展理念是戰略性、綱領性、引領性的東西,是發展思路、發展方向、發展着力點的集中體現。發展理念搞對了,目標任務就好定了,政策舉措跟着也就好定了。習近平 (2015 年) 指出:面對經濟社會發展新趨勢新機遇和新矛盾新挑戰,謀劃"十三五"時期經濟社會發展,必須確立新的發展理念,用新的發展理念引領發展行動。習近平 (2016 年) 指出:創新、協調、綠色、開放、共享的發展理念,集中體現了"十三五"乃至更長時期中國的發展思路、發展方向、發展着力點,是管全局、管根本、管長遠的導向。

(3) 強調發展五位一體。習近平 (2015 年) 指出:建議稿提出了創新、協調、綠色、開放、共享的發展理念,並以這五大發展理念爲主綫對建議稿進行謀篇布局。這五大發展理念,是"十三五"乃至更長時期中國發展思路、發展方向、發展着力點的集中體現。習近平 (2015 年) 強調:要堅持創新、協調、綠色、開放、共享的發展理念。這五大發展理念不是憑空得來的,是我們在深刻總結國內外發展經驗教訓的基礎上形成的,也是在深刻分析國內外發展大勢的基礎上形成的,集中反映了我們黨對經濟社會發展規律認識的深化。習近平 (2016 年) 指出:要抓住能够帶動五大發展理念貫徹落實的重點工作,統籌推動五大發展理念貫徹落實。對每個發展理念,也要抓住重點,以抓重點推動每個理念在實踐中取得突破。

(4) 突出發展落地生根。習近平 (2016 年) 指出:新發展理念要落地生

---

① 習近平:在黨的十八屆五中全會第二次全體會議上的講話 (2015 年 10 月 29 日) . 求是, 2016 (1): 1 – 15 頁。

根、變成普遍實踐，關鍵在各級領導幹部的認識和行動。習近平（2016 年）進一步指出：要深學篤用，通過示範引領讓幹部群眾感受到新發展理念的真理力量；要用好辯證法，對貫徹落實新發展理念進行科學設計和施工；要創新手段，善於通過改革和法治推動貫徹落實新發展理念；要守住底綫，在貫徹落實新發展理念中及時化解矛盾風險。

（三）習近平發展策——發展理念之策略：基本分類與構成體系

根據習近平發展策——發展理念之策略的科學涵義與基本內容，可分爲以下幾類：

習近平發展‧創新策——發展理念之創新策略；習近平發展‧協調策——發展理念之協調策略；習近平發展‧綠色策——發展理念之綠色策略；習近平發展‧開放策——發展理念之開放策略；習近平發展‧共享策——發展理念之共享策略。

習近平發展‧創新策，是指習近平同志關於新常態下牢固樹立創新發展理念的策略。習近平發展‧協調策，是指習近平同志關於新常態下牢固樹立協調發展理念的策略。習近平發展‧綠色策，是指習近平同志關於新常態下牢固樹立綠色發展理念的策略。習近平發展‧開放策，是指習近平同志關於新常態下牢固樹立開放發展理念的策略。習近平發展‧共享策，是指習近平同志關於新常態下牢固樹立共享發展理念的策略。

習近平發展策——發展理念之策略的研究型、理論型的構成體系主要爲：

（1）習近平發展策的新發展理念與重要意義；（2）習近平發展策的文獻來源與三新政策要點；（3）習近平發展策的科學內涵與基本內容；（4）習近平發展策的研究對象與範圍；（5）習近平發展策的地位與基本特徵；（6）習近平發展策輯的抓什麼與怎麼抓；（7）習近平發展策的實踐活動與貫徹落實；（9）習近平發展策的基本研判與基本成效；（10）小結與展望。

由以上幾個方面構成習近平發展策——發展理念之策略的完整應用體系。

四、習近平發展策——新型發展之策略：抓什麼與怎麼抓

（一）習近平發展策：抓什麼——任務要求

一是，抓牢固樹立新發展理念，主要抓五個"必須"。習近平（2015 年 10 月）指出：要破解發展難題，厚植發展優勢，必須牢固樹立並切實貫徹創新、協調、綠色、開放、共享的發展理念。習近平（2015 年 10 月）進一步指出：①堅持創新發展，必須把創新擺在國家發展全局的核心位置，不斷推進各方面創新；②堅持協調發展，必須牢牢把握中國特色社會主義事業總體布局，正確

處理發展中的重大關係，不斷增強發展整體性；③堅持綠色發展，必須加快建設資源節約型、環境友好型社會，推進美麗中國建設；④堅持開放發展，必須順應中國經濟深度融入世界經濟的趨勢，發展更高層次的開放型經濟，積極參與全球經濟治理和公共產品供給；⑤堅持共享發展，必須堅持發展爲了人民、發展依靠人民、發展成果由人民共享，使全體人民在共建共享發展中有更多獲得感。

二是，抓新發展理念着重點，主要抓五個 "注重"①。習近平（2015 年）指出：①創新發展注重的是解決發展動力問題。中國創新能力不強，科技發展水平總體不高，科技對經濟社會發展的支撐能力不足。如果科技創新搞不上去，發展動力就不可能實現轉換，我們在全球經濟競爭中就會處於下風。②協調發展注重的是解決發展不平衡問題。中國發展不協調是一個長期存在的問題，在經濟發展跑過一定路程後，就要注意調整關係，注重發展的整體效能，否則 "木桶" 效應就會愈加顯現。③綠色發展注重的是解決人與自然和諧問題。中國資源約束趨緊、環境污染嚴重、生態系統退化的問題十分嚴峻，人民群衆對清新空氣、乾净飲水、安全食品、優美環境的要求越來越強烈。習近平（2015 年）進一步指出：④開放發展注重的是解決發展內外聯動問題。中國對外開放水平總體上還不夠高，用好國際國內兩個市場、兩種資源的能力還不夠強，運用國際經貿規則的本領也不夠強，需要加快彌補。⑤共享發展注重的是解決社會公平正義問題。中國經濟發展的 "蛋糕" 不斷做大，但分配不公問題比較突出，收入差距、城鄉區域公共服務水平差距較大。在共享改革發展成果上，無論是實際情况還是制度設計，都還有不完善的地方。

（二）習近平發展策：怎麽抓——方法對策

第一，堅持抓十六字方針，推動貫徹新發展理念②。習近平（2016 年）指出：新發展理念要落地生根、變成普遍實踐，關鍵在各級領導幹部的認識和行動。習近平（2016 年）進一步指出：①深學篤用，通過示範引領讓幹部群衆感受到新發展理念的真理力量。各級領導幹部要加強對新發展理念的學習，結合歷史學，聯繫實際學，深入把握新發展理念對發展經驗教訓的深刻總結，深入把握新發展理念對經濟社會發展各項工作的指導意義。②用好辯證法，對貫徹落實新發展理念進行科學設計和施工。新發展理念是對辯證法的運用，新發展理念的實施，離不開辯證法的指導。要堅持系統的觀點，依照新發展理念的整

---

① 習近平：在黨的十八屆五中全會第二次全體會議上的講話（2015 年 10 月 29 日（節選）. 求是，2016（1）：1 – 15 頁。

② 習近平：在省部級主要領導幹部學習貫徹黨的十八屆五中全會精神專題研討班上的講話（2016 年 1 月 18 日）. 人民日報 . 2016 年 05 月 10 日。

體性和關聯性進行系統設計，做到相互促進、齊頭並進。要堅持具體問題具體分析，一切以時間、地點、條件爲轉移，善於進行交換比較反復，善於把握工作的時度效。③創新手段，善於通過改革和法治推動貫徹落實新發展理念。貫徹落實新發展理念，必須發揮改革的推動作用、法治的保障作用。要深入分析貫徹落實新發展理念在法治領域遇到的突出問題，有針對性地采取對策措施，運用法治思維和法治方式貫徹落實新發展理念。④守住底綫，在貫徹落實新發展理念中及時化解矛盾風險。我們在國際國內面臨的矛盾風險挑戰都不少，決不能掉以輕心。各種矛盾風險挑戰源、各類矛盾風險挑戰點是相互交織、相互作用的。如果防範不及、應對不力，就會傳導昇級，使小的矛盾風險挑戰發展成大的矛盾風險挑戰，危及黨的執政地位、危及國家安全。

第二，堅持抓重點難點，切實推動新發展理念①。習近平（2015 年）指出：實現全會確定的目標任務，必須下氣力解決好重點難點問題。這既是我們必須完成的任務，也是必須邁過的一道坎兒。習近平（2015 年）進一步指出：①轉方式，着力解決好發展質量和效益問題。要以結構深度調整、振興實體經濟爲主綫調整完善相關政策，構建產業新體系，培育一批戰略性產業，構建現代農業產業體系，加快建設製造强國，加快發展現代服務業。②補短板，着力解決好發展不平衡問題。如果到 2020 年我們在總量和速度上完成了全面建成小康社會目標，但發展不平衡、不協調、不可持續問題更加嚴重，短板更加突出，就算不上真正實現了目標。要在堅持以經濟建設爲中心的同時，全面推進五位一體建設，促進現代化建設各個環節、各個方面協調發展。③防風險，着力增强風險防控意識和能力。我們必須把防風險擺在突出位置，"圖之於未萌，慮之於未有"，力爭不出現重大風險或在出現重大風險時扛得住、過得去。各級黨委和政府要增强責任感和自覺性，把自己職責範圍內的風險防控好。要加强對各種風險源的調查研判，提高動態監測、實時預警能力，推進風險防控工作科學化、精細化。

第三，堅持抓五個着力，全面推動新發展理念②。習近平（2015 年 10 月）指出：①抓創新發展，着力實施創新驅動戰略。把創新擺在第一位，是因爲創新是引領發展的第一動力。抓住了創新，就抓住了牽動經濟社會發展全局的牛鼻子。堅持創新發展是我們應對發展環境變化、增强發展動力、把握發展主動權，更好引領新常態的根本之策。②抓協調發展，着力增强發展的整體性協調

---

① 習近平：在黨的十八屆五中全會第二次全體會議上的講話（2015 年 10 月 29 日（節選）. 求是，2016（1）：1－15 頁。

② 習近平：在省部級主要領導幹部學習貫徹黨的十八屆五中全會精神專題研討班上的講話（2016 年 1 月 18 日）. 人民日報. 2016 年 05 月 10 日。

性。下好 "十三五" 時期發展的全國一盤棋，協調發展是制勝要訣。要學會運用辯證法，善於彈鋼琴，處理好局部和全局、當前和長遠。要着力推動區域協調發展、城鄉協調發展、物質文明和精神文明協調發展，推動經濟建設和國防建設融合發展。③抓綠色發展，着力推進人與自然和諧共生。各級領導幹部對保護生態環境務必堅定信念，堅決摒棄損害甚至破壞生態環境的發展模式和做法。要堅定推進綠色發展，推動自然資本大量增值，讓良好生態環境成爲人民生活的增長點、成爲展現中國良好形象的發力點。④抓開放發展，着力形成對外開放新體制。要發展壯大，必須主動順應經濟全球化潮流，堅持對外開放，充分運用人類社會創造的先進科學技術成果和有益管理經驗。要不斷探索實踐，提高把握國內國際兩個大局的自覺性和能力，提高對外開放質量和水平。⑤抓共享發展，着力踐行以人民爲中心的發展思想。共享理念實質就是堅持以人民爲中心的發展思想，體現的是逐步實現共同富裕的要求。中國正處於並將長期處於社會主義初級階段，要根據現有條件把能做的事情盡量做起來，積小勝爲大勝，不斷朝着全體人民共同富裕的目標前進。

五、習近平發展策——發展理念之策略：實踐活動與貫徹落實

(一) 習近平發展策：實踐活動

習近平發展策——發展理念之韜略的實踐活動主要體現在：參觀、視察、考察、調研、訪問、會議、峰會、論壇、講話、演講、簽署命令、署名文章、批示指示、復信回信、賀詞賀信、專題研討班、集體學習等幾個方面。其中，會議包括全國黨代會、全國人代會、全國政協會、中央紀委會、政治局會議、黨的全會、每年全國人代會、每年全國政協會、每年紀委會、部委工作會、座談會、茶話會、團拜會、研討會、領導小組會議等；署名文章包括國內署名文章與海外署名文章。比較重要的有：

(1) 相關會議：論述發展理念。

中共十八大期間，與發展理念密切相關的會議主要有：中央政治局會議、每年全國人代會、部委工作會、中共中央全會全體會議、中央經濟工作會議、中央財經領導小組會議、中央深改小組會議、座談會等。代表性論述有：

2015 年 10 月，中共第十八屆第五次全體會議研究了關於制定國民經濟和社會發展第十三個五年規劃的建議——首次提出五大發展新理念，審議通過了《中共中央關於制定國民經濟和社會發展第十三個五年規劃的建議》。習近平就《建議 (討論稿)》向全會作了説明。

2016 年 4 月 19 日，習近平在主持召開網絡安全和信息化工作座談會上強調：網信事業要在踐行創新、協調、綠色、開放、共享的新發展理念上先行一

步，推進網絡強國建設，讓互聯網更好造福國家和人民。

（2）集體學習與專題研討班：論述發展理念。

中共十八大期間，一共舉行了 43 次中央政治局集體學習①，不少次都論及了"發展理念"問題。其中，有 4 次是重點學習了"發展理念"問題。

一是，2014 年 12 月 5 日，中共第十八屆中央政治局就加快自由貿易區建設進行第十九次集體學習。習近平強調指出："必須適應經濟全球化新趨勢、準確判斷國際形勢新變化、深刻把握國內改革發展新要求，以更加積極有爲的行動，推進更高水平的對外開放，加快實施自由貿易區戰略，加快構建開放型經濟新體制，以對外開放的主動贏得經濟發展的主動、贏得國際競爭的主動。"②

二是，2015 年 4 月 30 日，中共第十八屆中央政治局就健全城鄉發展一體化體制機制進行第二十二次集體學習。習近平強調指出："我們一定要抓緊工作、加大投入，努力在統籌城鄉關係上取得重大突破，特別是要在破解城鄉二元結構、推進城鄉要素平等交換和公共資源均衡配置上取得重大突破，給農村發展注入新的動力，讓廣大農民平等參與改革發展進程、共同享受改革發展成果。"③

三是，2016 年 1 月 29 日，中共第十八屆中央政治局就"十三五"時期中國經濟社會發展的戰略重點進行了第三十次集體學習。習近平指出："新發展理念就是指揮棒、紅綠燈。全黨要把思想和行動統一到新發展理念上來，努力提高統籌貫徹新發展理念的能力和水平，對不適應、不適合甚至違背新發展理念的認識要立即調整，對不適應、不適合甚至違背新發展理念的行爲要堅決糾正，對不適應、不適合甚至違背新發展理念的做法要徹底摒棄。"④

四是，2017 年 5 月 26 日，第十八屆中共中央政治局就推動形成綠色發展方式和生活方式進行了第四十一次集體學習。習近平強調指出："推動形成綠色發展方式和生活方式是貫徹新發展理念的必然要求，必須把生態文明建設擺在全局工作的突出地位，堅持節約資源和保護環境的基本國策，堅持節約優先、保護優先、自然恢復爲主的方針，形成節約資源和保護環境的空間格局、產業結

---

①　中央政治局集體學習：係指中共中央政治局定期學習的一種制度或習慣。由中共中央總書記主持并發表講話，中央政治局全體成員參加，邀請有關部門負責人、專家學者，就經濟、政治、歷史、文化、社會、生態、科技、軍事、外交等重大問題進行專題講解。

②　習近平：在中共第十八屆中央政治局第十九次集體學習時的講話（2014 年 12 月 5 日）．人民日報．2014 年 12 月 5 日。

③　習近平：在中共第十八屆中央政治局第二十二次集體學習時的講話（2015 年 4 月 30 日）．人民日報．2015 年 4 月 31 日。

④　習近平：在中共第十八屆中央政治局第三十次集體學習時的講話（2016 年 1 月 29 日）．人民日報．2016 年 1 月 30 日。

構、生產方式、生活方式，努力實現經濟社會發展和生態環境保護協同共進，爲人民群衆創造良好生產生活環境。"①

中共十八大期間，一共舉行了 6 次專題研討班②，每次研討班都不同程度地論及了"發展理念"。代表性論述有：

2016 年 1 月的專題研討班，聚焦全面建成小康社會。習近平在開班式上指出："要深入學習領會創新、協調、綠色、開放、共享的新發展理念，推動"十三五"時期中國經濟社會持續健康發展，確保如期實現全面建成小康社會奮斗目標。"③

（二）習近平發展策：貫徹落實

（1）讀本與論述摘編：論述發展理念。

一是中共中央宣傳部先後編寫《習近平總書記系列重要講話讀本（2014 年版）》、《習近平總書記系列重要講話讀本（2016 年版）》；該書第八部分專題解讀了習近平關於發展理念重要思想。

二是中共中央文獻研究室編輯出版《習近平關於社會主義經濟建設論述摘編（2017 年）》與《習近平關於全面建成小康社會論述摘編（2016 年）》。

（2）編選新發展觀案例：學習領會新發展理念。

中共中央組織部編輯出版《新發展理念案例選·領航中國》。該書編選了創新、協調、綠色、開放、共享等 5 大方面 33 個案例，介紹了各地各部門以新發展理念引領新發展的先進做法，並通過深入的理論闡釋和專家點評，爲黨員幹部學習領會新發展理念提供了鮮活的教材。1）創新發展：①傳奇青蒿素——原始創新摘取"科學皇冠上的明珠"；②把夢想寫在藍天上——中國商飛運籌創新大棋局；③走向"中國智造"——中國工業機器人產業快速崛起；④"農業聖地"再起舞——陝西楊凌助推農業現代化；⑤"全聯接"打開新世界——華爲技術領跑全球通信產業；⑥激活每一個創新基因——以色列成就世界創新工場；⑦"隕落"的神話——摩托羅拉折戟銥星計劃。2）協調發展：①奏響協同發展序曲——京津冀推進交通一體化；②逐浪長江經濟帶——四川瀘州協同合作謀發展；③讓文化溫潤人心——山東建設公共文化體系；④打造全媒體

---

① 習近平：在中共第十八屆中央政治局第三十次集體學習時的講話（2017 年 5 月 26 日）．人民日報．2017 年 5 月 27 日。

② 專題研討班：就是中共黨和政府省部級主要領導幹部專題研討班。專題班始於 1999 年，每年舉辦一次已經舉辦。研討班的主題內容爲當年中共黨和政府全局性的、戰略性的、重大的問題。由中央主要領導作報告，省部級主要官員學習研討，隨後學習研討的成果將在今後的工作中加以貫徹和落實。

③ 習近平：在省部級主要領導幹部學習貫徹黨的十八屆五中全會精神專題研討班上的講話（2016 年 1 月 18 日）．人民日報．2016 年 1 月 19 日。

矩陣——人民日報社探索媒體融合發展；⑤來自星星的"蛋糕"——走向軍民兩用的北斗導航；⑥"農民要奮起"——走進韓國新村運動；⑦重工輕農之殤——蘇聯產業失衡的歷史教訓。3）綠色發展：①接力60年，沙洲變綠洲——山西右玉的綠色發展之路；②"綠""富"謀共贏——浙江探索生態補償制度；③綠色核能照亮世界——中國核電從"跟跑"到"競跑"；④"巨鯨"駛向新藍海——中國再製造產業異軍突起；⑤扭曲的政績觀——蘇榮"造綠工程"的背後；⑥"魯爾頭上是一片藍色天空"——德國"工業毒都"的涅槃；⑦不能承受的環境之痛——20世紀"世界八大公害事件"回顧。4）開放發展：①小清單撬動的大改革——上海自貿試驗區建設的經驗；②"新絲路"上的新使命——新疆打造絲綢之路經濟帶核心區；③從"窮幫窮"到共贏——中國援非項目爲什麼受歡迎；④"第一單"不簡單——中國高鐵走出去的啓示；⑤中國企業"出海記"——中聯重科的海外並購之路；⑥開放、高效、低稅負——新加坡貿易自由港競爭之道；⑦絆倒他人的石頭——日本金融業開放和改革中的失誤。5）共享發展：①扶真貧真扶貧——甘肅推進精準扶貧精準脫貧的實踐；②扶貧必扶智——貴州以教育民生工程阻斷貧困代際傳遞；③"這是一個奇迹"——遼寧實施棚戶區改造的經驗；④小財政也能辦大醫改——青海特色醫改之路；⑤決不讓一個少數民族掉隊——全國對口支援西藏共建全面小康。

（3）制定法規政策文件：規範發展理念。

2015年—2017年10月，中央及地方先後制定了一批"發展理念"政策文件規定。代表性的主要有：

《中共中央關於制定國民經濟和社會發展第十三個五年規劃的建議》、《中華人民共和國國民經濟和社會發展第十三個五年規劃綱要》；國務院印發《關於鋼鐵行業化解過剩產能實現脫困發展的意見》、《關於煤炭行業化解過剩產能實現脫困發展的意見》、《關於深入推進農業供給側結構性改革加快培育農業農村發展新動能的若干意見》、《關於深化石油天然氣體制改革的若干意見》、《關於開展質量提昇行動的指導意見》；國務院辦公廳印發《關於健全生態保護補償機制的意見》、《關於全面振興東北地區等老工業基地的若干意見》、《關於健全生態保護補償機制的意見》。

六、習近平發展策——新型發展之策略：基本研判與基本成效

（一）習近平發展策：基本研判

習近平（2017年7月）指出："我們堅定不移貫徹新發展理念，有力推動

中國發展不斷朝着更高質量、更有效率、更加公平、更可持續的方向前進。”①

習近平 (2017 年 10 月) 指出：一年來，我們堅定不移貫徹落實新發展理念，全面推進社會主義經濟建設、政治建設、文化建設、社會建設、生態文明建設，經濟保持平穩健康發展，爲召開黨的第十九次全國代表大會創造了良好條件。② 習近平 (2017 年 10 月) 進一步指出：黨的十八大以來 5 年，中國經濟建設取得重大成就，國家經濟實力、綜合國力、國際影響力和人民獲得感顯著提昇，對黨和國家事業發展具有重大意義。③

(二) 習近平發展策：基本成效

中共黨的十八大五年 (2012 年 11 月—2017 年 10 月)，在新發展理念的指引下，中國經濟社會發展站上新的歷史起點，不斷實現新的躍昇。④ 統計資料顯示：

(1) 5 年來經濟穩中向好。一是，中國經濟保持了中高速增長。2013 年至 2016 年 GDP 年均增長 7.2%，高於同期世界 2.5% 和發展中經濟體 4% 的平均增長水平。二是，中國就業和物價形勢保持穩定。2013 年到 2016 年城鎮新增就業連續 4 年保持在 1300 萬人以上，居民消費價格年均上漲 2%。三是，中國國際影響力顯著提昇。2016 年 GDP 占世界經濟總量的 15% 左右，比 2012 年提高超過 3 個百分點，穩居世界第二位。2013 年到 2016 年，中國對世界經濟增長的平均貢獻率達到 30% 以上，居世界第一位。

(2) 5 年來結構調整優化。一是，服務業比重持續提昇。2016 年服務業增加值比重提昇至 51.6%，比 2012 年提高 6.3 個百分點，成爲國民經濟第一大產業。二是，消費成爲經濟增長的主要推動力。2013 年至 2016 年，最終消費支出對經濟增長的年均貢獻率爲 55%，高於資本形成總額 8.5 個百分點。三是，新型城鎮化扎實推進。2016 年末常住人口城鎮化率爲 57.35%，比 2012 年末提高 4.78 個百分點，年均提高 1.2 個百分點。

(3) 5 年來民生持續改善。一是，居民收入不斷提昇。2016 年全國居民人均可支配收入 23821 元，比 2012 年增加 7311 元，年均實際增長 7.4%。二是，精準扶貧成效顯著。2016 年農村貧困人口比 2012 年減少 5564 萬人，貧困地區

---

① 習近平：在省部級主要領導幹部專題研討班上的講話 (2017 年 7 月 26 日). 人民日報. 2017 年 7 月 27 日。

② 中國共產黨第十八屆中央委員會第七次全體會議公報 (2017 年 10 月 14 日中共第十八屆中央委員會第七次全體會議通過). 人民日報. 2017 年 10 月 15 日。

③ 中國共產黨第十八屆中央委員會第七次全體會議公報 (2017 年 10 月 14 日中共第十八屆中央委員會第七次全體會議通過). 人民日報. 2017 年 10 月 15 日。

④ 新華社記者. 來之不易的亮麗成績單：十八大以來經濟建設成就綜述. 人民日報. 2017 年 10 月 3 日。

農民收入增長幅度高於全國水平。三是，覆蓋城鄉居民的社會保障體系基本建成，基本醫保總體實現全覆蓋。四是，居民受教育程度不斷提高，健康中國建設加快推進，公共衛生服務設施大幅增加。

七、小結與展望

（一）小結

習近平發展策——發展理念之策略是習近平"六韜九策"治國策體系內容之一。習近平發展策——發展理念之策略，是指習近平同志關於新常態下牢固樹立與貫徹落實創新、協調、綠色、開放、共享等新的發展理念的策略。習近平發展策——發展理念之策略的研究對象與範圍：中共十八大期間，習近平同志關於創新、協調、綠色、開放、共享等發展理念的的重要論述。

習近平發展策——發展理念之策略在政黨戰略學中屬於對策性的層次與範疇。其基本特徵表現在：強調發展新常態、突出發展新理念、強調發展五位一體、突出發展落地生根。習近平發展策——發展理念之策略的研究型、理論型的構成體系主要包括：1）習近平發展策的新發展理念與重要意義；2）習近平發展策的文獻來源與三新政策要點；3）習近平發展策的科學內涵與基本內容；4）習近平發展策的研究對象與範圍；5）習近平發展策的地位與基本特徵；6）習近平發展策韜的抓什麼與怎麼抓；7）習近平發展策的實踐活動與貫徹落實；9）習近平發展策的基本研判與基本成效；10）小結與展望等幾個方面。

（二）展望（預測與建議）

茫茫九脈流中國，縱橫當有凌雲筆。2015 年 12 月 31 日，習近平指出："我們要樹立必勝信念、繼續埋頭苦干，貫徹創新、協調、綠色、開放、共享的發展理念，着力推進結構性改革，着力推進改革開放，着力促進社會公平正義，着力營造政治上的綠水青山，爲全面建成小康社會決勝階段開好局、起好步。"[①] 2017 年 9 月 3 日，習近平在金磚國家工商論壇開幕式上地區指出："面向未來，中國將深入貫徹創新、協調、綠色、開放、共享的發展理念，不斷適應、把握、引領經濟發展新常態，推進供給側結構性改革，加快構建開放型經濟新體制，以創新引領經濟發展，實現可持續發展。"[②]

幾點建議：一是，盡快編輯出版《習近平同志關於經濟發展新常態論述摘編（2012—2017）》，以便於廣大幹部群衆全面系統地學習、理解和掌握習近平

---

① 習近平：二〇一六年新年賀詞（2015 年 12 月 31 日）. 人民日報. 2016 年 1 月 1 日。
② 習近平：共同開創金磚合作第二個"金色十年"——在金磚國家工商論壇開幕式上的講話（2017 年 9 月 3 日）. 人民日報. 2017 年 9 月 4 日。

同志習近平關於經濟發展新常態的重要論述。

二是，盡快編輯出版《習近平同志關於創新、協調、綠色、開放、共享等發展理念述摘編（2012—2017）》，以便於廣大幹部群眾全面系統地學習、理解和掌握習近平同志習近平關於牢固樹立創新、協調、綠色、開放、共享等發展理念的重要論述。

第十章
習近平深改策——全面深改之策略

【知識導引】

習近平深改策——全面深改之策略，是指習近平同志關於政治、經濟、文化、社會、生態文明、黨建、國防軍隊等全面深化改革的策略。習近平深改策——全面深改之策略在政黨戰略學中屬於戰略對策的層次與範疇。

【經典論述】

改革開放是決定當代中國命運的關鍵一招，也是決定實現兩個一百年奮斗目標、實現中華民族偉大復興的關鍵一招。

——習近平

我們要堅持一切從實際出發，凝聚廣大人民群眾智慧和力量，善作善成，努力把全面深化改革的藍圖變爲現實。

——習近平

【內容提要】 習近平深改策——全面深改之策略是習近平 "六韜九策" 治國策體系內容之一。習近平深改策——全面深改之策略，是指習近平同志關於政治、經濟、文化、社會、生態文明、黨建、國防軍隊等全面深化改革的策略。習近平深改策的研究對象與範圍：中共十八大期間，習近平同志關於政治、經濟、文化、社會、生態文明、黨建、國防軍隊等全面深化改革的的重要論述。

習近平深改策——全面深改之策略在政黨戰略學中屬於戰略對策的層次與範疇。其基本特徵表現在：強調全面改革、突出深化改革、強調頂層設計、突出系統協調。習近平深改策——全面深改之策略的研究型、理論型的構成體系主要包括：1）習近平深改策的關鍵一招與重要意義；2）習近平深改策的文獻來源與三新政策要點；3）習近平深改策的科學內涵與基本內容；4）習近平深改策的研究對象與範圍；5）習近平深改策的亮點重點與基本特徵；6）習近平深改策的基本要求與基本目標；7）習近平深改策的地位與基本分類；8）習近平深改策的深改小組與深改成果；9）習近平深改策的抓什麼與怎麼抓；10）習近平深改策的實踐活動與貫徹落實；11）習近平深改策的基本研判與基本成效；12）小結與展望等幾個方面構成習近平深改策——全面深改之策略的完整應用體系。

幾點建議：一是盡快修改完善 2014 年版《習近平關於全面深化改革論述摘編 (2014)》；二是盡快編輯出版《習近平關於經濟改革論述摘編 (2012—2017)》、《習近平關於文化改革論述摘編 (2012—2017)》、《習近平關於教育改革論述摘編 (2012—2017)》、《習近平關於科技改革論述摘編 (2012—2017)》；三是盡快編輯出版全國幹部培訓教材《習近平全面深化改革讀本》。

【關鍵詞】 習近平；深改策；全面深改；構成體系；建議

引　言

　　"習近平深改策——全面深化改革"是習近平治國理政思想體系微觀戰術層面的重要內容。中共十八大期間（2012 年—2017 年 10 月），習近平圍遶什麼是全面深化改革"、怎樣實現"全面深化改革"這個事關四個全面布局、強國富民之路的戰略對策問題，作了一系列深刻闡釋，由此勾畫了新的歷史條件下"全面深化改革"的政策體系，形成、創設了"習近平深改策——全面深改之策略"。

一、習近平深改策——全面深改之策略：關鍵一招與重要意義

（一）習近平深改策：關鍵一招

　　2012 年年底，習近平強調要"全面改革"；2013 年上半年，習近平強調要研究"全面深化體制改革"，下半年，習近平正式提出要"全面深化改革"；2014 年下半年將"全面深化改革"納入"四個全面"戰略布局；2015—2017 年 10 月，習近平強調要協調推進包括"全面深化改革"的四個全面戰略布局。資料顯示：中共十八大五年間，習近平在國內外很多重要場合，從不同的角度，對"全面深化改革"進行了多方面、立體式的一系列深刻闡釋，構建了新的歷史條件下"全面深化改革"建設性框架。代表性論述主要有：

　　1. 強調"全面改革"。2012 年 12 月 31 日，習近平在中共第十八屆中央政治局第二次集體學習時強調："改革開放是一個系統工程，必須堅持全面改革，在各項改革協同配合中推進。"[①] 2013 年 2 月 28 日，習近平在中共十八屆二中全會第二次全體會議上指出："要深入研究全面深化體制改革的頂層設計和總體規劃，加強對各項改革關聯性的研判，把經濟、政治、文化、社會、生態等方面的體制改革有機結合起來，把理論創新、制度創新、科技創新、文化創新以及其他各方面創新有機銜接起來。"[②]

　　2. 首提全面深化改革。2013 年 7 月 23 日，習近平在湖北考察改革發展工作時指出："應對當前我國發展面臨的一系列矛盾和挑戰，關鍵在於全面深化改革。必須從紛繁複雜的事物表象中把準改革脈搏，把握全面深化改革的內在規

　　① 中共中央文獻研究室．習近平關於全面深化改革述摘編．北京：中央文獻出版社．2014：第 4－5 頁。

　　② 中共中央文獻研究室．習近平關於全面深化改革述摘編．北京：中央文獻出版社．2014：第 37 頁。

律，特別是要把握全面深化改革的重大關係，處理好解放思想和實事求是的關係、整體推進和重點突破的關係、頂層設計和摸着石頭過河的關係、膽子要大和步子要穩的關係、改革發展穩定的關係。”① 2013 年 9 月 17 日，習近平在中共中央召開的黨外人士座談會上指出：“全面深化改革，關鍵要有新的謀劃、新的舉措。要有強烈的問題意識，以重大問題爲導向，抓住重大問題、關鍵問題進一步研究思考，找出答案，着力推動解決我國發展面臨的一系列突出矛盾和問題。解放思想的過程就是統一思想的過程，解放思想的目的是爲了更好統一思想。思想統一了，才能最大限度凝聚改革共識，形成改革合力。”②

3. 強調全面深化改革。2014 年 1 月 22 日，習近平中央全面深化改革領導小組第一次會議上強調：“全面深化改革，我們具備有利條件，具備實踐基礎，具備理論準備，也具備良好氛圍，要把握大局、審時度勢、統籌兼顧、科學實施，充分調動各方面積極性，堅定不移朝着全面深化改革目標前進。”③

4. 納入四個全面布局。2015 年 2 月 2 日，習近平在省部級主要領導幹部專題研討班上強調指出：“中央從堅持和發展中國特色社會主義全局出發，提出並形成了全面建成小康社會、全面深化改革、全面依法治國、全面從嚴治黨的戰略布局。”④ 2017 年 7 月 26 日，習近平在省部級主要領導幹部專題班上強調指出：“要繼續統籌推進‘五位一體’總體布局、協調推進‘四個全面’戰略布局，決勝全面建成小康社會，奪取中國特色社會主義偉大勝利，爲實現中華民族偉大復興的中國夢不懈奮鬥。”⑤

5. 勇於全面深化改革。2016 年 7 月 1 日，習近平在慶祝中國共產黨成立 95 週年大會上指出：“堅持不忘初心、繼續前進，就要堅定不移高舉改革開放旗幟，勇於全面深化改革，進一步解放思想、解放和發展社會生產力、解放和增強社會活力，不斷把改革開放推向前進。”⑥

---

① 習近平：在湖北考察改革發展工作時的講話（2013 年 7 月 21 日—23 日）．人民日報．2013 年 7 月 24 日。

② 習近平：在中共中央召開的黨外人士座談會上的講話（2013 年 9 月 17 日）．人民日報．2013 年 11 月 14 日。

③ 習近平：在中央全面深化改革領導小組第一次會議上的講話（2014 年 1 月 22 日）．人民日報．2014 年 1 月 23 日。

④ 習近平：在省部級主要領導幹部專題研討班上的講話（2015 年 2 月 2 日）．人民日報．2015 年 2 月 3 日。

⑤ 習近平在省部級主要領導幹部專題班上的講話（2017 年 7 月 26 日）．人民日報．2017 年 7 月 27 日。

⑥ 習近平：在慶祝中國共產黨成立 95 週年大會上的講話（2016 年 7 月 1 日）．人民日報．2016 年 7 月 2 日。

（二）習近平深改策：重要意義

實踐證明：改革開放是決定當代中國命運的關鍵一招，也是決定實現兩個一百年奮鬥目標、實現中華民族偉大復興的關鍵一招。

習近平深改策，順應世界大勢，搶抓歷史機遇，深刻闡明瞭新的歷史條件下爲什麼要全面深化改革、什麼是全面深化改革、怎樣實現全面深化改革的重大問題，爲進一步推進全面深化改革、提供了強大的思想武器與行動指南。

習近平深改策，立意高遠，内涵豐富，研判基本國情，把握改革規律，充實、提昇與拓展了傳統的全面深化改革理論，豐富了黨的建設理論與政黨戰略學，進一步豐富了中國特色社會主義理論體系。

習近平深改策，立足中國問題、破解發展難題，對於我們充分認識全面深化改革的重要性和艱巨性，系統把握全面深化改革的基本方向、總體目標和基本任務，對於進一步貫徹落實全面深化改革任務舉措、協調推進四個全面戰略部署具有重要現實意義。

二、習近平深改策──全面深改之策略：文獻來源與三新政策要點

（一）習近平深改策：文獻來源

習近平深改策──全面深改之策略的經典文獻主要有：

一是《習近平談治國理政》第三部分全面深化改革①。計有 5 篇：改革開放只有進行時沒有完成時（2012 年 12 月 31 日）；關於《中共中央關於全面深化改革若干重大問題的決定》的説明（2013 年 11 月 9 日）；切實把思想統一到黨的十八屆三中全會精神上來（2013 年 11 月 12 日）；改革再難也要向前推進（2014 年 2 月 7 日）；不斷提高運用中國特色社會主義制度有效治理國家的能力（2014 年 2 月 17 日）。

二是《十八大以來重要文獻選編（上）》②。計有 2 篇：關於《中共中央關於全面深化改革若干重大問題的決定》的説明（2013 年 11 月 9 日）；切實把思想統一到黨的十八屆三中全會精神上來（2013 年 11 月 12 日）。

三是《十八大以來重要文獻選編（中）》③。計有 2 篇：關於〈中共中央關於制定國民經濟和社會發展第十三個五年規劃的建議〉的説明（2015 年 10 月 26 日）；以新的發展理念引領發展，奪取全面建成小康社會決勝階段的偉大勝利（2015 年 10 月 29 日）。

---

① 習近平．習近平談治國理政．北京：外文出版社．2014.

② 中共中央文獻研究室．十八大以來重要文獻選編（上）．北京：中央文獻出版社．2014.

③ 中共中央文獻研究室．十八大以來重要文獻選編（中）．北京：中央文獻出版社．2016.

　　四是《習近平關於協調推進 "四個全面" 戰略布局論述摘編》第三部分·全面深化改革①。計有 22 篇文獻，68 段論述。

　　五是《習近平關於全面深化改革述摘編》②。該書摘自習近平同志 2012 年 11 月 15 日至 2014 年 4 月 1 日期間的講話、演講、批示、指示等 70 多篇重要文獻，計有 274 段論述。

　　六是《習近平關於社會主義經濟建設論述摘編》③。該書摘自習近平同志 2012 年 11 月 15 日至 2017 年 3 月 12 日期間的講話、報告、指示等 120 多篇重要文獻，計有 494 段重要論述。

　　七是其他文獻習近平關於全面深改之策略的重要論述。比較重要的文獻計有：習近平在（2013 年）中央經濟工作會議上的講話（2013 年 12 月 10 日）；習近平在（2014 年）中央經濟工作會議上的講話（2014 年 12 月 9 日）；習近平在（2015 年）中央經濟工作會議上的講話（2015 年 12 月 18 日）；習近平在（2016 年）中央經濟工作會議上的講話（2016 年 12 月 14 日）；習近平在慶祝中國共產黨成立 95 週年大會上的講話（2016 年 7 月 1 日）；習近平在全國金融工作會議上的講話（2017 年 7 月 14 日）；習近平在全國政協新年（2014 年）茶話會上的講話（2013 年 12 月 31 日）；習近平在省部級主要領導幹部專題班上的講話（2017 年 7 月 26 日）；習近平在慶祝中國人民解放軍建軍 90 週年大會上的講話（2017 年 8 月 1 日）；習近平在第十八屆中央政治局會議上的講話（2017 年 9 月 18 日）。

　　（二）習近平深改策：三新政策要點（新政策新規定新要求）

　　根據以上文獻分析，習近平深改策——全面深改之策略的的三新政策要點（新政策新規定新要求））主要有以下幾個方面：

　　一是，改革開放是決定當代中國命運的關鍵一招，也是決定實現兩個一百年奮鬥目標、實現中華民族偉大復興的關鍵一招。二是，改革開放是當代中國發展進步的活力之源，是我們黨和人民大踏步趕上時代前進步伐的重要法寶。三是，改革開放是一項長期的、艱巨的、繁重的事業，必須一代又一代人接力干下去。四是，改革開放只有進行時沒有完成時。沒有改革開放，就沒有中國的今天，也就沒有中國的明天。五是，開弓沒有回頭箭，我們要堅定不移實現改革目標。六是，全面深化改革的總目標是完善和發展中國特色社會主義制度、

---

　　① 中共中央文獻研究室. 習近平關於協調推進 "四個全面" 戰略布局論述摘編. 北京：中央文獻出版社. 2015. 10.

　　② 中共中央文獻研究室. 習近平關於全面深化改革述摘編. 北京：中央文獻出版社. 2014. 5.

　　③ 中共中央文獻研究室. 習近平關於社會主義經濟建設論述摘編. 北京：中央文獻出版社. 2017. 6。

推進國家治理體系和治理能力現代化。七是，全面深化改革是關係黨和國家事業發展全局的重大戰略部署，不是某個領域某個方面的單項改革。八是，全面深化改革是一個複雜的系統工程，這就需要建立更高層面的領導機制。九是，全面深化改革，必須加強黨對改革的領導。十是，中央成立全面深化改革領導小組，負責改革總體設計、統籌協調、整體推進、督促落實。十一是，全面深化改革，進一步解放思想、進一步解放和發展社會生產力、進一步解放和增強社會活力。十二是，使市場在資源配置中起決定性作用、更好發揮政府作用，既是一個重大理論命題，又是一個重大實踐命題。十三是，深化改革開放，要堅定信心、凝聚共識、統籌謀劃、協同推進。十四是，要堅持一切從實際出發，凝聚廣大人民群衆智慧和力量，善作善成，努力把全面深化改革的藍圖變爲現實。十五是，要把握大局、審時度勢、統籌兼顧、科學實施，堅定不移朝着全面深化改革目標前進。十六是，全面深化改革，必須堅持以人爲本，尊重人民主體地位，發揮群衆首創精神。十七是，全面深化改革，必須堅持問題導向，必須狠抓改革落實，必須深化對改革規律的認識和運用。十八是，堅持不忘初心、繼續前進，就要堅定不移高舉改革開放旗幟，勇於全面深化改革，進一步解放思想、解放和發展社會生產力、解放和增強社會活力，不斷把改革開放推向前進。

三、習近平深改策——全面深改之策略：科學內涵與構成體系

（一）習近深改策：科學內涵與基本內容

習近平深改策——全面深改之策略，是指習近平同志關於政治、經濟、文化、社會、生態文明、黨建、國防軍隊等全面深化改革的策略。策略原意指計策、謀略，引申義指行動方針、鬥爭藝術與方法手段，這裏擴展爲關於推進全面深化改革而采取的具有微觀的局部的戰術的等特徵的一種選擇與安排。

習近平深改策的研究對象與範圍：中共十八大期間，習近平同志關於政治、經濟、文化、社會、生態文明、黨建、國防軍隊等全面深化改革的的重要論述。

與習近平深改策密切相關的新詞彙、新提法主要有：全面深化改革、全面建成小康社會、全面依法治國、全面從嚴治黨、深改小組、"四個全面"戰略布局、蹄疾步穩、重要領域、關鍵環節、敢破敢立、敢創敢試、改革深水區、問題爲導向、頂層設計、負面清單、權力清單、責任清單、公車改革、單獨二孩、全面停止軍隊有償服務、經濟發展新常態、市場經濟、資源配置、供給側結構性改革、兩個倍增、兩個同步、三去一降一補、營改增、獲得感、創新驅動發展戰略、中國製造2025、國家大數據戰略、網絡強國戰略。

習近平深改策的基本內容：一則是，主要有全面深化政治改革、全面深化

經濟改革、全面深化文化改革、全面深化社會改革、全面深化生態文明改革、全面深化黨的建設改革、全面深化軍隊和國防改革等方面；二則是，主要有改革指導思想、改革基本原則、改革總體目標、改革基本方法、改革主要任務、改革主要措施等方面。

習近平深改策：總體要求與總目標。習近平指出：全面深化改革的總體要求是堅持社會主義市場經濟改革方向，以促進社會公平正義、增進人民福祉爲出發點和落腳點，進一步解放思想、解放和發展社會生產力、解放和增強社會活力，堅決破除各方面體制機制弊端。習近平指出：全面深化改革的總目標是完善和發展中國特色社會主義制度，推進國家治理體系和治理能力現代化；到2020 年，在重要領域和關鍵環節改革上取得決定性成果，形成系統完備、科學規範、運行有效的制度體系，使各方面制度更加成熟更加定型。

習近平深改策的主要亮點與重點：一則，關於市場在資源配置中起決定作用問題。習近平（2013 年）指出："關於使市場在資源配置中起決定性作用和更好發揮政府作用，是一個重大理論觀點。這是因爲，經濟體制改革仍然是全面深化改革的重點，經濟體制改革的核心問題仍然是處理好政府和市場關係。"[①] 習近平（2013 年）進一步指出："作出使市場在資源配置中起決定性作用的定位，有利於在全黨全社會樹立關於政府和市場關係的正確觀念，有利於轉變經濟發展方式，有利於轉變政府職能，有利於抑制消極腐敗現象。"[②] 二則，關於供給側結構性改革問題。習近平（2015 年）強調："推進經濟結構性改革，是貫徹落實黨的十八屆五中全會精神的一個重要舉措。"[③] 習近平（2015年）進一步強調："推進經濟結構性改革，要堅持解放和發展社會生產力，堅持以經濟建設爲中心不動搖，堅持五位一體總體布局。"

與四個全面的關係：全面深化改革是四個全面的重要內容之一，四個全面相互聯繫，相互促進，不可分割。全面建成小康社會是我們的戰略目標，全面深化改革、全面依法治國、全面從嚴治黨是三大戰略舉措。習近平（2015 年 2月）指出："全面建成小康社會是我們的戰略目標，到 2020 年實現這個目標，我們國家的發展水平就會邁上一個大臺階，我們所有奮鬥都要聚焦於這個目標。全面深化改革、全面依法治國、全面從嚴治黨是三大戰略舉措，對實現全面建

---

① 習近平：關於《中共中央關於全面深化改革若干重大問題的決定》的說明（2013 年 11 月 9日）. 人民日報. 2013 年 11 月 16 日。

② 習近平：關於《中共中央關於全面深化改革若干重大問題的決定》的說明（2013 年 11 月 9日）. 人民日報. 2013 年 11 月 16 日。

③ 習近平：在中央財經領導小組第十一次會議上的講話（2015 年 11 月 10 日）. 人民日報. 2015年 11 月 11 日。

成小康社會戰略目標一個都不能缺。"①

（二）習近平深改策：地位與基本特徵

在政黨戰略學中，習近平深改策──全面深改之策略屬於戰略對策的層次與範疇。其基本特徵表現在：

（1）強調全面改革。習近平（2014 年）指出："全面深化改革，全面者，就是要統籌推進各領域改革，就需要有管總的目標，也要回答推進各領域改革最終是爲了什麼、要取得什麼樣的整體結果這個問題。"② 習近平（2014 年）進一步指出："過去，我們也提出過改革目標，但大多是從具體領域提的。"③

（2）突出深化改革。習近平（2013 年）指出："當前，國内外環境都在發生極爲廣泛而深刻的變化，我國發展面臨一系列突出矛盾和挑戰，前進道路上還有不少困難和問題。解決這些問題，關鍵在於深化改革。"④ 習近平（2014 年）指出："中國已經進入改革的深水區，需要解決的都是難啃的硬骨頭，這個時候需要明知山有虎，偏向虎山行的勇氣，不斷把改革推向前進。"⑤

（3）強調頂層設計。習近平（2013 年）指出："要加強宏觀思考和頂層設計，更加注重改革的系統性、整體性、協同性，同時也要繼續鼓勵大膽試驗、大膽突破，不斷把改革開放引向深入。"⑥ 習近平（2013 年）指出："現在，同過去相比，中國改革的廣度和深度都大大拓展了。要把改革推向前進，必須加強頂層設計。"⑦

（4）突出系統協調。習近平（2013 年）指出："改革開放是一個系統工程，必須堅持全面改革，在各項改革協同配合中推進。改革開放是一場深刻而全面的社會變革，每一項改革都會對其他改革產生重要影響，每一項改革又都

① 中共中央文獻研究室．習近平關於協調推進"四個全面"戰略布局論述摘編．北京：中央文獻出版社．2015：第 17 頁。

② 習近平：在省部級主要領導幹部學習貫徹十八屆三中全會精神全面深化改革專題研討班上的講話（2014 年 2 月 17 日）．人民日報．2014 年 2 月 18 日。

③ 習近平：在省部級主要領導幹部學習貫徹十八屆三中全會精神全面深化改革專題研討班上的講話（2014 年 2 月 17 日）．人民日報．2014 年 2 月 18 日。

④ 中共中央文獻研究室．習近平關於協調推進"四個全面"戰略布局論述摘編．北京：中央文獻出版社．2015：第 58 頁。

⑤ 中共中央文獻研究室．習近平關於協調推進"四個全面"戰略布局論述摘編．北京：中央文獻出版社．2015：第 84 頁。

⑥ 習近平：在中共第十八屆中央政治局第二次集體學習時的講話（2013 年 1 月 1 日）．人民日報．2013 年 1 月 2 日。

⑦ 中共中央文獻研究室．習近平關於協調推進"四個全面"戰略布局論述摘編．北京：中央文獻出版社．2015．第 78 頁。

需要其他改革協同配合。"① 習近平（2013 年）指出："對涉及面廣泛的改革，要同時推進配套改革，聚合各項相關改革協調推進的正能量。如果各領域改革不配套，各方面改革措施相互牽扯，甚至相互抵觸，全面改革就很難推進下去，即使勉強推進，效果也會打折扣。"②

（三）習近平深改策：基本分類與構成體系

根據習近平深改策——全面深改之策略的科學涵義與基本內容，可將其劃分為以下幾類：

習近平深改策·政治策——全面深改之政治策略；習近平深改策·經濟策——全面深改之經濟策略；習近平深改策·文化策——全面深改之文化策略；習近平深改策·社會策——全面深改之社會策略；習近平深改策·生態策——全面深改之生態策略；習近平深改策·黨建策——全面深改之黨建策略；習近平深改策·軍事策——全面深改之軍事策略。

習近平深改策·政治策——全面深改之政治策略，就是指習近平同志關於全面深化政治改革的策略。習近平深改策·經濟策——全面深改之經濟策略，就是指習近平同志關於全面深化經濟改革的策略。習近平深改策·文化策——全面深改之文化策略，就是指習近平同志關於全面深化文化改革的策略。習近平深改策·社會策——全面深改之社會策略，就是指習近平同志關於全面深化社會改革的策略。習近平深改策·生態策——全面深改之生態策略，就是指習近平同志關於全面深化生態文明改革的策略。習近平深改策·黨建策——全面深改之黨建策略，就是指習近平同志關於全面深化黨的建設改革的策略。習近平深改策·軍事策——全面深改之軍事策略，就是指習近平同志關於全面深化軍隊與國防改革的策略。

習近平深改策——全面深改之策略的研究型、理論型的構成體系主要為：

（1）習近平深改策的關鍵一招與重要意義；（2）習近平深改策的文獻來源與三新政策要點；（3）習近平深改策的科學內涵與基本內容；（4）習近平深改策的研究對象與範圍；（5）習近平深改策的亮點重點與基本特徵；（6）習近平深改策的基本要求與基本目標；（7）習近平深改策的地位與基本分類；（8）習近平深改策的深改小組與深改成果；（9）習近平深改策的抓什麼與怎麼抓；（10）習近平深改策的實踐活動與貫徹落實；（11）習近平深改策的基本研判與基本成效；（12）小結與展望。

---

① 習近平：在中共第十八屆中央政治局第二次集體學習時的講話（2013 年 1 月 1 日）．人民日報．2013 年 1 月 2 日。

② 中共中央文獻研究室．習近平關於協調推進 "四個全面" 戰略布局論述摘編．北京：中央文獻出版社．2015：第 72 頁。

由以上幾個方面構成習近平深改策——全面深改之策略的完整應用體系。

四、習近平深改策——全面深改之策略：深改小組與深改小組成果

（一）習近平深改策：深改小組成立與深改小組職責

一是，中央全面深化改革領導小組的成立。習近平（2013 年 11 月）指出：「全面深化改革是一個復雜的系統工程，單靠某一個或某幾個部門往往力不從心，這就需要建立更高層面的領導機制。」① 2013 年 12 月 30 日，中共第十八屆中央政治局會議決定成立中央全面深化改革領導小組，習近平任組長，李克強、劉雲山、張高麗任副組長。② 2014 年 1 月 22 日，中央全面深化改革領導小組第一次會議決定下設經濟體制和生態文明體制改革、民主法制領域改革、文化體制改革、社會體制改革、黨的建設制度改革、紀律檢查體制改革 6 個專項小組。

二是，中央全面深化改革領導小組的職責。習近平（2013 年 11 月）進一步指出：「中央成立全面深化改革領導小組，負責改革總體設計、統籌協調、整體推進、督促落實。這是爲了更好發揮黨總攬全局、協調各方的領導核心作用，保证改革順利推進和各項改革任務落實。」③ 2014 年 1 月 22 日，習近平在中央全面深化改革領導小組第一次會議上強調：「中央全面深化改革領導小組的責任，就是要把黨的十八屆三中全會提出的各項改革舉措落實到位。專項小組、中央改革辦、牽頭單位和參與單位，要建好工作機制，做到既各司其職、各負其責又加強協作配合，形成工作合力。」④

（二）習近平深改策：深改行動與深改成果

一是，召開深改會議，討論深改議題。2014 年 1 月 22 日，中央全面深化改革領導小組召開第一次會議。習近平強調：「要把握大局、審時度勢、統籌兼顧、科學實施，堅定不移朝着全面深化改革目標前進。」⑤ 2017 年 8 月 29 日，中央全面深化改革領導小組召開第三十八次會議。習近平強調：「改革是我們進行具有新的歷史特點的偉大鬥爭的重要方面。全面深化改革，必須加強黨對改革的領導，必須堅持問題導向，必須狠抓改革落實，必須深化對改革規律的認

---

① 習近平：關於《中共中央關於全面深化改革若干重大問題的決定》的說明（2013 年 11 月 9 日）．人民日報．2013 年 11 月 16 日。

② 中共中央黨史研究室編寫．黨的十八大以來大事記．人民日報．2017 年 10 月 16 日。

③ 習近平：關於《中共中央關於全面深化改革若干重大問題的決定》的說明（2013 年 11 月 9 日）．人民日報．2013 年 11 月 16 日。

④ 習近平：在中央全面深化改革領導小組第一次會議上的講話（2014 年 1 月 22 日）．人民日報．2014 年 1 月 23 日。

⑤ 習近平：在中央全面深化改革領導小組第一次會議上的講話（2014 年 1 月 22 日）．人民日報．2014 年 1 月 23 日。

識和運用。"① 資料顯示：2014 年 1 月 22 日至 2017 年 8 月 29 日，中央全面深化改革領導小組一共召開 38 次深改會議。

二是，制定深改文件，出臺改革舉措。2014 年 1 月 22 日，中央全面深化改革領導小組召開第一次會議審議通過了《中央全面深化改革領導小組工作規則》、《中央全面深化改革領導小組專項小組工作規則》、《中央全面深化改革領導小組辦公室工作細則》、《中央有關部門貫徹落實黨的十八屆三中全會〈決定〉重要舉措分工方案》等文件。

2017 年 8 月 29 日，中央全面深化改革領導小組召開第三十八次會議審議通過了《關於完善主體功能區戰略和制度的若干意見》、《關於探索建立涉農資金統籌整合長效機制的意見》、《生態環境損害賠償制度改革方案》、《關於建立健全村務監督委員會的指導意見》、《關於加強法官檢察官正規化專業化職業化建設全面落實司法責任制的意見》、《關於上海市開展司法體制綜合配套改革試點的框架意見》、《關於脫貧攻堅責任制實施辦法落實情況的督察報告》、《寧夏回族自治區關於空間規劃（多規合一）試點工作情況的報告》等文件。

資料顯示：2014 年 1 月 22 日至 2017 年 8 月 29 日，中央全面深化改革領導小組 38 次會議，共審議通過 287 份深改文件，確立深改任務 300 多項，推出 1300 多項改革舉措。其中，2014 年，中央深改領導小組確定的 80 個改革任務基本完成，中央和國家機關有關部門完成 108 個改革任務，共出臺 370 條改革成果。2015 年，中央深改領導小組確定的 101 個改革任務基本完成，中央和國家機關有關部門完成 153 個改革任務，各方面共出臺改革成果 415 條。2016 年，中央深改領導小組確定的 225 個改革任務基本完成，中央和國家機關有關部門完成了 194 個改革任務，各方面共出臺改革方案 419 個。②

2014 年 12 月 31 日，習近平指出："我們蹄疾步穩地推進各項改革，中央全面深化改革領導小組確定的 80 個重點改革任務基本完成，中央和國家機關有關部門完成了 108 個改革任務，各方面共出臺 370 條改革成果，一些多年來難啃的硬骨頭啃下來了，改革爲我國發展注入了強大動力。"③

2015 年 12 月 31 日，習近平指出："我們加快推進各領域改革，2015 年中央全面深化改革領導小組確定的 101 個重點改革任務基本完成，中央和國家機關有關部門完成 153 個改革任務，各方面共出臺改革成果 415 條，改革呈現全

① 習近平：在中央全面深化改革領導小組第三十八次會議上的講話（2017 年 8 月 29 日）. 人民日報. 2017 年 8 月 30 日。

② 新華社記. 搭建改革四樑八柱——黨的十八大以來全面深化改革成就綜述. 人民日報. 2017 年 8 月 9 日。

③ 習近平：在全國政協新年茶話會上的講話（2014 年 12 月 31 日）. 人民日報 2015 年 1 月 1 日。

面發力、縱深推進的良好態勢。"①

2016 年 12 月 30 日，習近平指出："我們繼續推進全面深化改革，完成 97 個重點改革任務，中央和國家機關有關部門完成 194 個改革任務，各方面共出臺 419 個改革方案，主要領域四樑八柱性質的改革主體框架已經基本確立"②

（三）習近平深改策：財經小組與財經改革

2013 年 5 月，習近平在擔任中央全面深化改革領導小組組長的同時還擔任中央財經領導小組組長。中央財經領導小組是推進全面深化改革的重要經濟部門，其成員由分管經濟工作的中共中央政治局成員、國務院領導成員和部分綜合經濟管理機構的領導成員組成。中共十八大期間，一召開 16 次會議，研究 30 多項重大議題，提出 400 多項任務和改革措施。習近平主持會議，討論議題，明確要求，提出思路，強調落實。這 30 多項重大議題對進一步推進全面深化改革發揮了重要的作用。代表性會議主要有：

一是，2014 年 6 月 13 日，習近平主持召開中央財經領導小組第六次會議，研究我國能源安全戰略。習近平強調：面對能源供需格局新變化、國際能源發展新趨勢，保障國家能源安全，必須推動能源生產和消費革命。推動能源生產和消費革命是長期戰略，必須從當前做起，加快實施重點任務和重大舉措。

二是，2017 年 7 月 17 日，習近平主持召開中央財經領導小組第十六次會議，研究改善投資和市場環境、擴大對外開放問題。習近平強調：要改善投資和市場環境，加快對外開放步伐，降低市場運行成本，營造穩定公平透明、可預期的營商環境，加快建設開放型經濟新體制，推動我國經濟持續健康發展。

五、習近平深改策——全面深改之策略：抓什麼與怎麼抓

（一）習近平深改策：抓什麼——任務要求

一是，抓深改方向，必須抓正確方向。習近平（2012 年）指出：我們的改革開放是有方向、有立場、有原則的。我們當然要高舉改革旗幟，但我們的改革是在中國特色社會主義道路上不斷前進的改革，既不走封閉僵化的老路，也不走改旗易幟的邪路。③ 習近平（2012 年）進一步指出：改革開放是一場深刻革命，必須堅持正確方向，沿着正確道路推進。方向決定道路，道路決定命運。我們的方向就是不斷推動社會主義制度自我完善和發展，而不是對社會主義制

---

① 習近平：在全國政協新年茶話會上的講話（2015 年 12 月 31 日）．人民日報 2016 年 1 月 1 日。
② 習近平：在全國政協新年茶話會上的講話（2016 年 12 月 30 日）．人民日報 2016 年 12 月 31 日。
③ 中共中央文獻研究室．習近平關於全面深化改革述摘編．北京：中央文獻出版社．2014：第 14－15 頁。

度改弦易張。我們要堅持四項基本原則這個立國之本，既以四項基本原則保証改革開放的正確方向，又通過改革開放賦予四項基本原則新的時代內涵，排除各種干擾，堅定不移走中國特色社會主義道路。①

二是，抓深改目標，主要抓兩個方面。習近平（2013 年）指出：堅持把完善和發展中國特色社會主義制度、推進國家治理體系和治理能力現代化作爲全面深化改革的總目標。這是堅持和發展中國特色社會主義的必然要求，也是實現社會主義現代化的應有之義。② 習近平（2014 年）指出："推進國家治理體系和治理能力現代化，必須完整理解和把握全面深化改革的總目標，這是兩句話組成的一個整體，即完善和發展中國特色社會主義制度、推進國家治理體系和治理能力現代化。"③

三是，抓改革路綫圖，主要抓六個緊緊圍遶。習近平（2013 年）指出：全面深化改革是關係黨和國家事業發展全局的重大戰略部署，不是某個領域某個方面的單項改革。習近平（2013 年）進一步指出：要緊緊圍遶使市場在資源配置中起決定作用深化經濟體制改革；緊緊圍遶堅持黨的領導、人民當家作主、依法治國有機統一深化政治體制改革；緊緊圍遶建設社會主義核心價值體系、社會主義文化強國深化文化體制改革；緊緊圍遶更好保障和改善民生、促進社會公平正義深化社會體制改革；緊緊圍遶建設美麗中國深化生態文明體制改革；緊緊圍遶提高科學執政、民主執政、依法執政水平深化黨的建設制度改革。

四是，抓深改亮點，主要抓市場配置與供給側改革。習近平（2014 年）指出："準確定位和把握使市場在資源配置中起決定性作用和更好發揮政府作用，必須正確認識市場作用和政府作用的關係。使市場在資源配置中起決定性作用和更好發揮政府作用，二者是有機統一的，不是相互否定的，不能把二者割裂開來、對立起來，既不能用市場在資源配置中的決定性作用取代甚至否定政府作用，也不能用更好發揮政府作用取代甚至否定使市場在資源配置中起決定性作用。"④ 習近平（2017 年）指出："深入推進供給側結構性改革是當前我國經濟發展必須抓緊抓好的一件大事。今年是供給側結構性改革的深化之年，新年伊始中央政治局就以此爲題進行集體學習，目的是分析供給側結構性改革取得的成效，理清供給側結構性改革面臨的重點和難點，研究推進供給側結構性改

---

① 中共中央文獻研究室．習近平關於全面深化改革述摘編．北京：中央文獻出版社．2014：第 14 – 15 頁。

② 習近平：切實把思想統一到黨的十八屆三中全會精神上來．求是．2014，（1）：1 – 5。

③ 習近平：在省部級主要領導幹部學習貫徹十八屆三中全會精神全面深化改革專題研討班上的講話（2014 年 2 月 17 日）．人民日報．2014 年 2 月 17 日。

④ 習近平：在中共第十八屆中央政治局第十五次集體學習時的講話（2014 年 5 月 27 日）．人民日報．2014 年 5 月 28 日．

革的具體舉措。"①

五是，抓深改機構，主要抓五個要求。習近平（2014 年）強調：中央全面深化改革領導小組的責任，就是要把黨的十八屆三中全會提出的各項改革舉措落實到位。習近平（2014 年）進一步強調："一要深入學習領會三中全會精神，黨的十八大和十八屆三中全會作出的各項部署是我們議事決策的總依據，領導小組要帶頭學習好、理解深、消化透，善於觀大勢、謀大事，站在國內國際兩個大局、黨和國家工作大局、全面深化改革全局來思考和研究問題。二要牢牢把握改革正確方向，在涉及道路、理論、制度等根本性問題上，在大是大非面前，必須立場堅定、旗幟鮮明。三要嚴格按規則和程序辦事，堅持集思廣益、民主集中，凡是議定的事要分頭落實，不折不扣抓出成效。四要強化改革責任擔當，看準了的事情，就要拿出政治勇氣來，堅定不移干。五要充分調動各方面積極性，改革任務越繁重，我們越要依靠人民群眾支持和參與，善於通過提出和貫徹正確的改革措施帶領人民前進，善於從人民的實踐創造和發展要求中完善改革的政策主張。"②

（二）習近平深改策：怎麼抓——方法對策

一是，堅持黨中央統攬全局，統一部署全面深化改革。習近平（2014 年）指出："堅持黨的領導，發揮黨總攬全局、協調各方的領導核心作用，是我國社會主義市場經濟體制的一個重要特徵。改革開放 30 多年來，我國經濟社會發展之所以能夠取得世所罕見的巨大成就，我國人民生活水平之所以能夠大幅度提昇，都同我們堅定不移堅持黨的領導、充分發揮各級黨組織和全體黨員作用是分不開的。在我國，黨的堅強有力領導是政府發揮作用的根本保證。"③ 習近平（2014 年）進一步指出："在全面深化改革過程中，我們要堅持和發展我們的政治優勢，以我們的政治優勢來引領和推進改革，調動各方面積極性，推動社會主義市場經濟體制不斷完善、社會主義市場經濟更好發展。"④

二是，堅持遵循十六字方針，堅定全面深化改革的決心。習近平（2012

---

① 習近平：在中共第十八屆中央政治局第十九次集體學習時的講話（2017 年 1 月 22 日）. 人民日報. 2017 年 1 月 23 日。

② 中共中央文獻研究室. 習近平關於全面深化改革述摘編. 北京：中央文獻出版社. 2014：第 148－149 頁。

③ 習近平：在中共第十八屆中央政治局第十五次集體學習時的講話（2014 年 5 月 27 日）. 人民日報. 2014 年 5 月 28 日.

④ 習近平：在中共第十八屆中央政治局第十五次集體學習時的講話（2014 年 5 月 27 日）. 人民日報. 2014 年 5 月 28 日.

年）指出："深化改革開放，要堅定信心、凝聚共識、統籌謀劃、協同推進。"①
習近平（2012 年）進一步指出："一要堅定信心，就是要堅定不移推進改革開放。要拿出勇氣，堅持改革開放正確方向，敢於啃硬骨頭，敢於涉險灘，既勇於冲破思想觀念的障礙、又勇於突破利益固化的藩籬，做到改革不停頓、開放不止步。二要凝聚共識，就是要形成推進改革開放的合力。沒有廣泛共識，改革難以順利推進，推進了也難以取得全面成功。我們要尊重人民首創精神，最大限度集中群衆智慧，把黨内外一切可以團結的力量廣泛團結起來，把國内外一切可以調動的積極因素充分調動起來，匯合成推進改革開放的強大力量。三要統籌謀劃，就是要提高改革決策的科學性。改革推進到現在，必須在深入調查研究的基礎上提出全面深化改革的頂層設計和總體規劃，提出改革的戰略目標、戰略重點、優先順序、主攻方向、工作機制、推進方式，提出改革總體方案、路綫圖、時間表。四要協同推進，就是要增強改革措施的協調性。重大改革都是牽一發而動全身的，更需要全面考量、協調推進。不能畸輕畸重，也難以單刀突進。對看準了的改革，要下決心推進，争取早日取得成效。對涉及面廣泛的改革，要同時推進配套改革，聚合各項相關改革協調推進的正能量。"②

三是，堅持改革科學方法論，切實推進全面深化改革。習近平（2012 年）指出："改革開放是前無古人的嶄新事業，必須堅持正確的方法論，在不斷實踐探索中推進。摸着石頭過河，是富有中國特色、符合中國國情的改革方法。摸着石頭過河就是摸規律。摸着石頭過河和加強頂層設計是辯證統一的，推進局部的階段性改革開放要在加強頂層設計的前提下進行，加強頂層設計要在推進局部的階段性改革開放的基礎上來謀劃。我們要加強宏觀思考和頂層設計，更加注重改革的系統性、整體性、協同性，同時也要繼續鼓勵大膽試驗、大膽突破，不斷把改革開放引向深入。"③ 習近平（2013 年）指出："在推進改革中，要堅持正確的思想方法，堅持辯證法，處理好解放思想和實事求是的關係、整體推進和重點突破的關係、全局和局部的關係、頂層設計和摸着石頭過河的關係、膽子要大和步子要穩的關係、改革發展穩定的關係，着力提高操作能力和執行力，確保中央決策部署及時準確落實到位。"④

四是，堅持緊緊依靠人民，推動全面深化改革。習近平（2012 年）指出：

---

① 中共中央文獻研究室. 習近平關於全面深化改革述摘編. 北京：中央文獻出版社. 2014：30－33 頁。

② 中共中央文獻研究室. 習近平關於全面深化改革述摘編. 北京：中央文獻出版社. 2014：30－33 頁。

③ 中共中央文獻研究室. 習近平關於全面深化改革述摘編. 北京：中央文獻出版社. 2014：34－35 頁。

④ 中共中央文獻研究室. 習近平關於全面深化改革述摘編. 北京：中央文獻出版社. 2014：47 頁。

"改革開放是億萬人民自己的事業，必須堅持尊重人民首創精神。改革開放在認識和實踐上的每一次突破和發展，改革開放中每一個新生事物的産生和發展，改革開放每一個方面經驗的創造和積累，無不來自億萬人民的實踐和智慧。"①習近平（2014年）指出："推進任何一項重大改革，都要站在人民立場上把握和處理好涉及改革的重大問題，都要從人民利益出發謀劃改革思路、制定改革舉措。中國要飛得高、跑得快，就得依靠13億人民的力量。"②習近平（2014年）進一步指出："提高改革決策的科學性，很重要的一條就是要廣泛聽取群眾意見和建議，及時總結群眾創造的新鮮經驗，充分調動群眾推進改革的積極性、主動性、創造性，把最廣大人民智慧和力量凝聚到改革上來，同人民一道把改革推向前進。"③

五是，堅持四個全面戰略布局，推進全面深化改革。習近平（2015年）指出："黨的十八大以來，我們提出要協調推進全面建成小康社會、全面深化改革、全面依法治國、全面從嚴治黨，這"四個全面"是當前黨和國家事業發展中必須解決好的主要矛盾。"④習近平（2015年）指出："必須從貫徹落實"四個全面"戰略布局的高度，深刻把握全面深化改革的關鍵地位和重要作用，拿出勇氣和魄力，自覺運用改革思維謀劃和推動工作，不斷提高領導、謀劃、推動、落實改革的能力和水平，切實做到人民有所呼、改革有所應。"⑤

六、習近平深改策——全面深改之策略：實踐活動與貫徹落實

（一）習近平深改策：實踐活動

習近平科技策——科技創新之韜略的實踐活動主要體現在：參觀、視察、考察、調研、訪問、會議、峰會、論壇、講話、演講、簽署命令、署名文章、批示指示、復信回信、賀詞賀信、專題研討班、集體學習等幾個方面。其中，會議包括全國黨代會、全國人代會、全國政協會、中央紀委會、政治局會議、黨的全會、每年全國人代會、每年全國政協會、每年紀委會、部委工作會、座談會、茶話會、團拜會、研討會、領導小組會議等；署名文章包括國內署名文章與海外署名文章。比較重要的有：

---

① 習近平：在中共第十八屆中央政治局第二次集體學習時的講話（2013年1月1日）. 人民日報. 2013年1月2日。

② 習近平：切實把思想統一到黨的十八屆三中全會精神上來. 求是. 2014，（1）：1-5。

③ 習近平：切實把思想統一到黨的十八屆三中全會精神上來. 求是. 2014，（1）：1-5。

④ 中共中央文獻研究室. 習近平關於協調推進"四個全面"戰略布局論述摘編. 北京：中央文獻出版社. 2015.10.

⑤ 習近平：在中央全面深化改革領導小組第十一次會議上的講話（2015年4月1日）. 人民日報. 2015年4月2日。

（1）成立深改機構：保障全面深改。

2012 年 11 月—2017 年 10 月，習近平先後親自擔任相關的全面深化改革領導小組組長。

一是，擔任擔任中央全面深化改革領導小組組長。2013 年 12 月 30 日，中共第十八屆中央政治局會議決定成立中央全面深化改革領導小組，習近平擔任組長。2014 年 1 月 22 日，第一次召開中央全面深化改革領導小組會議；2017 年 8 月 29 日，第三十八次召開中央全面深化改革領導小組會議。2013 年 11 月—2017 年 10 月，一共召開 38 次深改會議，審議通過 287 份深改文件，確立深改任務 300 多項，推出 1300 多項改革舉措。

二是，擔任中央軍委深化國防和軍隊改革領導小組組長。2014 年 3 月 15 日，中央軍委深化國防和軍隊改革領導小組召開第一次全體會議。習近平強調，要堅持用強軍目標審視改革、以強軍目標引領改革、圍遶強軍目標推進改革，確保深化國防和軍隊改革工作起好步、開好局。

（2）相關會議：論述全面深改。

十八大期間，習近平主持或出席論述全面深化改革的會議主要有：2013—2017 年中央政治局會議；2013—2017 年中央經濟工作會議；2013—2017 中央財經領導小組會議；2014—2017 中央全面深化改革領導小組會議；2017 年全國金融工作會議；2013—2017 中央農村工作會議；2014—2017 中央軍委改革工作會議。代表性會議主要有：

一是，中共第十八屆第三次全體會議——研究全面深化改革。2013 年 11 月 9 日至 12 日中共第十八屆第三次全體會議在北京舉行。主要議程是中共中央政治局向中央委員會報告工作，研究全面深化改革重大問題。習近平作了重要講話。全會聽取和討論了習近平受中央政治局委托作的工作報告，審議通過了《中共中央關於全面深化改革若干重大問題的決定》。習近平就《決定（討論稿）》向全會作了説明。

二是，中央軍委改革工作會議——研究軍隊改革問題。2015 年 11 月 24 日至 26 日，中央軍委召開改革工作會議，部署深化國防和軍隊改革任務。習近平提出了全面實施改革強軍戰略、堅定不移走中國特色強軍之路的重大戰略思想，深刻闡明瞭深化國防和軍隊改革一系列重大問題，爲深化國防和軍隊改革提供了根本遵循。

三是，中央經濟工作會議——研究新常態與供給側改革。2016 年 12 月 14 日至 16 日，中央經濟工作會議在北京舉行。習近平強調：黨的十八大以來，我們初步確立了適應經濟發展新常態的經濟政策框架。着重抓了作出經濟發展進入新常態的重大判斷、形成以新發展理念爲指導、以供給側結構性改革爲主綫的政策框架以及貫徹穩中求進工作總基調三件事。全黨同志要堅定信心，按照黨中央確定的思路和方法，朝着我們的奮斗目標不斷前進。

四是，全國金融工作會議——研究金融改革問題。2017 年 14 日至 15 日，全國金融工作會議在北京召開。習近平強調：要服務實體經濟防控金融風險深化金融改革，促進經濟和金融良性循環健康發展。習近平進一步強調：堅持穩中求進工作總基調，遵循金融發展規律，緊緊圍遶服務實體經濟、防控金融風險、深化金融改革三項任務，創新和完善金融調控，健全現代金融企業制度，完善金融市場體系，推進構建現代金融監管框架，加快轉變金融發展方式，健全金融法治，保障國家金融安全，促進經濟和金融良性循環、健康發展。

（3）集體學習與專題研討班：論述全面深改。

【集體學習】中共十八大期間，一共舉行了 43 次中央政治局集體學習①，不少次都論及了"全面深改"問題。其中，有 8 次是重點學習了"全面深改"問題。

一是，2012 年 12 月 31 日，中共第十八屆中央政治局就堅定不移推進改革開放進行第二次集體學習。習近平強調指出："改革開放是一項長期的、艱巨的、繁重的事業，必須一代又一代人接力干下去。必須堅持社會主義市場經濟的改革方向，堅持對外開放的基本國策，以更大的政治勇氣和智慧，不失時機深化重要領域改革，朝着黨的十八大指引的改革開放方向奮勇前進。"②

二是，2014 年 5 月 27 日，中共第十八屆中央政治局就使市場在資源配置中起決定性作用和更好發揮政府作用進行第十五次集體學習。習近平強調指出："使市場在資源配置中起決定性作用、更好發揮政府作用，既是一個重大理論命題，又是一個重大實踐命題。科學認識這一命題，準確把握其內涵，對全面深化改革、推動社會主義市場經濟健康有序發展具有重大意義。"③

三是，2014 年 12 月 5 日，中共第十八屆中央政治局就加快自由貿易區建設進行第十九次集體學習。習近平強調指出："加快實施自由貿易區戰略，是適應經濟全球化新趨勢的客觀要求，是全面深化改革、構建開放型經濟新體制的必

---

① 中央政治局集體學習：係指中共中央政治局定期學習的一種制度或習慣。由中共中央總書記主持并發表講話，中央政治局全體成員參加，邀請有關部門負責人、專家學者，就經濟、政治、歷史、文化、社會、生態、科技、軍事、外交等重大問題進行專題講解。

② 習近平：在中共第十八屆中央政治局第二次集體學習時的講話（2012 年 12 月 31 日）．人民日報．2013 年 1 月 2 日。

③ 習近平：在中共第十八屆中央政治局第十五次集體學習時的講話（2014 年 5 月 27 日）．人民日報．2014 年 5 月 28 日．

然選擇，也是我國積極運籌對外關係、實現對外戰略目標的重要手段。"①

四是，2015年1月23日，中共第十八屆中央政治局就辯證唯物主義基本原理和方法論進行第二十次集體學習。習近平強調指出："黨要團結帶領人民協調推進全面建成小康社會、全面深化改革、全面依法治國、全面從嚴治黨，實現"兩個一百年"奮鬥目標、實現中華民族偉大復興的中國夢，必須不斷接受馬克思主義哲學智慧的滋養，更加自覺地堅持和運用辯證唯物主義世界觀和方法論，增強辯證思維、戰略思維能力，努力提高解決我國改革發展基本問題的本領。"②

五是，2015年3月24日，中共第十八屆中央政治局就深化司法體制改革、保証司法公正進行第二十一次集體學習。習近平強調指出："深化司法體制改革，建設公正高效權威的社會主義司法制度，是推進國家治理體系和治理能力現代化的重要舉措。"③

六是，2016年7月26日，中共第十八屆中央政治局就深化國防和軍隊改革進行第三十四次集體學習。習近平強調指出："深化國防和軍隊改革是一場整體性、革命性變革，要堅持以黨在新形勢下的強軍目標為引領，貫徹新形勢下軍事戰略方針，全面實施改革強軍戰略，着力解決制約國防和軍隊建設的體制性障礙、結構性矛盾、政策性問題，推進軍隊組織形態現代化，進一步解放和發展戰鬥力，進一步解放和增強軍隊活力，建設同我國國際地位相稱、同國家安全和發展利益相適應的鞏固國防和強大軍隊，為實現"兩個一百年"奮鬥目標、實現中華民族偉大復興的中國夢提供堅強力量保証。"④

七是，2017年1月22日，中共第十八屆中央政治局就深入推進供給側結構性改革進行第三十八次集體學習。習近平強調指出："推進供給側結構性改革是我國經濟發展進入新常態的必然選擇，是經濟發展新常態下我國宏觀經濟管理必須確立的戰略思路。必須把改善供給側結構作為主攻方向，從生產端入手，提高供給體系質量和效率，擴大有效和中高端供給，增強供給側結構對需求變化的適應性，推動我國經濟朝着更高質量、更有效率、更加公平、更可持續的

---

① 習近平：在中共第十八屆中央政治局第十九次集體學習時的講話（2014年12月5日）. 人民日報. 2014年12月6日.

② 習近平：在中共第十八屆中央政治局第二十次集體學習時的講話（2015年1月23日）. 人民日報. 2015年1月24日.

③ 習近平：在中共第十八屆中央政治局第二十一次集體學習時的講話（2015年3月24日）. 人民日報. 2015年32月25日。

④ 習近平：在中共第十八屆中央政治局第三十四次集體學習時的講話（2016年7月26日）. 人民日報. 2016年7月27日.

方向發展。"①

八是，2017 年 7 月 24 日，中共第十八屆中央政治局就推進軍隊規模結構和力量編成改革，重塑中國特色現代軍事力量體系進行第四十二次集體學習。習近平強調指出："深化國防和軍隊改革是一場攻堅戰役，軍隊要全力以赴，全黨全國要大力支持，堅持軍地一盤棋，齊心協力完成跨軍地改革任務，以實際行動支持國防和軍隊改革，把軍政軍民團結的政治優勢轉化爲助推改革強軍的巨大力量。"②

【專題研討班】中共十八大期間，一共舉行了 6 次專題研討班③，每次研討班都不同程度地論及了"全面深改"。代表性論述有：

2014 年 2 月 17 日，中央省部級主要領導幹部學習貫徹十八屆三中全會精神全面深化改革專題研討班在中央黨校開班。習近平強調：完善和發展中國特色社會主義制度，推進國家治理體系和治理能力現代化。習近平進一步強調指出：必須適應國家現代化總進程，提高黨科學執政、民主執政、依法執政水平，提高國家機構履職能力，提高人民群衆依法管理國家事務、經濟社會文化事務、自身事務的能力，實現黨、國家、社會各項事務治理制度化、規範化、程序化，不斷提高運用中國特色社會主義制度有效治理國家的能力。

（二）習近平深改策：貫徹落實

（1）編輯讀本與摘編：宣傳全面深改。

一是中共中央宣傳部編寫先後《習近平總書記系列重要講話讀本（2014 年版）》、《習近平總書記系列重要講話讀本（2016 年版）》；該書第五部分專題解讀了習近平關於全面深化改革的重要思想。

二是中共中央文獻研究室編輯出版《習近平關於全面深化改革論述摘編（2014）》；《習近平關於協調推進"四個全面"戰略布局論述摘編（2015 年）》；《習近平關於社會主義經濟建設論述摘編（2017 年）》。

三是中共中央宣傳部等聯合攝製政論專題片《將改革進行到底（2017 年 7 月）》，共分爲《時代之問》《引領經濟發展新常態》《人民民主新境界》《維護社會公平正義》《延續中華文脈》《守住綠水青山》《強軍之路（上、下）》《黨

---

① 習近平：在中共第十八屆中央政治局第三十八次集體學習時的講話（2017 年 1 月 22 日）．人民日報．2017 年 1 月 23 日。

② 習近平：在中共第十八屆中央政治局第十九次集體學習時的講話（2017 年 7 月 24 日）．人民日報．2017 年 7 月 25 日。

③ 專題研討班：就是中共黨和政府省部級主要領導幹部專題研討班。專題班始於 1999 年，每年舉辦一次已經舉辦。研討班的主題内容爲當年中共黨和政府全局性的、戰略性的、重大的問題。由中央主要領導作報告，省部級主要官員學習研討，隨後學習研討的成果將在今後的工作中加以貫徹和落實。

的自我革新》《人民的獲得感》10 集。該片充分反映了習近平同志以高度的政治責任感和強烈的歷史使命感，整體謀劃部署改革任務，帶領 13 億中國人民攻堅克難、砥礪奮進，扎實推進全面深化改革的偉大實踐。

（2）制定政策文件：規範全面深改。

2015 年—2017 年 10 月，中央及地方先後制定了一批 "全面深化改革" 政策文件規定。代表性的主要有：

一是，中共中央印發《中共中央關於全面深化改革若干重大問題的決定》、《中共中央關於制定國民經濟和社會發展第十三個五年規劃的建議》、《中華人民共和國國民經濟和社會發展第十三個五年規劃綱要》、《中央軍委關於深化國防和軍隊改革的意見》。

二是，中共中央國務院印發《關於深化投融資體制改革的意見》、《關於深化國有企業改革的指導意見》、《關於深化體制機制改革加快實施創新驅動發展戰略的若干意見》、《國家創新驅動發展戰略綱要》、《國有林場改革方案》、《國有林區改革指導意見》。

三是，國務院印發《關於機關事業單位工作人員養老保險制度改革的決定》、《關於促進旅遊業改革發展的若干意見》、《關於改革藥品醫療器械審評審批制度的意見》、《關於印發 "十三五" 國家科技創新規劃的通知》、《關於鋼鐵行業化解過剩產能實現脫困發展的意見》、《關於煤炭行業化解過剩產能實現脫困發展的意見》、《關於深入推進農業供給側結構性改革加快培育農業農村發展新動能的若干意見》、《關於深化石油天然氣體制改革的若干意見》、《關於健全生態保護補償機制的意見》、《關於全面振興東北地區等老工業基地的若干意見》、《關於健全生態保護補償機制的意見》。

七、習近平深改策——全面深改之策略：基本研判與基本成效

（一）習近平深改策：基本研判

習近平（2015 年 12 月）指出：我們加快推進各領域改革，改革呈現全面發力、縱深推進的良好態勢。[1] 習近平（2016 年 12 月）指出：我們繼續推進全面深化改革，主要領域四樑八柱性質的改革主體框架已經基本確立。[2]

習近平（2017 年 7 月）指出："我們堅定不移全面深化改革，推動改革呈

---

[1] 習近平：在全國政協新年茶話會上的講話（2015 年 12 月 31 日）．人民日報．2016 年 1 月 1 日。

[2] 習近平：在全國政協新年茶話會上的講話（2016 年 12 月 30 日）．人民日報．2016 年 12 月 31 日。

現全面發力、多點突破、縱深推進的嶄新局面。"① 習近平（2017 年 8 月）指出："黨的十八大以來的 5 年，是全面深化改革夯基壘臺、積厚成勢、攻堅克難、砥礪奮進的 5 年，也是改革集中推進、全面深入、成果顯著、積累經驗的 5 年。② 習近平（2017 年 8 月）進一步指出：黨的十八屆三中、四中、五中、六中全會提出的改革任務，進展總的符合預期。對已經出臺的改革舉措，要對落實情況進行總體評估，尚未落地或落實效果未達到預期的改革任務，黨的十九大之後要繼續做實。③

（二）習近平深改策：主要經驗

習近平（2013 年 1 月）強調："必須認真總結和運用改革開放的成功經驗。"④ 習近平（2013 年 1 月）強調指出："一是改革開放是一場深刻革命，必須堅持正確方向，沿着正確道路推進。二是改革開放是前無古人的嶄新事業，必須堅持正確的方法論，在不斷實踐探索中推進。要加強宏觀思考和頂層設計，更加注重改革的系統性、整體性、協同性，同時也要繼續鼓勵大膽試驗、大膽突破，不斷把改革開放引向深入。三是改革開放是一個系統工程，必須堅持全面改革，在各項改革協同配合中推進。要更加注重各項改革的相互促進、良性互動，整體推進，重點突破，形成推進改革開放的强大合力。四是穩定是改革發展的前提，必須堅持改革發展穩定的統一。要堅持把改革的力度、發展的速度和社會可承受的程度統一起來，把改善人民生活作爲正確處理改革發展穩定關係的結合點。五是改革開放是億萬人民自己的事業，必須堅持尊重人民首創精神，堅持在黨的領導下推進。要保持黨同人民群衆的血肉聯繫，善於從人民的實踐創造和發展要求中完善政策主張，使改革發展成果更多更公平惠及全體人民，不斷爲深化改革開放夯實群衆基礎。"⑤

習近平（2017 年 8 月）指出：我們堅持凝聚各方智慧，創造和積累了改革的新鮮經驗。習近平（2017 年 8 月）進一步指出：全面深化改革，必須加強黨對改革的領導，必須堅持問題導向，必須狠抓改革落實，必須深化對改革規律

---

① 習近平：在省部級主要領導幹部專題研討班上的講話（2017 年 7 月 26 日）．人民日報．2017 年 7 月 27 日。

② 習近平：在中央全面深化改革領導小組第三十八次會議上的講話（2017 年 8 月 29 日）．人民日報．2017 年 8 月 30 日。

③ 習近平：在中央全面深化改革領導小組第三十八次會議上的講話（2017 年 8 月 29 日）．人民日報．2017 年 8 月 30 日。習近平：在中央全面深化改革領導小組第三十八次會議上的講話（2017 年 8 月 29 日）．人民日報．2017 年 8 月 30 日。

④ 習近平：在中共第十八屆中央政治局第二次集體學習時的講話（2013 年 1 月 1 日）．人民日報．2013 年 1 月 2 日。

⑤ 習近平：在中共第十八屆中央政治局第二次集體學習時的講話（2013 年 1 月 1 日）．人民日報．2013 年 1 月 2 日。

的認識和運用。①

(三) 習近平深改策：基本成效

中共十八大五年 (2012 年 11 月—2017 年 10 月)，改革開放和社會主義現代化建設取得了歷史性成就，全面深化改革取得重大突破，形成了全面發力、多點突破、縱深推進的嶄新局面。資料顯示：2013 年 11 月，《中共中央關於全面深化改革若干重大問題的決定》規劃了六大改革主綫，確立的 15 個領域、60 個具體改革任務和 336 項具體改革舉措。2013 年—2017 年 9 月，中央地方改革部門圍遶《中共中央關於全面深化改革若干重大問題的決定》進一步制定出臺了一大批改革文件、改革方案、改革舉措，累計 1500 多項。②

中共十八大五年來，全面深化改革，迎風破浪、大刀闊斧、上下聯動、蹄疾步穩，在政治、經濟、文化等諸多重要領域和關鍵環節取得了重大突破，譜寫了改革新篇章。表現在：一是經濟體制改革整體推進、重點突破，激發發展動力活力的作用逐步顯現；二是政治體制改革穩步推進，社會主義民主政治繼續完善；三是文化體制改革縱深推進，文化創新創造活力進一步釋放；四是社會體制改革立足保障和改善民生，人民群衆獲得感持續增強；五是生態文明體制改革加快推進，生態環境保護制度框架基本形成；六是黨的建設制度改革協調推進，管黨治黨正在實現制度化規範化；七是國防和軍隊改革取得歷史性突破。③

八、小結與展望

(一) 小結

習近平深改策——全面深改之策略是習近平 "六韜九策" 治國策體系內容之一。習近平深改策——全面深改之策略，是指習近平同志關於政治、經濟、文化、社會、生態文明、黨建、國防軍隊等全面深化改革的策略。習近平深改策的研究對象與範圍：中共十八大期間，習近平同志關於政治、經濟、文化、社會、生態文明、黨建、國防軍隊等全面深化改革的的重要論述。

習近平深改策——全面深改之策略在政黨戰略學中屬於戰略對策的層次與範疇。其基本特徵表現在：強調全面改革、突出深化改革、強調頂層設計、突出系統協調。習近平深改策——全面深改之策略的研究型、理論型的搆成體系

---

① 習近平：在中央全面深化改革領導小組第三十八次會議上的講話 (2017 年 8 月 29 日)．人民日報．2017 年 8 月 30 日。

② 人民日報記者．全面深化改革取得重大成就——訪中央改革辦常務副主任穆虹．人民日報．2017 年 09 月 21 日。

③ 人民日報記者．全面深化改革取得重大成就——訪中央改革辦常務副主任穆虹．人民日報．2017 年 09 月 21 日。

主要包括：1）習近平深改策的關鍵一招與重要意義；2）習近平深改策的文獻來源與三新政策要點；3）習近平深改策的科學內涵與基本內容；4）習近平深改策的研究對象與範圍；5）習近平深改策的亮點重點與基本特徵；6）習近平深改策的基本要求與基本目標；7）習近平深改策的地位與基本分類；8）習近平深改策的深改小組與深改成果；9）習近平深改策的抓什麼與怎麼抓；10）習近平深改策的實踐活動與貫徹落實；11）習近平深改策的基本研判與基本成效；12）小結與展望等幾個方面構成習近平深改策——全面深改之策略的完整應用體系。

（二）展望（預測與建議）

改革只有進行時沒有完成時。將改革進行到底！2012 年 12 月 31 日，習近平強調："改革開放只有進行時沒有完成時。沒有改革開放，就沒有中國的今天，也就沒有中國的明天。改革開放中的矛盾只能用改革開放的辦法來解決。我們要全面貫徹黨的十八大精神，堅持以鄧小平理論、"三個代表"重要思想、科學發展觀為指導，積極回應廣大人民群眾對深化改革開放的強烈呼聲和殷切期待，凝聚社會共識，協調推進各領域各環節改革，努力把改革開放推向前進。"[①] 2017 年 8 月 29 日，習近平強調："改革是我們進行具有新的歷史特點的偉大鬥爭的重要方面。要繼續高舉改革旗幟，站在更高起點謀劃和推進改革，堅定改革定力，增強改革勇氣，總結運用好黨的十八大以來形成的改革新經驗，再接再厲，久久為功，堅定不移將改革進行到底。"[②]

幾點建議：一是，盡快修改完善 2014 年版《習近平關於全面深化改革論述摘編（2014）》，增加補充習近平同志在 2014 年 4 月—2017 年 10 月之間的有關"全面深化改革"的重要論述。

二是，盡快編輯出版《習近平關於經濟改革論述摘編（2012—2017）》、《習近平關於文化改革論述摘編（2012—2017）》、《習近平關於教育改革論述摘編（2012—2017）》、《習近平關於科技改革論述摘編（2012—2017）》，以便於廣大黨員幹部全面系統地學習習近平同志關於經濟改革、文化改革、教育改革、科技改革的重要論述。

三是，盡快編輯出版全國幹部培訓教材《習近平全面深化改革讀本》，以便於大黨員幹部全面系統地學習、理解與運用習近平同志關於全面深化改革的重要論述。

---

① 習近平：在中共第十八屆中央政治局第二次集體學習時的講話（2012 年 12 月 31 日）. 人民日報 . 2013 年 1 月 2 日。

② 習近平：在中央全面深化改革領導小組第三十八次會議上的講話（2017 年 8 月 29 日）. 人民日報 . 2017 年 8 月 30 日。

第十一章
習近平科技策——科技創新之策略

【知識導引】

習近平科技策——科技創新之策略，是指習近平同志關於科學研究創新、技術創新及其管理體制創新的策略。習近平科技策在政黨戰略學中屬於戰略對策的層次與範疇。

【經典論述】

創新是引領發展的第一動力。抓創新就是抓發展，謀創新就是謀未來。適應和引領我國經濟發展新常態，關鍵是要依靠科技創新轉換發展動力。

——習近平

我們要實現全面建成小康社會奮斗目標，實現中華民族偉大復興，必須集中力量推進科技創新，真正把創新驅動發展戰略落到實處。

——習近平

【内容提要】 習近平科技策——科技創新之策略是習近平 "六韜九策" 治國策體系内容之一。習近平科技策——科技創新之策略, 是指習近平同志關於科學研究創新、技術創新及其管理體制創新的策略。習近平科技策研究對象與範圍: 中共十八大期間, 習近平同志關於科學研究創新、技術創新及其管理創新發展的重要論述。

習近平科技策——科技創新之策略在政黨戰略學中屬於戰略對策的層次與範疇。其基本特徵表現在: 強調第一動力、突出創新驅動、突出科技強國、強調自主創新。習近平科技策——科技創新策之策略的研究型、理論型的構成體系主要包括: 1) 習近平科技策的科技強國與重要意義; 2) 習近平科技策的文獻來源與三新政策要點; 3) 習近平科技策的科學内涵與基本内容; 4) 習近平科技策的研究對象與範圍; 5) 習近平科技策的功能作用與主要亮點; 6) 習近平科技策的地位與基本分類; 7) 習近平科技策的抓什麼與怎麼抓; 8) 習近平科技策的實踐活動與貫徹落實; 9) 習近平科技策的基本經驗與基本成效; 10) 小結與展望等幾個方面。

幾點經典建議: 一是盡快修改完善 2016 年版《習近平關於科技創新論述摘編 (2016)》; 二是盡快編輯出版《習近平關於創新發展戰略論述摘編 (2012—2017 年)》; 三是盡快編輯出版幹部培訓教材《高精尖缺科技通俗讀本》。

【關鍵詞】 習近平; 科技策; 科技創新; 構成體系; 建議

引　言

　　"習近平科技策——科技創新之策"是習近平治國理政思想體系微觀戰術層面的重要內容。中共十八大期間（2012 年 11 月—2017 年 10 月），習近平圍遶科技創新創什麼、科技創新怎麼創這個事關科技強國、綜合競爭力的重大問題進行了一系列深刻闡釋，由此勾畫了新的歷史條件下"科技創新策"的政策體系，形成、創設了"習近平科技策——科技創新之策"。

一、習近平科技策——科技創新之策略：科技強國與重要意義

（一）習近平科技策：科技強國

　　2012 年 11 月—2013 年，習近平強調要實施"創新驅動"發展戰略、強調要加快"科技創新"步伐；2014 年—2017 年，習近平進一步強調"科技創新"，首次提出"第一動力"的重要判斷，強調要建設"科技強國"。資料顯示：中共十八大五年間，習近平在國內外很多重要場合，從不同的角度，對"科技創新"進行了多方面、立體式的一系列深刻闡釋，構建了新的歷史條件下"科技創新"建設性框架。代表性論述主要有：

　　1. 強調創新驅動戰略。2012 年 12 月 7 日，習近平在廣東考察工作時首次強調指出："我們要大力實施創新驅動發展戰略，加快完善創新機制，全方位推進科技創新、企業創新、產品創新、市場創新、品牌創新，加快科技成果向現實生產力轉化，推動科技和經濟緊密結合。"① 2013 年 2 月 2 日，習近平在甘肅調研考察時強調："實施創新驅動發展戰略，是加快轉變經濟發展方式、提高我國綜合國力和國際競爭力的必然要求和戰略舉措，必須緊緊抓住科技創新這個核心和培養造就創新型人才這個關鍵，瞄準世界科技前沿領域，不斷提高企業自主創新能力和競爭力。"② 2015 年 5 月 27 日，習近平在華東七省市黨委主要負責同志座談會上強調："要深入實施創新驅動發展戰略，推動科技創新、產業創新、企業創新、市場創新、產品創新、業態創新、管理創新等，加快形成以創新爲主要引領和支撐的經濟體系和發展模式。"③

　　2. 強調科技創新。2013 年 7 月 17 日，習近平在中國科學院考察工作時強

---

① 中共中央文獻研究室. 習近平關於科技創新論述摘編. 北京：中央文獻出版社. 2016：第 13 頁。
② 習近平：在甘肅調研考察時的講話（2013 年 2 月 2 日）. 人民日報. 2013 年 2 月 6 日。
③ 習近平：在華東七省市黨委主要負責同志座談會上的講話（2015 年 5 月 27 日）. 人民日報. 2015 年 5 月 29 日。

調："我們要實現全面建成小康社會奮鬥目標，實現中華民族偉大復興，必須集中力量推進科技創新，真正把創新驅動發展戰略落到實處。"① 2014 年 6 月 9 日，習近平在全國科技大會上強調："當前，全黨全國各族人民正在為全面建成小康社會、實現中華民族偉大復興的中國夢而團結奮鬥。我們比以往任何時候都更加需要強大的科技創新力量。"②

3. 強調第一動力。2015 年 3 月 5 日，習近平在參加十二屆全國人大三次會議上海代表團審議時強調："創新是引領發展的第一動力。抓創新就是抓發展，謀創新就是謀未來。適應和引領我國經濟發展新常態，關鍵是要依靠科技創新轉換發展動力。"③ 2015 年 10 月 29 日，習近平在黨的十八屆五中全會第二次全體會議上強調："我們必須把創新作為引領發展的第一動力，把人才作為支撐發展的第一資源，把創新擺在國家發展全局的核心位置，不斷推進理論創新、制度創新、科技創新、文化創新等各方面創新，讓創新貫穿黨和國家一切工作，讓創新在全社會蔚然成風。"④

4. 強調科技強國。2014 年 6 月 9 日，習近平中國科學院第十七次院士大會上強調："今天，我們比歷史上任何時期都更接近中華民族偉大復興的目標，比歷史上任何時期都更有信心、有能力實現這個目標。而要實現這個目標，我們就必須堅定不移貫徹科教興國戰略和創新驅動發展戰略，堅定不移走科技強國之路。"⑤ 2014 年 8 月 18 日，習近平在中央財經領導小組第七次會議上強調："到本世紀中葉建成社會主義現代化國家，科技強國是應有之義，但科技強國不是一句口號，得有內容，得有標誌性技術。"⑥ 2016 年 5 月 30 日，習近平在全國科技創新大會上強調："兩院院士和廣大科技工作者是國家的財富、人民的驕傲、民族的光榮，大家責任重大、使命重大，應該努力為建成創新型國家、建成世界科技強國作出新的更大的貢獻！"⑦

（二）習近平科技策：重要意義

習近平科技策，順應世界大勢，搶抓歷史機遇，深刻闡明瞭新的歷史條件

---

① 中共中央文獻研究室. 習近平關於科技創新論述摘編. 北京：中央文獻出版社. 2016：第 23 頁。

② 中共中央文獻研究室. 習近平關於科技創新論述摘編. 北京：中央文獻出版社. 2016：第 27 頁。

③ 中共中央文獻研究室. 習近平關於科技創新論述摘編. 北京：中央文獻出版社. 2016：第 7 頁。

④ 習近平：在黨的十八屆五中全會第二次全體會議上的講話（節選）（2015 年 10 月 29 日）. 求是，2016，（1）：1－5。

⑤ 習近平：在中國科學院第十七次院士大會、中國工程院第十二次院士大會上的講話（2014 年 6 月 9 日）》單行本. 北京：人民出版社 2014：第 3 頁。

⑥ 習近平：在中央財經領導小組第七次會議上是講話（2014 年 8 月 18 日）. 人民日報. 2014 年 8 月 19 日。

⑦ 習近平：為建設世界科技強國而奮鬥——在全國科技創新大會、兩院院士大會、中國科協第九次全國代表大會上的講話（2016 年 5 月 30 日）. 人民日報 2016 年 5 月 31 日。

下爲什麼要推進科技創新、怎樣推進科技創新的重大問題，爲進一步發揮科技創新的引領作用和戰略支撐作用、增强中國綜合競争力提供了强大的思想武器與行動指南。

習近平科技策，立意高遠，内涵豐富，研判基本國情，把握改革規律，充實、提昇與拓展了傳統的科技創新理論，豐富了創新理論學與政黨戰略學，進一步豐富了中國特色社會主義理論體系。

習近平科技策，立足中國問題、破解創新難題，對於我們系統把握科技創新的基本方向、總體目標和基本任務，對於進一步協調推進四個全面戰略部署、建成世界科技强國、實現中華民族偉大復興的中國夢具有重要現實意義。

二、習近平科技策──科技創新之策略：文獻來源與三新政策要點

（一）習近平科技策：文獻來源

習近平科技策──科技創新之策略的經典文獻主要有：

一是《習近平談治國理政》①。計有 1 篇：加快從要素驅動、投資規模驅動發展爲主向以創新驅動發展爲主的轉變（2014 年 6 月 9 日）。

二是《十八大以來重要文獻選編（上）》②。計有 1 篇：關於《中共中央關於全面深化改革若干重大問題的決定》的説明（2013 年 11 月 9 日）。

三是《十八大以來重要文獻選編（中）③。計有 2 篇：加快從要素驅動、投資規模驅動發展爲主向以創新驅動發展爲主的轉變（2014 年 6 月 9 日）；關於〈中共中央關於制定國民經濟和社會發展第十三個五年規劃的建議〉的説明（2015 年 10 月 26 日）。

四是《習近平關於科技創新論述摘編》④，計有 56 篇文獻，分八個專題，共計 188 段論述。

五是《習近平關於社會主義經濟建設論述摘編》⑤。該書摘自習近平同志 2012 年 11 月 15 日至 2017 年 3 月 12 日期間的講話、報告、指示等 120 多篇重要文獻，計有 494 段重要論述。

六是其他文獻習近平關於科技創新之策略的重要論述。比較重要的文獻計有：習近平在上海考察時的講話（2014 年 5 月）；習近平在全國科技創新大會、

---

① 習近平. 習近平談治國理政. 北京：外文出版社. 2014.
② 中共中央文獻研究室. 十八大以來重要文獻選編（上）. 北京：中央文獻出版社. 2014.
③ 中共中央文獻研究室. 十八大以來重要文獻選編（中）. 北京：中央文獻出版社. 2016.
④ 中共中央文獻研究室. 習近平關於科技創新論述摘編. 北京：中央文獻出版社. 2016. 1.
⑤ 中共中央文獻研究室. 習近平關於社會主義經濟建設論述摘編. 北京：中央文獻出版社. 2017. 6。

兩院院士大會、中國科協第九次全國代表大會上的講話（2016 年 5 月 30 日）；習近平在慶祝中國共產黨成立 95 週年大會上的講話（2016 年 7 月 1 日）；習近平向 2017 年"全球航天探索大會"致賀信（2017 年 6 月 7 日）；習近平在省部級主要領導幹部專題班上的講話（2017 年 7 月 26 日）；習近平在中央軍民融合發展委員會第一次全體會議上的講話（2017 年 6 月 20 日）；習近平在慶祝中國人民解放軍建軍 90 週年大會上的講話（2017 年 8 月 1 日）；習近平在中央軍民融合發展委員會第二次全體會議上的講話（2017 年 9 月 22 日）。

（二）習近平科技策：三新政策要點（新政策新規定新要求）

根據以上文獻分析，習近平科技策——科技創新之策略的的三新政策要點（新政策新規定新要求）主要有以下幾個方面：

（1）科技強國要點。一是，科技興則民族興，科技強則國家強。科技是國家強盛之基，創新是民族進步之魂。二是，要實現中華民族偉大復興這個目標，我們就必須堅定不移貫徹科教興國戰略和創新驅動發展戰略，堅定不移走科技強國之路。三是，本世紀中葉建成社會主義現代化國家，科技強國是應有之義，但科技強國不是一句口號，得有內容，得有標誌性技術。

（2）科技創新要點。一是，創新是一個民族進步的靈魂，是一個國家興旺發達的不竭動力，也是中華民族最深沉的民族稟賦。二是，創新是引領發展的第一動力。三是，抓創新就是抓發展，謀創新就是謀未來。四是，要發揮創新引領發展第一動力作用，實施一批重大科技項目，加快突破核心關鍵技術，全面提升經濟發展科技含量，提高勞動生產率和資本回報率。五是，我們必須把創新作爲引領發展的第一動力，把人才作爲支撐發展的第一資源，把創新擺在國家發展全局的核心位置，不斷推進理論創新、制度創新、科技創新、文化創新等各方面創新。

（3）創新驅動發展戰略要點。一是，實施創新驅動發展戰略，是加快轉變經濟發展方式、提高我國綜合國力和國際競爭力的必然要求和戰略舉措。二是，實施創新驅動發展戰略，必須着力構建以企業爲主體、市場爲導向、產學研相結合的技術創新體系。三是，創新驅動發展是一個長期戰略；實施創新驅動發展戰略是一個系統工程。四是，實施創新驅動發展戰略，必須緊緊抓住科技創新這個牛鼻子，切實營造實施創新驅動發展戰略的體制機制和良好環境，加快形成我國發展新動源。

（4）科技自主創新要點。一是，實現"兩個一百年"奮鬥目標，實現中華民族偉大復興的中國夢，必須堅持走中國特色自主創新道路。二是，要面向世界科技前沿、面向經濟主戰場、面向國家重大需求，加快各領域科技創新，掌握全球科技競爭先機。三是，面向未來，增強自主創新能力，最重要的就是要堅定不移走中國特色自主創新道路。四是，堅持自主創新、重點跨越、支撐發展、引領未來的方針，加快創新型國家建設步伐。五是，堅定不移走中國特色自主創新道路。這條道路是有優勢的，最大的優勢就是我國社會主義制度能夠集中力量辦大事，這是我們成就事業的重要法寶。

（5）人才資源要點。一是，人才是創新的第一資源，沒有人才優勢，就不可能有創新優勢、科技優勢、產業優勢。二是，人才資源作爲經濟社會發展第一資源的特徵和作用更加明顯，人才競爭已經成爲綜合國力競爭的核心。三是，要發揮好現有人才作用，同時攬四方之才，擇天下英才而用之。四是，要把科技創新搞上去，就必須建設一支規模宏大、結構合理、素質優良的創新人才隊伍。五是，我國要在科技創新方面走在世界前列，必須在創新實踐中發現人才、在創新活動中培育人才、在創新事業中凝聚人才，必須大力培養造就規模宏大、結構合理、素質優良的創新型科技人才。

三、習近平科技策——科技創新之策略：科學涵義與構成體系

（一）習近平科技策：科學涵義與基本內容

習近平科技策——科技創新之策略，是指習近平同志關於科學研究創新、技術創新及其管理體制創新的策略。策略原意指計策、謀略，引申義指行動方針、鬥爭藝術與方法手段，這裏擴展爲關於推進科學技術及其管理體制創新而采取的具有微觀的局部的戰術的等特徵的一種選擇與安排。

習近平科技策研究對象與範圍：中共十八大期間，習近平同志關於科學研究創新、技術創新及其管理創新發展的重要論述。

與習近平科技策密切相關的新詞彙、新提法主要有：科技創新、第一動力、第一資源、金融科技創新、生態科技創新、國防科技創新、創新驅動戰略、科技創新主體、科技創新動力、中國航天日、軍民融合、科技強國、科技強軍、載人航天、探月工程、移動通信、量子通訊、北鬥導航、載人深潛、高速鐵路、航空母艦。

什麼是科技創新？科技創新是原創性科學研究、技術創新及其管理體制的總稱。分成三種類型：知識創新、技術創新和管理體制創新。科技創新主體包括政府 、企業、科研院所、高等院校、國際組織、中介服務機構、社會公衆等多個主體；科技創新要素包括人才、資金、科技基礎、知識產權、制度建設、創新氛圍等多個要素。

習近平科技策的基本內容：基本思路、基本原則、基本目標、基本任務、保障措施等幾個方面。

習近平科技策的重要功能與作用：核心位置、重大戰略與戰略支撐。一則，

核心位置。2014 年 1 月，習近平指出："科技創新是提高社會生產力和綜合國力的戰略支撐，必須把科技創新擺在國家發展全局的核心位置，堅持走中國特色自主創新道路，敢於走別人沒有走過的路，不斷在攻堅克難中追求卓越，加快向創新驅動發展轉變。"① 二則，重大戰略。2013 年 10 月，習近平指出："全黨全社會都要充分認識科技創新的巨大作用，把創新驅動發展作爲面向未來的一項重大戰略，常抓不懈。"② 三則，戰略支撐。2013 年 3 月，習近平指出："我們要加快從要素驅動發展爲主向創新驅動發展轉變，發揮科技創新的支撐引領作用。"③ 2013 年 7 月，習近平指出："黨的十八大提出實施創新驅動發展戰略，強調科技創新是提高社會生產力和綜合國力的戰略支撐，必須擺在國家發展全局的核心位置。"④

習近平科技策的主要亮點：第一動力與第一資源。一則，創新是引領發展的第一動力。2015 年 3 月，習近平首次強調："創新是引領發展的第一動力。"習近平（2015 年 10 月）強調：我們必須把創新作爲引領發展的第一動力，把創新擺在國家發展全局的核心位置。二則，人才是支撐發展的第一資源。2013 年 10 月，習近平指出："我們將秉持科技是第一生產力、人才是第一資源的理念，兼收並蓄，吸取國際先進經驗，推進教育改革，提高教育質量，培養更多、更高素質的人才。"⑤ 2015 年 10 月，習近平強調：我們必須把人才作爲支撐發展的第一資源，不斷推進理論創新、制度創新、科技創新、文化創新等各方面創新，讓創新貫穿黨和國家一切工作，讓創新在全社會蔚然成風。

（二）習近平科技策：地位與基本特徵

在政黨戰略學中，習近平科技策——科技創新之策略屬於戰略對策的層次與範疇。其基本特徵表現在：

（1）強調第一動力。習近平（2015 年 10 月）強調：我們必須把創新作爲引領發展的第一動力，把創新擺在國家發展全局的核心位置，不斷推進理論創新、制度創新、科技創新、文化創新等各方面創新。習近平（2015 年 12 月）進一步強調："要發揮創新引領發展第一動力作用，實施一批重大科技項目，加快突破核心關鍵技術，全面提昇經濟發展科技含量，提高勞動生產率和資本回

---

① 習近平：在會見嫦娥三號任務參研參試人員代表時的講話（2014 年 1 月 6 日）. 人民日報. 2014 年 1 月 7 日。
② 中共中央文獻研究室. 習近平關於科技創新論述摘編. 北京：中央文獻出版社. 2016：第 25 頁。
③ 中共中央文獻研究室. 習近平關於科技創新論述摘編. 北京：中央文獻出版社. 2016：第 13 頁。
④ 中共中央文獻研究室. 習近平關於科技創新論述摘編. 北京：中央文獻出版社. 2016：第 23 頁。
⑤ 習近平：在會見清華大學經濟管理學院顧問委員會海外委員時的講話（2013 年 10 月 23 日）. 人民日報. 2013 年 10 月 24 日。

報率。"①

（2）突出創新驅動。習近平（2015 年 10 月）強調："創新驅動發展是一個長期戰略，也是近期工作重點。各級黨委和政府要加強組織領導，發揚釘釘子精神，扎扎實實、一件事一件事抓好，努力抓出成效。"② 習近平（2015 年 10 月）進一步強調："我們將大力實施創新驅動發展戰略，把發展着力點更多放在創新上，發揮創新激勵經濟增長的乘數效應，破除體制機制障礙，讓市場真正成爲配置創新資源的決定性力量，讓企業真正成爲技術創新主體。"③

（3）突出科技強國。習近平（2014 年 6 月）強調：科技是國家強盛之基，創新是民族進步之魂。科技實力決定着世界政治經濟力量對比的變化，也決定着各國各民族的前途命運。習近平（2014 年 6 月）進一步強調：要實現中華民族偉大復興這個目標，我們就必須堅定不移貫徹科教興國戰略和創新驅動發展戰略，堅定不移走科技強國之路。習近平（2016 年 12 月）強調指出："希望廣大航天人在航天事業發展的征程上勇攀高峰、不斷前行，爲建設航天強國和世界科技強國建功立業，爲實現"兩個一百年"奮鬥目標、實現中華民族偉大復興的中國夢不斷作出新的更大的貢獻。"④

（4）強調自主創新。習近平（2013 年 3 月）指出："堅定不移走中國特色自主創新道路。這條道路是有優勢的，最大的優勢就是我國社會主義制度能夠集中力量辦大事，這是我們成就事業的重要法寶，過去我們搞"兩彈一星"等靠的是這一法寶，今後我們推進創新跨越也要靠這一法寶。"⑤ 習近平（2013 年 8 月）進一步強調："總的要看到，我們走的是一條中國特色自主創新道路，這是一條必由之路，必須堅定不移地走下去。現在已經取得很好的成績，實踐證明是可以大有作爲的，是現代化建設最可依靠的支撐點。"⑥

（三）習近平科技策：基本分類與構成體系

根據習近平科技策——科技創新策略的科學內涵與基本內容，可分爲以下幾類：

習近平科技・知識策——科技創新之知識創新策略；習近平科技・技術策——科技創新之技術創新策略；習近平科技・管理策——科技創新之管理體

---

① 中共中央文獻研究室 . 習近平關於科技創新論述摘編 . 北京：中央文獻出版社 .2016：第 41 頁。
② 中共中央文獻研究室 . 習近平關於科技創新論述摘編 . 北京：中央文獻出版社 .2016：第 19 頁。
③ 習近平：發揮亞太引領作用，應對世界經濟挑戰（2015 年 11 月 18 日）. 人民日報 .2015 年 11 月 19 日。
④ 習近平：在會見天宮二號和神舟十一號載人飛行任務航天員及參研參試人員代表時的講話（2016 年 12 月 20 日）. 人民日報 . 2016 年 12 月 21 日。
⑤ 中共中央文獻研究室 . 習近平關於科技創新論述摘編 . 北京：中央文獻出版社 .2016：第 35 頁。
⑥ 中共中央文獻研究室 . 習近平關於科技創新論述摘編 . 北京：中央文獻出版社 .2016：第 41 頁。

制創新策略。

習近平科技·知識策——科技創新之知識創新策略，是指習近平同志關於科學技術創新中的知識創新策略。習近平科技·技術策——科技創新之技術創新策略，是指習近平同志關於科學技術創新中的技術創新策略。習近平科技·管理策——科技創新之管理體制創新策略，是指習近平同志關於科學技術創新中的管理體制創新策略。

習近平科技策——科技創新策之策略的研究型、理論型的構成體系主要爲：

（1）習近平科技策的科技強國與重要意義；（2）習近平科技策的文獻來源與三新政策要點；（3）習近平科技策的科學內涵與基本內容；（4）習近平科技策的研究對象與範圍；（5）習近平科技策的功能作用與主要亮點；（6）習近平科技策的地位與基本分類；（7）習近平科技策的抓什麼與怎麼抓；（8）習近平科技策的實踐活動與貫徹落實；（9）習近平科技策的基本經驗與基本成效；（10）習近平科技策的小結與展望。

由以上幾個方面構成習近平科技策——科技創新策之策略的完整應用體系。

四、習近平科技策——科技創新之策略：抓什麼與怎麼抓

（一）習近平科技策：抓什麼——任務要求

一是，抓方向，抓三大方向。2016 年 5 月，習近平指出："推動科技發展，必須準確判斷科技突破方向。判斷準了就能抓住先機。歷史經驗表明，那些抓住科技革命機遇走向現代化的國家，都是科學基礎雄厚的國家；那些抓住科技革命機遇成爲世界強國的國家，都是在重要科技領域處於領先行列的國家。"①2016 年 5 月，習近平進一步指出："實現兩個一百年奮斗目標，實現中華民族偉大復興的中國夢，必須堅持走中國特色自主創新道路，面向世界科技前沿、面向經濟主戰場、面向國家重大需求，加快各領域科技創新，掌握全球科技競爭先機。這是我們提出建設世界科技強國的出發點。"②

二是，抓目標，抓發展目標。2016 年 5 月，習近平指出："我國科技事業發展的目標是，到 2020 年時使我國進入創新型國家行列，到 2030 年時使我國進入創新型國家前列，到新中國成立 100 年時使我國成爲世界科技強國。"③

---

① 習近平：爲建設世界科技強國而奮鬥——在全國科技創新大會、兩院院士大會、中國科協第九次全國代表大會上的講話（2016 年 5 月 30 日）．人民日報 2016 年 5 月 31 日。

② 習近平：爲建設世界科技強國而奮鬥——在全國科技創新大會、兩院院士大會、中國科協第九次全國代表大會上的講話（2016 年 5 月 30 日）．人民日報 2016 年 5 月 31 日。

③ 習近平：爲建設世界科技強國而奮鬥——在全國科技創新大會、兩院院士大會、中國科協第九次全國代表大會上的講話（2016 年 5 月 30 日）．人民日報 2016 年 5 月 31 日。

三是，抓任務，抓五個着力。2013 年 10 月，習近平指出，實施創新驅動發展戰略最爲緊迫的是要進一步解放思想，加快科技體制改革步伐，破除一切束縛創新驅動發展的觀念和體制機制障礙。習近平進一步指出："一是着力推動科技創新與經濟社會發展緊密結合。要通過深化改革，進一步打通科技和經濟社會發展之間的通道，讓市場真正成爲配置創新資源的力量，讓企業真正成爲技術創新的主體。二是着力增強自主創新能力。要提高自主創新能力，努力掌握關鍵核心技術。要健全激勵機制、完善政策環境，從物質和精神兩個方面激發科技創新的積極性和主動性。三是着力完善人才發展機制。要用好用活人才，建立更爲靈活的人才管理機制，打通人才流動、使用、發揮作用中的體制機制障礙，最大限度支持和幫助科技人員創新創業。四是着力營造良好政策環境。要加大政府科技投入力度，引導企業和社會增加研發投入，加強知識產權保護工作，完善推動企業技術創新的稅收政策，加大資本市場對科技型企業的支持力度。五是着力擴大科技開放合作。要深化國際交流合作，充分利用全球創新資源，在更高起點上推進自主創新，並同國際科技界携手努力爲應對全球共同挑戰作出應有貢獻。"[1]

四是，抓體制，抓三個分工。2014 年 8 月，習近平指出：要推進政府科技管理體制改革，以轉變職能爲目標，做好"三個分工"。2014 年 8 月，習近平進一步指出："一是政府和市場分工，能由市場做的，要充分發揮市場在資源配置中的決定性作用，政府從分錢分物的具體事項中解脫出來，提高戰略規劃水平，做好創造環境、引導方向、提供服務等工作。二是中央各部門功能性分工，有的重點抓基礎性研究，有的重點抓應用性研究，有的則要重點抓產業化推廣。三是中央和地方分工，中央政府側重抓基礎，地方要更多抓應用。要加強黨對科技工作的領導，把握方向，突出重點，形成拳頭，狠抓落實。要保持財政對科技的投入力度，並全面提高科技資金使用效率。科研資金要進一步整合，不能分割和碎片化，不要作爲部門的一種權威蘇利益，該集中的就要合理集中起來。"[2]

五是，抓人才，抓人才第一資源。2013 年 9 月，習近平指出："人才資源是第一資源，也是創新活動中最爲活躍、最爲積極的因素。要把科技創新搞上去，就必須建設一支規模宏大、結構合理、素質優良的創新人才隊伍。"[3] 習近

---

① 習近平：在中共第十八屆中央政治局第九次集體學習時的講話（2013 年 9 月 30 日）．人民日報．2013 年 10 月 1 日。

② 中共中央文獻研究室．習近平關於科技創新論述摘編．北京：中央文獻出版社．2016：第 67 頁。

③ 中共中央文獻研究室．習近平關於科技創新論述摘編．北京：中央文獻出版社．2016：第 111頁。

平進一步指出："改革和完善人才發展機制。一是要用好用活人才，建立更爲靈活的人才管理機制，完善評價這個指揮棒，打通人才流動、使用、發揮作用中的體制機制障礙，統籌加強高層次創新人才、青年科技人才、實用技術人才等方面人才隊伍建設，最大限度支持和幫助科技人員創新創業。要大力造就世界水平的科學家、科技領軍人才、卓越工程師、高水平創新團隊。二是要深化教育改革，推進素質教育，創新教育方法，提高人才培養質量，努力形成有利於創新人才成長的育人環境。三是要積極引進海外優秀人才，制定更加積極的國際人才引進計劃，吸引更多海外創新人才到我國工作。"①

（二）習近平科技策：怎麼抓——方法對策

一是，堅持三個牢牢把握，牽住科技創新牛鼻子。2014 年 5 月，習近平指出："當今世界，科技創新已經成爲提高綜合國力的關鍵支撐，成爲社會生產方式和生活方式變革進步的强大引領，誰牽住了科技創新這個牛鼻子，誰走好了科技創新這步先手棋，誰就能佔領先機、贏得優勢。"② 2014 年 5 月，習近平進一步指出："一要牢牢把握科技進步大方向，瞄準世界科技前沿領域和頂尖水平，力爭在基礎科技領域有大的創新，在關鍵核心技術領域取得大的突破。二要牢牢把握產業革命大趨勢，圍遶產業鏈部署創新鏈，把科技創新真正落到產業發展上。三要牢牢把握集聚人才大舉措，加强科研院所和高等院校創新條件建設，完善知識產權運用和保護機制，讓各類人才的創新智慧競相迸發。"③

二是，堅持創新驅動發展戰略，全力加快科技創新步伐。2013 年 10 月，習近平指出："全黨全社會都要充分認識科技創新的巨大作用，把創新驅動發展作爲面向未來的一項重大戰略，常抓不懈。"④ 2014 年 8 月，習近平指出："黨的十八大提出的實施創新驅動發展戰略，就是要推動以科技創新爲核心的全面創新，堅持需求導向和產業化方向，堅持企業在創新中的主體地位，發揮市場在資源配置中的決定性作用和社會主義制度優勢，增强科技進步對經濟增長的貢獻度，形成新的增長動力源泉，推動經濟持續健康發展。"⑤ 2015 年 12 月，習近平指出："要堅持創新驅動，推動產學研結合和技術成果轉化，强化對創新的激勵和創新成果應用，加大對新動力的扶持，培育良好創新環境。"⑥

---

① 中共中央文獻研究室. 習近平關於科技創新論述摘編. 北京：中央文獻出版社. 2016：第 111 頁。
② 習近平：在上海考察時的講話（2014 年 5 月 23 日）. 人民日報. 2014 年 5 月 24 日。
③ 習近平：在上海考察時的講話（2014 年 5 月 23 日）. 人民日報. 2014 年 5 月 24 日。
④ 中共中央文獻研究室. 習近平關於科技創新論述摘編. 北京：中央文獻出版社. 2016：第 25 頁。
⑤ 中共中央文獻研究室. 習近平關於科技創新論述摘編. 北京：中央文獻出版社. 2016：第 17 頁。
⑥ 中共中央文獻研究室. 習近平關於科技創新論述摘編. 北京：中央文獻出版社. 2016：第 10 頁。

三是，堅持發揮科技創新戰略支撐作用，進一步提昇中國綜合國力競爭力。2013 年 3 月，習近平指出：“我們要加快從要素驅動發展爲主向創新驅動發展轉變，發揮科技創新的支撐引領作用。這是立足全局、面向未來的重大戰略，對實現到 2020 年全面建成小康社會目標具有十分重要的意義。”① 2013 年 7 月，習近平指出：“黨的十八大提出實施創新驅動發展戰略，強調科技創新是提高社會生產力和綜合國力的戰略支撐，必須擺在國家發展全局的核心位置。”② 2014 年 1 月，習近平指出：“科技創新是提高社會生產力和綜合國力的戰略支撐，必須把科技創新擺在國家發展全局的核心位置，堅持走中國特色自主創新道路，敢於走別人没有走過的路，不斷在攻堅克難中追求卓越，加快向創新驅動發展轉變。”③

四是，堅持深化科技體制改革，營造良好科技創新環境。2013 年 7 月，習近平指出：“要深化科技體制改革，堅決掃除阻礙科技創新能力提高的體制障礙，有力打通科技和經濟轉移轉化的通道，優化科技政策供給，完善科技評價體系，營造良好創新環境。”④ 2013 年 9 月，習近平指出：“深化科技體制改革這篇文章怎麽做？要在借鑒國内外經驗和廣泛徵求各方面意見的基礎上，抓緊組織研究。改革的目標只有一個，那就是要進一步打通科技和經濟社會發展之間的通道。”⑤ 2014 年 8 月，習近平指出：“深化改革，建立健全體制機制。要加快體制機制創新，形成新的利益軌道。一個是科技創新的輪子，一個是體制機制創新的輪子，兩個輪子共同轉動，才有利於推動經濟發展方式根本轉變。”⑥ 2015 年 3 月，習近平指出：“推進科技創新，必須破除體制機制障礙。要注重突破制約産學研用有機結合的體制機制障礙，突出市場在創新資源配置中的決定性作用，突出企業創新主體地位，推動人財物各種創新要素向企業集聚，使創新成果更快轉化爲現實生產力。要推進協同創新，健全創新服務支撐體系，加強知識産權運用和保護，維護好公平競爭的市場秩序。”⑦

五是，堅持弘揚偉大創新精神，培育創新發展人才隊伍。2016 年 5 月，習近平指出：“我國要建設世界科技強國，關鍵是要建設一支規模宏大、結搆合理、素質優良的創新人才隊伍，激發各類人才創新活力和潛力。要極大調動和

---

① 中共中央文獻研究室 . 習近平關於科技創新論述摘編 . 北京：中央文獻出版社 . 2016：第 13 頁。

② 中共中央文獻研究室 . 習近平關於科技創新論述摘編 . 北京：中央文獻出版社 . 2016：第 23 頁。

③ 習近平：在會見嫦娥三號任務參研參試人員代表時的講話（2014 年 1 月 6 日）. 人民日報 . 2014 年 1 月 7 日。

④ 中共中央文獻研究室 . 習近平關於科技創新論述摘編 . 北京：中央文獻出版社 . 2016：第 56 頁。

⑤ 中共中央文獻研究室 . 習近平關於科技創新論述摘編 . 北京：中央文獻出版社 . 2016：第 58 頁。

⑥ 中共中央文獻研究室 . 習近平關於科技創新論述摘編 . 北京：中央文獻出版社 . 2016：第 64 頁。

⑦ 中共中央文獻研究室 . 習近平關於科技創新論述摘編 . 北京：中央文獻出版社 . 2016：第 70 頁。

充分尊重廣大科技人員的創造精神，激勵他們爭當創新的推動者和實踐者，使謀劃創新、推動創新、落實創新成爲自覺行動。"① 2016 年 5 月，習近平進一步指出："各級黨委和政府要肩負起領導和組織創新發展的責任，善於調動各方面創新要素，善於發揮各類人才積極性，共同爲建設創新型國家、建設世界科技強國凝心聚力。各級黨委和政府要肩負起領導和組織創新發展的責任，善於調動各方面創新要素，善於發揮各類人才積極性，共同爲建設創新型國家、建設世界科技強國凝心聚力。②

六是，堅持自主創新道路，增強自主創新能力。2013 年 7 月，習近平指出："一個國家只是經濟體量大，還不能代表強。我們是一個大國，在科技創新上要有自己的東西。一定要堅定不移走中國特色自主創新道路，培養和吸引人才，推動科技和經濟緊密結合，真正把創新驅動發展戰略落到實處。"③ 2013 年 8 月，習近平指出："我們要做好頂層設計，要以世界眼光搞頂層設計。要研究和找準世界科技發展的背景、發展的趨勢，以及中國的現狀、中國應走的路徑，把需要與現實能力統籌考慮，有所爲有所不爲，長遠目標與近期工作結合，這樣提出切合實際的發展方向、目標、工作重點。"④ 2014 年 6 月，習近平指出："面向未來，增強自主創新能力，最重要的就是要堅定不移走中國特色自主創新道路，堅持自主創新、重點跨越、支撐發展、引領未來的方針，加快創新型國家建設步伐。"⑤

五、習近平科技策——科技創新之策略：實踐活動與貫徹落實

(一) 習近平科技策：實踐活動

習近平科技策——科技創新之韜略的實踐活動主要體現在：參觀、視察、考察、調研、訪問、會議、峰會、論壇、講話、演講、簽署命令、署名文章、批示指示、復信回信、賀詞賀信、專題研討班、集體學習等幾個方面。其中，會議包括全國黨代會、全國人代會、全國政協會、中央紀委會、政治局會議、黨的全會、每年全國人代會、每年全國政協會、每年紀委會、部委工作會、座談會、茶話會、團拜會、研討會、領導小組會議等；署名文章包括國內署名文

---

① 習近平：爲建設世界科技強國而奮鬥——在全國科技創新大會、兩院院士大會、中國科協第九次全國代表大會上的講話 (2016 年 5 月 30 日)．人民日報 2016 年 5 月 31 日。
② 習近平：爲建設世界科技強國而奮鬥——在全國科技創新大會、兩院院士大會、中國科協第九次全國代表大會上的講話 (2016 年 5 月 30 日)．人民日報 2016 年 5 月 31 日。
③ 習近平：在湖北考察工作時的講話 (2013 年 7 月 21 日)．人民日報．2013 年 7 月 24 日。
④ 中共中央文獻研究室．習近平關於科技創新論述摘編．北京：中央文獻出版社．2016：第 41 頁。
⑤ 中共中央文獻研究室．習近平關於科技創新論述摘編．北京：中央文獻出版社．2016：第 45 頁。

章與海外署名文章。比較重要的有：

（1）相關會議：論述科技創新。

一是，科技大會——論述科技創新。2016 年 5 月 30 日—6 月 3 日，全國科技創新大會、中國科學院第十八次院士大會和中國工程院第十三次院士大會、中國科學技術協會第九次全國代表大會在北京舉行。習近平強調：必須堅持走中國特色自主創新道路，加快各領域科技創新，掌握全球科技競爭先機，建設世界科技強國。

二是，哲學社會科學工作座談會——論述科技創新。2016 年 5 月 17 日，習近平主持召開全國哲學社會科學工作座談會。習近平強調：堅持和發展中國特色社會主義，必須高度重視哲學社會科學，結合中國特色社會主義偉大實踐，加快構建中國特色哲學社會科學。

三是，中央財經領導小組會議——論述科技創新。2014 年 8 月 18 日，習近平主持召開中央財經領導小組第七次會議強調：加快實施創新驅動發展戰略，加快推動經濟發展方式轉變。習近平進一步強調指出：“實施創新驅動發展戰略，就是要推動以科技創新爲核心的全面創新，堅持需求導向和產業化方向，堅持企業在創新中的主體地位，發揮市場在資源配置中的決定性作用和社會主義制度優勢，增强科技進步對經濟增長的貢獻度，形成新的增長動力源泉，推動經濟持續健康發展。”①

四是，中央全面深化改革領導小組次會議——論述科技創新。2014 年 9 月 29 日，習近平在主持召開中央全面深化改革領導小組第五次會議上強調：“要徹底改變政出多門、九龍治水的格局，堅持按目標成果、績效考核爲導向進行資源分配，統籌科技資源，建立公開統一的國家科技管理平臺，構建總體布局合理、功能定位清晰、具有中國特色的科技計劃體系和管理制度，以此帶動科技其他方面的改革向縱深推進，爲實施創新驅動發展戰略創立一個好的體制保障。”② 2015 年 5 月 5 日，習近平在主持召開中央全面深化改革領導小組第十二次會議上強調：“要堅持問題導向，突出改革整體性，強調繼承和發展，注重可操作性，聚焦制約科技創新和驅動發展的突出矛盾，統籌銜接當前和長遠舉措，明確分工、完成時限，把握節奏，分步實施，力爭到 2020 年在科技體制改革的重要領域和關鍵環節上取得突破性成果，基本建立適應創新驅動發展戰略要求、

---

① 習近平：在中央財經領導小組第七次會議上是講話（2014 年 8 月 18 日）．人民日報．2014 年 8 月 19 日。

② 習近平：在中央全面深化改革領導小組第五次會議上的講話（2014 年 9 月 29 日）．人民日報．2014 年 9 月 30 日。

符合社會主義市場經濟規律、科技創新發展規律的國家創新體系。"①

（2）指示、批示、賀信：論述科技創新。

一是，指示批示——科技創新。

【重要指示】2016 年 4 月 24 日，習近平在首個 "中國航天日" 之際作出重要指示："廣大航天科技工作者要牢牢抓住戰略機遇，堅持創新驅動發展，勇攀科技高峰，譜寫中國航天事業新篇章，爲服務國家發展大局和增進人類福祉作出更大貢獻。"② 2016 年 5 月 6 日，習近平就深化人才發展體制機制改革作出重要指示："要加快構建更加科學高效的人才管理體制，遵循社會主義市場經濟規律和人才成長規律，轉變政府人才管理職能，保障和落實用人主體自主權，健全市場化、社會化的人才管理服務體系，更好激發人才創新創造活力。"③

【重要批示】2014 年 5 月 13 日，習近平批示在《中央人才工作協調小組關於二〇一三年工作情況的報告》上的批示中強調："擇天下英才而用之，關鍵是要堅持黨管人才原則，遵循社會主義市場經濟規律和人才成長規律，着力破除束縛人才發展的思想觀念，推進體制機制改革和政策創新，充分激發各類人才的創造活力，在全社會大興識才愛才、敬才用才之風，開創人人皆可成才、人人盡展其才的生動局面。"④ 2014 年 6 月 23 日，習近平在〈努力在新一輪科技革命和產業變革中佔領制高點〉上的批示強調："在新一輪科技革命和產業變革大勢中，科技創新作爲提高社會生產力、提昇國際競爭力、增強綜合國力、保障國家安全的戰略支撐，必須擺在國家發展全局的核心位置。"⑤

二是，賀信——科技創新。

2017 年 6 月 6 日，習近平在致 2017 年 "全球航天探索大會" 賀信中指出："中國歷來高度重視航天探索和航天科技創新，願加強同國際社會的合作，和平探索開發龢利用太空，讓航天探索和航天科技成果爲創造人類更加美好的未來貢獻力量。相信本次大會將有力促進全球航天科技發展和國際交流合作。"⑥ 2014 年 10 月 25 日，習近平在致二〇一四浦江創新論壇的賀信中指出："中國正在實施創新驅動發展戰略，推進以科技創新爲核心的全面創新。我們將全方

---

① 習近平：在中央全面深化改革領導小組第十二次會議上的講話（2015 年 5 月 5 日）．人民日報．2015 年 5 月 6 日。

② 習近平在首個 "中國航天日" 之際作出重要指示（2016 年 4 月 24 日）．人民日報．2016 年 4 月 24 日。

③ 習近平：就深化人才發展體制機制改革作出重要指示（2016 年 5 月 5 日）．人民日報．2016 年 5 月 6 日。

④ 中共中央文獻研究室．習近平關於科技創新論述摘編．北京：中央文獻出版社．2016：第 114 頁。

⑤ 中共中央文獻研究室．習近平關於科技創新論述摘編．北京：中央文獻出版社．2016：第 31 頁。

⑥ 習近平向 2017 年 "全球航天探索大會" 致賀信．人民日報．2017 年 06 月 07 日。

位加强國際科技創新合作，積極參與全球創新網絡，同世界各國人民携手應對人類面臨的共同挑戰，實現各國共同發展。"①

（3）集體學習：論述科技創新。

【集體學習】中共十八大期間，一共舉行了 43 次中央政治局集體學習②，不少次都論及了"科技創新"問題。其中，有 2 次是重點學習了"科技創新"問題。

一是，2013 年 9 月 30 日，中共第十八屆中央政治局就以實施創新驅動發展戰略爲題舉行第九次集體學習。習近平强調指出："實施創新驅動發展戰略決定着中華民族前途命運。全黨全社會都要充分認識科技創新的巨大作用，敏銳把握世界科技創新發展趨勢，緊緊抓住和用好新一輪科技革命和産業變革的機遇，把創新驅動發展作爲面向未來的一項重大戰略實施好。"③

二是，2016 年 10 月 9 日，中共第十八屆中央政治局就實施網絡强國戰略進行第三十六次集體學習。習近平强調指出："加快推進網絡信息技術自主創新，加快數字經濟對經濟發展的推動，加快提高網絡管理水平，加快增强網絡空間安全防禦能力，加快用網絡信息技術推進社會治理，加快提昇我國對網絡空間的國際話語權和規則制定權，朝着建設網絡强國目標不懈努力。"④

【專題研討班】中共十八大期間，一共舉行了 6 次專題研討班⑤，每次研討班都不同程度地論及了"科技創新"。代表性論述有：

2016 年 1 月 19 日，習近平在省部級主要領導幹部學習貫徹十八屆五中全會精神專題研討班開班式上强調："聚焦發力貫徹五中全會精神，確保如期全面建成小康社會。"習近平進一步指出："要着力實施創新驅動發展戰略，抓住了創新，就抓住了牽動經濟社會發展全局的牛鼻子。抓創新就是抓發展，謀創新就是謀未來。我們必須把發展基點放在創新上，通過創新培育發展新動力、塑造更多發揮先發優勢的引領型發展，做到人有我有、人有我强、人强我優。"

---

① 習近平和普京爲 2014 浦江創新論壇致賀信．人民日報．2014 年 10 月 25 日。

② 中央政治局集體學習：係指中共中央政治局定期學習的一種制度或習慣。由中共中央總書記主持并發表講話，中央政治局全體成員參加，邀請有關部門負責人、專家學者，就經濟、政治、歷史、文化、社會、生態、科技、軍事、外交等重大問題進行專題講解。

③ 習近平：在中共第十八屆中央政治局第九次集體學習時的講話（2013 年 9 月 30 日）．人民日報．2013 年 10 月 1 日。

④ 習近平：在中共第十八屆中央政治局第三十六次集體學習時的講話（2016 年 10 月 19 日）．人民日報．2016 年 10 月 20 日。

⑤ 專題研討班：就是中共黨和政府省部級主要領導幹部專題研討班。專題班始於 1999 年，每年舉辦一次已經舉辦。研討班的主題內容爲當年中共黨和政府全局性的、戰略性的、重大的問題。由中央主要領導作報告，省部級主要官員學習研討，隨後學習研討的成果將在今後的工作中加以貫徹和落實。

（二）習近平科技策：貫徹落實

一是編輯出版論述摘編。2016 年中央文獻研究室編輯出版《習近平關於科技創新論述摘編（2016 年)》；2017 年編輯出版《習近平關於社會主義經濟建設論述摘編（2017 年)》。

二是，編輯出版科技白皮書。代表性有：《2017 互聯網科技創新白皮書》、《中國保險科技發展白皮書（2017)》。

三是，制定政策文件。代表性主要有：中共中央印發《中共中央關於全面深化改革若干重大問題的決定》、《中共中央關於制定國民經濟和社會發展第十三個五年規劃的建議》、《中華人民共和國國民經濟和社會發展第十三個五年規劃綱要》、《關於深化體制機制改革加快實施創新驅動發展戰略的若干意見》、《國家創新驅動發展戰略綱要》、《"十三五" 國家科技創新規劃》、《深化科技體制改革實施方案》、《新一代人工智能發展規劃》、《關於促進移動互聯網健康有序發展的意見》、《關於經濟建設和國防建設融合發展的意見》、《關於深化人才發展體制機制改革的意見》、《關於深化教育體制機制改革的意見》、《關於加快構建中國特色哲學社會科學的意見》、《關於支持和鼓勵事業單位專業技術人員創新創業的指導意見》；《關於深化中央財政科技計劃（專項、基金等）管理改革的方案》、《深化科技體制改革實施方案》、《中國科協所屬學會有序承接政府轉移職能擴大試點工作實施方案》。

六、習近平科技策——科技創新之策略：基本研判與基本成效

（一）習近平科技策：基本研判

2016 年 5 月，習近平指出："綜合判斷，中國已經成爲具有重要影響力的科技大國，科技創新對經濟社會發展的支撐和引領作用日益增強。同時，必須認識到，同建設世界科技強國的目標相比，中國發展還面臨重大科技瓶頸，關鍵領域核心技術受制於人的格局沒有從根本上改變，科技基礎仍然薄弱，科技創新能力特別是原創能力還有很大差距。"①

（二）習近平科技策：主要經驗

2013 年 7 月，習近平指出："中國科技事業快速發展，取得舉世矚目的成就。爲什麼能夠成功？我看最重要的經驗有三條。一是發揮社會主義制度優越性，集中力量辦大事，抓重大、抓尖端、抓基本。二是堅持以提昇創新能力爲

---

① 習近平：爲建設世界科技强國而奮鬥——在全國科技創新大會、兩院院士大會、中國科協第九次全國代表大會上的講話（2016 年 5 月 30 日）. 人民日報 2016 年 5 月 31 日。

主綫，把其作爲科技事業發展的根本和關鍵。三是堅持人才爲本，充分調動人才的積極性、主動性、創造性，出成果和出人才並舉、科學研究和人才培養相結合。這些重要經驗今天仍具有重要指導意義，我們要結合實際堅持好、運用好。"①

2014 年 6 月，習近平指出："在推進科技體制改革的過程中，我們要注意一個問題，就是中國社會主義制度能夠集中力量辦大事是我們成就事業的重要法寶。中國很多重大科技成果都是依靠這個法寶搞出來的，千萬不能丟了！"② 2016 年 5 月，習近平指出："我們最大的優勢是中國社會主義制度能夠集中力量辦大事。這是我們成就事業的重要法寶。過去我們取得重大科技突破依靠這一法寶，今天我們推進科技創新跨越也要依靠這一法寶，形成社會主義市場經濟條件下集中力量辦大事的新機制。"③

（三）習近平科技策：基本成效

（1）科技成果清單：代表性成果。

中共十八大以來，中國在基礎研究領域、應用基礎研究等科技創新方面取得一系列成果。代表性主要有：

【2016 年科技創新成果】中國政府徵用民航飛機對南沙群島永暑礁新建機場成功進行校驗和試飛；中國自主研製的第一臺全部採用國產處理器構建的"神威‧太湖之光"奪得世界超算冠軍，成爲全球運行速度最快的超級計算機；中國"探索一號"科考船在馬裏亞納海域開展首次綜合性萬米深淵科考活動；中國成功發射世界首顆量子科學實驗衛星"墨子號"；天宮二號空間實驗室和搭載着景海鵬、陳冬兩位航天員的神舟十一號載人飛船先後成功發射；具有中國自主知識産權的世界最大單口徑巨型射電望遠鏡——500 米口徑球面射電望遠鏡（FAST）在貴州平塘落成啓動；中國自主研製的新一代隱身戰斗機殲—20 首次公開亮相；中國最大推力新一代運載火箭長征五號首次發射成功。

【2017 年科技創新成果】中國自主研製的首艘貨運飛船天舟一號成功發射；世界首臺單光子量子計算機在中國誕生；中國成爲世界上首個成功試採海域天然氣水合物的國家；蛟龍號深海載人潛水器圓滿完成爲期 5 年的試驗性應用航次全部下潛任務；中國自主研發、具有完全自主知識産權的中國標準動車組復興號正式命名；中國完全自主研製的新型萬噸級驅逐艦首艦下水。

① 中共中央文獻研究室．習近平關於科技創新論述摘編．北京：中央文獻出版社．2016：第 39 頁。
② 習近平．習近平談治國理政．北京：外文出版社．2014：第 119－129。
③ 習近平：爲建設世界科技強國而奮鬥——在全國科技創新大會、兩院院士大會、中國科協第九次全國代表大會上的講話（2016 年 5 月 30 日）．人民日報 2016 年 5 月 31 日。

（2）科技創新成效：統計數據。

資料顯示：一是，主要創新指標進入世界前列，科技創新的系統能力顯著提昇。2016 年全社會研發支出達到 15500 億元，比 2012 年增長 50.5%。全社會研發支出占國内生產總值比爲 2.08%。國際科技論文總量比 2012 年增長 50.8%，居世界第 2 位，高被引論文數和國際熱點論文數雙雙攀昇至世界第 3 位，8 個重要領域國際科技論文引用率排名第 2 位。發明專利申請量居世界第一，有效發明專利保有量居世界第三。全國技術合同成交額達 11407 億元，科技進步貢獻率增至 56.2%，科技創新對經濟社會發展的支撐引領作用顯著增強。

二是，重大科技任務部署加快推進，蓄積先發引領勢能。國家科技重大專項在重要戰略領域凝聚和培養一批建制化的科技創新力量，累計申請專利 4.2 萬項，已獲專利授權 1.1 萬項，形成技術標準 8400 多項。部署啓動 "科技創新 2030—重大項目"，通過國家重點研發計劃在信息、海洋、空間等重點領域啓動 42 個重點專項 1300 多個科技項目，實施 "非對稱" 趕超戰略，打造局部領先優勢，爲創新驅動、更多發揮先發優勢的引領型發展蓄積強大勢能。

三是，國家科技創新基地和重大科技基礎設施形成新格局，構建重大創新的策源地。着眼打造國家戰略科技力量，啓動國家實驗室建設。支持建設北京懷柔、上海張江、安徽合肥 3 個綜合性國家科學中心，與已布局建設的 483 個國家重點實驗室、346 個國家工程技術研究中心形成衝擊世界科技前沿、搶佔未來競争制高點的梯次布局。

四是，技術創新工程深入實施，企業創新能力邁上新臺階。強化企業創新主體地位和主導作用，鼓勵企業牽頭承擔國家重大科技任務。啓動國家技術創新中心建設，啓動實施創新企業百強工程試點，推動央企考核辦法改革，鼓勵中小微企業開展協同創新。加快推動產業技術創新聯盟培育，搭建開放協作平臺。華爲、聯想、中國中車、中國電科等一批創新型企業進入世界企業 500 強。在高速鐵路、智能終端等領域，中國崛起一批具有全球影響的創新型企業。[①]

七、小結與展望

（一）小結

習近平科技策——科技創新之策略是習近平 "六韜九策" 治國策體系内容之一。習近平科技策——科技創新之策略，是指習近平同志關於科學研究創新、

---

① 鐘實. 創新驅動鑄輝煌 科技強國啓新篇——黨的十八大以來我國科技文化創新取得的成就. 經濟雜誌. 2017，（7）：3－9.

技術創新及其管理體制創新的策略。習近平科技策研究對象與範圍：中共十八大期間，習近平關於科學研究創新、技術創新及其管理創新發展的重要論述。

習近平科技策——科技創新之策略在政黨戰略學中屬於戰略對策的層次與範疇。其基本特徵表現在：強調第一動力、突出創新驅動、突出科技強國、強調自主創新。習近平科技策——科技創新策之策略的研究型、理論型的構成體系主要包括：1）習近平科技策的科技強國與重要意義；2）習近平科技策的文獻來源與三新政策要點；3）習近平科技策的科學內涵與基本內容；4）習近平科技策的研究對象與範圍；5）習近平科技策的功能作用與主要亮點；6）習近平科技策的地位與基本分類；7）習近平科技策的抓什麼與怎麼抓；8）習近平科技策的實踐活動與貫徹落實；9）習近平科技策的基本經驗與基本成效；10）小結與展望等幾個方面。

（二）展望（預測與建議）

科技興則民族興，科技強則國家強。2016 年 5 月 30 日，習近平在全國科技創新大會上強調："今天，我們在這裏召開這個盛會，就是要在我國發展新的歷史起點上，把科技創新擺在更加重要位置，吹響建設世界科技強國的號角。"①2017 年 6 月 6 日，習近平在向 2017 年"全球航天探索大會"大會致賀信中強調指出："中國歷來高度重視航天探索和航天科技創新，願加強同國際社會的合作，和平探索開發穌利用太空，讓航天探索和航天科技成果爲創造人類更加美好的未來貢獻力量。"②

幾點經典建議：一是，盡快修改完善 2016 年版《習近平關於科技創新論述摘編（2016）》，增加補充習近平同志在 2016 年 3 月—2017 年 10 月之間的有關"科技創新"的重要論述。

二是，盡快編輯出版《習近平關於創新發展戰略論述摘編（2012—2017年）》，以便於廣大幹部全面系統學習與理解習近平同志關於創新發展戰略的重要論述。

三是，盡快編輯出版幹部培訓教材《高精尖缺科技通俗讀本》，以便於廣大幹部學習、瞭解現代高精尖缺科學技術的基本知識、基本原理與基本規律，進一步推進科技創新工作。

---

① 習近平：爲建設世界科技強國而奮鬥——在全國科技創新大會、兩院院士大會、中國科協第九次全國代表大會上的講話（2016 年 5 月 30 日）．人民日報 2016 年 5 月 31 日。

② 習近平：向 2017 年"全球航天探索大會"致賀信．人民日報．2017 年 6 月 7 日。

第十二章
習近平脫貧策——脫貧攻堅之策略

【知識導引】

習近平脫貧策——脫貧攻堅之策略，是指習近平同志關於實施精準扶貧脫貧、擺脫消除貧困貧窮的攻堅戰的策略。習近平脫貧策在政黨戰略學中屬於戰略對策的層次與範疇。

【經典論述】

各級黨委和政府要增強做好扶貧開發工作的責任感和使命感，做到有計劃有資金、有目標有措施有檢查，大家一起來努力，讓鄉親們都能快點脫貧致富奔小康。

——習近平

我們要立下愚公移山志，咬定目標、苦干實幹，堅決打贏脫貧攻堅戰，確保到 2020 年所有貧困地區和貧困人口一道邁入全面小康社會。

——習近平

【內容提要】 習近平脫貧策——脫貧攻堅之策略是習近平“六韜九策”治國策體系內容之一。習近平脫貧策——脫貧攻堅之策略，是指習近平同志關於實施精準扶貧脫貧、擺脫消除貧困貧窮的攻堅戰的策略。習近平脫貧策的研究對象與範圍：中共十八大期間，習近平同志關於實施精準扶貧脫貧、擺脫消除貧困貧窮的攻堅戰的重要論述。

習近平脫貧策——脫貧攻堅之策略在政黨戰略學中屬於戰略對策的層次與範疇。其基本特徵表現在：強調精準脫貧、突出脫貧攻堅、強調深度脫貧、突出堅中之堅。習近平脫貧策——脫貧攻堅之策略的研究型、理論型的構成體系主要包括：1) 習近平脫貧策的精準脫貧與重要意義；2) 習近平脫貧策的文獻來源與三新政策要點；3) 習近平脫貧策的科學內涵與基本內容；4) 習近平脫貧策的研究對象與範圍；5) 習近平脫貧策的地位與基本特徵；6) 習近平脫貧策的基本目標與主要任務；7) 習近平脫貧策的抓什麼與怎麼抓；8) 習近平脫貧策的實踐活動與貫徹落實；9) 習近平脫貧策的基本研判與基本成效；10) 習近平脫貧策的小結與展望等幾個方面。

幾點建議：一是盡快編輯出版《習近平關於扶貧開發與脫貧攻堅論述摘編(2012 年 11—2017 年 10 月)》；二是盡快編輯出版全國幹部培訓教材《習近平脫貧攻堅重要論述讀本》；三是盡快編輯出版全國扶貧幹部培訓教材《脫貧攻堅通俗讀本》。

【關鍵詞】 習近平；脫貧策；脫貧攻堅；構成體系；建議

引　言

　　"習近平脫貧策——脫貧攻堅之策略"是習近平治國理政思想體系微觀戰術層面的重要內容。中共十八大期間（2012 年 11 月—2017 年 10 月），習近平圍遶什麼脫貧攻堅、脫貧攻堅脫什麼、脫貧攻堅怎麼抓脫這個事關全面建成小康社會、增進人民福祉的重大問題進行了一系列深刻闡釋，由此勾畫新的歷史條件下了"脫貧攻堅"的政策體系，形成、創設了"習近平脫貧策——脫貧攻堅之策略"。

一、習近平脫貧策——脫貧攻堅之策略：精準脫貧與重要意義

（一）習近平脫貧策：精準脫貧

　　2012 年—2013 年，習近平強調做好扶貧開發與脫貧開發工作；2013 年—2015 年，習近平強調扶貧開發要精準扶貧、精準脫貧；2014 年—2017 年，習近平強調在推進脫貧攻堅的同時，強調要進一步加強東西協作脫貧、重視深度地區脫貧工作。資料顯示：中共十八大五年間，習近平在國內外很多重要場合，從不同的角度，對"脫貧攻堅"進行了多方面、立體式的一系列深刻闡釋，構建了新的歷史條件下"脫貧攻堅"建設性框架。代表性論述主要有：

　　1. 強調扶貧開發脫貧開發。2012 年 12 月 29 日，習近平在河北省阜平縣考察扶貧開發工作時指出："沒有農村的小康，特別是沒有貧困地區的小康，就沒有全面建成小康社會。要提高對做好扶貧開發工作重要性的認識，增強做好扶貧開發工作的責任感和使命感。要提高對做好扶貧開發工作重要性的認識，增強做好扶貧開發工作的責任感和使命感。"① 2016 年 6 月 18 日，習近平在貴州貴陽召開部分省區市黨委主要負責同志座談會上強調："十三五時期是我們確定的全面建成小康社會的時間節點，全面建成小康社會最艱巨最繁重的任務在農村，特別是在貧困地區。各級黨委和政府要把握時間節點，努力補齊短板，科學謀劃好十三五時期扶貧開發工作，確保貧困人口到 2020 年如期脫貧。"②

　　2. 首提精準扶貧精準脫貧。2013 年 11 月 3 日，習近平在湘西調研扶貧攻堅時強調指出："扶貧要實事求是，因地制宜。要精準扶貧，切忌喊口號，也不

---

① 習近平. 做焦裕祿式的縣委書記. 北京：人民出版社. 2015：第 16 頁。
② 習近平：在部分省區市黨委主要負責同志座談會上的講話（2016 年 6 月 18 日）. 人民日報. 2016 年 6 月 19 日。

要定好高鶩遠的目標。三件事要做實：一是發展生產要實事求是，二是要有基本公共保障，三是下一代要接受教育。各級黨委和政府都要想方設法，把現實問題一件件解決，探索可復製的經驗。"① 2017 年 2 月 21 日，習近平在中共第十八屆中央政治局第三十九次集體學習時強調："要強化領導責任、強化資金投入、強化部門協同、強化東西協作、強化社會合力、強化基層活力、強化任務落實，集中力量攻堅克難，更好推進精準扶貧、精準脫貧，確保如期實現脫貧攻堅目標。"②

3. 強調扶貧攻堅脫貧攻堅戰。2015 年 11 月 17 日，習近平在中央扶貧開發工作會議上指出："脫貧攻堅戰的衝鋒號已經吹響。我們要立下愚公移山志，咬定目標、苦干實幹，堅決打贏脫貧攻堅戰，確保到 2020 年所有貧困地區和貧困人口一道邁入全面小康社會。"③ 2016 年 6 月 18 日，習近平在貴州貴陽召開部分省區市黨委主要負責同志座談會上強調："各級黨委和政府必須增強緊迫感和主動性，在扶貧攻堅上進一步理清思路、強化責任，采取力度更大、針對性更強、作用更直接、效果更可持續的措施，特別要在精準扶貧、精準脫貧上下更大功夫。"④

4. 強調東西協作脫貧深度地區貧困。2016 年 7 月 21 日，習近平在寧夏銀川主持召開東西部扶貧協作座談會上強調："東西部扶貧協作和對口支援，是推動區域協調發展、協同發展、共同發展的大戰略，是加強區域合作、優化產業布局、拓展對內對外開放新空間的大布局，是實現先富幫後富、最終實現共同富裕目標的大舉措，必須認清形勢、聚焦精準、深化幫扶、確保實效，切實提高工作水平，全面打贏脫貧攻堅戰。"⑤ 2017 年 6 月 23 日，習近平指出："攻克深度貧困堡壘，是打贏脫貧攻堅戰必須完成的任務，全黨同志務必共同努力。脫貧攻堅本來就是一場硬仗，而深度貧困地區脫貧攻堅是這場硬仗中的硬仗。我們務必深刻認識深度貧困地區如期完成脫貧攻堅任務的艱巨性、重要性、緊迫性，采取更加集中的支持、更加有效的舉措、更加有力的工作，扎實推進深

---

① 習近平：在湖南湘西調研扶貧攻堅時的講話（2013 年 11 月 3 日）. 人民日報. 2013 年 11 月 5 日。

② 習近平：在中共第十八屆中央政治局第三十九次集體學習時的講話（2017 年 2 與人 21 日）. 人民日報. 2017 年 2 月 22 日。

③ 習近平：在中央扶貧開發工作會議上的講話（2015 年 11 月 17 日）. 人民日報. 2015 年 11 月 28 日。

④ 習近平：在部分省區市黨委主要負責同志座談會上的講話（2016 年 6 月 18 日）. 人民日報. 2016 年 6 月 19 日。

⑤ 習近平：在東西部扶貧協作座談會上的講話（2016 年 7 月 21 日）. 人民日報. 2016 年 7 月 22 日。

度貧困地區脫貧攻堅。"①

（二）習近平脫貧策：重要意義

習近平脫貧策，針對艱巨繁重的脫貧任務，積極應對攻堅拔寨衝刺期，深刻闡明瞭新的歷史條件下爲什麼要脫貧攻堅、怎樣脫貧攻堅的重大問題，爲進一步采取超常規重大舉措、拿出切實過硬辦法、打贏脫貧攻堅戰提供了强大的思想武器與行動指南。

習近平脫貧策，研判扶貧脫貧國情，把握扶貧脫貧規律，充實、提昇與拓展了傳統的扶貧開發理論，豐富了脫貧攻堅理論與政黨戰略學，進一步豐富了中國特色扶貧開發道路和中國特色社會主義理論體系。

習近平脫貧策策，立足脫貧問題、破解攻堅難題，大力實施精準扶貧脫貧，建立脫貧攻堅責任體系，對於我們系統把握脫貧攻堅的基本方向、總體目標和基本任務，對於協調推進四個全面戰略部署、全面建成小康社會、實現中華民族偉大復興的中國夢具有重要現實意義。

二、習近平脫貧策——脫貧攻堅之策略：文獻來源與三新政策要點

（一）習近平脫貧策：文獻來源

習近平脫貧策——脫貧攻堅之策略的經典文獻主要有：

一是《習近平談治國理政》第七部分②。計有 2 篇：推動貧困地區脫貧致富、加快發展（2012 年 12 月 29 日）；讓十三億人民享有更好更公平的教育（2013 年 9 月 25 日）。

二是《擺脫貧困》③。該書收錄了習近平同志 1988 年 9 月至 1990 年 5 月在福建寧德工作期間的講話、談話、文章等 29 篇文獻。全書圍遶閩東地區如何脫貧致富、加快發展這一主題展開論述，思想豐富深刻，對今天脫貧攻堅具有一定的參考和借鑒意義。

三是《知之深愛之切》④。該書收錄了習近平同志 1982 年 3 月至 1985 年 5 月在正定工作期間的講話、文章、書信等 37 篇文獻。

四是《十八大以來重要文獻選編（上）》⑤。比較重要的計有 1 篇：習近平在中央農村工作會議上的講話（2013 年 12 月 23 日）。

---

① 習近平：在深度貧困地區脫貧攻堅座談會上的講話（2017 年 6 月 23 日）. 人民日報. 2017 年 9 月 1 日。

② 習近平. 習近平談治國理政. 北京：外文出版社. 2014。

③ 習近平. 擺脫貧困. 福州：福建人民出版社. 1992.

④ 習近平：知之深愛之切. 石家莊：河北人民出版. 2015.

⑤ 中共中央文獻研究室. 十八大以來重要文獻選編（上）. 北京：中央文獻出版社. 2014。

五是《十八大以來重要文獻選編（中）》①。比較重要的計有 2 篇：攜手消除貧困，促進共同發展（2015 年 10 月 16 日）；以新的發展理念引領發展，奪取全面建成小康社會決勝階段的偉大勝利（2015 年 10 月 29 日）。

六是《習近平關於協調推進 "四個全面" 戰略布局論述摘編（2015年)》②。該書摘自習近平同志 2012 年 11 月 15 日至 2015 年 9 月 3 日期間的講話、報告、批示、指示等 110 多篇重要文獻。重點是第二部分·全面建成小康社會。計有 25 篇文獻，58 段論述。

七是《習近平關於全面建成小康社會論述摘編（2016 年)》③。該書摘自習近平 2012 年 11 月 15 日至 2016 年 3 月 10 日期間的講話、談話、演講、賀信、指示等 130 多篇重要文獻。重點是第一部分計有 17 篇文獻，27 段重要論述。代表性文獻主要有：習近平在部分省區市扶貧攻堅與 "十三五" 時期經濟社會發展座談會上的講話（2015 年 6 月 28 日）；習近平在黨的十八屆五中全會第二次全體會議上的講話（2015 年 10 月 29 日）；習近平在第十八屆中央政治局第三十次集體學習時的講話（2016 年 1 月 29 日）。

八是《習近平關於社會主義經濟建設論述摘編（2017 年)》④。該書摘自習近平同志 2012 年 11 月 15 日至 2017 年 3 月 12 日期間的講話、報告、指示等120 多篇重要文獻。重點是是第七部分實施精準扶貧、精準脫貧，堅決打贏脫貧攻堅戰，計有 11 篇文獻，45 段重要論述。代表性文獻主要有：習近平近在河北省阜平縣考察扶貧開發工作時的講話（2012 年 12 月 29 日）；習近平在中央扶貧開發工作會議上的講話（2015 年 11 月 27 日）；習近平在東西部扶貧協作座談會上的講話（2016 年 7 月 20 日）。

九是其他文獻習近平關於脫貧攻堅的重要論述。比較重要的文獻計有：習近平在慶祝中國共產黨成立 95 週年大會上的講話（2016 年 7 月 1 日）；習近平在深度貧困地區脫貧攻堅座談會上的講話（2017 年 6 月 23 日）；習近平在省部級主要領導幹部專題班上的講話（2017 年 7 月 26 日）；習近平在慶祝中國人民解放軍建軍 90 週年大會上的講話（2017 年 8 月 1 日）；習近平關於脫貧攻堅工作的重要指示（2017 年 10 月 9 日）。

---

① 中共中央文獻研究室．十八大以來重要文獻選編（中）．北京：中央文獻出版社．2016。

② 中共中央文獻研究室．習近平關於協調推進 "四個全面" 戰略布局論述摘編．北京：中央文獻出版社．2015. 10.

③ 中共中央文獻研究室．習近平關於全面建成小康社會論述摘編．北京：中央文獻出版社．2016.6。

④ 中共中央文獻研究室．習近平關於社會主義經濟建設論述摘編．北京：中央文獻出版社．2017. 8.

（二）習近平脫貧策：三新政策要點（新政策新規定新要求）

根據以上文獻分析，習近平脫貧策——脫貧攻堅之策略的三新政策要點（新政策新規定新要求）主要有以下幾個方面：

（1）扶貧脫貧開發。一是，全面建成小康社會，最艱巨最繁重的任務在農村、特別是在貧困地區。二是，"十三五"時期經濟社會發展，關鍵在於補齊"短板"，其中必須補好扶貧開發這塊"短板"。三是，治貧先治愚，扶貧必扶智，把貧困地區孩子培養出來，這才是根本的扶貧之策。四是，東西部扶貧協作是加快西部地區貧困地區脫貧進程、縮小東西部發展差距的重大舉措，必須長期堅持並加大力度。

（2）扶貧脫貧攻堅戰。一是，越是進行脫貧攻堅戰，越是要加強和改善黨的領導。二是，各級黨委和政府必須堅定信心、勇於擔當，把脫貧職責扛在肩上，把脫貧任務抓在手上。三是，脫貧攻堅已經到了啃硬骨頭、攻堅拔寨的衝刺階段，必須更精準的舉措、超常規的力度，眾志成城實現脫貧攻堅目標，決不能落下一個貧困地區、一個貧困群眾。四是，我們要立下愚公移山志，咬定目標、苦干實幹，堅決打贏脫貧攻堅戰，確保到2020年所有貧困地區和貧困人口一道邁入全面小康社會。

（3）精準扶貧脫貧。一是，扶貧開發貴在精準，重在精準，成敗之舉在於精準。二是，各地都要在扶持對象精準、項目安排精準、資金使用精準、措施到戶精準、因村派人精準、脫貧成效精準上想辦法、出實招、見真效。三是，扶貧開發成敗係於精準，要找準"窮根"、明確靶向，量身定做、對症下藥，真正扶到點上、扶到根上。四是，要堅持精準扶貧、精準脫貧，重在提高脫貧攻堅成效。五是，脫貧攻堅關鍵是要找準路子、構建好的體制機制，在精準施策上出實招、在精準推進上下實功、在精準落地上見實效。

（4）深度地區脫貧。一是，深度貧困地區是脫貧攻堅的堅中之堅。二是，脫貧攻堅本來就是一場硬仗，而深度貧困地區脫貧攻堅是這場硬仗中的硬仗。三是，攻克深度貧困堡壘，是打贏脫貧攻堅戰必須完成的任務，全黨同志務必共同努力。四是，加快推進深度貧困地區脫貧攻堅，要集中力量攻關，萬眾一心克難，確保深度貧困地區和貧困群眾同全國人民一道進入全面小康社會。

三、習近平脫貧策——脫貧攻堅之策略：科學涵義與構成體系

（一）習近平脫貧策：科學涵義與基本內容

習近平脫貧策——脫貧攻堅之策略，是指習近平同志關於實施精準扶貧脫貧、擺脫消除貧困貧窮的攻堅戰的策略。攻堅就是攻打強敵或敵人的堅固防禦

工事；比喻解決某項任務中最難的問題。宋·葉適《終論六》曰："夫謀天下之大事，成天下之大功；必有堂堂之陣，正正之旗，攻堅排深之力而後可。"策略原意指計策、謀略，引申義指行動方針、鬥爭藝術與方法手段，這裏擴展爲關於推進扶貧開發與脫貧攻堅戰而采取的具有微觀的局部的戰術的等特徵的一種選擇與安排。

習近平脫貧策的研究對象與範圍：中共十八大期間，習近平同志關於實施精準扶貧脫貧、擺脫消除貧困貧窮的攻堅戰的重要論述。

與習近平反腐策密切相關的新詞彙、新提法主要有：扶貧開發、脫貧開發、扶貧攻堅、脫貧攻堅、精準扶貧、精準脫貧、深度地區脫貧、東西協作扶貧、深度貧困地區、西部地區、老少邊窮地區、民族地區、邊疆地區、革命老區、連片特困地區、六個精準、五個一批、三扶一退、退出機制、全國扶貧日、三大攻堅戰、脫貧攻堅責任制、脫貧致富、人民福祉、獲得感、中國智慧、中國特色減貧道路。

什麼是三大攻堅戰？三大攻堅戰就是重大風險攻堅戰、精準脫貧攻堅戰與污染防治攻堅戰。2017 年 7 月 26 日，習近平在省部級主要領導幹部專題研討班開班式上強調：要堅決打好防範化解重大風險、精準脫貧、污染防治的攻堅戰，堅定不移深化供給側結構性改革，推動經濟社會持續健康發展，使全面建成小康社會得到人民認可、經得起歷史檢驗。

習近平脫貧策的基本內容：一則，包括地位作用、指導思想、基本目標、對象範圍、主要任務、重大舉措與保障措施；二則，包括精準扶貧、精準脫貧、六個精準、五個一批、三扶一退、脫貧攻堅責任制、東西協作脫貧、深度地區脫貧、中國特色減貧道路。

什麼是精準脫貧的範圍與對象？精準脫貧的範圍與對象包括 14 個集中連片特困地區的片區縣、片區外國家扶貧開發工作重點縣，以及建檔立卡貧困村和建檔立卡貧困戶。什麼是六個精準？習近平（2015 年 6 月）指出：各地都要在扶持對象精準、項目安排精準、資金使用精準、措施到戶精準、因村派人（第一書記）精準、脫貧成效精準上想辦法、出實招、見真效。什麼是五個一批？習近平（2015 年 11 月）指出：按照貧困地區和貧困人口的具體情況，實施"五個一批"工程，就是發展生產脫貧一批、易地搬遷脫貧一批、生態補償脫貧一批、發展教育脫貧一批、社會保障兜底一批。什麼三扶一退？三扶一退就是"扶持誰""誰來扶""怎麼扶"與"何時退出"。什麼是脫貧攻堅責任制？脫貧攻堅責任制就是脫貧攻堅按照中央統籌、省負總責、市縣抓落實的工作機制，構建責任清晰、各負其責、合力攻堅的一種責任制度。什麼是中國特色減貧道路？習近平（2015 年 10 月）指出：改革開放 30 多年來，中國人民積極探索、頑強奮鬥，走出了一條堅持改革開放、堅持政府主導、堅持開發式扶貧方針、堅持動員全社會參與、堅持普惠政策和特惠政策相結合的中國特色減貧道路。

（二）習近平脫貧策：地位與基本特徵

在政黨戰略學中，習近平脫貧策屬於戰略對策的層次與範疇。其基本特徵表現在：

（1）強調精準脫貧。2013 年 11 月，習近平在湘西調研時指出：要精準扶貧，切忌喊口號，也不要定好高騖遠的目標。2015 年 1 月，習近平在雲南調研時強調：“要以更加明確的目標、更加有力的舉措、更加有效的行動，深入實施精準扶貧、精準脫貧，項目安排和資金使用都要提高精準度，扶到點上、根上，讓貧困群眾真正得到實惠。”[1] 2017 年 2 月，習近平再次強調：各級黨委和政府要更好推進精準扶貧、精準脫貧，確保如期實現脫貧攻堅目標。

（2）突出脫貧攻堅。2015 年 6 月，習近平在貴州座談會上強調：中國貧困人口大量減少，貧困地區面貌顯著變化，但扶貧開發工作依然面臨十分艱巨而繁重的任務，已進入啃硬骨頭、攻堅拔寨的衝刺期。2015 年 11 月，習近平在中央扶貧開發工作會議上強調：脫貧攻堅任務重的地區黨委和政府要把脫貧攻堅作爲 “十三五” 期間頭等大事和第一民生工程來抓，堅持以脫貧攻堅統攬經濟社會發展全局。2016 年 7 月，習近平在東西部扶貧協作座談會強調：扶貧開發到了攻克最後堡壘的階段，所面對的多數是貧中之貧、困中之困，需要以更大的決心、更明確的思路、更精準的舉措抓工作。要堅持時間服從質量，科學確定脫貧時間，不搞層層加碼。

（3）強調深度脫貧。2017 年 6 月，習近平在太原市深度貧困地區脫貧攻堅座談會上強調： “脫貧攻堅工作進入目前階段，要重點研究解決深度貧困問題。”[2] 習近平進一步指出：各級黨委務必深刻認識深度貧困地區如期完成脫貧攻堅任務的艱巨性、重要性、緊迫性，以解決突出制約問題爲重點，強化支撐體系，加大政策傾斜，聚焦精準發力，攻克堅中之堅，確保深度貧困地區和貧困群眾同全國人民一道進入全面小康社會。”[3]

（4）突出堅中之堅。2015 年 11 月，習近平在中央扶貧開發工作會議上強調：越是進行脫貧攻堅戰，越是要加強和改善黨的領導；各級黨委和政府必須

① 習近平：在雲南考察調研時的講話（2015 年 1 月 19 日）. 人民日報. 2015 年 1 月 22 日。

② 習近平：在深度貧困地區脫貧攻堅座談會上的講話（2017 年 6 月 23 日）. 人民日報. 2017 年 6 月 24 日。

③ 習近平：在深度貧困地區脫貧攻堅座談會上的講話（2017 年 6 月 23 日）. 人民日報. 2017 年 6 月 24 日。

堅定信心、勇於擔當，把脫貧職責扛在肩上，把脫貧任務抓在手上。2017 年 6 月，習近平在太原市深度貧困地區脫貧攻堅座談會上強調：脫貧攻堅本來就是一場硬仗，深度貧困地區脫貧攻堅更是這場硬仗中的硬仗，必須給予更加集中的支持，采取更加有效的舉措，開展更加有力的工作。習近平進一步指出：各省區市要按照黨中央要求，按照精準扶貧的要求研究對策，以確保到 2020 年省內深度貧困地區完成脫貧任務。

（三）習近平脫貧策：基本分類與構成體系

根據習近平脫貧策——脫貧攻堅之策略的科學涵義與基本內容，可分爲以下幾類：

習近平脫貧 · 通常貧困策——脫貧攻堅之通常貧困地區脫貧策略；習近平脫貧 · 東西協作策——脫貧攻堅之東西協作脫貧策略；習近平脫貧 · 深度貧困策——脫貧攻堅之深度貧困地區脫貧策略；習近平脫貧 · 老少邊窮策——脫貧攻堅之老少邊窮脫貧策略；

習近平脫貧 · 通常貧困策——脫貧攻堅之通常貧困地區脫貧策略，是指習近平同志關於對通常貧困地區實施精準扶貧脫貧、擺脫消除貧困貧窮的攻堅戰的策略。習近平脫貧 · 東西協作策——脫貧攻堅之東西協作脫貧策略，是指習近平同志關於對東西協作脫貧實施精準扶貧脫貧、擺脫消除貧困貧窮的攻堅戰的策略。習近平脫貧 · 深度貧困策——脫貧攻堅之深度貧困地區脫貧策略，是指習近平同志關於對深度貧困地區實施精準扶貧脫貧、擺脫消除貧困貧窮的攻堅戰的策略。習近平脫貧 · 老少邊窮策——脫貧攻堅之老少邊窮脫貧策略，是指習近平同志關於對老少邊窮實施精準扶貧脫貧、擺脫消除貧困貧窮的攻堅戰的策略。

習近平脫貧策——脫貧攻堅之策略的研究型、理論型的構成體系主要爲：（1）習近平脫貧策的精準脫貧與重要意義；（2）習近平脫貧策的文獻來源與三新政策要點；（3）習近平脫貧策的科學內涵與基本內容；（4）習近平脫貧策的研究對象與範圍；（5）習近平脫貧策的地位與基本特徵；（6）習近平脫貧策的基本目標與主要任務；（7）習近平脫貧策的抓什麼與怎麼抓；（8）習近平脫貧策的實踐活動與貫徹落實；（9）習近平脫貧策的基本研判與基本成效；（10）習近平脫貧策的小結與展望。

由以上幾個方面構成習近平脫貧策——脫貧攻堅之策略的完整應用體系。

四、習近平脫貧策——脫貧攻堅之策略：抓什麼與怎麼抓

（一）習近平脫貧策：抓什麼——任務要求

一是抓脫貧攻堅目標，確保 "兩不一保"。2015 年 11 月，習近平在中央扶

貧開發工作會議强調："黨的十八屆五中全會從實現全面建成小康社會奮鬥目標出發，明確到 2020 年中國現行標準下農村貧困人口實現脫貧，貧困縣全部摘帽，解決區域性整體貧困。"① 習近平進一步指出："十三五期間脫貧攻堅的目標是，到 2020 年穩定實現農村貧困人口不愁吃、不愁穿，農村貧困人口義務教育、基本醫療、住房安全有保障；同時實現貧困地區農民人均可支配收入增長幅度高於全國平均水平、基本公共服務主要領域指標接近全國平均水平。"②

二是抓脫貧攻堅任務，着重抓 "六個要"。2015 年 11 月，習近平在中共中央政治局會議上强調：一要通過産業扶持、轉移就業、易地搬遷、教育支持、醫療救助等措施解決 5000 萬人左右貧困人口脫貧。二要加强貧困地區基礎設施建設，加快破除發展瓶頸制約，重點支持革命老區、民族地區、邊疆地區、連片特困地區脫貧攻堅。三要强化政策保障，健全脫貧攻堅支撐體系，加大財政扶貧投入力度，確保政府扶貧投入力度與脫貧攻堅任務相適應。四要加大金融扶貧力度，鼓勵和引導各類金融機構加大對扶貧開發的金融支持。五要廣泛動員全社會力量，合力推進脫貧攻堅，健全東西部扶貧協作機制、定點扶貧機制和社會力量參與機制。六要振奮貧困地區廣大幹部群衆精神，堅定改變貧困落後面貌的信心和决心。

三是抓三扶一退，提高脫貧攻堅成效。2015 年 11 月，習近平在中央扶貧開發工作會議强調："要解決好 '扶持誰' 的問題，確保把真正的貧困人口弄清楚，把貧困人口、貧困程度、致貧原因等搞清楚，以便做到因户施策、因人施策。要解決好 '誰來扶' 的問題，加快形成中央統籌、省（自治區、直轄市）負總責、市（地）縣抓落實的扶貧開發工作機制，做到分工明確、責任清晰、任務到人、考核到位。要解決好 '怎麽扶' 的問題，按照貧困地區和貧困人口的具體情况，實施五個一批工程。"習近平進一步指出："要解決好 '如何退' 的問題，要設定時間表，實現有序退出，既要防止拖延病，又要防止急躁症。要留出緩衝期，在一定時間内實行摘帽不摘政策。要實行嚴格評估，按照摘帽標準驗收。要實行逐户銷號，做到脫貧到人，脫没脫貧要同群衆一起算賬，要群衆認賬。"③

（二）習近平脫貧策：怎麽抓——方法對策

一是，堅持抓精準脫貧攻堅脫貧，健全精準扶貧工作機制。2015 年 6 月，

---

① 習近平：在中央扶貧開發工作會議上的講話（2015 年 11 月 17 日）．人民日報．2015 年 11 月 28 日。

② 習近平：在中央扶貧開發工作會議上的講話（2015 年 11 月 17 日）．人民日報．2015 年 11 月 28 日。

③ 中共中央文獻研究室．習近平關於社會主義經濟建設論述摘編．北京：中央文獻出版社．2017：第 216 – 224 頁。

習近平在部分省區市黨委主要負責同志座談會強調："扶貧開發貴在精準，重在精準，成敗之舉在於精準。各地都要在扶持對象精準、項目安排精準、資金使用精準、措施到戶精準、因村派人（第一書記）精準、脫貧成效精準上想辦法、出實招、見真效。要堅持因人因地施策，因貧困原因施策，因貧困類型施策，區別不同情況，做到對症下藥、精準滴灌、靶向治療，不搞大水漫灌、走馬觀花、大而化之。"① 2017 年 2 月，習近平在中共第十八屆中央政治局第三十九次集體學習時強調：一要堅持精準扶貧、精準脫貧。二要打牢精準扶貧基礎，通過建檔立卡，摸清貧困人口底數，做實做細，實現動態調整。三要提高扶貧措施有效性，核心是因地制宜、因人因戶因村施策，突出產業扶貧，提高組織化程度，培育帶動貧困人口脫貧的經濟實體。四要組織好易地扶貧搬遷，堅持群眾自願原則，合理控制建設規模和成本，發展後續產業，確保搬得出、穩得住、逐步能致富。五要加大扶貧勞務協作，提高培訓針對性和勞務輸出組織化程度，促進轉移就業，鼓勵就地就近就業。六要落實教育扶貧和健康扶貧政策，突出解決貧困家庭大病、慢性病和學生上學等問題。七要加大政策落實力度，加大財政、土地等政策支持力度，加強交通扶貧、水利扶貧、金融扶貧、教育扶貧、健康扶貧等扶貧行動，扶貧小額信貸、扶貧再貸款等政策要突出精準。"②

二是，堅持抓東西協作脫貧攻堅，確保東西共同富裕。2016 年 7 月，習近平在東西部扶貧協作座談會上強調："西部地區貧困程度深、扶貧成本高、脫貧難度大，是脫貧攻堅的短板，進一步做好東西部扶貧協作和對口支援工作，必須采取系統的政策和措施。習近平進一步強調：一要提高認識，加強領導。西部地區要增強緊迫感和主動性，倒排工期、落實責任，抓緊施工、強力推進。東部地區要增強責任意識和大局意識，下更大氣力幫助西部地區打贏脫貧攻堅戰。雙方黨政主要負責同志要親力親爲推動工作，加大組織實施力度。二要完善結對，深化幫扶。要完善省際結對關係，實施攜手奔小康行動，着力推動縣與縣精準對接，探索鄉鎮行政村之間結對幫扶。要加大產業帶動扶貧工作力度，着力增強貧困地區自我發展能力。推進東部產業向西部梯度轉移，要把握好供需關係，讓市場說話，實現互利雙贏、共同發展。三要明確重點，精準聚焦。產業合作、勞務協作、人才支援、資金支持都要瞄準建檔立卡貧困人口脫貧精準發力。要着眼於增加就業，建立和完善勞務輸出對接機制，提高勞務輸出脫

---

① 習近平：在部分省區市黨委主要負責同志座談會上的講話（2016 年 6 月 18 日）. 人民日報. 2016 年 6 月 19 日。

② 習近平：在中共第十八屆中央政治局第三十九次集體學習時的講話（2017 年 2 與人 21 日）. 人民日報. 2017 年 2 月 22 日。

貧的組織化程度。要繼續發揮互派幹部等方面的好經驗、好做法，促進觀念互通、思路互動、技術互學、作風互鑒。四要加強考核，確保成效。要用嚴格的制度來要求和監督，抓緊制定考核評價指標。要突出目標導向、結果導向，不僅要看出了多少錢、派了多少人、給了多少支持，更要看脫貧的實際成效。西部地區是脫貧攻堅的責任主體，也要納入考核範圍。"①

　　三是，堅持抓深度地區脫貧攻堅，確保同時期邁入小康社會。2017 年 6 月 23 日，習近平在山西太原市主持召開深度貧困地區脫貧攻堅座談會上強調：要聚焦精準發力，攻克堅中之堅，確保深度貧困地區和貧困群眾同全國人民一道進入全面小康社會。習近平進一步指出："一要合理確定脫貧目標。黨中央對 2020 年脫貧攻堅的目標已有明確規定，深度貧困地區也要實現這個目標，同時要堅持實事求是，不好高鶩遠，不吊高各方面胃口。二要加大投入支持力度。要發揮政府投入的主體和主導作用，發揮金融資金的引導和協同作用。各級財政要加大對深度貧困地區的轉移支付規模。要通過各種舉措，形成支持深度貧困地區脫貧攻堅的強大投入合力。三要集中優勢兵力打攻堅戰。要發揮集中力量辦大事的制度優勢，重點解決深度貧困地區公共服務、基礎設施以及基本醫療有保障的問題。四要區域發展必須圍遶精準扶貧發力。要重點發展貧困人口能够受益的產業，交通建設項目要盡量向進村入戶傾斜，水利工程項目要向貧困村和小型農業生產傾斜，生態保護項目要提高貧困人口參與度和受益水平。五要加大各方幫扶力度。要在資金、項目、人員方面增加支持深度貧困地區力度。東部經濟發達縣結對幫扶西部貧困縣萬企幫萬村行動，要向深度貧困地區傾斜。六要加大内生動力培育力度。要堅持扶貧同扶智、扶志相結合，注重激發貧困地區和貧困群眾脫貧致富的内在活力，注重提高貧困地區和貧困群眾的自我發展能力。七要加大組織領導力度。各地黨委和政府要堅持把脫貧攻堅作爲十三五期間頭等大事和第一民生工程來抓，做到人員到位、責任到位、工作到位、效果到位。縣委書記要統攬脫貧攻堅，統籌做好進度安排、項目落地、資金使用、人力調配、推進實施等工作。八要加強檢查督查。要堅持年度脫貧攻堅報告和督查制度，實施最嚴格的考核評估，對不嚴不實、弄虛作假的嚴肅問責，對挪用、貪污扶貧款項的嚴肅處理。"②

　　四是堅持抓脫貧攻堅領導責任制，提供堅強有力政治保障。2015 年 11 月，習近平在中央扶貧開發工作會議強調：越是進行脫貧攻堅戰，越是要加強和改

---

① 習近平：在東西部扶貧協作座談會上的講話（2016 年 7 月 20 日）. 人民日報. 2016 年 7 月 22 日。

② 習近平：在深度貧困地區脫貧攻堅座談會上的講話（2017 年 6 月 23 日）. 人民日報. 2017 年 6 月 24 日。

善黨的領導。習近平進一步強調：層層簽訂脫貧攻堅責任書、立下軍令狀。建立年度脫貧攻堅報告和督察制度，加強督察問責。把脫貧攻堅實績作爲選拔任用幹部的重要依據，在脫貧攻堅第一綫考察識別幹部，激勵各級幹部到脫貧攻堅戰場上大顯身手。把夯實農村基層黨組織同脫貧攻堅有機結合起來，選好一把手、配強領導班子。五要加強財政監督檢查和審計、稽查等工作，建立扶貧資金違規使用責任追究制度。2016 年 8 月 30 日，習近平在主持召開中央全面深化改革領導小組會議上強調："推進脫貧攻堅，關鍵是責任落實到人。要加快形成中央統籌、省區市負總責、市縣抓落實的扶貧開發工作機制。圍遶構建責任清晰、各負其責、合力攻堅的責任體系提出具體辦法，以硬措施保障硬任務。各級黨委和政府特別是貧困地區的黨委和政府，要層層落實脫貧攻堅責任。中央各部門要步調一致、協同作戰、履職盡責。"①

五是，堅持中國特色減貧道路，積極支持全球減貧事業。2015 年 10 月，習近平在 2015 減貧與發展高層論壇主旨演講上強調：改革開放 30 多年來，中國人民積極探索、頑强奮鬥，走出了一條中國特色減貧道路。② 習近平強調："①我們堅持改革開放，保持經濟快速增長，不斷出臺有利於貧困地區和貧困人口發展的政策，爲大規模減貧奠定了基礎、提供了條件。②我們堅持政府主導，把扶貧開發納入國家總體發展戰略，開展大規模專項扶貧行動，針對特定人群組織實施婦女兒童、殘疾人、少數民族發展規劃。③我們堅持開發式扶貧方針，把發展作爲解決貧困的根本途徑，既扶貧又扶志，調動扶貧對象的積極性，提高其發展能力，發揮其主體作用。④我們堅持動員全社會參與，發揮中國制度優勢，構建了政府、社會、市場協同推進的大扶貧格局，形成了跨地區、跨部門、跨單位、全社會共同參與的多元主體的社會扶貧體系。⑤我們堅持普惠政策和特惠政策相結合，先後實施《國家八七扶貧攻堅計劃（1993—2000 年）》、《中國農村扶貧開發綱要（2001—2010 年）》、《中國農村扶貧開發綱要(2011—2020 年)》，在加大對農村、農業、農民普惠政策支持的基礎上，對貧困人口實施特惠政策，做到應扶盡扶、應保盡保。"③ 習近平進一步強調："中國是世界上最大的發展中國家，一直是世界減貧事業的積極倡導者和有力推動者。2015 年，聯合國千年發展目標在中國基本實現。中國是全球最早實現千年

---

① 習近平：在中央全面深化改革領導小組會議上的講話（2016 年 8 月 30 日）. 人民日報. 2016 年 8 月 31 日。

② 習近平：在 2015 減貧與發展高層論壇主旨演講上的講話（2015 年 10 月 16 日）. 人民日報. 2015 年 10 月 17 日。

③ 習近平：在 2015 減貧與發展高層論壇主旨演講上的講話（2015 年 10 月 16 日）. 人民日報. 2015 年 11 月 17 日。

發展目標中減貧目標的發展中國家，爲全球減貧事業作出了重大貢獻。"①

五、習近平脫貧策──脫貧攻堅之策略：實踐活動與貫徹落實

（一）習近平脫貧策：實踐活動

習近平脫貧策──脫貧攻堅之策的實踐活動主要體現在：參觀、視察、考察、調研、訪問、會議、峰會、論壇、講話、演講、簽署命令、署名文章、批示指示、復信回信、賀詞賀信、專題研討班、集體學習等幾個方面。其中，會議包括全國黨代會、全國人代會、全國政協會、中央紀委會、政治局會議、黨的全會、每年全國人代會、每年全國政協會、每年紀委會、部委工作會、座談會、茶話會、研討會、領導小組會議等；署名文章包括國內署名文章與海外署名文章。比較重要的有：

（1）相關會議：論述脫貧攻堅。

與脫貧攻堅相關的會議主要有：中共第十八屆三中全會、中共第十八屆五中全會、2013—2017 年中央政治局有關會議；2013—2017 年中央經濟工作會議；2013—2017 年中央農村工作會議；2015 年中央扶貧工作會議；2014—2017 年中央全面深化改革領導小組有關；2013—2017 年有關座談會。代表性會議主要有：

一是，2015 年中央政治局會議──審議脫貧攻堅。2015 年 11 月 23 日，中共第十八屆中央政治局召開會議，審議通過《關於打贏脫貧攻堅戰的決定》。習近平主持會議。會議指出：扶貧開發事關全面建成小康社會，事關增進人民福祉，事關鞏固黨的執政基礎，事關國家長治久安。中國扶貧開發已進入啃硬骨頭、攻堅拔寨的衝刺期。打贏脫貧攻堅戰，是促進全體人民共享改革發展成果、逐步實現共同富裕的重大舉措，也是經濟發展新常態下擴大國內需求、促進經濟增長的重要途徑。

二是，2015 年中央扶貧工作會議──部署脫貧攻堅。2015 年 11 月 27 日至 28 日，中央扶貧開發工作會議在北京召開。習近平出席會議并發表重要講話。習近平強調：脫貧攻堅戰衝鋒號已經吹響，全黨全國咬定目標苦干實幹。習近平進一步指出：這次中央扶貧開發工作會議是黨的十八屆五中全會後召開的第一個中央工作會議，體現了黨中央對扶貧開發工作的高度重視。會議的主要任務是，貫徹落實黨的十八屆五中全會精神，分析全面建成小康社會進入決勝階段脫貧攻堅面臨的形勢和任務，對當前和今後一個時期脫貧攻堅任務作出部署，

---

① 習近平：在 2015 減貧與發展高層論壇主旨演講上的講話（2015 年 10 月 16 日）．人民日報．2015 年 11 月 17 日。

動員全黨全國全社會力量，齊心協力打贏脫貧攻堅戰。

三是，座談會——研究扶貧攻堅。①延安座談會。2015 年 2 月 13 日，習近平在陝西延安主持召開陝甘寧革命老區脫貧致富座談會上強調："我們要實現第一個百年奮鬥目標，全面建成小康社會，沒有老區的全面小康，沒有老區貧困人口脫貧致富，那是不完整的。各級黨委和政府要增強使命感和責任感，把老區發展和老區人民生活改善時刻放在心上，加大投入支持力度，加快老區發展步伐，讓老區人民都過上幸福美滿的日子，確保老區人民同全國人民一道進入全面小康社會。"① ②貴陽座談會。2016 年 6 月 18 日，習近平在貴州貴陽召開部分省區市黨委主要負責同志座談會上強調："十三五時期是我們確定的全面建成小康社會的時間節點，全面建成小康社會最艱巨最繁重的任務在農村，特別是在貧困地區。各級黨委和政府要把握時間節點，努力補齊短板，科學謀劃好十三五時期扶貧開發工作，確保貧困人口到 2020 年如期脫貧。"② ③銀川座談會。2016 年 7 月 21 日，習近平在寧夏銀川主持召開東西部扶貧協作座談會上強調："東西部扶貧協作和對口支援，是推動區域協調發展、協同發展、共同發展的大戰略，是加強區域合作、優化產業布局、拓展對內對外開放新空間的大布局，是實現先富幫後富、最終實現共同富裕目標的大舉措，必須認清形勢、聚焦精準、深化幫扶、確保實效，切實提高工作水平，全面打贏脫貧攻堅戰。"③ ④太原座談會。2017 年 6 月 23 日，習近平在山西太原市主持召開深度貧困地區脫貧攻堅座談會，聽取脫貧攻堅進展情況匯報，集中研究破解深度貧困之策。習近平強調："今天，我們召開一個深度貧困地區脫貧攻堅座談會，研究如何做好深度貧困地區脫貧攻堅工作。攻克深度貧困堡壘，是打贏脫貧攻堅戰必須完成的任務，全黨同志務必共同努力。"④

四是，高層論壇——探討脫貧攻堅。2015 年 10 月 16 日，2015 減貧與發展高層論壇在北京人民大會堂舉行。習近平出席論壇并發表題爲《携手消除貧困促進共同發展》的主旨演講。會前習近平會見了 2015 "中國消除貧困獎" 獲獎者代表。2015 減貧與發展高層論壇主題是 "携手消除貧困，實現共同發展。" 包括有關國家元首、政府首腦、國際組織負責人，以及國家有關部門負責人、

---

① 習近平：在延安主持召開陝甘寧革命老區脫貧致富座談會上的講話（2015 年 2 月 13 日）．人民日報．2015 年 2 月 15 日。

② 習近平：在貴州召開部分省區市黨委主要負責同志座談會上的講話（2016 年 6 月 18 日）．人民日報．2016 年 6 月 19 日。

③ 習近平：在銀川主持召開東西部扶貧協作座談會上的講話（2016 年 7 月 21 日）．人民日報．2016 年 7 月 22 日。

④ 習近平：在深度貧困地區脫貧攻堅座談會上的講話（2017 年 6 月 23 日）．人民日報．2017 年 6 月 24 日。

專家學者、企業負責人共計 300 餘人參加了論壇。習近平強調：「消除貧困是人類的共同使命。改革開放 30 多年來，中國走出了一條中國特色減貧道路。中國在致力於自身消除貧困的同時，積極展開南南合作，同舟共濟，攻堅克難，支持和幫助廣大發展中國家特別是最不發達國家消除貧困，爲各國人民帶來更多福祉。」①

（2）批示指示與回信：論述脫貧攻堅。

【重要批示】2014 年 10 月 17 日，習近平在首個「全國扶貧日」之際作出的重要批示：「全黨全社會要繼續共同努力，形成扶貧開發工作強大合力。各級黨委、政府和領導幹部對貧困地區和貧困群衆要格外關注、格外關愛，履行領導職責，創新思路方法，加大扶持力度，善於因地制宜，注重精準發力，充分發揮貧困地區廣大幹部群衆能動作用，扎扎實實做好新形勢下扶貧開發工作，推動貧困地區和貧困群衆加快脫貧致富奔小康的步伐。」②

【重要指示】2017 年 10 月 9 日，習近平第四個全國扶貧日之際對脫貧攻堅工作作出重要指示：「脫貧攻堅是硬仗中的硬仗，必須付出百倍努力。全黨全社會要再接再厲、扎實工作，堅決打贏脫貧攻堅戰，在全面建成小康社會的征程上不斷創造新的業績。」③

【回信】2015 年 9 月 9 日，習近平在給「國培計劃（2014）」北師大貴州研修班參訓教師的回信中強調：「扶貧必扶智。讓貧困地區的孩子們接受良好教育，是扶貧開發的重要任務，也是阻斷貧困代際傳遞的重要途徑。黨和國家已經采取了一系列措施，推動貧困地區教育事業加快發展、教師隊伍素質能力不斷提高，讓貧困地區每一個孩子都能接受良好教育，實現德智體美全面發展，成爲社會有用之才。」④

（3）集體學習：論述脫貧攻堅。

中共十八大期間，一共舉行了 43 次中央政治局集體學習⑤，不少次都論及了「脫貧攻堅」問題。其中，有 4 次是重點學習了「脫貧攻堅」問題。

一是，2016 年 1 月 29 日，中共第十八屆中央政治局就「十三五」時期中國經濟社會發展的戰略重點進行第三十次集體學習。習近平強調：「經濟社會發

---

① 新華社. 習近平出席 2015 減貧與發展高層論壇并發表主旨演講. 人民日報. 2015 年 1017 日。

② 習近平. 關於脫貧攻堅工作的重要批示（2014 年 10 月 17 日）. 人民日報. 2014 年 10 月 18 日。

③ 習近平. 關於脫貧攻堅工作的重要指示（2017 年 10 月 9 日）. 人民日報. 2017 年 10 月 10 日。

④ 習近平給「國培計劃（二〇一四）」北師大貴州研修班參訓教師回信（2015 年 9 月 9 日）. 人民日報. 2015 年 9 月 10 日。

⑤ 中央政治局集體學習：係指中共中央政治局定期學習的一種制度或習慣。由中共中央總書記主持并發表講話，中央政治局全體成員參加，邀請有關部門負責人、專家學者，就經濟、政治、歷史、文化、社會、生態、科技、軍事、外交等重大問題進行專題講解。

展中的短板特別是主要短板，是影響如期實現全面建成小康社會目標的主要因素，必須盡快把這些短板補齊。脫貧開發工作是我們的一個突出短板，要舉全國之力抓好，確保到 2020 年農村貧困人口全部脫貧。"①

二是，2017 年 2 月 21 日，中共第十八屆中央政治局就中國脫貧攻堅形勢和更好實施精準扶貧進行第三十九次集體學習。習近平強調指出："農村貧困人口如期脫貧、貧困縣全部摘帽、解決區域性整體貧困，是全面建成小康社會的底綫任務，是我們作出的莊嚴承諾。要堅持精準扶貧、精準脫貧。要打牢精準扶貧基礎，通過建檔立卡，摸清貧困人口底數，做實做細，實現動態調整。"②

中共十八大期間，一共舉行了 6 次專題研討班③，每次研討班都不同程度地論及了 "脫貧攻堅"。代表性論述有：

一是，2016 年 1 月 18 日，習近平在省部級領導幹部學習貫徹十八屆五中全會精神專題研討班開班式上強調：聚焦發力貫徹五中全會精神，確保如期全面建成小康社會。習近平強調指出："落實共享發展理念，特別要加大對困難群衆的幫扶力度，堅決打贏農村貧困人口脫貧攻堅戰。落實共享發展是一門大學問，要做好從頂層設計到最後一公里落地的工作，在實踐中不斷取得新成效。"④

二是，2017 年 7 月 26 日，習近平在省部級領導幹部 "學習習近平總書記重要講話精神，迎接黨的十九大" 專題研討班開班式上強調：高舉中國特色社會主義偉大旗幟 爲決勝全面小康社會實現中國夢而奮鬥。習近平進一步強調指出："我們要繼續統籌推進五位一體總體布局、協調推進四個全面戰略布局，決勝全面建成小康社會，奪取中國特色社會主義偉大勝利，爲實現中華民族偉大復興的中國夢不懈奮鬥。"⑤

（二）習近平脫貧策：貫徹落實

（1）讀本與論述摘編：論述脫貧攻堅。

一是中共中央宣傳部先後編寫《習近平總書記系列重要講話讀本（2014 年版）》、《習近平總書記系列重要講話讀本（2016 年版）》；該書第 12 部分專題

---

① 習近平：在中共第十八屆中央政治局第三十次集體學習時的講話（2016 年 1 月 29 日）．人民日報．2016 年 1 月 30 日。

② 習近平：在中共第十八屆中央政治局第三十九次集體學習時的講話（2017 年 2 月 21 日）．人民日報．2017 年 2 月 22 日。

③ 專題研討班：就是中共黨和政府省部級主要領導幹部專題研討班。專題班始於 1999 年，每年舉辦一次已經舉辦。研討班的主題內容爲當年中共黨和政府全局性的、戰略性的、重大的問題。由中央主要領導作報告，省部級主要官員學習研討，隨後學習研討的成果將在今後的工作中加以貫徹和落實。

④ 習近平：在省部級主要領導幹部學習貫徹黨的十八屆五中全會精神專題研討班上的講話（2016 年 1 月 18 日）．人民日報．2016 年 05 月 10 日。

⑤ 習近平：在省部級主要領導幹部專題班上的講話（2017 年 7 月 26 日）．人民日報．2017 年 7 月 27 日。

解讀了習近平關於脫貧攻堅重要思想。

二是中共中央文獻研究室編輯出版《習近平關於社會主義經濟建設論述摘編（2017 年）》與《習近平關於全面建成小康社會論述摘編（2016 年）》。

三是中共中央組織部編輯出版《新發展理念案例選・脫貧攻堅》。該書編選了綜合施策脫貧、發展生產脫貧、易地扶貧搬遷、生態補償脫貧、發展教育脫貧、社會保障兜底、抓黨建促脫貧等 5 大方面 37 個案例。這些案例所彰顯的真招實招，所呈現的精準扶貧、精準脫貧的成功經驗，對各地各部門如期實現脫貧攻堅目標具有較強的示範意義和借鑒價值，也是各級幹部教育培訓機構開展新發展理念培訓的必備教材。

（2）制定政策文件：規範脫貧攻堅。

一是中央國家層面：及時制定政策文件。中共十八大期間，先後制定出臺脫貧攻堅方面的重大政策文件有 10 多個、配套政策文件 150 多個。代表性的有：中共中央關於制定國民經濟和社會發展第十三個五年規劃的決議（2015 年）；中華人民共和國國民經濟和社會發展第十三個五年規劃綱要・第十三篇全力實施脫貧攻堅（2016 年）；中共中央國務院關於打贏脫貧攻堅戰的決定（2015 年）；中辦國辦關於加大脫貧攻堅力度支持革命老區開發建設的指導意見（2016 年）；國務院關於印發“十三五”脫貧攻堅規劃的通知（2016 年）；財政部關於金融助推脫貧攻堅的實施意見（2016 年）；中共中央辦公廳國務院辦公廳印發脫貧攻堅責任制實施辦法（2016 年）；國務院辦公廳關於印發貧困地區水電礦產資源開發資產收益扶貧改革試點方案的通知（2016 年）。

二是國務院設立“全國扶貧日”。2014 年 8 月國務院召開會議，決定從 2014 年起，將每年 10 月 17 日設立爲“扶貧日”。設立“扶貧日”充分體現了黨中央、國務院對於扶貧開發構成的高度重視，也充分體現了對於貧困地區貧困群衆的格外關心。

三是地方政府層面：及時制定配套政策文件。代表性的有：貴州省扶貧開發條例（2013 年 3 月）；中共甘肅省委甘肅省人民政府關於扎實推進精準扶貧工作的意見（2015 年 6 月）；中共四川省委關於集中力量打贏扶貧開發攻堅戰確保同步全面建成小康社會的決定（2015 年 7 月）；陝西省革命老區脫貧攻堅實施意見（2016 年 12 月）；江西省關於深入推進脫貧攻堅工作的意見（2017 年 9 月）。

六、習近平脫貧策——脫貧攻堅之策略：基本研判與基本成效

（一）習近平脫貧策：基本研判

2017 年 2 月，習近平指出：“黨的十八大以來，黨中央對脫貧攻堅作出新

的部署，吹響了打贏脫貧攻堅戰的進軍號，脫貧攻堅取得顯著成績。"① 習近平進一步指出："黨中央確定的中央統籌、省負總責、市縣抓落實的管理體制得到了貫徹，四樑八柱的頂層設計基本形成，各項決策部署得到較好落實，各方面都行動起來了。"②

2017 年 6 月，習近平指出："黨中央確定的中央統籌、省負總責、市縣抓落實的管理體制得到貫徹，四樑八柱性質的頂層設計基本形成，五級書記抓扶貧、全黨動員促攻堅的氛圍已經形成，各項決策部署得到較好落實。脫貧攻堅成績顯著，每年農村貧困人口減少都超過 1000 萬人，累計脫貧 5500 多萬人；貧困發生率從 2012 年底的 10.2% 下降到 2016 年底的 4.5%，下降 5.7 個百分點；貧困地區農村居民收入增幅高於全國平均水平，貧困群眾生活水平明顯提高，貧困地區面貌明顯改善。"③

（二）習近平脫貧策：主要經驗

2017 年 2 月，習近平指出："在實踐中，我們形成了不少有益經驗，概括起來主要是加強領導是根本、把握精準是要義、增加投入是保障、各方參與是合力、群眾參與是基礎。這些經驗彌足珍貴，要長期堅持。"④

2017 年 6 月，習近平指出："改革開放近 40 年來，我們實現了大規模減貧，也創造了集中連片深度貧困地區、貧困縣、貧困村脫貧的成功經驗。山西聯動實施退耕還林、荒山綠化、森林管護、經濟林提質增效、特色林產業五大項目，通過組建造林合作社等，幫助深度貧困縣貧困人口脫貧。四川針對大小涼山彝區、川西北高原藏區整體深度貧困地區，制定了大小涼山彝區扶貧規劃和方案、藏區六項民生工程行動計劃、阿壩州扶貧開發和綜合防治大骨節病方案，推進彝家新寨、藏區新居、烏蒙新村、扶貧新村建設。雲南對人口較少民族、'直過'民族采取特殊扶持政策，取得明顯效果，獨龍族群眾在打通進山隧道後高興地給我寫信。湖南針對湘西州深度貧困問題統籌推進產業、就業、易地搬遷、生態補償、教育、社會保障等十項工程。⑤

① 習近平：在中共第十八屆中央政治局第三十九次集體學習時的講話（2017 年 2 與人 21 日）．人民日報．2017 年 2 月 22 日。
② 習近平：在中共第十八屆中央政治局第三十九次集體學習時的講話（2017 年 2 與人 21 日）．人民日報．2017 年 2 月 22 日。
③ 習近平：在深度貧困地區脫貧攻堅座談會上的講話（2017 年 6 月 23 日）．人民日報．2017 年 09 月 01 日。
④ 習近平：在中共第十八屆中央政治局第三十九次集體學習時的講話（2017 年 2 與人 21 日）．人民日報．2017 年 2 月 22 日。
⑤ 習近平：在深度貧困地區脫貧攻堅座談會上的講話（2017 年 6 月 23 日）．人民日報．2017 年 09 月 01 日。

（三）習近平脫貧策：基本成效

2017 年 2 月，習近平指出："2013 年至 2016 年 4 年間，每年農村貧困人口減少都超過 1000 萬人，累計脫貧 5564 萬人；貧困發生率從 2012 年底的 10.2% 下降到 2016 年底的 4.5%，下降 5.7 個百分點；貧困地區農村居民收入增幅高於全國平均水平，貧困群眾生活水平明顯提高，貧困地區面貌明顯改善。"①

資料顯示：一是，2013 年至 2016 年，全國貧困人口年均減少 1391 萬人，累計脫貧 5564 萬人；貧困發生率從 2012 年底的 10.2% 下降到 2016 年底的 4.5%。二是，截至 2016 年，貧困地區農村居民人均收入連續保持兩位數增長，年均實際增長 10.7%。居住在鋼筋混凝土房或磚混材料房的農戶占到 57.1%，使用管道供水的農戶達 67.4%。自然村通電接近全覆蓋、通電話比重達到 98.2%、道路硬化達到 77.9%。三是，2013 至 2017 年，中央財政安排專項扶貧資金從 394 億元增加到 861 億元，年均增長 22.7%，累計投入 2822 億元。截至今年 6 月底，累計發放 3381 億元，支持了 855 萬貧困戶。三是，易地扶貧搬遷建設任務完成過半。截至 2016 年底，全國 22 個省份 1282 個縣區易地扶貧搬遷項目全部開工，完成了 249 萬人易地扶貧搬遷建設任務，實現了良好開局。2017 年將再完成 340 萬人易地扶 貧搬遷建設任務。四是，截至 2016 年，28 個貧困縣脫貧摘帽。這既是 1986 年國家設定貧困縣 31 年來，歷史上第一次實現貧困縣數量净減少，也是實現貧困縣全部摘帽目標的良好起步，爲今後幾年貧困縣退出樹立了標杆，作出了示範。

七、小結與展望

（一）小結

習近平脫貧策——脫貧攻堅之策略是習近平"六韜九策"治國策體系内容之一。習近平脫貧策——脫貧攻堅之策略，是指習近平同志關於實施精準扶貧脫貧、擺脫消除貧困貧窮的攻堅戰的策略。習近平脫貧策的研究對象與範圍：中共十八大期間，習近平同志關於實施精準扶貧脫貧、擺脫消除貧困貧窮的攻堅戰的重要論述。

習近平脫貧策——脫貧攻堅之策略在政黨戰略學中屬於戰略對策的層次與範疇。其基本特徵表現在：強調精準脫貧、突出脫貧攻堅、強調深度脫貧、突出堅中之堅。習近平脫貧策——脫貧攻堅之策略的研究型、理論型的構成體系主要包括：1）習近平脫貧策的精準脫貧與重要意義；2）習近平脫貧策的文獻

---

① 習近平：在中共第十八屆中央政治局第三十九次集體學習時的講話（2017 年 2 與人 21 日）. 人民日報 . 2017 年 2 月 22 日。

來源與三新政策要點；3）習近平脫貧策的科學內涵與基本內容；4）習近平脫貧策的研究對象與範圍；5）習近平脫貧策的地位與基本特徵；6）習近平脫貧策的基本目標與主要任務；7）習近平脫貧策的抓什麼與怎麼抓；8）習近平脫貧策的實踐活動與貫徹落實；9）習近平脫貧策的基本研判與基本成效；10）習近平脫貧策的小結與展望等幾個方面。

（二）展望（預測與建議）

宏偉藍圖催人奮進，實現夢想只爭朝夕。2015 年 12 月 31 日，習近平在二〇一六年新年賀詞中強調："我們吹響了打贏扶貧攻堅戰的號角，全黨全國要勠力同心，着力補齊這塊短板，確保農村所有貧困人口如期擺脫貧困。"2016 年 12 月 30 日，習近平在全國政協新年茶話會上強調指出："一個時代有一個時代的主題，一代人有一代人的使命。新長征路上，每一個中國人都是主角、都有一份責任。讓我們大力弘揚愚公移山精神，大力弘揚將革命進行到底精神，在中國和世界進步的歷史潮流中，堅定不移把我們的事業不斷推向前進，直至光輝的彼岸。"

幾點建議：一是，盡快編輯出版《習近平關於扶貧開發與脫貧攻堅論述摘編（2012 年 11—2017 年 10 月）》，以便於廣大幹部群眾全面系統地學習、理解和掌握習近平同志關於扶貧開發與脫貧攻堅的重要論述。

二是，盡快編輯出版全國幹部培訓教材《習近平脫貧攻堅重要論述讀本》，以便於大黨員幹部全面系統地學習、理解與運用習近平同志關於脫貧攻堅的重要論述。

三是，盡快編輯出版全國扶貧幹部培訓教材《脫貧攻堅通俗讀本》，以便於廣大幹部學習、瞭解脫貧攻堅的基本知識、基本原理與基本規律，進一步推進脫貧攻堅工作。

第十三章
習近平治縣策——縣域治理之策略

【知識導引】

習近平治縣策——縣域治理之策略，是指習近平同志關於縣委書記及其縣域黨務政務治理的策略。習近平治縣策在政黨戰略學中屬於戰略對策的層次與範疇。

【經典論述】

做縣委書記就要做焦裕祿式的縣委書記，始終做到心中有黨、心中有民、心中有責、心中有戒。

——習近平

縣委是我們黨執政興國的"一線指揮部"，縣委書記就是"一線總指揮"，是我們黨在縣域治國理政的重要骨幹力量。

——習近平

【內容提要】 習近平治縣策——縣域治理之策略是習近平 "六韜九策" 治國策體系內容之一。習近平治縣策——縣域治理之策略，是指習近平同志關於縣委書記及其縣域黨務政務治理的策略。習近平治縣策的研究對象與範圍：中共十八大期間，習近平同志關於縣委書記及其縣域黨務政務治理的重要論述。

習近平治縣策——縣域治理之策略在政黨戰略學中屬於戰略對策的層次與範疇。其基本特徵表現在：強調重視縣委書記；突出先進典型榜樣；重視縣級地位作用；突出農業農村農民。習近平治縣策——縣域治理之策略的研究型、理論型的構成體系主要爲：1) 習近平治縣策的縣治天安與重要意義；2) 習近平治縣策的文獻來源與三新思想要點；3) 習近平治縣策的科學內涵與基本內容；4) 習近平治縣策的研究對象與範圍；5) 習近平治縣策的地位與本質屬性；6) 習近平治縣策的基本原則與基本要求；7) 習近平治縣策的先進榜樣與先進精神；8) 習近平治縣策的抓什麼與怎麼抓；9) 習近平治縣策的實踐活動與貫徹落實；10) 習近平治縣策的小結與展望等幾個方面。

幾點建議：一是盡快編輯出版《習近平關於縣域治理論述摘編（2012—2017)》；二是因地制宜地裁併或增設縣市行政單位；三是，進一步創新縣委書記選拔晉昇使用制度。

【關鍵詞】 習近平；治縣策、縣域治理；構成體系；建議

引　言

　　“習近平治縣策——縣域治理之策略”是習近平治國理政思想體系微觀戰術層面的重要内容。中共十八大期間（2012 年 11 月—2017 年 10 月），習近平圍遶什麼是縣域治理、縣域治理治什麼、縣域治理怎麼治這個事關郡縣之治、天下安寧的重大問題進行了一系列深刻闡釋，由此勾畫了“縣域治理”的政策體系，形成、創設了“習近平治縣策——縣域治理之策略”。

一、習近平治縣策——縣域治理之韜略：縣治天安與重要意義

（一）習近平治縣策：縣治天安

　　2013—2015 年，習近平在强調縣域地位重要性的同時，强調縣委書記的重要性；2015—2017 年，習近平在强調縣委書記好榜樣的同時，强調優秀縣委書記的地位與作用。資料顯示：中共十八大五年間，習近平在國内外很多重要場合，從不同的角度，對“縣域治理”進行了多方面、立體式的一系列深刻闡釋，構建了新的歷史條件下“縣域治理”建設性框架。代表性論述主要有：

　　1. 强調縣域地位的重要性。2014 年 3 月 18 日，習近平在河南省蘭考縣常委擴大會議上强調：“在我們黨的組織結構和國家政權結構中，縣一級處在承上啓下的關鍵環節。古人講郡縣治，天下安，今天仍然如此。”① 2015 年 1 月 12 日，習近平在同中央黨校縣委書記研修班學員座談上强調：“我對縣一級職能、運轉有親身感悟；在我們黨的組織結構和國家政權結構中，縣一級處在承上啓下的關鍵環節，是發展經濟、保障民生、維護穩定、促進國家長治久安的重要基礎。”② 習近平進一步强調：“一個縣就是一個基本完整的社會，麻雀雖小，五臟俱全。現在，縣級政權所承擔的責任越來越大，需要辦的事情越來越多，尤其是在全面建成小康社會、全面深化改革、全面依法治國、全面從嚴治黨進程中起着重要作用。”③ 2015 年 6 月 30 日，習近平在會見全國優秀縣委書記時强調指出：“郡縣治，天下安。在我們黨的組織結構和國家政權結構中，縣一級處在承上啓下的關鍵環節，是發展經濟、保障民生、維護穩定的重要基礎，也是幹部幹事創業、鍛煉成長的基本功訓練基地。”④

---

① 習近平. 做焦裕禄式的縣委書記. 北京：中央文獻出版社. 2015：第 32－53 頁。
② 習近平. 做焦裕禄式的縣委書記. 北京：中央文獻出版社. 2015：第 1－12 頁。
③ 習近平. 做焦裕禄式的縣委書記. 北京：中央文獻出版社. 2015：第 1－12 頁。
④ 習近平. 做焦裕禄式的縣委書記. 北京：中央文獻出版社. 2015：第 66－68 頁。

2. 強調縣委書記的重要性。2015 年 1 月 12 日，習近平在同中央黨校縣委書記研修班學員座談上強調：“我同大家的感受是一樣的，就是縣委書記這個崗位很重要，官不大，責任不小、壓力不小，這個官不好當。”① 習近平強調：“縣委書記在幹部序列中説起來級別不高，但地位特殊。當好一個縣委書記並不容易，要有全面的領導經驗，對東西南北中、黨政軍民學各方面的工作都能抓得起來。”② 習近平進一步強調：“縣委是我們黨執政興國的一線指揮部，縣委書記就是一線總指揮。對黨忠誠，是縣委書記的重要標準。縣一級陣地，必須由心中有黨、對黨忠誠的人堅守。”③ 2015 年 6 月 30 日，習近平在會見全國優秀縣委書記時強調指出：“縣委是我們黨執政興國的一線指揮部，縣委書記就是一線總指揮，是我們黨在縣域治國理政的重要骨幹力量。”④

3. 強調好榜樣焦裕禄。2014 年 3 月 18 日，習近平在河南省蘭考縣常委擴大會議上強調：“焦裕禄同志始終是我的榜樣。一九九〇年七月十五日，我任福州市委書記時，以《念奴嬌》的詞牌填了一首《追思焦裕禄》，發表在《福州晚報》上。”⑤ 習近平《念奴嬌·追思焦裕禄》詞曰：“魂飛萬裏，盼歸來，此水此山此地。百姓誰不愛好官？把泪焦桐成雨。生也沙丘，死也沙丘，父老生死係。暮雪朝霜，毋改英雄意氣！依然月明如昔，思君夜夜，肝膽長如洗。路漫漫其修遠矣，兩袖清風來去。爲官一任，造福一方，遂了平生意。綠我涓滴，會它千頃澄碧。”⑥2015 年 1 月 12 日，習近平在同中央黨校縣委書記研修班學員座談上強調：“我一直認爲，焦裕禄同志爲縣委書記樹立了榜樣。焦裕禄同志以自己的實際行動塑造了一個優秀共產黨員和優秀縣委書記的光輝形象。做縣委書記，就要做焦裕禄式的縣委書記。”⑦ 2015 年 6 月 30 日，習近平在會見全國優秀縣委書記時強調指出：“焦裕禄、楊善洲、谷文昌等同志是縣委書記的好榜樣，縣委書記要以他們爲榜樣，始終做到心中有黨、心中有民、心中有責、心中有戒，努力成爲黨和人民信賴的好幹部。”⑧

4. 強調優秀縣委書記。2015 年 6 月 30 日，習近平在會見全國優秀縣委書記時強調指出：“在黨的生日前夕，以中央組織部名義再次表彰一批優秀縣委書記，非常有意義。這是一個崇高的榮譽。大家是從全國 2800 多名縣（市、區、

---

① 習近平. 做焦裕禄式的縣委書記. 北京：中央文獻出版社. 2015：第 1 - 12 頁。
② 習近平. 做焦裕禄式的縣委書記. 北京：中央文獻出版社. 2015：第 1 - 12 頁。
③ 習近平. 做焦裕禄式的縣委書記. 北京：中央文獻出版社. 2015：第 1 - 12 頁。
④ 習近平. 做焦裕禄式的縣委書記. 北京：中央文獻出版社. 2015：第 66 - 68 頁。
⑤ 習近平. 做焦裕禄式的縣委書記. 北京：中央文獻出版社. 2015：第 32 - 53 頁。
⑥ 習近平. 念奴嬌·追思焦裕禄. 福州晚報. 1990 年 7 月 16 日。
⑦ 習近平. 做焦裕禄式的縣委書記. 北京：中央文獻出版社. 2015：第 1 - 12 頁。
⑧ 習近平. 做焦裕禄式的縣委書記. 北京：中央文獻出版社. 2015：第 66 - 68 頁。

旗）委書記中選出來的，都在各自崗位上做出了出色業績，得到了群衆認可，是我們領導幹部中的標杆。"[①] 2017 年 4 月 14 日，習近平對廖俊波同志先進事迹作出重要指示。習近平強調指出："廖俊波同志任職期間，牢記黨的囑托，盡心盡責，帶領當地幹部群衆撲下身子、苦干實幹，以實際行動體現了對黨忠誠、心係群衆、忘我工作、無私奉獻的優秀品質，無愧於全國優秀縣委書記的稱號。"[②]

（二）習近平治縣策：重要意義

習近平治縣策，深刻闡明瞭新的歷史條件下縣域治理治什麼、縣域治理怎麼治的重大問題，爲怎樣當好縣委書記、進一步提昇縣域治理水平提供了强大的思想武器與行動指南。

習近平治縣策，研判縣域治理概況，把握縣域治理規律，充實、提昇與拓展了傳統的縣域治理理論，豐富了治國理政理論與政黨戰略學，進一步豐富了中國特色社會主義理論體系。

習近平治縣策，立足縣域治理問題、破解縣域治理難題，對於我們系統把握縣域治理的基本方向、總體目標和基本任務，對於協調推進四個全面戰略部署、統籌推進五位一體總體布局、實現中華民族偉大復興的中國夢具有重要現實意義。

二、習近平治縣策——縣域治理之韜略：文獻來源與三新政策要點

（一）習近平治縣策：文獻來源

習近平治縣策——縣域治理之策略的經典文獻主要有：

一是《習近平談治國理政》[③]。與縣域治理相關的文獻主要有：實幹才能夢想成真（2013 年 4 月 28 日）；推動貧困地區脱貧致富、加快發展（2012 年 12 月 29 日、30 日）；厲行勤儉節約，反對鋪張浪費（2013 年 1 月 17 日、2 月 22 日）；群衆路綫是黨的生命綫和根本工作路綫（2013 年 6 月 18 日）；樹立和發揚"三嚴三實"的作風（2014 年 3 月 9 日）；把權力關進制度的籠子裏（2013 年 1 月 22 日）；深入推進黨風廉政建設和反腐敗鬥爭（2014 年 1 月 14 日）；發揚釘釘子的精神，一張好的藍圖一干到底（2013 年 2 月 28 日）；着力培養選拔黨和人民需要的好幹部（2013 年 6 月 28 日）。

---

① 習近平. 做焦裕禄式的縣委書記. 北京：中央文獻出版社. 2015：第 66–68 頁。

② 習近平：對廖俊波同志先進事迹作出重要指示（2017 年 4 月 13 日）. 人民日報. 2017 年 4 月 14 日。

③ 習近平. 習近平談治國理政. 北京：外文出版社. 2014。

二是《做焦裕禄式的縣委書記》①。該書是一本 "縣委書記指南"。收錄六篇習近平的講話文章：做焦裕禄式的縣委書記（2015 年 1 月 12 日）；在河北省阜平縣考察扶貧開發工作時的講話（2012 年 12 月 29 日）；同菏澤市及縣區主要負責同志座談時的講話（2013 年 11 月 26 日）；在河南省蘭考縣委常委擴大會議上的講話（2014 年 3 月 18 日）；在聽取蘭考縣和河南省黨的群眾路線教育實踐活動情況匯報時的講話（2014 年 8 月 27 日）；在會見全國優秀縣委書記時的講話（2015 年 6 月 30 日）。

三是習近平《知之深，愛之切（2016 年）》②。該書收錄了習近平同志 1982 年 3 月至 1985 年 5 月在正定擔任縣委書記期間的講話、文章、書信等共 37 篇。

四是《十八大以來重要文獻選編（上）》③。與縣域治理相關的文獻主要有：人民對美好生活的向往，就是我們的奮斗目標（2012 年 11 月 15 日）；緊緊圍遶堅持和發展中國特色社會主義 學習宣傳貫徹黨的十八大精神近平（2012 年 11 月 17 日）；中國夢，復興路（2012 年 11 月 29 日）；在黨的群眾路線教育實踐活動工作會議上的講話（2013 年 6 月 18 日）；在中央農村工作會議上的講話（2013 年 12 月 23）。

五是《十八大以來重要文獻選編（中）》④。與縣域治理相關的文獻主要有：在黨的群眾路線教育實踐活動總結大會上的講話（2014 年 10 月 8 日）；協調推進四個全面戰略布局（2014 年 12 月至 2015 年 9 月）；做焦裕禄式的縣委書記（2015 年 1 月 12 日）；加強紀律建設，把守紀律講規矩擺在更加重要的位置（2015 年 1 月 13 日）；黨員、幹部都要按照三嚴三實要求鞭策自己（2015 年 9 月 11 日）；以新的發展理念引領發展，奪取全面建成小康社會決勝階段的偉大勝利（2015 年 10 月 29 日）。

六是《習近平關於社會主義政治建設論述摘編》⑤。該書摘自習近平同志 2012 年 11 月 15 日至 2017 年 5 月 3 日期間的講話、報告、談話、指示等 70 多篇重要文獻，計有 330 段重要論述。

七是《習近平關於黨風廉政建設和反腐敗鬥爭論述摘編》⑥。該書摘自習近平同志 2012 年 11 月 15 日至 2014 年 10 月 23 日期間的講話、文章、批示等 40

---

① 習近平. 做焦裕禄式的縣委書記. 北京：中央文獻出版社. 2015.
② 習近平. 知之深，愛之切. 石家莊：河北人民出版社. 2016.
③ 中共中央文獻研究室. 十八大以來重要文獻選編（上）. 北京：中央文獻出版社. 2014.
④ 中共中央文獻研究室. 十八大以來重要文獻選編（中）. 北京：中央文獻出版社. 2016.
⑤ 中共中央文獻研究室. 習近平關於社會主義政治建設論述摘編. 北京：中央文獻出版社. 2017. 8.
⑥ 中共中央文獻研究室. 習近平關於黨風廉政建設和反腐敗鬥爭論述摘編. 北京：中央文獻出版社. 2015. 1.

多篇重要文獻，計有 216 段論述。包括 9 個方面：

八是《習近平關於全面從嚴治黨論述摘編》①。該書摘自習近平同志 2012 年 11 月 15 日至 2016 年 10 月 27 日期間的講話、文章等 80 多篇重要文獻，計有 371 段論述。

九是《習近平關於嚴明黨的紀律和規矩論述摘編》②。該摘自習近平同志 2012 年 11 月 16 日至 2015 年 10 月 29 日期間的講話、文章等 40 多篇重要文獻，計有 200 段論述。

十是習近平其他個人專著有關縣域治理的重要論述。主要有：習近平《擺脫貧困（1992 年）》③、習近平《之江新語（2007 年）》④。

十一是其他文獻習近平關於八項規定的重要論述。比較重要的文獻計有：習近平在湖南湘西調研扶貧攻堅時的講話（2013 年 11 月 3 日）；習近平在中央農村工作會議上的講話（2013 年 12 月 23 日）；習近平在中央扶貧開發工作會議上的講話（2015 年 11 月 17 日）；習近平對做好"三農"工作的重要指示（2015 年 12 月 24 日）；習近平在部分省區市黨委主要負責同志座談會上的講話（2016 年 6 月 18 日）；習近平在東西部扶貧協作座談會上的講話（2016 年 7 月 21 日）；習近平在慶祝中國共產黨成立 95 週年大會上的講話（2016 年 7 月 1 日）；習近平在省部級主要領導幹部專題班上的講話（2017 年 7 月 26 日）。

（二）習近平治縣策：三新政策要點（新政策新規定新要求）

根據以上文獻分析，習近平治縣策——縣域治理之策略的三新政策要點（新政策新規定新要求）主要有以下幾個方面：

一是，古人講郡縣治，天下安，今天仍然如此。二是，縣域治理是推進國家治理體系和治理能力現代化的重要一環。三是，縣域治理最大的特點是既接天綫又接地氣。對上，要貫徹黨的路綫方針政策，落實中央和省市的工作部署；對下，要領導鄉鎮、社區，促進發展、服務民生。四是，在我們黨的組織結構和國家政權結構中，縣一級處在承上啟下的關鍵環節，是發展經濟、保障民生、維護穩定、促進國家長治久安的重要基礎。五是，一個縣就是一個基本完整的社會，麻雀雖小，五臟俱全。六是，縣委是我們黨執政興國的"一綫指揮部"，縣委書記就是"一綫總指揮"。七是，縣一級承上啟下，要素完整，功能齊備，在我們黨執政興國中具有十分重要的作用，在國家治理中居於重要地位。八是，

①　中共中央文獻研究室. 習近平關於全面從嚴治黨論述摘編. 北京：中央文獻出版社. 2016. 12.
②　中共中央文獻研究室. 習近平關於嚴明黨的紀律和規矩論述摘編. 北京：中央文獻出版社. 2016. 1.
③　習近平. 擺脫貧困. 福州：福州人民出版社. 1992.
④　習近平. 之江新語. 杭州：浙江人民出版社. 2007.

縣一級處在承上啓下的關鍵環節，是發展經濟、保障民生、維護穩定的重要基礎，也是幹部幹事創業、鍛煉成長的基本功訓練基地。九是，縣一級領導同志要珍惜崗位，秉公用權，安身、安心、安業，多爲老百姓造福。十是，焦裕禄同志爲縣委書記樹立了榜樣。十一是，焦裕禄同志以自己的實際行動塑造了一個優秀共產黨員和優秀縣委書記的光輝形象。十二是，做縣委書記，就要做焦裕禄式的縣委書記。十三是，焦裕禄同志是人民的好公僕，是縣委書記的榜樣，也是全黨的榜樣。十四是，焦裕禄精神就是親民愛民、艱苦奮鬥、科學求實、迎難而上、無私奉獻的精神。十五是，焦裕禄、楊善洲、谷文昌等同志是縣委書記的好榜樣，縣委書記要以他們爲榜樣，始終做到心中有黨、心中有民、心中有責、心中有戒，努力成爲黨和人民信賴的好幹部。十六是，農村基層黨組織是黨在農村全部工作和戰鬥力的基礎，是貫徹落實黨的扶貧開發工作部署的戰鬥堡壘。十七是，我們必須堅持把解決好 "三農" 問題作爲全黨工作重中之重，堅持工業反哺農業、城市支持農村和多予少取放活方針，始終把 "三農" 工作牢牢抓住、緊緊抓好。十八是，我國農業農村發展面臨的難題和挑戰還很多，任何時候都不能忽視和放鬆 "三農" 工作。

三、習近平治縣策──縣域治理之韜略：科學涵義與構成體系

（一）習近平治縣策：科學涵義與基本内容

習近平治縣策──縣域治理之策略，是指習近平同志關於縣委書記及其縣域黨務政務治理的策略。策略原意指計策、謀略，引申義指行動方針、鬥爭藝術與方法手段，這裏擴展爲關於實施縣域治理而采取的具有微觀的局部的戰術的等特徵的一種選擇與安排。

習近平治縣策的研究對象與範圍：中共十八大期間，習近平同志關於縣委書記及其縣域黨務政務治理的重要論述。

中國地大物博、人口衆多、縣級行政區劃單位分佈廣泛。資料顯示：截至2016年底，全國共有省級行政區劃單位34個（其中直轄市4個、省23個、自治區5個、特別行政區2個），地級行政區劃單位334個（其中地級市293個、地區8個，自治州30個、盟3個），縣級行政區劃單位2851個（其中市轄區954個、縣級市360個、縣1366個、自治縣117個、旗49個、自治旗3個、特區1個、林區1個），鄉級行政區劃單位39862個，其中區公所2個、鎮20883個、鄉9731個、蘇木152個、民族鄉988個、民族蘇木1個、街道8105個。[①]進一步而言，全國共有縣級行政區劃單位2851個，則縣委書記就有2851位，

---

① 民政部.2016年社會服務發展統計公報.民政部網站.2017年5月31日。

縣長同樣也有 2851 位，縣級五套班子計有正處級領導幹部 14255 位。

　　與習近平治縣策密切相關的新詞彙、新提法主要有：縣委書記、縣長、人大主任、政協主席、紀委書記、組織部長、宣傳部長、鄉鎮黨委書記、村幹部、縣域治理、焦裕祿精神、谷文昌精神、八項規定、"四風"問題、三嚴三實、兩學一做、政治紀律、政治規矩、四個意識、四大考驗、四大危險、脫貧攻堅、"三農"工作、田園綜合體、特色小城鎮。

　　什麼是縣域治理？習近平（2014 年 3 月）指出："縣域治理是推進國家治理體系和治理能力現代化的重要一環。一個縣，大的有幾十萬、上百萬人口，經濟、政治、文化、社會、生態等各方面功能齊備，在縣裏當幹部不要覺得官小，要多想想自己肩負的責任重大。"[1] 習近平（2014 年 3 月）進一步指出："縣域治理最大的特點是既接天綫又接地氣。對上，要貫徹黨的路綫方針政策，落實中央和省市的工作部署；對下，要領導鄉鎮、社區，促進發展、服務民生。基礎不牢，地動山搖。縣一級工作做好了，黨和國家全局工作就有了堅實基礎。因此，做一個縣委書記、縣長，擔任縣裏的領導，是非常光榮、非常有意義的，也是非常不簡單、非常考驗本領的。"[2]

　　習近平治縣策的基本內容與工作重點：其基本內容包括四個方面或角度：一則是，縣域人財物的治理；一則是，縣域黨政經民學的治理；一則是，縣委書記、縣域黨務治理、縣域政務治理；一則是，縣委書記；縣委領導班子；縣域政治、經濟、文化、社會、生態文明、黨的建設等的治理。其工作重點包括：縣委書記；縣委領導班子；縣域黨務治理；縣域政務治理；縣域鄉鎮村治理。

　　習近平治縣策的基本原則與基本要求：四有書記、四要書記。2015 年 1 月12 日，習近平在同中央黨校縣委書記研修班學員座談時強調指出："做縣委書記就要做焦裕祿式的縣委書記，要始終做到心中有黨、心中有民、心中有責、心中有戒。"2015 年 6 月 30 日，習近平在會見全國優秀縣委書記時強調指出："一是要做政治的明白人，二是要做發展的開路人，三是要做群眾的貼心人，四是要做班子的帶頭人。"

　　習近平治縣策的先進榜樣與先進精神：縣委書記的先進榜樣、好榜樣主要有焦裕祿、谷文昌、楊善洲、王伯祥、廖俊波等。先進精神就是焦裕祿精神與谷文昌精神。焦裕祿精神，就是"親民愛民、艱苦奮鬥、科學求實、迎難而上、無私奉獻"的精神。谷文昌精神，就是堅定不移的理想信念、一心爲民的公僕情懷、求真務實的擔當精神、艱苦奮鬥的優良作風。

---

① 習近平. 做焦裕祿式的縣委書記. 北京：中央文獻出版社. 2015：第 32－53 頁。

② 習近平. 做焦裕祿式的縣委書記. 北京：中央文獻出版社. 2015：第 32－53 頁。

(二) 習近平治縣策：地位與基本特徵

在政黨戰略學中，習近平治縣策——縣域治理之策略屬於戰略對策的層次與範疇。其基本特徵表現在：

(1) 強調重視縣委書記。2013 年 11 月，習近平強調：市委書記、縣委書記擔負着領班子、帶隊伍、抓發展、保穩定的重任。2015 年 1 月，習近平強調：縣委是我們黨執政興國的 "一綫指揮部"，縣委書記就是 "一綫總指揮"。對黨忠誠，是縣委書記的重要標準。2015 年 1 月，習近平強調：縣一級陣地，必須由心中有黨、對黨忠誠的人堅守。2015 年 6 月，習近平強調：各級黨委和組織部門要關心愛護縣委書記，支持縣委書記幹事創業。

(2) 突出先進典型榜樣。2014 年 3 月，習近平強調：焦裕祿同志是人民的好公僕，是縣委書記的榜樣，也是全黨的榜樣。2015 年 1 月，習近平強調：焦裕祿同志以自己的實際行動塑造了一個優秀共產黨員和優秀縣委書記的光輝形象。2015 年 1 月，習近平：我經常提到五六十年代福建東山縣縣委書記谷文昌，他一心一意爲老百姓辦事，當地老百姓逢年過節是 "先祭谷公，後拜祖宗"。2015 年 6 月，習近平強調指出：焦裕祿、楊善洲、谷文昌等同志是縣委書記的好榜樣，縣委書記要以他們爲榜樣，始終做到心中有黨、心中有民、心中有責、心中有戒，努力成爲黨和人民信賴的好幹部。

(3) 重視縣級地位作用。2014 年 3 月，習近平強調："在我們黨的組織結構和國家政權結構中，縣一級處在承上啓下的關鍵環節。古人講郡縣治，天下安，今天仍然如此。" 2014 年 5 月，習近平指出："縣一級承上啓下，要素完整，功能齊備，在我們黨執政興國中具有十分重要的作用，在國家治理中居於重要地位。縣一級領導同志要珍惜崗位，秉公用權，安身、安心、安業，多爲老百姓造福。" 2015 年 6 月，習近平強調："郡縣治，天下安。在我們黨的組織結構和國家政權結構中，縣一級處在承上啓下的關鍵環節，是發展經濟、保障民生、維護穩定的重要基礎，也是幹部幹事創業、鍛煉成長的基本功訓練基地。"

(4) 突出農業農村農民。2013 年 12 月，習近平強調：我們必須堅持把解決好 "三農" 問題作爲全黨工作重中之重，堅持工業反哺農業、城市支持農村和多予少取放活方針，不斷加大強農惠農富農政策力度，始終把 "三農" 工作牢牢抓住、緊緊抓好。2015 年 12 月，習近平強調："十二五" 時期，我國農業農村發展成果豐碩，爲我們贏得全局工作主動發揮了重要作用。同時，必須看到，我國農業農村發展面臨的難題和挑戰還很多，任何時候都不能忽視和放鬆 "三農" 工作。

（三）習近平治縣策：分類與構成體系

根據習近平治縣策——縣域治理之策略的科學涵義與基本內容，可以分爲以下幾類：

習近平治縣・縣委書記策——縣域治理之縣委書記策略；習近平治縣・黨務策——縣域治理之黨務策略；習近平治縣・政務策——縣域治理之政務策略；習近平治縣・鄉鎮策——縣域治理之縣域鄉鎮村居策略。

習近平治縣策——縣域治理之策略的研究型、理論型的構成體系主要爲：（1）習近平治縣策的縣治天安與重要意義；（2）習近平治縣策的文獻來源與三新思想要點；（3）習近平治縣策的科學內涵與基本內容；（4）習近平治縣策的研究對象與範圍；（5）習近平治縣策的地位與本質屬性；（6）習近平治縣策的基本原則與基本要求；（7）習近平治縣策的先進榜樣與先進精神；（8）習近平治縣策的抓什麼與怎麼抓；（9）習近平治縣策的實踐活動與貫徹落實；（10）習近平治縣策的小結與展望。

由以上幾個方面構成習近平治縣策——縣域治理之策略的完整應用體系。

四、習近平治縣策——縣域治理之韜略：抓什麼與怎麼抓

（一）習近平治縣策：抓什麼——任務要求

一是，抓先進榜樣，主要抓學習弘揚。習近平（2014年3月）強調：焦裕祿同志是人民的好公僕，是縣委書記的榜樣，也是全黨的榜樣。[1] 習近平（2015年1月）強調：我一直認爲，焦裕祿同志爲縣委書記樹立了榜樣。[2] 習近平（2015年6月）強調：焦裕祿、楊善洲、谷文昌等同志是縣委書記的好榜樣，縣委書記要以他們爲榜樣，始終做到心中有黨、心中有民、心中有責、心中有戒，努力成爲黨和人民信賴的好幹部。[3]

習近平（2014年3月）強調：學習弘揚焦裕祿精神，首先要明確學習弘揚什麼。習近平（2014年3月）進一步強調：從貫徹黨的群衆路綫的角度看，我認爲有幾點特別值得學習弘揚：焦裕祿同志"心中裝着全體人民、唯獨沒有他自己"的公僕情懷；焦裕祿同志凡事探求就裏、"吃別人嚼過的饃沒有味道"的求實作風；焦裕祿同志"敢教日月換新天、革命者要在困難面前逞英雄"的奮鬥精神；焦裕祿同志艱苦樸素、廉潔奉公、"任何時候都不搞特殊化"的道

---

① 習近平. 做焦裕祿式的縣委書記. 北京：中央文獻出版社. 2015：第32－53頁。
② 習近平. 做焦裕祿式的縣委書記. 北京：中央文獻出版社. 2015：第1－12頁。
③ 習近平. 做焦裕祿式的縣委書記. 北京：中央文獻出版社. 2015：第66－68頁。

德情操。①

二是，抓改革發展，主要抓三個方面。習近平（2014 年 3 月）強調：要準確把握縣域治理特點和規律，把開展教育實踐活動同全面深化改革、促進科學發展有機結合起來。② 習近平（2014 年 3 月）進一步強調：一要把強縣和富民統一起來。實現強縣和富民統一，要在發展路徑選擇和發展成果共享上有全面把握，既善於集中資源辦大事、增強縣域經濟綜合實力和競爭力，又注重激勵城鄉居民創業增收和勤勞致富、持續提高城鄉居民生活水平。二要把改革和發展結合起來。要開動腦筋，打開大門，引進來，走出去，激活各類生產要素。要充分運用省直管縣的體制條件，精心運籌、大膽實踐，在縣域改革中走出一條好路子。三要把城鎮和鄉村貫通起來。要打破城鄉分割的規劃格局，建立城鄉一體化、縣域一盤棋的規劃管理和實施體制。要推動城鎮基礎設施向農村延伸，城鎮公共服務向農村覆蓋，城鎮現代文明向農村輻射，推動人才下鄉、資金下鄉、技術下鄉，推動農村人口有序流動、產業有序集聚，形成城鄉互動、良性循環的發展機制。③

四是，抓支部建設，主要抓四個方面。習近平（2012 年 12 月）指出：農村要發展，農民要致富，關鍵靠支部。習近平（2012 年 12 月）進一步指出：一要原原本本把政策落實好。中央一系列強農惠農富農政策和扶貧開發政策要一絲不苟、毫不走樣地落實到基層，政策的好處要全部落實到基層、落實到每一個農民。要把黨和政府的扶貧開發政策、支持農業農村發展的政策、支持農民增收的政策原原本本傳遞給鄉親們，讓鄉親們瞭解黨和政府的政策，真正享受到政策的好處，一起來落實好政策。二要真真實實把情況摸清楚。做好基層工作，關鍵是要做到情況明。情況搞清楚了，才能把工作做到家、做到位。要搞好規劃，揚長避短，不要眉毛胡子一把抓。幫助困難鄉親脫貧致富要有針對性，要一家一戶摸情況，張家長、李家短都要做到心中有數。三要扎扎實實把支部建設好。抓好黨建促扶貧，是貧困地區脫貧致富的重要經驗。要把扶貧開發同基層組織建設有機結合起來，抓好以村黨組織為核心的村級組織配套建設，把基層黨組織建設成為帶領鄉親們脫貧致富、維護農村穩定的堅強領導核心，發展經濟、改善民生，建設服務型黨支部，真正發揮戰鬥堡壘作用。四要切切實實把團結搞扎實。要搞好支部一班人的團結，搞好村委會一班人的團結，搞好全村鄉親的團結，特別要搞好黨支部和村委會成員的團結。要以黨支部為核心，搞好各種基層組織建設，把它們組織好，形成整體合力。大家擰成一股繩，

---

① 習近平. 做焦裕祿式的縣委書記. 北京：中央文獻出版社. 2015：第 32 - 53 頁。
② 習近平. 做焦裕祿式的縣委書記. 北京：中央文獻出版社. 2015：第 32 - 53 頁。
③ 習近平. 做焦裕祿式的縣委書記. 北京：中央文獻出版社. 2015：第 32 - 53 頁。

心往一處想，勁往一處使，汗往一處流，真正把鄉親們的事情辦好。①

（二）習近平治縣策：怎麼抓——方法對策

（1）堅持四有四要要求，做焦裕禄式縣委書記。

習近平（2015 年 1 月）強調：怎樣做焦裕禄式的縣委書記？習近平（2015 年 1 月）進一步強調：當好縣委書記，一是必須始終做到心中有黨；二是必須始終做到心中有民；三是必須始終做到心中有責；四是必須始終做到心中有戒。"②習近平（2015 年 6 月）強調：焦裕禄、楊善洲、谷文昌等同志是縣委書記的好榜樣，縣委書記要以他們爲榜樣。習近平（2015 年 6 月）就不要強調：一是要做政治的明白人。縣委書記擔負着重要政治責任，講政治是第一位的。希望大家對黨絕對忠誠，始終同黨中央在思想上政治上行動上保持高度一致，堅定理想信念，堅守共產黨人的精神家園，自覺踐行社會主義核心價值觀，自覺執行黨的紀律和規矩，真正做到頭腦始終清醒、立場始終堅定。二是要做發展的開路人。縣委書記特別是貧困地區的縣委書記在發展上要勇於擔當、奮發有爲。要適應和引領經濟發展新常態，把握和順應深化改革新進程，回應人民群衆新期待，堅持從實際出發，帶領群衆一起做好經濟社會發展工作，特別是要打好扶貧開發攻堅戰，讓老百姓生活越來越好，真正做到爲官一任，造福一方。三是要做群衆的貼心人。全心全意爲人民服務是我們黨的根本宗旨。縣委書記直接面對基層群衆，必須堅持全心全意爲人民服務的根本宗旨，自覺貫徹黨的群衆路綫，心係群衆、爲民造福。希望大家心中始終裝着老百姓，先天下之憂而憂，後天下之樂而樂，真正做到心係群衆、熱愛群衆、服務群衆。四是要做班子的帶頭人。羊群走路靠頭羊。帶頭人關鍵是帶頭二字。希望大家帶頭講黨性、重品行、做表率，帶頭搞好三嚴三實專題教育，帶頭抓班子帶隊伍，帶頭依法辦事，帶頭廉潔自律，帶頭接受黨和人民監督，帶頭清清白白做人、干乾净净做事、堂堂正正做官，真正做到事事帶頭、時時帶頭、處處帶頭，真正做到率先垂範、以上率下。③

（2）堅持做好三農工作，積極推進農業現代化。

習近平（2015 年 12 月）強調指出："十三五"時期，必須堅持把解決好"三農"問題作爲全黨工作重中之重，牢固樹立和切實貫徹創新、協調、綠色、開放、共享的發展理念，加大強農惠農富農力度，深入推進農村各項改革，破解"三農"難題、增強創新動力、厚植發展優勢，積極推進農業現代化，扎實

① 習近平. 做焦裕禄式的縣委書記. 北京：中央文獻出版社. 2015：第 13－26 頁。

② 習近平. 做焦裕禄式的縣委書記. 北京：中央文獻出版社. 2015：第 1－12 頁。

③ 習近平. 做焦裕禄式的縣委書記. 北京：中央文獻出版社. 2015：第 66－68 頁。

做好脫貧開發工作，提高社會主義新農村建設水平，讓農業農村成爲可以大有作爲的廣闊天地。[1] 習近平（2016 年 12 月）進一步強調指出：要始終重視 "三農" 工作，持續強化重農强農信號；要準確把握新形勢下 "三農" 工作方向，深入推進農業供給側結構性改革；要在確保國家糧食安全基礎上，着力優化産業產品結構；要把發展農業適度規模經營同脫貧攻堅結合起來，與推進新型城鎮化相適應，使强農惠農政策照顧到大多數普通農戶；要協同發揮政府和市場 "兩只手" 的作用，更好引導農業生産、優化供給結構；要尊重基層創造，營造改革良好氛圍。[2]

（3）堅持打贏脫貧攻堅，全面建成小康社會。

習近平（2012 年 12 月）指出：做好扶貧開發工作，支持困難群衆脫貧致富，幫助他們排憂解難，使發展成果更多更公平惠及人民，是我們黨堅持全心全意爲人民服務根本宗旨的重要體現，也是黨和政府的重大職責。[3] 習近平（2012 年 12 月）進一步指出：一是要堅定信心。貧困地區盡管自然條件差、基礎設施落後、發展水平較低，但也有各自的有利條件和優勢。只要立足有利條件和優勢，用好國家扶貧開發資金，吸引社會資金參與扶貧開發，充分調動廣大幹部群衆的積極性，樹立脫貧致富、加快發展的堅定信心，發揚自力更生、艱苦奮鬥精神，堅持苦干實幹，就一定能改變面貌。二是要找對路子。推進扶貧開發、推動經濟社會發展，首先要有一個好思路、好路子。要堅持從實際出發，因地制宜，理清思路、完善規劃、找準突破口。要做到宜農則農、宜林則林、宜牧則牧、宜開發生態旅遊則搞生態旅遊，真正把自身比較優勢發揮好，使貧困地區發展扎實建立在自身有利條件的基礎之上。[4] 習近平（2013 年 11 月）指出：要堅決打好扶貧開發攻堅戰，不斷改善貧困人口生活。[5] 習近平（2013 年 11 月）進一步指出：一是要緊緊扭住發展這個促使貧困地區脫貧致富的第一要務，立足資源、市場、人文旅遊等優勢，因地制宜找準發展路子，既不能一味等靠、無所作爲，也不能撿進籃子都是菜，因發展心切而違背規律、盲目蠻幹，甚至搞勞民傷財的形象工程、政績工程。二是要緊緊扭住包括就業、教育、醫療、文化、住房在內的農村公共服務體系建設這個基本保障，編織一張兜住困難群衆基本生活的安全網，堅決守住底綫。三是要緊緊扭住教育這個

---

① 習近平：對做好 "三農" 工作的重要指示（2015 年 12 月 24 日）．人民日報．2015 年 12 月 26 日。

② 習近平：對做好 "三農" 工作的重要指示（2016 年 12 月 19 日）．人民日報．2016 年 12 月 21 日。

③ 習近平．做焦裕祿式的縣委書記．北京：中央文獻出版社．2015：第 13－26 頁。

④ 習近平．做焦裕祿式的縣委書記．北京：中央文獻出版社．2015：第 13－26 頁。

⑤ 習近平．做焦裕祿式的縣委書記．北京：中央文獻出版社．2015：第 27－31 頁。

脫貧致富的根本之策，再窮不能窮教育，再窮不能窮孩子，務必把義務教育搞好，確保貧困家庭的孩子也能受到良好的教育，不要讓孩子們輸在起跑綫上。①

（4）堅持抓好縣鄉黨建工作，打造一支高素質幹部隊伍。

習近平（2013 年 11 月）指出：市縣承上啓下，位置重要，責任重大；市委書記、縣委書記擔負着領班子、帶隊伍、抓發展、保穩定的重任。② 習近平（2013 年 11 月）進一步指出：抓好黨的建設，打造一支高素質幹部隊伍。一要加強學習，加強實踐，加強黨性鍛煉。二要堅定理想信念，堅守共產黨人精神家園，做到有追求、有境界。三要勤奮工作，對黨的事業高度負責，對人民群衆高度負責，帶頭解放思想、改革創新，堅持求真務實、艱苦奮鬥，真正做到爲官一任、造福一方。四要心係群衆、服務人民，堅持黨的群衆路綫，保持同人民群衆的血肉聯繫，在思想感情上貼近人民群衆，把解決民生問題放在各項工作的首位。五要下大氣力解決好群衆反映強烈的突出問題，下大氣力做好關心困難群衆生產生活的工作，多辦順應民意、化解民憂、爲民謀利的實事。③

五、習近平治縣策——縣域治理之韜略：實踐活動與貫徹落實

（一）習近平治縣策：實踐活動

習近平治縣策——縣域治理之策略的實踐活動主要體現在：參觀、視察、考察、調研、訪問、會議、峰會、論壇、講話、演講、簽署命令、署名文章、批示指示、復信回信、賀詞賀信、專題研討班、集體學習等幾個方面。其中，會議包括全國黨代會、全國人代會、全國政協會、中央紀委會、政治局會議、黨的全會、每年全國人代會、每年全國政協會、每年紀委會、部委工作會、座談會、茶話會、研討會、領導小組會議等；署名文章包括國內署名文章與海外署名文章。比較重要的有：

（1）相關會議：論述縣域治理。

與縣域治理相關的會議主要有：中央政治局會議；中央、省區市級、地市州農村工作會議；中央、省區市級、地市州扶貧工作會議；中央、省區市級、地市州優秀縣委書記表彰大會會、中央民族工作會議、全國組織工作會議等。代表性會議主要有：

一是，中央城鎮化工作會議——研究縣域治理。

2013 年 12 月 12 日至 13 日，中央城鎮化工作會議在北京舉行。習近平分析

---

① 習近平．做焦裕祿式的縣委書記．北京：中央文獻出版社．2015：第 27－31 頁。
② 習近平．做焦裕祿式的縣委書記．北京：中央文獻出版社．2015：第 27－31 頁。
③ 習近平．做焦裕祿式的縣委書記．北京：中央文獻出版社．2015：第 27－31 頁。

城鎮化發展形勢，明確提出推進城鎮化的指導思想、主要目標、基本原則、重點任務。會議提出以人爲本、優化布局、生態文明、傳承文化等基本原則，明確推進農業轉移人口市民化、提高城鎮建設用地利用效率、建立多元可持續的資金保障機制、優化城鎮化布局和形態、提高城鎮建設水平、加強對城鎮化的管理等 6 項主要任務。這是改革開放以來中央召開的第一次城鎮化工作會議。

二是，中央農村工作會議——研究縣域治理。

2013 年 12 月 23 日至 24 日中央農村工作會議舉行。習近平在會上發表重要講話，從我國經濟社會長遠發展大局出發，高屋建瓴、深刻精闢闡述了推進農村改革發展若干具有方向性和戰略性的重大問題，同時提出明確要求。會議深入貫徹黨的十八大和十八屆三中全會精神，全面分析 "三農" 工作面臨的形勢和任務，研究全面深化農村改革、加快農業現代化步伐的重要政策，部署 2014 年和今後一個時期的農業農村工作。

三是，中央扶貧工作會議——研究縣域治理。2015 年 11 月 27 日至 28 日，中央扶貧開發工作會議在北京召開。習近平出席會議并發表重要講話。習近平強調：要堅決打贏脫貧攻堅戰，確保到 2020 年所有貧困地區和貧困人口一道邁入全面小康社會。會議的主要任務是，貫徹落實黨的十八屆五中全會精神，分析全面建成小康社會進入決勝階段脫貧攻堅面臨的形勢和任務，對當前和今後一個時期脫貧攻堅任務作出部署，動員全黨全國全社會力量，齊心協力打贏脫貧攻堅戰。

四是，縣委書記座談會與表彰大會——研究縣域治理。

2015 年 1 月 12 日，習近平在京主持召開座談會，同中央黨校第一期縣委書記研修班學員進行座談并發表重要講話。這期研修班 200 名學員參加了座談會，浙江省麗水市蓮都區委書記林健東、吉林省四平市伊通縣委書記孫立榮、福建省漳州市東山縣委書記黃水木、西藏自治區那曲地區雙湖縣委書記南培、陝西省渭南市富平縣委書記郭志英、雲南省普洱市寧洱縣委書記李鴻等先後發言。座談會開始前，習近平等親切會見了研修班學員並同他們合影留念。

2015 年 6 月 30 日，主席習近平在北京親切會見全國優秀縣委書記，代表黨中央向受到表彰的全國優秀縣委書記表示熱烈的祝賀，向全國廣大共產黨員和黨務工作者致以節日的問候。同日，中共中央組織部對在縣（市、區、旗）委書記崗位上取得優異成績的 102 名同志授予全國優秀縣委書記稱號。山東省安丘市委書記劉興明，河南省蘭考縣委書記王新軍，新疆維吾爾自治區庫車縣委書記楊發森，貴州省遵義縣委書記曾瑜，內蒙古自治區翁牛特旗委書記敖日格勒分別在會議上發言。

（2）重要指示與回信：論述縣域治理。

2014 年 1 月 28 日，習近平給煙臺市福山區福新街道壚上居委會大學生村官張廣秀復信，習近平強調："大學生村官計劃實施以來，數十萬大學生走進農村，熱情服務，努力實現人生價值。希望你和所有大學生村官熱愛基層、扎根基層，增長見識、增長才幹，促農村發展，讓農民受益，讓青春無悔。"①

2015 年 12 月 24 日，習近平對做好"三農"工作作出重要指示。習近平強調指出："十三五"時期，必須堅持把解決好"三農"問題作爲全黨工作重中之重，牢固樹立和切實貫徹創新、協調、綠色、開放、共享的發展理念，加大強農惠農富農力度，深入推進農村各項改革，破解"三農"難題、增強創新動力、厚植發展優勢，積極推進農業現代化，扎實做好脫貧開發工作，提高社會主義新農村建設水平，讓農業農村成爲可以大有作爲的廣闊天地。②

2016 年 12 月 19 日，習近平對做好"三農"工作作出重要指示。習近平強調指出：今年農業農村形勢總體較好，明年"三農"工作要繼續爲全局作貢獻。要堅持新發展理念，把推進農業供給側結構性改革作爲農業農村工作的主綫，培育農業農村發展新動能，提高農業綜合效益和競争力。③

2017 年 4 月 14 日，習近平對廖俊波同志先進事迹作出重要指示。習近平強調指出：廣大黨員、幹部要向廖俊波同志學習，不忘初心、扎實工作、廉潔奉公，身體力行把黨的方針政策落實到基層和群衆中去，真心實意爲人民造福。④習近平進一步強調指出：各級黨委和政府要關心這些優秀基層幹部的家屬，滿腔熱情幫助他們解決困難，特別是要把他們的老人和未成年子女照顧好。這項工作，要有專人負責、專人落實。⑤

（3）集體學習與專題研討班：論述縣域治理。

中共十八大期間，一共舉行了 43 次中央政治局集體學習⑥，不少次都論及了"縣域治理"問題，對於縣域治理具有重要的指導意義。代表性的有：

---

① 習近平：給大學生村官的回信（2014 年 1 月 28 日）. 人民日報. 2014 年 1 月 30 日。

② 習近平：對做好"三農"工作的重要指示（2015 年 12 月 24 日）. 人民日報. 2015 年 12 月 26 日。

③ 習近平：對做好"三農"工作的重要指示（2016 年 12 月 19 日）. 人民日報. 2016 年 12 月 21 日。

④ 習近平：對廖俊波同志先進事迹作出重要指示（2017 年 4 月 13 日）. 人民日報. 2017 年 4 月 14 日。

⑤ 習近平：對廖俊波同志先進事迹作出重要指示（2017 年 4 月 13 日）. 人民日報. 2017 年 4 月 14 日。

⑥ 中央政治局集體學習：係指中共中央政治局定期學習的一種制度或習慣。由中共中央總書記主持并發表講話，中央政治局全體成員參加，邀請有關部門負責人、專家學者，就經濟、政治、歷史、文化、社會、生態、科技、軍事、外交等重大問題進行專題講解。

2016 年 1 月 29 日，中共第十八屆中央政治局就 "十三五" 時期中國經濟社會發展的戰略重點進行第三十次集體學習。習近平強調："經濟社會發展中的短板特別是主要短板，是影響如期實現全面建成小康社會目標的主要因素，必須盡快把這些短板補齊。脫貧開發工作是我們的一個突出短板，要舉全國之力抓好，確保到 2020 年農村貧困人口全部脫貧。"①

中共十八大期間，一共舉行了 6 次專題研討班②，每次研討班都不同程度地論及了 "縣域治理"，對於縣域治理具有重要的指導意義。代表性的有：

2017 年 7 月 26 日，習近平在省部級領導幹部 "學習習近平總書記重要講話精神，迎接黨的十九大" 專題研討班開班式上強調：高舉中國特色社會主義偉大旗幟 爲決勝全面小康社會實現中國夢而奮鬥。習近平進一步強調指出："我們要繼續統籌推進五位一體總體布局、協調推進四個全面戰略布局，決勝全面建成小康社會，奪取中國特色社會主義偉大勝利，爲實現中華民族偉大復興的中國夢不懈奮鬥。"③

（二）習近平治縣策：貫徹落實

（1）教育活動與培訓班：規範縣域治理。

一是，群衆路綫、"三嚴三實" 與 "兩學一做"。2012 年 11 月—2017 年 11 月，黨中央先後部署開展黨的群衆路綫教育實踐活動、"三嚴三實" 專題教育、"兩學一做" 學習教育，把貫徹執行中央八項規定精神、解決作風建設方面的問題作爲重要內容。

二是舉辦縣委書記培訓班。根據中共中央重要精神，中共中央組織部決定從 2014 年 11 月起，在中央黨校舉辦縣委書記研修班，計劃到 2017 年底將全國縣（市、區、旗）委書記輪訓一遍。舉辦研修班的目的，主要是對縣委書記進行系統理論培訓和黨性教育，引導縣委書記用黨的最新理論成果武裝頭腦、指導實踐、推動工作。

（2）教材讀本與論述摘編：宣傳縣域治理。

一是編輯出版論述摘編。2013—2017 年，中共中央文獻研究室先後編輯出版《厲行節約 反對浪費——論述摘編（2013 年)》、《習近平關於黨的群衆路綫

---

① 習近平：在中共第十八屆中央政治局第三十次集體學習時的講話（2016 年 1 月 29 日）. 人民日報. 2016 年 1 月 30 日。

② 專題研討班：就是中共黨和政府省部級主要領導幹部專題研討班。專題班始於 1999 年，每年舉辦一次已經舉辦。研討班的主題內容爲當年中共黨和政府全局性的、戰略性的、重大的問題。由中央主要領導作報告，省部級主要官員學習研討，隨後學習研討的成果將在今後的工作中加以貫徹和落實。

③ 習近平：在省部級主要領導幹部專題班上的講話（2017 年 7 月 26 日）. 人民日報. 2017 年 7 月 27 日。

教育實踐活動論述摘編（2014 年)》、《習近平關於黨風廉政建設和反腐敗鬥爭論述摘編（2015 年)》。

二是中共中央組織部編輯出版培訓教材。2013 年—2017 年，中共中央組織部先後組織編寫出版全國幹部學習培訓教材《全面建成小康社會與中國夢(2015 年版)》、《做好新形勢下的群衆工作（2015 年版)》、《永葆清正廉潔的政治本色（2015 年版)》。

三是聯合攝製作風建設專題片。中央紀委宣傳部錄制專題實紀錄片《作風建設永遠在路上——落實中央八項規定精神正風肅紀紀實（2014 年 12 月)》；計分爲《承諾與期盼》、《正風肅紀》、《狠抓節點》、《黨風正 民風淳》 等 4 集。該片以大量翔實的第一手材料，展現中央堅決整肅 "四風"、推進作風建設的堅定決心，展現各級紀檢監察機關落實中央決策部署、嚴格監督執紀的堅決行動，展現八項規定實施兩年來黨風政風改進、社風民風轉變的重大成果。

（3）制定政策規定：規範縣域治理。

2012 年 11 月—2017 年 10 月，中共中央、國務院及其有關部委制定了一大批五位一體及其黨的建設等方面政策文件，這些政策文件適用於縣域治理。代表性的主要有：

一是，中共中央國務院制定印發的政策文件。主要有：①中共中央國務院印發《關於加快發展現代農業進一步增強農村發展活力的若干意見》、《關於在全黨深入開展黨的群衆路綫教育實踐活動的意見》、關於調整完善生育政策的意見》、《關於實施全面兩孩政策改革完善計劃生育服務管理的決定》、《關於全面深化農村改革加快推進農業現代化的若干意見》、《關於落實發展新理念加快農業現代化實現全面小康目標的若干意見》、《中國共產黨地方委員會工作條例》、《關於穩步推進農村集體產權制度改革的意見》、《關於深入推進農業供給側結構性改革加快培育農業農村發展新動能的若干意見》、《關於加強耕地保護和改進佔補平衡的意見》、《關於加強和完善城鄉社區治理的意見》、《關於深入推進新型城鎮化建設的若干意見》、《關於建立統一的城鄉居民基本養老保險制度的意見》、《關於進一步做好爲農民工服務工作的意見》、《關於加強地方政府性債務管理的意見》、《關於扶持小型微型企業健康發展的意見》、《關於改革和完善中央對地方轉移支付制度的意見》、《關於進一步推進戶籍制度改革的意見》、《關於機關事業單位工作人員養老保險制度改革的決定》、《關於進一步做好新形勢下就業創業工作的意見》、《關於大力推進大衆創業萬衆創新若干政策措施的意見》、《關於進一步完善城鄉義務教育經費保障機制的通知》 等。②中共中央辦公廳國務院辦公廳印發《關於進一步加強和改進離退休幹部工作的意見》、《關於加快推進失信被執行人信用監督、警示和懲戒機制建設的意見》、《關於進一步引導和鼓勵高校畢業生到基層工作的意見》、《關於推進 "兩學一做" 學習教育常態化制度化的意見》、《關於健全生態保護補償機制的意見》、《關於深化改革推進出租汽車行業健康發展的指導意見》、《關於完善集體林權制度的意見》、《關於實施中華優秀傳統文化傳承發展工程的意見》、《領導幹部報告個人有關事項規定》、《領導幹部個人有關事項報告查覈結果處理辦法》、《中國共產黨黨委 (黨組) 理論學習中心組學習規則》等。

二是，中共中央辦公廳國務院辦公廳制定印發的政策文件。主要有：中共中央辦公廳國務院辦公廳印發《關於黨政機關停止新建樓堂館所和清理辦公用房的通知》、《關於依法處理涉法涉訴信訪問題的意見》、《關於創新群眾工作方法解決信訪突出問題的意見》、《關於培育和踐行社會主義核心價值觀的意見》、《關於進一步把社會主義核心價值觀融入法治建設的指導意見》、《中國共產黨發展黨員工作細則》、《關於全面推進公務用車制度改革的指導意見》、《關於引導農村土地經營權有序流轉發展農業適度規模經營的意見》、《關於完善農村土地所有權承包權經營權分置辦法的意見》、《關於加大改革創新力度加快農業現代化建設的若干意見》、《關於縣以下機關建立公務員職務與職級並行制度的意見》、《領導幹部干預司法活動、插手具體案件處理的記錄、通報和責任追究規定》、《黨政領導幹部生態環境損害責任追究辦法 (試行)》、《關於加大脫貧攻堅力度支持革命老區開發建設的指導意見》、《關於在縣處級以上領導幹部中開展 "三嚴三實" 專題教育方案》、《關於全面推開縣級公立醫院綜合改革的實施意見》等。

三是中央國家部委制定印發的政策文件。主要有：中央紀委印發《關於落實中央八項規定精神堅決剎住中秋國慶期間公款送禮等不正之風的通知》、《關於嚴禁元旦春節期間公款購買贈送烟花爆竹等年貨節禮的通知》；中共中央組織部印發《關於進一步規範黨政領導幹部在企業兼職 (任職) 問題的意見》、《配偶已移居國 (境) 外的國家工作人員任職崗位管理辦法》、《關於嚴禁超職數配備幹部的通知》、《關於加強幹部選拔任用工作監督的意見》等。

六、小結與展望

(一) 小結

習近平治縣策——縣域治理之策略是習近平 "六韜九策" 治國策體系內容之一。習近平治縣策——縣域治理之策略，是指習近平同志關於縣委書記及其縣域黨務政務治理的策略。習近平治縣策的研究對象與範圍：中共十八大期間，習近平關於縣委書記及其縣域黨務政務治理的重要論述。

習近平治縣策——縣域治理之策略在政黨戰略學中屬於戰略對策的層次與

範疇。其基本特徵表現在：強調重視縣委書記；突出先進典型榜樣；重視縣級地位作用；突出農業農村農民。習近平治縣策——縣域治理之策略的研究型、理論型的構成體系主要爲：1）習近平治縣策的縣治天安與重要意義；2）習近平治縣策的文獻來源與三新思想要點；3）習近平治縣策的科學内涵與基本内容；4）習近平治縣策的研究對象與範圍；5）習近平治縣策的地位與本質屬性；6）習近平治縣策的基本原則與基本要求；7）習近平治縣策的先進榜樣與先進精神；8）習近平治縣策的抓什麽與怎麽抓；9）習近平治縣策的實踐活動與貫徹落實；10）習近平治縣策的小結與展望等幾個方面。

（二）展望（預測與建議）

郡縣治則天下安，天下安需郡縣治。2014 年 3 月，習近平強調："古人講'郡縣治，天下安'，今天仍然如此。我國有二千八百多個縣市區旗，如果每個地方的黨委和政府以及廣大幹部都能堅持黨的宗旨，都能密切聯繫群衆，都能帶領群衆把黨和國家方針政策落實好，不論什麽風浪來了，我們就都可以穩坐釣魚船。"[①] 2015 年 6 月，習近平進一步強調："郡縣治，天下安。縣一級處在承上啓下的關鍵環節，是發展經濟、保障民生、維護穩定的重要基礎，也是幹部幹事創業、鍛煉成長的基本功訓練基地。縣委是我們黨執政興國的一綫指揮部，縣委書記就是一綫總指揮，是我們黨在縣域治國理政的重要骨幹力量。"[②]

幾點建議：一是，盡快編輯出版《習近平關於縣域治理論述摘編（2012—2017）》，以便於廣大幹部群衆全面系統地學習、理解和掌握習近平同志關於縣域治理的重要論述。

二是，因地制宜地裁併或增設縣市行政單位。在中東部地區裁剪合併個別人口偏少或面積明顯偏小的縣市行政單位；在邊疆省區適當增設一定數量新的縣級行政機構，以進一步開發利用邊疆、加大邊疆的管理力度。

三是，進一步創新縣委書記選拔晉昇使用制度。對一般縣市的優秀縣委書記，可以直接提拔擔任廳局級主要領導幹部；對人口較多、面積較大與經濟實力較强的優秀縣委書記，可以直接提拔擔任副省部級領導幹部。

---

① 習近平. 做焦裕禄式的縣委書記. 北京：中央文獻出版社. 2015：第 32－53 頁。
② 習近平. 做焦裕禄式的縣委書記. 北京：中央文獻出版社. 2015：第 66－68 頁。

第十四章
習近平帶路策——一帶一路之策略

【知識導引】

習近平帶路策——一帶一路之策略，是指習近平同志關於推進"絲綢之路經濟帶"和"21世紀海上絲綢之路"等"一帶一路"建設的策略。習近平帶路策在政黨戰略學中屬於戰略對策的層次與範疇。

【經典論述】

爲了使歐亞各國經濟聯繫更加緊密、相互合作更加深入、發展空間更加廣闊，我們可以用創新的合作模式，共同建設"絲綢之路經濟帶"。這是一項造福沿途各國人民的大事業。

——習近平

古絲綢之路綿亙萬裏，延續千年，積澱了以和平合作、開放包容、互學互鑒、互利共贏爲核心的絲路精神。這是人類文明的寶貴遺產。

——習近平

【內容提要】習近平帶路策——一帶一路之策略是習近平 "六韜九策" 治國策體系內容之一。習近平帶路策——一帶一路之策略，是指習近平同志關於推進 "絲綢之路經濟帶" 和 "21 世紀海上絲綢之路" 等 "一帶一路" 建設的策略。習近平帶路策——一帶一路之策略的研究對象與範圍：中共十八大期間，習近平同志關於 "絲綢之路經濟帶" 和 "21 世紀海上絲綢之路" 等 "一帶一路" 的重要論述。

習近平帶路策——一帶一路之策略在政黨戰略學中屬於戰略對策的層次與範疇。其基本特徵表現在：強調倡議性、突出共建性、強調合作性、突出互通性。習近平帶路策——一帶一路之策略的研究型、理論型的構成體系主要包括：1) 習近平帶路策的共同倡議與重要意義；2) 習近平帶路策的文獻來源與三新思想要點；3) 習近平帶路策的科學內涵與基本內容；4) 習近平帶路策的研究對象與範圍；5) 習近平帶路策的地位與基本特徵；6) 習近平帶路策的共建內容與共建方向；7) 習近平帶路策的抓什麼與怎麼抓；8) 習近平帶路策的實踐活動與貫徹落實；9) 習近平帶路策的基本研判與重要成果；10) 習近平帶路策的小結與展望等幾個方面。

幾點建議：一是盡快編輯出版《習近平關於 "一帶一路" 論述摘編 (2012—2017 年)》；盡快編輯出版全國幹部培訓教材《"一帶一路" 通俗讀本》。二是國家及相關地方政府盡快成立有關一帶一路的研究機構。三是大專院校科研機構盡快成立 "一帶一路" 的研究中心院所。

【關鍵詞】習近平；帶路策；一帶一路；構成體系；建議

引　言

　　"習近平帶路策——一帶一路之策略"是習近平治國理政思想體系微觀戰術層面的重要內容。中共十八大期間（2012 年 11 月—2017 年 10 月），習近平圍遶爲什麼要推進"一帶一路"建設、怎樣推進"一帶一路"建設這個事關對外開放、互利共贏的重大問題進行了一系列深刻闡釋，由此勾畫了新的歷史條件下"一帶一路"的政策體系，形成、創設了"習近平帶路策——一帶一路之策略"。

一、習近平帶路策——一帶一路之策略：共同倡議與重要意義

（一）習近平帶路策：共同倡議

　　2013 年 9 月，習近平在哈薩克斯坦提出共同建設'絲綢之路經濟帶'；2013 年 10 月，習近平在印度尼西亞提出共同建設 21 世紀'海上絲綢之路'；2013 年 12 月，習近平在中央經濟工作會議上首次提出"一帶一路"的戰略思想與重大倡議。2014 年—2017 年，習近平在國內外推薦和倡導"一帶一路"的重大倡議。資料顯示：中共十八大五年間，習近平在國內外很多重要場合，從不同的角度，對"一帶一路"進行了多方面、立體式的一系列深刻闡釋，構建了新的歷史條件下"一帶一路"建設性框架。代表性論述主要有：

　　1. 首次提出"絲綢之路經濟帶"。2013 年 9 月 7 日，習近平在哈薩克斯坦納扎爾巴耶夫大學演講上指出："爲了使歐亞各國經濟聯繫更加緊密、相互合作更加深入、發展空間更加廣闊，我們可以用創新的合作模式，共同建設'絲綢之路經濟帶'。這是一項造福沿途各國人民的大事業。"[1]

　　2. 首次"海上絲綢之路"。2013 年 10 月 3 日，習近平在印度尼西亞國會演講上指出："東南亞地區自古以來就是"海上絲綢之路"的重要樞紐，中國願同東盟國家加强海上合作，使用好中國政府設立的中國—東盟海上合作基金，發展好海洋合作伙伴關係，共同建設 21 世紀'海上絲綢之路'。"[2]

　　3. 創新提出"一帶一路"。2013 年 12 月 10 日，習近平在中央經濟工作會議上首次强調"一帶一路"。習近平强調指出："建設絲綢之路經濟帶、二十一

---

　　[1]　習近平：弘揚人民友誼 共創美好未來——在哈薩克斯坦納扎爾巴耶夫大學的演講（2013 年 9 月 7 日）. 人民日報. 2013 年 9 月 8 日。

　　[2]　習近平：携手建設中國—東盟命運共同體——在印度尼西亞國會的演講（2013 年 10 月 3 日）. 人民日報. 2013 年 10 月 4 日。

世紀海上絲綢之路，是黨中央統攬政治、外交、經濟社會發展全局作出的重大戰略決策，是實施新一輪擴大開放的重要舉措，也是營造有利周邊環境的重要舉措。形象地說，這'一帶一路'，就是要再為我們這只大鵬插上兩只翅膀，建設好了，大鵬就可以飛得更高更遠。這也是我們對國際社會的一個承諾，一定要辦好。"①

4. 強調 "一帶一路"。2014 年 11 月 8 日，習近平在 "加強互聯互通伙伴關係" 東道主伙伴對話會上強調指出："'一帶一路'和互聯互通是相融相近、相輔相成的。如果將'一帶一路'比喻為亞洲騰飛的兩只翅膀，那麼互聯互通就是兩只翅膀的血脈經絡。"② 2017 年 6 月 7 日，習近平在《哈薩克斯坦真理報》發表《為中哈關係插上夢想的翅膀》的署名文章中強調指出："2013 年，我首次訪問哈薩克斯坦期間提出建設絲綢之路經濟帶倡議，'一帶一路'合作由此發端。4 年來，共建 "一帶一路" 逐漸從倡議轉變為行動，從理念轉化為實踐，成為開放包容的國際合作平臺和受到國際社會普遍歡迎的全球公共產品。"③

（二）習近平帶路策：重要意義

習近平帶路策，統籌國際國內兩個大局，順應全球合作發展潮流，深刻闡明瞭新的歷史條件下為什麼要推進 "一帶一路" 建設、怎樣推進 "一帶一路" 建設的重大問題，為更好地推進 "一帶一路" 建設提供了強大的思想武器與行動指南。

習近平帶路策，立意高遠，內涵豐富，研判基本國情特徵，把握對外開放規律，充實、提昇與拓展了傳統的對外開放理論，豐富了開放發展經濟學與政黨戰略學，進一步豐富了中國特色社會主義理論體系。

習近平帶路策，立足中國問題、破解發展難題，對於我們系統把握 "一帶一路" 的基本方向、總體目標和基本任務，對於進一步協調推進四個全面戰略部署、統籌推進五位一體總體布局、實現中華民族偉大復興的中國夢具有重要現實意義。

---

① 中共中央文獻研究室. 習近平關於社會主義經濟建設論述摘編. 北京：中央文獻出版社. 2017：第 246 頁。

② 習近平：聯通引領發展 伙伴聚焦合作——在 "加強互聯互通伙伴關係" 東道主伙伴對話會上的講話（2014 年 11 月 8 日）. 人民日報. 2014 年 11 月 8 日。

③ 習近平：為中哈關係插上夢想的翅膀——《哈薩克斯坦真理報》署名文章（2017 年 6 月 7 日）. 人民日報. 2017 年 6 月 8 日。

二、習近平帶路策——一帶一路之策略：文獻來源與三新政策要點

（一）習近平帶路策：文獻來源

習近平帶路策——一帶一路之策略的經典文獻主要有：

一是《習近平談治國理政》第十三、十四部分①。計有 3 篇：共同建設"絲綢之路經濟帶"（2013 年 9 月 7 日）；共同建設二十一世紀"海上絲綢之路"（2013 年 10 月 3 日）；弘揚絲路精神，深化中阿合作（2014 年 6 月 5 日）。

二是《十八大以來重要文獻選編（上）》②。計有 2 篇：共同維護和發展開放型世界經濟（2013 年 9 月 5 日）；深化改革開放，共創美好亞太（2013 年 10 月 7 日）。

三是《十八大以來重要文獻選編（中）③。計有 3 篇：聯通引領發展，伙伴聚焦合作（2014 年 11 月 8 日）；共建面向未來的亞太伙伴關係（2014 年 11 月 11 日）；以新的發展理念引領發展，奪取全面建成小康社會決勝階段的偉大勝利（2015 年 10 月 29 日）。

四是《習近平關於社會主義經濟建設論述摘編》④。該書摘自習近平同志 2012 年 11 月 15 日至 2017 年 3 月 12 日期間的講話、報告、指示等 120 多篇重要文獻，計有 494 段重要論述。

五是《習近平：一帶一路國際合作高峰論壇重要文輯》⑤。計有 4 篇：習近平在"一帶一路"國際合作高峰論壇開幕式上的演講；習近平在"一帶一路"國際合作高峰論壇歡迎宴會上的祝酒詞；習近平在"一帶一路"國際合作高峰論壇圓桌峰會上的開幕辭；習近平在"一帶一路"國際合作高峰論壇圓桌峰會上的閉幕詞。

六是其他文獻習近平關於一帶一路的重要論述。比較重要的文獻計有：習近平：弘揚人民友誼，共創美好未來（2013 年 9 月 7 日）；習近平：携手建設中國—東盟命運共同體（2013 年 10 月 3 日）；習近平：邁向命運共同體，開創亞洲新未來（2015 年 3 月 28 日）；習近平：發揮亞太引領作用，應對世界經濟挑戰（2015 年 11 月 18 日）；習近平：携手共創絲綢之路新輝煌（2016 年 6 月 22 日）；習近平：為中哈關係插上夢想的翅膀（2017 年 6 月 7 日）；習近平在中

---

① 習近平．習近平談治國理政．北京：外文出版社．2014.
② 中共中央文獻研究室．十八大以來重要文獻選編（上）．北京：中央文獻出版社．2014.
③ 中共中央文獻研究室．十八大以來重要文獻選編（中）．北京：中央文獻出版社．2016.
④ 中共中央文獻研究室．習近平關於社會主義經濟建設論述摘編．北京：中央文獻出版社．2017.6。
⑤ 習近平：一帶一路國際合作高峰論壇重要文輯．北京：人民出版社．2017.5.

央經濟工作會議上的講話（2013 年 12 月 10 日）、習近平在中央財經領導小組
第八次會議上的講話（2014 年 11 月 4 日）、習近平在中央經濟工作會議上的講
話（2014 年 12 月 9 日）、習近平在中央財經領導小組第十二次會議上的講話
（2016 年 1 月 26 日）、習近平在十八屆中央政治局第三十一次集體學習時的講
話（2016 年 4 月 29 日）、習近平在推進 "一帶一路" 建設工作座談會上的講話
（2016 年 8 月 17 日）、習近平在 "一帶一路" 國際合作高峰論壇開幕式上的演
講（2017 年 5 月 14 日）、習近平在慶祝中國共產黨成立 95 週年大會上的講話
（2016 年 7 月 1 日）；習近平在金磚國家工商論壇開幕式上的主旨演講（2017 年
9 月 3 日）；習近平在省部級主要領導幹部專題班上的講話（2017 年 7 月 26
日）；習近平在慶祝中國人民解放軍建軍 90 週年大會上的講話（2017 年 8 月 1
日）。

（二）習近平帶路策：三新政策要點（新政策新規定新要求）

根據以上文獻分析，習近平帶路策——一帶一路之策略的三新政策要點
（新政策新規定新要求）主要有以下幾個方面：

一是，爲了使歐亞各國經濟聯繫更加緊密、相互合作更加深入、發展空間
更加廣闊，我們可以用創新的合作模式，共同建設 "絲綢之路經濟帶"。二是，
東南亞地區自古以來就是 "海上絲綢之路" 的重要樞紐，中國願同東盟國家加
強海上合作，使用好中國政府設立的中國—東盟海上合作基金，發展好海洋合
作伙伴關係，共同建設 21 世紀 "海上絲綢之路"。三是，"一帶一路" 和互聯
互通是相融相近、相輔相成的；如果將 "一帶一路" 比喻爲亞洲騰飛的兩只翅
膀，那麼互聯互通就是兩只翅膀的血脈經絡。四是，"一帶一路"，就是要再爲
我們這只大鵬插上兩只翅膀，建設好了，大鵬就可以飛得更高更遠。五是，"一
帶一路" 建設是一項長期工程，要做好統籌協調工作，正確處理政府和市場的
關係，發揮市場機製作用，鼓勵國有企業、民營企業等各類企業參與。六是，
通過 "一帶一路" 建設，我們將開展更大範圍、更高水平、更深層次的區域合
作，共同打造開放、包容、均衡、普惠的區域合作架構。七是，推進 "一帶一
路" 建設，要處理好我國利益和沿綫國家利益的關係，經貿合作和人文交流的
關係，對外開放和維護國家安全的關係，務實推進和輿論引導的關係，國家總
體目標和地方具體目標的關係。八是，以共商、共建、共享爲 "一帶一路" 建
設的原則，以和平合作、開放包容、互學互鑒、互利共贏的絲綢之路精神爲指
引，以打造命運共同體穌利益共同體爲合作目標。九是，古絲綢之路綿亘萬裏，
延續千年，積澱了以和平合作、開放包容、互學互鑒、互利共贏爲核心的絲路
精神。十是，我們要乘勢而上、順勢而爲，推動 "一帶一路" 建設行穩致遠，
邁向更加美好的未來。十一是，我們將深入貫徹創新、協調、綠色、開放、共

享的發展理念，不斷適應、把握、引領經濟發展新常態，積極推進供給側結構性改革，實現持續發展，爲"一帶一路"注入强大動力，爲世界發展帶來新的機遇。

三、習近平帶路策——一帶一路之策略：科學涵義與構成體系

（一）習近平帶路策：科學涵義與基本內容

習近平帶路策——一帶一路之策略，是指習近平同志關於推進"絲綢之路經濟帶"和"21世紀海上絲綢之路"等"一帶一路"建設的策略。策略原意指計策、謀略，引申義指行動方針、鬥爭藝術與方法手段，這裏擴展爲關於推進"一帶一路"建設而采取的具有微觀的局部的戰術的等特徵的一種選擇與安排。

什麼是"一帶一路"？"一帶一路"是"絲綢之路經濟帶"和"21世紀海上絲綢之路"的簡稱。"一帶一路"的英文爲 The Belt and Road，簡寫爲 B&R；俄文爲 Вдоль по пути。絲綢之路經濟帶，是中國與西亞各國之間形成的一個在經濟合作區域，大致在古絲綢之路範圍之上。包括西北陝西、甘肅、青海、寧夏、新疆等五省區，西南重慶、四川、雲南、廣西等四省市區。21世紀海上絲綢之路，是中國着眼於與東盟建立戰略伙伴十週年這一新的歷史起點，爲進一步深化中國與東盟的合作而提出的戰略構想。包括上海、江蘇、福建、廣東、浙江、海南等省市。

習近平帶路策——一帶一路之策略的研究對象與範圍：中共十八大期間，習近平同志關於"絲綢之路經濟帶"和"21世紀海上絲綢之路"等"一帶一路"的重要論述。

與習近平帶路策密切相關的新詞彙、新提法主要有：一帶一路、絲綢之路經濟帶、21世紀海上絲綢之路、"一帶一路"倡議、共建"一帶一路"、"一帶一路"建設、絲路精神、數字絲綢之路、三共原則、五通、五型之路、中國主張、中國方案。什麼是數字絲綢之路？就是在數字經濟、人工智能、納米技術、量子計算機等前沿領域合作，推動大數據、雲計算、智慧城市建設，連接成21世紀的數字絲綢之路。

習近平帶路策的基本內容：一則，包括，基本含義、基本目標、總體要求、基本任務、重要舉措、合作平臺、合作重點、合作機制；二則，包括一帶一路、絲綢之路經濟帶、21世紀海上絲綢之路、絲路精神、三共原則、五聯互通、五型之路。

什麼是絲路精神？習近平（2016年）指出：在中華民族同其他民族的友好交往中，逐步形成了以和平合作、開放包容、互學互鑒、互利共贏爲特徵的絲

綢之路精神。習近平（2017 年）強調指出：古絲綢之路綿亘萬裏，延續千年，積澱了以和平合作、開放包容、互學互鑒、互利共贏爲核心的絲路精神。這是人類文明的寶貴遺産。什麼是三共原則？"一帶一路"建設是一項系統工程，要堅持共商、共建、共享原則，積極推進沿綫國家發展戰略的相互對接。習近平（2015 年 3 月）指出："一帶一路"建設秉持的是共商、共建、共享原則，不是封閉的，而是開放包容的；不是中國一家的獨奏，而是沿綫國家的合唱。"一帶一路"建設不是要替代現有地區合作機制和倡議，而是要在已有基礎上，推動沿綫國家實現發展戰略相互對接、優勢互補。[①] 什麼是五型之路？習近平（2017 年 5 月）進指出：五型之路就是，一是要將"一帶一路"建成和平之路；二是要將"一帶一路"建成繁榮之路；三是要將"一帶一路"建成開放之路；四是要將"一帶一路"建成創新之路；五是要將"一帶一路"建成文明之路。

習近平帶路策的共建核心内容與共建發展方向：一則，共建核心内容。沿綫各國資源禀賦各異，經濟互補性較強，彼此合作潛力和空間很大，主要以政策溝通、設施聯通、貿易暢通、資金融通、民心相通爲主要内容，重點在以下方面加强合作。習近平（2017 年 5 月）指出："一帶一路"建設是我在 2013 年提出的倡議。它的核心内容是促進基礎設施建設和互聯互通，對接各國政策和發展戰略，深化務實合作，促進協調聯動發展，實現共同繁榮。二則，共建發展方向。即共建絲綢之路經濟帶三大走向和 21 世紀海上絲綢之路兩大走向。習近平（2017 年 5 月）指出：新形勢下要進一步推進國際合作，需要共建"一帶一路"五大方向。絲綢之路經濟帶有三大走向，一是從中國西北、東北經中亞、俄羅斯至歐洲、波羅的海；二是從中國西北經中亞、西亞至波斯灣、地中海；三是從中國西南經中南半島至印度洋。21 世紀海上絲綢之路有兩大走向，一是從中國沿海港口過南海，經馬六甲海峽到印度洋，延伸至歐洲；二是從中國沿海港口過南海，向南太平洋延伸。

（二）習近平帶路策：地位與基本特徵

在政黨戰略學中，習近平帶路策——一帶一路之策略屬於戰略對策的層次與範疇。其基本特徵表現在：

（1）强調倡議性。習近平（2016 年 4 月）指出："一帶一路"倡議提出來後，一石激起千層浪，外界反響很大，各方都在響應。各方之所以反映强烈，主要是因爲這個倡議順應了時代要求和各國加快發展的願望，具有深厚歷史淵源和人文基礎。習近平（2016 年 5 月）指出：我國是"一帶一路"的倡導者和

---

① 中共中央文獻研究室．習近平關於社會主義經濟建設論述摘編．北京：中央文獻出版社．2017：第 261 頁。

推動者，但建設“一帶一路”不是我們一家的事。“一帶一路”建設不應僅僅着眼於我國自身發展，而是要以我國發展爲契機，讓更多國家搭上我國發展快車，幫助他們實現發展目標。習近平（2017 年 5 月）指出：2013 年秋天，我在哈薩克斯坦和印度尼西亞提出共建絲綢之路經濟帶和 21 世紀海上絲綢之路，即“一帶一路”倡議。

（2）突出共建性。習近平（2015 年 10 月）指出：“一帶一路”是共贏的，各國共同參與，遵循共商共建共享原則，實現共同發展繁榮。習近平（2016 年 6 月）指出：我們以共商、共建、共享爲“一帶一路”建設的原則，以和平合作、開放包容、互學互鑒、互利共贏的絲綢之路精神爲指引，以打造命運共同體龢利益共同體爲合作目標，得到沿綫國家廣泛認同。習近平（2017 年 1 月）指出：中國將在北京主辦“一帶一路”國際合作高峰論壇，共商合作大計，共建合作平臺，共享合作成果，爲解決當前世界和區域經濟面臨的問題尋找方案，爲實現聯動式發展注入新能量，讓“一帶一路”建設更好造福各國人民。

（3）強調合作性。習近平（2014 年 11 月）指出：推進“一帶一路”建設，要誠心誠意對待沿綫國家，做到言必信、行必果。要本着互利共贏的原則同沿綫國家開展合作，讓沿綫國家得益於我國發展。要實行包容發展，堅持各國共享機遇、共迎挑戰、共創繁榮。習近平（2016 年 4 月）指出：要堅持經濟合作和人文交流共同推進，注重在人文領域精耕細作，尊重各國人民文化歷史、風俗習慣，加強同沿綫國家人民的友好往來，爲“一帶一路”建設打下廣泛社會基礎。要加強同沿綫國家在安全領域的合作，努力打造利益共同體、責任共同體、命運共同體，共同營造良好環境。

（4）突出互通性。習近平（2013 年 10 月）指出：中國致力於加強同東盟國家的互聯互通建設。中國願通過擴大同東盟國家各領域務實合作，互通有無、優勢互補，同東盟國家共享機遇、共迎挑戰，實現共同發展、共同繁榮。習近平（2015 年 3 月）指出：要加強海上互聯互通建設，推進亞洲海洋合作機制建設，促進海洋經濟、環保、災害管理、漁業等各領域合作，使海洋成爲連接亞洲國家的和平、友好、合作之海。習近平（2016 年 6 月）指出：中國願同“一帶一路”沿綫國家一道，順應時代潮流，弘揚絲綢之路精神，增進互信，鞏固友好，深化合作，加大相互支持，在自願、平等、互利原則基礎上，携手構建務實進取、包容互鑒、開放創新、共謀發展的“一帶一路”互利合作網絡，共同致力於重振全球經濟。

（三）習近平帶路策：分類與構成體系

根據習近平帶路策──一帶一路之策略的科學涵義與基本內容，可以發爲以下幾類：

習近平帶路·絲帶策——一帶一路之絲綢之路經濟帶策略；習近平帶路·海路策——一帶一路之 21 世紀海上絲綢之路策略。

習近平帶路·絲帶策——一帶一路之絲綢之路經濟帶策略，是指習近平同志關於推進 "絲綢之路經濟帶" 建設的策略。習近平帶路策——一帶一路之策略，是指習近平同志關於推進 "21 世紀海上絲綢之路" 建設的策略。

習近平帶路策——一帶一路之策略的研究型、理論型的構成體系主要爲：

（1）習近平帶路策的共同倡議與重要意義；（2）習近平帶路策的文獻來源與三新思想要點；（3）習近平帶路策的科學内涵與基本内容；（4）習近平帶路策的研究對象與範圍；（5）習近平帶路策的地位與基本特徵；（6）習近平帶路策的共建内容與共建方向；（7）習近平帶路策的抓什麼與怎麼抓；（8）習近平帶路策的實踐活動與貫徹落實；（9）習近平帶路策的基本研判與重要成果；（10）習近平帶路策的小結與展望。

由以上幾個方面構成習近平帶路策——一帶一路策略的完整應用體系。

四、習近平帶路策——一帶一路之策略：抓什麼與怎麼抓

（一）習近平帶路策：抓什麼——任務要求

一抓五通之道，創新 "絲綢之路"。2013 年 9 月，習近平指出：爲了使我們歐亞各國經濟聯繫更加緊密、相互合作更加深入、發展空間更加廣闊，我們可以用創新的合作模式，共同建設 "絲綢之路經濟帶"。這是一項造福沿途各國人民的大事業。[①] 習近平進一步指出：我們可從以下幾個方面先做起來，以點帶面，從綫到片，逐步形成區域大合作。一是加强政策溝通。各國可以就經濟發展戰略和對策進行充分交流，本着求同存異原則，協商制定推進區域合作的規劃和措施，在政策和法律上爲區域經濟融合 "開綠燈"。二是加强道路聯通。上海合作組織正在協商交通便利化協定。盡快簽署並落實這一文件，將打通從太平洋到波羅的海的運輸大通道。在此基礎上，我們願同各方積極探討完善跨境交通基礎設施，逐步形成連接東亞、西亞、南亞的交通運輸網絡，爲各國經濟發展和人員往來提供便利。三是加强貿易暢通。絲綢之路經濟帶總人口近 30 億，市場規模和潛力獨一無二。各國在貿易和投資領域合作潛力巨大。各方應該就貿易和投資便利化問題進行探討並作出適當安排，消除貿易壁壘，降低貿易和投資成本，提高區域經濟循環速度和質量，實現互利共贏。四是加强貨幣流通。中國和俄羅斯等國在本幣結算方面開展了良好合作，取得了可喜成

---

① 習近平：弘揚人民友誼 共創美好未來——在哈薩克斯坦納扎爾巴耶夫大學的演講（2013 年 9 月 7 日）．人民日報．2013 年 9 月 8 日。

果，也積累了豐富經驗。這一好的做法有必要加以推廣。如果各國在經常項下和資本項下實現本幣兌換和結算，就可以大大降低流通成本，增強抵禦金融風險能力，提高本地區經濟國際競爭力。五是加強民心相通。國之交在於民相親。搞好上述領域合作，必須得到各國人民支持，必須加強人民友好往來，增進相互瞭解和傳統友誼，爲開展區域合作奠定堅實民意基礎和社會基礎。①

　　二是抓五型之路，彰顯中國主張。2017 年 5 月，習近平指出：“一帶一路”建設已經邁出堅實步伐。我們要乘勢而上、順勢而爲，推動“一帶一路”建設行穩致遠，邁向更加美好的未來。② 習近平進一步指出：一是要將“一帶一路”建成和平之路。要構建以合作共贏爲核心的新型國際關係，打造對話不對抗、結伴不結盟的伙伴關係。要樹立共同、綜合、合作、可持續的安全觀，營造共建共享的安全格局。要着力化解熱點，堅持政治解決；要着力斡旋調解，堅持公道正義；要着力推進反恐，標本兼治，消除貧困落後和社會不公。二是要將“一帶一路”建成繁榮之路。要深入開展產業合作，推動各國產業發展規劃相互兼容、相互促進，抓好大項目建設，加強國際產能和裝備製造合作，抓住新工業革命的發展新機遇，培育新業態，保持經濟增長活力。要抓住新一輪能源結構調整和能源技術變革趨勢，建設全球能源互聯網，實現綠色低碳發展。三是要將“一帶一路”建成開放之路。要打造開放型合作平臺，維護和發展開放型世界經濟，共同創造有利於開放發展的環境，推動構建公正、合理、透明的國際經貿投資規則體系，促進生產要素有序流動、資源高效配置、市場深度融合。要着力解決發展失衡、治理困境、數字鴻溝、分配差距等問題，建設開放、包容、普惠、平衡、共贏的經濟全球化。四是要將“一帶一路”建成創新之路。創新是推動發展的重要力量。要堅持創新驅動發展，加強在數字經濟、人工智能、納米技術、量子計算機等前沿領域合作，推動大數據、雲計算、智慧城市建設，連接成 21 世紀的數字絲綢之路。要踐行綠色發展的新理念，倡導綠色、低碳、循環、可持續的生產生活方式，加強生態環保合作，建設生態文明，共同實現 2030 年可持續發展目標。五是要將“一帶一路”建成文明之路。“一帶一路”建設要以文明交流超越文明隔閡、文明互鑒超越文明衝突、文明共存超越文明優越，推動各國相互理解、相互尊重、相互信任。要建立多層次人文合作機制，搭建更多合作平臺，開闢更多合作渠道。要推動教育合作，擴大互派留學生規模，提昇合作辦學水平。要發揮智庫作用，建設好智庫聯盟和合作

---

①　習近平：弘揚人民友誼 共創美好未來——在哈薩克斯坦納扎爾巴耶夫大學的演講（2013 年 9 月 7 日）．人民日報．2013 年 9 月 8 日。

②　習近平：攜手推進“一帶一路”建設——在“一帶一路”國際合作高峰論壇開幕式上的演講（2017 年 5 月 14 日）．人民日報．2015 年 5 月 15 日。

網絡。在文化、體育、衛生領域，要創新合作模式，推動務實項目。①

三抓絲路精神，凝聚共建力量。2016 年 4 月，習近平指出："古代絲綢之路是一條貿易之路，更是一條友誼之路。在中華民族同其他民族的友好交往中，逐步形成了以和平合作、開放包容、互學互鑒、互利共贏為特徵的絲綢之路精神。在新的歷史條件下，我們提出 "一帶一路" 倡議，就是要繼承和發揚絲綢之路精神，把我國發展同沿綫國家發展結合起來，把中國夢同沿綫各國人民的夢想結合起來，賦予古代絲綢之路以全新的時代內涵。"2017 年 5 月，習近平進一步指出："一帶一路" 建設承載着我們對文明交流的渴望，將繼續擔當文明溝通的使者，推動各種文明互學互鑒，讓人類文明更加絢爛多彩；"一帶一路" 建設承載着我們對和平安寧的期盼，將成為拉近國家間關係的紐帶，讓各國人民守望相助，各國互尊互信，共同打造和諧家園，建設和平世界；"一帶一路" 建設承載着我們對共同發展的追求，將幫助各國打破發展瓶頸，縮小發展差距，共享發展成果，打造甘苦與共、命運相連的發展共同體；"一帶一路" 建設承載着我們對美好生活的向往，將把每個國家、每個百姓的夢想凝結為共同願望，讓理想變為現實，讓人民幸福安康。

（二）習近平帶路策：怎麼抓——方法對策

（1）深化互聯互通合作，推動一帶一路建設。

2014 年 11 月，習近平指出："一帶一路" 和互聯互通是相融相近、相輔相成的。如果將 "一帶一路" 比喻為亞洲騰飛的兩只翅膀，那麼互聯互通就是兩只翅膀的血脈經絡。② 習近平進一步指出：亞洲 "一帶一路" 進入了務實合作階段，深化亞洲互聯互通合作需要從 5 個方面着手：一是以亞洲國家為重點方向，率先實現亞洲互聯互通。"一帶一路" 源於亞洲、依託亞洲、造福亞洲，關注亞洲國家互聯互通，努力擴大亞洲國家共同利益。"一帶一路" 是中國和亞洲鄰國的共同事業，中國將周邊國家作為外交政策的優先方向，踐行親、誠、惠、容的理念，願意通過互聯互通為亞洲鄰國提供更多公共產品，歡迎大家搭乘中國發展的列車。二是以經濟走廊為依託，建立亞洲互聯互通的基本框架。目前，中方制定的 "一帶一路" 規劃基本成形。這包括在同各方充分溝通的基礎上正在構建的陸上經濟合作走廊和海上經濟合作走廊。這一框架兼顧各國需求，統籌陸海兩大方向，涵蓋面寬，包容性強，輻射作用大。中方願同有關國家進一步協商，完善合作藍圖，打牢合作基礎。三是以交通基礎設施為突破，

---

① 習近平：攜手推進 "一帶一路" 建設——在 "一帶一路" 國際合作高峰論壇開幕式上的演講（2017 年 5 月 14 日）. 人民日報. 2015 年 5 月 15 日。

② 習近平：聯通引領發展 伙伴聚焦合作——在 "加強互聯互通伙伴關係" 東道主伙伴對話會上的講話（2014 年 11 月 8 日）. 人民日報. 2014 年 11 月 9 日。

實現亞洲互聯互通的早期收穫。絲綢之路首先得要有路，有路才能人暢其行、物暢其流。中方高度重視聯通中國和巴基斯坦、孟加拉國、緬甸、老撾、柬埔寨、蒙古國、塔吉克斯坦等鄰國的鐵路、公路項目，將在推進"一帶一路"建設中優先部署。四是以建設融資平臺爲抓手，打破亞洲互聯互通的瓶頸。亞洲各國多是發展中國家，普遍缺乏建設資金，關鍵是盤活存量、用好增量，將寶貴的資金用在刀刃上。中國將出資 400 億美元成立絲路基金，爲"一帶一路"沿綫國家基礎設施、資源開發、產業合作和金融合作等與互聯互通有關的項目提供投融資支持。絲路基金是開放的，可以根據地區、行業或者項目類型設立子基金，歡迎亞洲域內外的投資者積極參與。五是以人文交流爲紐帶，夯實亞洲互聯互通的社會根基。中國支持不同文明和宗教對話，鼓勵加強各國文化交流酥民間往來，支持絲綢之路沿綫國家聯合申請世界文化遺產，鼓勵更多亞洲國家地方省區市建立合作關係。亞洲旅遊資源豐富，出國旅遊的人越來越多，應該發展絲綢之路特色旅遊，讓旅遊合作和互聯互通建設相互促進。互聯互通需要大量專業人才，未來 5 年，中國將爲周邊國家提供 2 萬個互聯互通領域的培訓名額，幫助周邊國家培養自己的專家隊伍。中國也願派出更多留學生、專家學者到周邊國家學習交流。[1]

（2）推進"一帶一路"建設，重點抓好八項工作。

2016 年 8 月，習近平在推進"一帶一路"建設座談會上強調：推進"一帶一路"建設要重點抓好 8 項工作。[2] 習近平進一步指出："一是要切實推進思想統一。堅持各國共商、共建、共享，遵循平等、追求互利，牢牢把握重點方向，聚焦重點地區、重點國家、重點項目，抓住發展這個最大公約數，不僅造福中國人民，更造福沿綫各國人民。中國歡迎各方搭乘中國發展的快車、便車，歡迎世界各國和國際組織參與到合作中來。二是要切實推進規劃落實。周密組織，精準發力，進一步研究出臺推進'一帶一路'建設的具體政策措施，創新運用方式，完善配套服務，重點支持基礎設施互聯互通、能源資源開發利用、經貿產業合作區建設、產業核心技術研發支撐等戰略性優先項目。三是要切實推進統籌協調。堅持陸海統籌，堅持內外統籌，加強政企統籌，鼓勵國內企業到沿綫國家投資經營，也歡迎沿綫國家企業到我國投資興業，加強"一帶一路"建設同京津冀協同發展、長江經濟帶發展等國家戰略的對接，同西部開發、東北振興、中部崛起、東部率先發展、沿邊開發開放的結合，帶動形成全方位開放、

---

① 習近平：聯通引領發展 伙伴聚焦合作——在"加強互聯互通伙伴關係"東道主伙伴對話會上的講話（2014 年 11 月 8 日）．人民日報．2014 年 11 月 9 日。

② 習近平：在推進"一帶一路"建設工作座談會上的講話（2016 年 8 月 17 日）．人民日報．2016 年 8 月 18 日。

東中西部聯動發展的局面。四是要切實推進關鍵項目落地。以基礎設施互聯互通、產能合作、經貿產業合作區爲抓手，實施好一批示範性項目，多搞一點早期收穫，讓有關國家不斷有實實在在的獲得感。五是要切實推進金融創新。創新國際化的融資模式，深化金融領域合作，打造多層次金融平臺，建立服務‘一帶一路’建設長期、穩定、可持續、風險可控的金融保障體系。六是要切實推進民心相通。弘揚絲路精神，推進文明交流互鑒，重視人文合作。七是要切實推進輿論宣傳。積極宣傳‘一帶一路’建設的實實在在成果，加強“一帶一路”建設學術研究、理論支撐、話語體系建設。八是要切實推進安全保障。完善安全風險評估、監測預警、應急處置，建立健全工作機制，細化工作方案，確保有關部署和舉措落實到每個部門、每個項目執行單位和企業。”①

（3）携手推進“一帶一路”建設，重點抓好七大重大舉措。

2017 年 5 月，習近平指出：當前，中國發展正站在新的起點上。我們將深入貫徹創新、協調、綠色、開放、共享的發展理念，不斷適應、把握、引領經濟發展新常態，積極推進供給側結構性改革，實現持續發展，爲“一帶一路”注入強大動力，爲世界發展帶來新的機遇。② 習近平進一步指出：一是中國願在和平共處五項原則基礎上，發展同所有“一帶一路”建設參與國的友好合作。中國願同世界各國分享發展經驗，但不會干涉他國内政，不會輸出社會制度和發展模式，更不會強加於人。二是中國已經同很多國家達成了“一帶一路”務實合作協議，包括交通運輸等硬件聯通項目、通信海關等軟件聯通項目、經貿產業等具體項目。中國同有關國家的鐵路部門將簽署深化中歐班列合作協議。三是中國將加大對“一帶一路”建設資金支持，向絲路基金新增資金 1000億元人民幣，鼓勵金融機構開展人民幣海外基金業務，規模預計約 3000 億元人民幣。中國國家開發銀行、進出口銀行將分別提供 2500 億元和 1300 億元等值人民幣專項貸款，用於支持“一帶一路”基礎設施建設、產能、金融合作。四是中國將積極同“一帶一路”建設參與國發展互利共贏的經貿伙伴關係，促進同各相關國家貿易和投資便利化，建設“一帶一路”自由貿易網絡，助力地區和世界經濟增長。中國將同 30 多個國家簽署經貿合作協議，同有關國家協商自由貿易協定。中國將從 2018 年起舉辦中國國際進口博覽會。五是中國願同各國加強創新合作，啓動“一帶一路”科技創新行動計劃，開展科技人文交流、共建聯合實驗室、科技園區合作、技術轉移 4 項行動。我們將設立生態環保大數

---

① 習近平：在推進“一帶一路”建設工作座談會上的講話（2016 年 8 月 17 日）. 人民日報. 2016 年 8 月 18 日。

② 習近平：携手推進“一帶一路”建設——在“一帶一路”國際合作高峰論壇開幕式上的演講（2017 年 5 月 14 日）. 人民日報. 2015 年 5 月 15 日。

據服務平臺，倡議建立"一帶一路"綠色發展國際聯盟，並爲相關國家應對氣候變化提供援助。六是中國將在未來 3 年向參與"一帶一路"建設的發展中國家和國際組織提供 600 億元人民幣援助，建設更多民生項目。我們將向有關國際組織提供 10 億美元落實一批惠及沿綫國家的合作項目。七是中國將設立"一帶一路"國際合作高峰論壇後續聯絡機制，成立"一帶一路"財經發展研究中心、"一帶一路"建設促進中心，同多邊開發銀行共同設立多邊開發融資合作中心，同國際貨幣基金組織合作建立能力建設中心。①

五、習近平帶路策——一帶一路之策略：實踐活動與貫徹落實

（一）習近平帶路策：實踐活動

習近平帶路策——一帶一路之韜略的實踐活動主要體現在：參觀、視察、考察、調研、訪問、會議、峰會、論壇、講話、演講、簽署命令、署名文章、批示指示、復信回信、賀詞賀信、專題研討班、集體學習等幾個方面。其中，會議包括全國黨代會、全國人代會、全國政協會、中央紀委會、政治局會議、黨的全會、每年全國人代會、每年全國政協會、每年紀委會、部委工作會、座談會、茶話會、研討會、領導小組會議等；署名文章包括國內署名文章與海外署名文章。比較重要的有：

（1）相關會議：論述"一帶一路"。

2013—2017 年與"一帶一路"相關的會議主要有：中共第十八屆三中全會、中共第十八屆五中全會；中央政治局有關會議；中央經濟工作會議；中央全面深化改革領導小組有關會議；中央財經領導小組有關會議；推進一帶一路建設工作領導小組次會議；中央外交工作會議；有關經濟開放方面座談會。代表性會議主要有：

一是，中央經濟工作會議——研究"一帶一路"。

2013 年 12 月 10 日，中央經濟工作會議在北京召開。習近平強調："建設絲綢之路經濟帶、二十一世紀海上絲綢之路，是黨中央統攬政治、外交、經濟社會發展全局作出的重大戰略決策，是實施新一輪擴大開放的重要舉措，也是營造有利周邊環境的重要舉措。形象地說，這一帶一路，就是要再爲我們這只大鵬插上兩只翅膀，建設好了，大鵬就可以飛得更高更遠。"②

---

① 習近平：携手推進"一帶一路"建設——在"一帶一路"國際合作高峰論壇開幕式上的演講（2017 年 5 月 14 日）. 人民日報. 2015 年 5 月 15 日。

② 中共中央文獻研究室. 習近平關於社會主義經濟建設論述摘編. 北京：中央文獻出版社. 2017：第 246 頁。

二是，中央財經領導小組會議——研究 "一帶一路"。

2014 年 11 月 4 日，習近平主持召開中央財經領導小組第八次會議，研究絲綢之路經濟帶和 21 世紀海上絲綢之路規劃、發起建立亞洲基礎設施投資銀行和設立絲路基金。習近平強調："絲綢之路經濟帶和 21 世紀海上絲綢之路倡議順應了時代要求和各國加快發展的願望，提供了一個包容性巨大的發展平臺，具有深厚歷史淵源和人文基礎，能夠把快速發展的中國經濟同沿綫國家的利益結合起來。"① 2015 年 2 月 10 日，習近平主持召開中央財經領導小組第九次會議，聽取中央財經領導小組關於發起建立亞洲基礎設施投資銀行、設立絲路基金等重大事項貫徹落實情況的匯報。習近平強調："亞洲基礎設施投資銀行的主要任務是爲亞洲基礎設施和'一帶一路'建設提供資金支持，是在基礎設施融資方面對現有國際金融體系的一個補充，要抓緊籌建。絲路基金要服務於'一帶一路'戰略，按照市場化、國際化、專業化的原則，搭建好公司治理搆架，盡快開展實質性項目投資。"②

三是，推進 "一帶一路" 建設工作座談會——研究 "一帶一路"。

2016 年 8 月 17 日，中國推進 "一帶一路" 建設工作座談會在北京召開。習近平強調：總結經驗、堅定信心、扎實推進，聚焦政策溝通、設施聯通、貿易暢通、資金融通、民心相通，聚焦構建互利合作網絡、新型合作模式、多元合作平臺，聚焦携手打造綠色絲綢之路、健康絲綢之路、智力絲綢之路、和平絲綢之路，以釘釘子精神抓下去，一步一步把 "一帶一路" 建設推向前進，讓 "一帶一路" 建設造福沿綫各國人民。

四是，地方推進一帶一路建設工作會議——研究 "一帶一路"。

2017 年 7 月 13 日，地方推進 "一帶一路" 建設工作會議在北京召開，學習貫徹習近平總書記關於推進 "一帶一路" 建設特別是在國際合作高峰論壇上的重要講話精神，傳達學習推進 "一帶一路" 建設工作領導小組第六次會議精神，總結交流地方推進 "一帶一路" 建設情況，研究部署下一步工作。

（2）峰會、論壇：論述 "一帶一路"。

2013 年—2017 年，習近平先後主持出席有關 "一帶一路" 峰會、論壇與演講共 30 多次。代表性的主要有：

一是，2014 年 5 月，習近平在上海舉行的亞洲相互協作與信任措施會議第四次峰會上強調：中國將同各國一道，加快推進絲綢之路經濟帶和 21 世紀海上

---

① 習近平：在中央財經領導小組第八次會議上的講話（2014 年 11 月 4 日）. 人民日報. 2014 年 11 月 7 日。

② 習近平：在中央財經領導小組第九次會議上的講話（2015 年 2 月 10 日）. 人民日報. 2015 年 2 月 11 日。

絲綢之路建設，盡早啓動亞洲基礎設施投資銀行，更加深入參與區域合作進程，推動亞洲發展和安全相互促進、相得益彰。

二是，2014 年 6 月，習近平在中阿合作論壇第六屆部長級會議開幕式上提出 "中阿共建 "一帶一路"，應該堅持共商、共建、共享原則。

三是，2014 年 9 月，習近平在亞太經合組織工商領導人峰會開幕式強調：中國願意同各國一道推進 "一帶一路" 建設，更加深入參與區域合作進程，爲亞太互聯互通、發展繁榮作出新貢獻。

三是，2015 年 3 月，習近平在海南博鰲出席博鰲亞洲論壇 2015 年年會開幕式強調："一帶一路" 建設秉持的是共商、共建、共享原則，不是封閉的，而是開放包容的；不是中國一家的獨奏，而是沿綫國家的合唱。"一帶一路" 建設不是空洞的口號，而是看得見、摸得着的實際舉措，將給地區國家帶來實實在在的利益。

四是，2015 年 11 月，習近平在亞太經合組織工商領導人峰會上強調：中國是亞太大家庭一員，中國發展起步於亞太，得益於亞太，也將繼續立足亞太、造福亞太。通過 "一帶一路" 建設，我們將開展更大範圍、更高水平、更深層次的區域合作，共同打造開放、包容、均衡、普惠的區域合作架構。

五是，2016 年 6 月，習近平在上海合作組織成員國元首理事會第十六次會議強調：爲促進本地區經濟整體發展，中方大力推動 "一帶一路" 建設同各國發展戰略對接，希望上海合作組織爲此發揮積極作用並創造更多合作機遇。中方也願同有關成員國繼續推進產能合作，希望更多國家參與其中。

六是，2016 年 9 月，習近平在 2016 年二十國集團工商峰會開幕式上強調："一帶一路" 倡議旨在同沿綫各國分享中國發展機遇，實現共同繁榮。中國對外開放，不是要一家唱獨角戲，而是要歡迎各方共同參與；不是要謀求勢力範圍，而是要支持各國共同發展；不是要營造自己的後花園，而是要建設各國共享的百花園。

七是，2017 年 5 月，習近平在 "一帶一路" 國際合作高峰論壇圓桌峰會上強調指出：在 "一帶一路" 建設國際合作框架內，各方秉持共商、共建、共享原則，携手應對世界經濟面臨的挑戰，開創發展新機遇，謀求發展新動力，拓展發展新空間，實現優勢互補、互利共贏，不斷朝着人類命運共同體方向邁進。

（3）集體學習與專題研討班：論述 "一帶一路"。

中共十八大期間，一共舉行了 43 次中央政治局集體學習[1]，有不少次都論

---

[1] 中央政治局集體學習：係指中共中央政治局定期學習的一種制度或習慣。由中共中央總書記主持并發表講話，中央政治局全體成員參加，邀請有關部門負責人、專家學者，就經濟、政治、歷史、文化、社會、生態、科技、軍事、外交等重大問題進行專題講解。

及了 "一帶一路" 問題。其中, 有 3 次是重點學習了 "一帶一路" 問題。

一是, 2014 年 12 月 5 日, 中共第十八屆中央政治局就加快自由貿易區建設進行第十九次集體學習。習近平強調: "加快實施自由貿易區戰略是一項復雜的系統工程。要加強頂層設計、謀劃大棋局, 既要謀子更要謀勢, 逐步構築起立足周邊、輻射 '一帶一路'、面向全球的自由貿易區網絡, 積極同 '一帶一路' 沿綫國家和地區商建自由貿易區, 使我國與沿綫國家合作更加緊密、往來更加便利、利益更加融合。"①

二是, 2015 年 10 月 12 日, 中共第十八屆中央政治局就全球治理格局和全球治理體制進行第二十七次集體學習。習近平強調指出: "我們提出 '一帶一路' 倡議、建立以合作共贏爲核心的新型國際關係、堅持正確義利觀、構建人類命運共同體等理念和舉措, 順應時代潮流, 符合各國利益, 增加了我國同各國利益匯合點。"②

三是, 2016 年 4 月 29 日, 中共第十八屆中央政治局就歷史上的絲綢之路和海上絲綢之路進行第三十一次集體學習。習近平強調指出: "'一帶一路' 建設是我國在新的歷史條件下實行全方位對外開放的重大舉措、推行互利共贏的重要平臺。我們必須以更高的站位、更廣的視野, 在吸取和借鑒歷史經驗的基礎上, 以創新的理念和創新的思維, 扎扎實實做好各項工作, 使沿綫各國人民實實在在感受到 '一帶一路' 給他們帶來的好處。"③

中共十八大期間, 一共舉行了 6 次專題研討班④, 每次研討班都不同程度地論及了 "一帶一路"。代表性論述有:

2016 年 1 月 18 日, 習近平在省部級主要領導幹部學習貫徹十八屆五中全會精神專題研討班上強調指出: "要着力形成對外開放新體制。實踐告訴我們, 要發展壯大, 必須主動順應經濟全球化潮流, 堅持對外開放, 充分運用人類社會創造的先進科學技術成果和有益管理經驗。要不斷探索實踐, 提高把握國內國際兩個大局的自覺性和能力, 提高對外開放質量和水平。"

① 習近平: 在中共第十八屆中央政治局第十九次集體學習時的講話 (2014 年 12 月 5 日). 人民日報. 2014 年 12 月 6 日。

② 習近平: 在中共第十八屆中央政治局第二十七次集體學習時的講話 (2015 年 10 月 12 日). 人民日報. 2015 年 10 月 13 日。

③ 習近平: 在中共第十八屆中央政治局第三十一次集體學習時的講話 (2016 年 4 月 29 日). 人民日報. 2016 年 4 月 30 日。

④ 專題研討班: 就是中共黨和政府省部級主要領導幹部專題研討班。專題班始於 1999 年, 每年舉辦一次已經舉辦。研討班的主題內容爲當年中共黨和政府全局性的、戰略性的、重大的問題。由中央主要領導作報告, 省部級主要官員學習研討, 隨後學習研討的成果將在今後的工作中加以貫徹和落實。

（二）習近平帶路策：貫徹落實

（1）讀本與論述摘編：宣傳學習"一帶一路"。

一是中共中央宣傳部先後編寫《習近平總書記系列重要講話讀本（2014 年版）》、《習近平總書記系列重要講話讀本（2016 年版）》；該書第八部分專題解讀了習近平關於發展理念重要思想。

二是中共中央文獻研究室編輯出版《習近平關於社會主義經濟建設論述摘編（2017 年）》與《習近平關於全面建成小康社會論述摘編（2016 年）》。

（2）制定政策：規範引領"一帶一路"。

一是，中國政府及其部委制定"一帶一路"政策文件。2014 年—2017 年，中國政府及其部委先後制定了一大批政策文件。代表性的主要有：中共中央國務院 2014 年印發《絲綢之路經濟帶和 21 世紀海上絲綢之路建設戰略規劃》；國務院及部委印發《標準聯通"一帶一路"行動計劃（2015—2017 年）》、《共同推動認證認可服務"一帶一路"建設的願景與行動》、《"一帶一路"計量合作願景和行動》、《關於推進綠色"一帶一路"建設的指導意見》、《關於構建綠色金融體系的指導意見》、實施《推進共建"一帶一路"教育行動》。

二是，中國政府部委發佈"一帶一路"白皮書。2015 年 3 月，國家發展改革委、外交部、商務部共同發佈《推動共建絲綢之路經濟帶和二十一世紀海上絲綢之路的願景與行動》白皮書。該白皮書從時代背景、共建原則、框架思路、合作重點、合作機制等方面闡述了"一帶一路"的主張與內涵，提出了共建"一帶一路"的方向和任務。2017 年 5 月，推進"一帶一路"建設工作領導小組辦公室發佈 2017 年《共建"一帶一路"：理念、實踐與中國的貢獻》白皮書。該白皮書從前言、時代呼喚——從理念到藍圖、合作框架——從方案到實踐、合作領域——從經濟到人文、合作機制——從官方到民間、願景展望——從現實到未來、結束語等方面進一步闡釋了"一帶一路"建設的內涵、理念和實質，總結了三年多來共建"一帶一路"的豐富成果。

三是，中國與有關國家簽署"一帶一路"相關備忘錄。2014 年—2017 年，中國政府及其部委先後與有關國家簽署發佈了一批備忘錄、倡議書與公報。代表性的主要有：2016 年《中國—中南半島經濟走廊倡議書（2016 年 5 月）》、2016 年《建設中蒙俄經濟走廊規劃綱要（2016 年 6 月）》、2016 年《關於加強"網上絲綢之路"建設合作促進信息互聯互通的諒解備忘錄》、2017 年《關於編制建設中蒙俄經濟走廊規劃綱要的諒解備忘錄（2015 年 7 月）》；2016 年《二十國集團領導人杭州峰會公報（2016 年 9 月）》、2017 年《"一帶一路"國際合作高峰論壇圓桌峰會聯合公報（2017 年 5 月）》。

六、習近平帶路策——一帶一路之策略：基本研判與重要成果

（一）習近平帶路策：基本研判

2017 年 6 月 7 日，習近平指出："2013 年，我首次訪問哈薩克斯坦期間提出建設絲綢之路經濟帶倡議，'一帶一路'合作由此發端。4 年來，共建"一帶一路"逐漸從倡議轉變爲行動，從理念轉化爲實踐，成爲開放包容的國際合作平臺和受到國際社會普遍歡迎的全球公共產品。"①

2017 年 5 月 15 日，習近平指出：2013 年秋天，我在哈薩克斯坦和印度尼西亞提出共建絲綢之路經濟帶和 21 世紀海上絲綢之路，即"一帶一路"倡議。4 年來，全球 100 多個國家和國際組織積極支持和參與"一帶一路"建設，聯合國大會、聯合國安理會等重要決議也納入"一帶一路"建設內容。"一帶一路"建設逐漸從理念轉化爲行動，從願景轉變爲現實，建設成果豐碩。② 習近平進一步指出：這是政策溝通不斷深化的 4 年；這是設施聯通不斷加強的 4 年；這是貿易暢通不斷提昇的 4 年；這是資金融通不斷擴大的 4 年；這是民心相通不斷促進的 4 年。③

（二）經驗啓示

2013 年 9 月 7 日，習近平指出："千百年來，在這條古老的絲綢之路上，各國人民共同譜寫出千古傳誦的友好篇章。兩千多年的交往歷史證明，只要堅持團結互信、平等互利、包容互鑒、合作共贏，不同種族、不同信仰、不同文化背景的國家完全可以共享和平，共同發展。這是古絲綢之路留給我們的寶貴啓示。"④

2016 年 6 月 22 日，習近平指出："絲綢之路是歷史留給我們的偉大財富。"一帶一路"倡議是中國根據古絲綢之路留下的寶貴啓示，着眼於各國人民追求和平與發展的共同夢想，爲世界提供的一項充滿東方智慧的共同繁榮發展的方案。"⑤

2017 年 5 月 14 日，習近平指出："古絲綢之路綿亘萬裏，延續千年，積澱

---

① 習近平：爲中哈關係插上夢想的翅膀，人民日報．2017 年 06 月 08 日．

② 習近平：攜手推進"一帶一路"建設——在"一帶一路"國際合作高峰論壇開幕式上的演講（2017 年 5 月 14 日）．人民日報．2015 年 5 月 15 日．

③ 習近平：攜手推進"一帶一路"建設——在"一帶一路"國際合作高峰論壇開幕式上的演講（2017 年 5 月 14 日）．人民日報．2015 年 5 月 15 日．

④ 習近平：弘揚人民友誼 共創美好未來——在哈薩克斯坦納扎爾巴耶夫大學的演講（2013 年 9 月 7 日）．人民日報．2013 年 9 月 8 日．

⑤ 習近平：攜手共創絲綢之路新輝煌（2016 年 6 月 22 日）．人民日報．2016 年 6 月 23 日．

了以和平合作、開放包容、互學互鑒、互利共贏爲核心的絲路精神。這是人類文明的寶貴遺產。"①

（三）習近平帶路策：重要成果

2017 年 5 月 14 日至 15 日，"一帶一路"國際合作高峰論壇形成了一批高峰論壇成果清單——清單主要涵蓋政策溝通、設施聯通、貿易暢通、資金融通、民心相通 5 大類，共 76 大項、270 多項具體成果。截至 2017 年 9 月 25 日，已經有 74 個國家和國際組織與中方簽署了"一帶一路"合作文件。這表明"一帶一路"倡議自提出以來在國際上得到越來越多的積極響應和廣泛的支持。

資料進一步顯示：一是，2014 年至 2016 年，中國同"一帶一路"沿綫國家貿易總額超過 3 萬億美元；中國對"一帶一路"沿綫國家投資累計超過 500 億美元。二是，截至 2016 年底，中國企業已在沿綫 20 多個國家建立了 56 個經貿合作區，累計投資超過 185 億美元，爲當地增加了近 11 億美元稅收和近 18 萬個就業崗位。三是，截至 2017 年 4 月，中國同老撾、柬埔寨、緬甸、匈牙利等國的規劃對接工作也全面展開。中國同 40 多個國家和國際組織簽署了合作協議，同 30 多個國家開展機制化産能合作。四是，截至 2017 年 4 月，亞洲基礎設施投資銀行已經爲"一帶一路"建設參與國的 9 個項目提供 17 億美元貸款，"絲路基金"投資達 40 億美元，中國同中東歐"16 + 1"金融控股公司正式成立。

七、小結與展望

（一）小結

習近平帶路策——一帶一路之策略是習近平"六韜九策"治國策體系内容之一。習近平帶路策——一帶一路之策略，是指習近平同志關於推進"絲綢之路經濟帶"和"21 世紀海上絲綢之路"等"一帶一路"建設的策略。習近平帶路策——一帶一路之策略的研究對象與範圍：中共十八大期間，習近平同志關於"絲綢之路經濟帶"和"21 世紀海上絲綢之路"等"一帶一路"的重要論述。

習近平帶路策——一帶一路之策略在政黨戰略學中屬於戰略對策的層次與範疇。其基本特徵表現在：強調倡議性、突出共建性、強調合作性、突出互通性。習近平帶路策——一帶一路之策略的研究型、理論型的構成體系主要包括：1）習近平帶路策的共同倡議與重要意義；2）習近平帶路策的文獻來源與三新

---

① 習近平：携手推進"一帶一路"建設——在"一帶一路"國際合作高峰論壇開幕式上的演講（2017 年 5 月 14 日）．人民日報．2015 年 5 月 15 日。

思想要點；3）習近平帶路策的科學內涵與基本內容；4）習近平帶路策的研究
對象與範圍；5）習近平帶路策的地位與基本特徵；6）習近平帶路策的共建內
容與共建方向；7）習近平帶路策的抓什麼與怎麼抓；8）習近平帶路策的實踐
活動與貫徹落實；9）習近平帶路策的基本研判與重要成果；10）習近平帶路
策的小結與展望等幾個方面。

（二）展望（預測與建議）

"一花獨放不是春，百花齊放春滿園。" 2017 年 5 月，習近平在 "一帶一
路" 國際合作高峰論壇開幕式上指出：2000 多年前，我們的先輩篳路藍縷，穿
越草原沙漠，開闢出聯通亞歐非的陸上絲綢之路；我們的先輩揚帆遠航，穿越
驚濤駭浪，闖盪出連接東西方的海上絲綢之路。古絲綢之路打開了各國友好交
往的新窗口，書寫了人類發展進步的新篇章。2017 年 5 月，習近平在 "一帶一
路" 國際合作高峰論壇圓桌峰會閉幕辭中強調指出：今天，"一帶一路" 建設
把沿綫各國人民緊密聯繫在一起，致力於合作共贏、共同發展，讓各國人民更
好共享發展成果，這也是中方倡議共建人類命運共同體的重要目標。我們携手
推進 "一帶一路" 建設國際合作，讓古老的絲綢之路重新煥發勃勃生機。新的
起點上，我們要勇於擔當，開拓進取，用實實在在的行動，推動 "一帶一路"
建設國際合作不斷取得新進展，爲構建人類命運共同體注入強勁動力。

幾點建議：一是，盡快編輯出版《習近平關於 "一帶一路" 論述摘編
（2012—2017 年）》，以便於廣大幹部群衆全面系統地學習、理解和掌握習近平
同志習近平關於 "一帶一路" 的重要論述。

二是，國家及相關地方政府盡快成立有關一帶一路的研究機構，以便於進
一步全面系統地加強一帶一路的歷史、規劃與實踐研究，爲有關部門制定法律
法規政策及時提供參考借鑒資料。

三是，大專院校科研機構盡快成立 "一帶一路" 的研究中心院所，以便於
探討研究 "一帶一路" 的政治、經濟、文化、社會等相關理論問題。

四是，盡快編輯出版全國幹部培訓教材《"一帶一路" 通俗讀本》，以便於
廣大幹部學習、瞭解 "一帶一路" 的基本知識、基本原理與基本規律，進一步
推進 "一帶一路" 工作。

第十五章
習近平治疆策──治邊理疆之策略

【知識導引】

習近平治疆策──治邊理疆之策略，是指習近平同志關於治理經略西北、西南、東北、東南沿海等陸疆海疆省區的策略。習近平治疆策在政黨戰略學中屬於戰略對策的層次與範疇。

【經典論述】

我們堅持和平發展，堅決捍衛領土主權和海洋權益。誰要在這個問題上做文章，中國人民決不答應！

──習近平

我國周邊外交的基本方針，就是堅持與鄰為善、以鄰為伴，堅持睦鄰、安鄰、富鄰，突出體現親、誠、惠、容的理念。

──習近平

【內容提要】 習近平治疆策——治邊理疆之策略是習近平 "六韜九策" 治國策體系內容之一。習近平治疆策——治邊理疆之策略，是指習近平同志關於治理經略西北、西南、東北、東南沿海等陸疆海疆省區的策略。習近平治疆策——治邊理疆之策略的研究對象與範圍：中共十八大期間，習近平同志關於治理經略西北、西南、東北、東南沿海等陸疆海疆省區的策略。

習近平治疆策——治邊理疆之策略在政黨戰略學中屬於戰略對策的層次與範疇。其基本特徵表現在：經略海洋，維護南海海洋權益；經略新疆，維護西北邊疆安定；經略西藏，維護西南邊疆安定；經略周邊，維護周邊睦鄰友好。習近平治疆策——治邊理疆之策略的研究型、理論型的構成體系主要包括：1）習近平治疆策的安邊定疆與重要意義；2）習近平治疆策的文獻來源與三新政策要點；3）習近平治疆策的科學內涵與基本內容；4）習近平治疆策的研究對象與範圍；5）習近平治疆策的地位與基本特徵；6）習近平治疆策的抓什麼與怎麼抓；7）習近平治疆策的實踐活動與貫徹落實；9）小結與展望等幾個方面。

幾點建議：一是盡快編輯出版《習近平關於治邊理疆論述摘編（2012—2017）》。二是加大文化治邊理疆力度。要依照憲法和國家通用語言文字法規定，嚴格實施普通話和規範漢字的基本規定，不斷增強各民族對偉大祖國、中華文化的認同感。三是加大交通治邊理疆力度。要堅持集中力量辦大事的基本原則，進一步加大邊疆地區普通公路、鐵路、水運與航運建設力度，進一步加大高速公路、高速鐵路、高等級航運與支線飛機建設力度。

【關鍵詞】 習近平；治疆策；治邊理疆；構成體系；建議

引 言

"習近平治疆策——治邊理疆之策略"是習近平治國理政思想體系微觀戰術層面的重要內容。中共十八大期間（2012 年 11 月—2017 年 10 月），習近平圍遶治邊理疆抓什麼、治邊理疆怎麼抓這個事關國家總體安全、社會長治久安的重大問題進行了一系列深刻闡釋，由此勾畫了新的歷史條件下"治邊理疆"的政策體系，形成、創設了"習近平治疆策——治邊理疆之策"。

一、習近平治疆策——治邊理疆之策略：安邊定疆與重要意義

（一）習近平治疆策：安邊定疆

2013 年—2015 年，習近平強調要維護海洋權益，強調推進新疆西藏長治久安；2015 年—2017 年，在進一步強調海洋權益的同時，強調捍衛海洋權益、捍衛南海領土主權、強調領土不容侵犯。資料顯示：中共十八大五年間，習近平在國內外很多重要場合，從不同的角度，對"治邊理疆"進行了多方面、立體式的一系列深刻闡釋，構建了新的歷史條件下"治邊理疆"建設性框架。代表性論述主要有：

1. 強調海洋權益。2013 年 7 月 30 日，習近平在中共第十八屆中央政治局第八次集體學習時強調："要維護國家海洋權益，着力推動海洋維權向統籌兼顧型轉變。要做好應對各種復雜局面的準備，提高海洋維權能力，堅決維護我國海洋權益。"① 2014 年 11 月 29 日，習近平在中央外事工作會議上強調指出："要堅決維護領土主權和海洋權益，維護國家統一，妥善處理好領土島嶼爭端問題。"②

2. 強調周邊環境。2013 年 10 月 24 日，習近平在周邊外交工作座談會上強調："做好周邊外交工作，是實現兩個一百年奮斗目標、實現中華民族偉大復興的中國夢的需要，要更加奮發有爲地推進周邊外交，爲我國發展爭取良好的周邊環境，使我國發展更多惠及周邊國家，實現共同發展。"③ 2014 年 11 月 29 日，習近平在中央外事工作會議上強調指出："要切實抓好周邊外交工作，打造

---

① 習近平：在中共第十八屆中央政治局第八次集體學習時的講話（2013 年 7 月 30 日）．人民日報．2013 年 7 月 30 日。

② 習近平：在中央外事工作會議上的講話（2014 年 11 月 29 日）．人民日報．2014 年 11 月 30 日。

③ 習近平：在周邊外交工作座談會上的講話（2013 年 10 月 24 日）．人民日報．2013 年 10 月 26 日。

周邊命運共同體，秉持親誠惠容的周邊外交理念，堅持與鄰爲善、以鄰爲伴，堅持睦鄰、安鄰、富鄰，深化同周邊國家的互利合作和互聯互通。"①

4. 強調推進新疆長治久安。2014 年 5 月 26 日，習近平在中共中央政治局會議上強調："要深刻認識新疆反分裂鬥爭的長期性、復雜性、尖銳性，充分認識維護新疆社會穩定和實現長治久安的重要性和緊迫性，把新疆工作的着眼點和着力點放到社會穩定和長治久安上來。"② 2014 年 5 月 28 日至 29 日，習近平在第二次中央新疆工作座談會上強調："社會穩定和長治久安是新疆工作的總目標。必須把嚴厲打擊暴力恐怖活動作爲當前鬥爭的重點，高舉社會主義法治旗幟，大力提高群防群治預警能力，築起銅墻鐵壁、構建天羅地網。"③

5. 強調推進西藏長治久安。2013 年 3 月 9 日，習近平在參加十二屆全國人大一次會議西藏代表團審議時明確提出 "治國必治邊、治邊先穩藏" 的重要戰略思想。2015 年 8 月，習近平在中央第六次西藏工作座談會上強調："依法治藏、富民興藏、長期建藏、凝聚人心、夯實基礎，是黨的十八大以後黨中央提出的西藏工作重要原則。"④ 習近平進一步強調："要堅持黨的治藏方略，把維護祖國統一、加強民族團結作爲工作的着眼點和着力點，堅定不移促進各民族交往交流交融，確保國家安全和長治久安。"⑤

6. 強調捍衛南海主權。2015 年 10 月 18 日，習近平在接受路透社采訪時強調："南海諸島自古以來就是中國領土，這是老祖宗留下的。任何人要侵犯中國的主權和相關權益，中國人民都不會答應。中國在南海采取的有關行動，是維護自身領土主權的正當反應。"⑥ 2015 年 11 月 7 日，習近平在新加坡國立大學演講時強調："南海諸島自古以來就是中國領土，維護自身的領土主權和正當合理的海洋權益，是中國政府必須承擔的責任。"⑦ 2016 年 7 月 12 日，習近平在會見來華出席第十八次中國歐盟領導人會晤時強調："南海諸島自古以來就是中國領土。中國堅定致力於維護南海和平穩定，致力於同直接有關的當事國在尊重歷史事實的基礎上，根據國際法，通過談判協商和平解決有關爭議。"⑧ 2016 年 12 月 31 日，習近平在 2017 年新年賀詞中強調："我們堅持和平發展，堅決

---

① 習近平：在中央外事工作會議上的講話（2014 年 11 月 29 日）. 人民日報 . 2014 年 11 月 30 日。

② 習近平：在中共中央政治局會議上的講話（2014 年 5 月 26 日）. 人民日報 . 2014 年 5 月 27 日。

③ 習近平：在第二次中央新疆工作座談會上的講話（2014 年 5 月 28 日）. 人民日報 . 2014 年 5 月 29 日。

④ 習近平：在中央第六次西藏工作座談會（2015 年 8 月 24 日）. 人民日報 . 2015 年 8 月 25 日。

⑤ 習近平：在中央第六次西藏工作座談會（2015 年 8 月 24 日）. 人民日報 . 2015 年 8 月 25 日。

⑥ 習近平：在接受路透社采訪時的講話（2015 年 10 月 18 日）. 人民日報 . 2015 年 10 月 19 日。

⑦ 習近平：在新加坡國立大學的演講（2015 年 11 月 7 日）. 人民日報 . 2015 年 11 月 8 日。

⑧ 習近平：在會見來華出席第十八次中國歐盟領導人會晤時的講話（2016 年 7 月 12 日）. 人民日報 . 2016 年 7 月 16 日。

捍衛領土主權和海洋權益。誰要在這個問題上做文章，中國人民決不答應!"

(二) 習近平治疆策：重要意義

習近平治疆策，針對邊疆地區新情況，順應周邊外交新特徵，闡明瞭新的歷史條件下為什麼要加強邊疆治理、怎樣加強邊疆治理的重大問題，為進一步推進治邊理疆工作、實現邊疆社會穩定和長治久安提供了强大的思想武器與行動指南。

習近平治疆策，研判邊疆治理國情，把握治邊理疆規律，充實、提昇與拓展了傳統的邊疆治理理論，豐富了經略邊疆理論與政黨戰略學，進一步豐富了中國特色和平發展道路和中國特色社會主義理論體系。

習近平治疆策，立足邊疆治理問題、破解治邊理疆難題，對於我們系統把握治邊理疆的基本方向、總體目標和基本任務，對於協調推進四個全面戰略部署、統籌推進五位一體總體布局、實現中華民族偉大復興的中國夢具有重要現實意義。

二、習近平治疆策——治邊理疆之策略:文獻來源與三新政策要點

(一) 習近平治疆策：文獻來源

習近平治疆策——治邊理疆之策略的經典文獻主要有:

一是《習近平談治國理政》①。該書不少篇章不同程度地論述了邊疆治理問題。主要有：走和平發展道路：更好統籌國內國際兩個大局，夯實走和平發展道路的基礎 (2013 年 1 月 28 日)；共同建設 "絲綢之路經濟帶" (2013 年 9 月 7 日)；共同建設二十一世紀 "海上絲綢之路" (2013 年 10 月 3 日)；堅持親、誠、惠、容的周邊外交理念 (2013 年 10 月 24 日)；共同創造亞洲和世界的美好未來 (2013 年 4 月 7 日)；弘揚 "上海精神"，促進共同發展 (2013 年 9 月 13 日)；深化改革開放，共創美好亞太 (2013 年 10 月 7 日)；積極樹立亞洲安全觀，共創安全合作新局面 (2014 年 5 月 21 日)。

二是《十八大以來重要文獻選編 (上)》②。計有 2 篇：共同維護和發展開放型世界經濟 (2013 年 9 月 5 日)；深化改革開放，共創美好亞太 (2013 年 10 月 7 日)。

三是《十八大以來重要文獻選編 (中)》③。計有 2 篇：聯通引領發展，伙伴聚焦合作 (2014 年 11 月 8 日)；共建面向未來的亞太伙伴關係 (2014 年 11 月

---

①　習近平. 習近平談治國理政. 北京：外文出版社. 2014.

②　中共中央文獻研究室. 十八大以來重要文獻選編 (上). 北京：中央文獻出版社. 2014.

③　中共中央文獻研究室. 十八大以來重要文獻選編 (中). 北京：中央文獻出版社. 2016.

11 日）。

四是《習近平：一帶一路國際合作高峰論壇重要文輯》①。計有 4 篇：習近平在 "一帶一路" 國際合作高峰論壇開幕式上的演講；習近平在 "一帶一路" 國際合作高峰論壇歡迎宴會上的祝酒詞；習近平在 "一帶一路" 國際合作高峰論壇圓桌峰會上的開幕辭；習近平在 "一帶一路" 國際合作高峰論壇圓桌峰會上的閉幕詞。

五是《習近平關於社會主義政治建設論述摘編》②。該書摘自習近平同志 2012 年 11 月 15 日至 2017 年 5 月 3 日期間的講話、報告、談話、指示等 70 多篇重要文獻，計有 330 段重要論述。

六是《習近平關於社會主義社會建設論述摘編》③。該書摘自習近平同志 2012 年 11 月 15 日至 2017 年 9 月 19 日期間的講話、報告、演講、指示、批示、賀信等 140 篇重要文獻，計有 326 段論述。

七是其他文獻習近平關於邊疆治理的重要論述。比較重要的文獻計有：習近平：邁向命運共同體，開創亞洲新未來（2015 年 3 月 28 日）；習近平：發揮亞太引領作用，應對世界經濟挑戰（2015 年 11 月 18 日）；習近平：携手共創絲綢之路新輝煌（2016 年 6 月 22 日）；習近平：爲中哈關係插上夢想的翅膀（2017 年 6 月 7 日）；習近平在第二次中央新疆工作座談會上的講話（2014 年 5 月 28 日）；習近平在中央民族工作會議上的講話（2014 年 9 月 28 日）；習近平在中央統戰工作會議上的講話（2015 年 5 月 18 日）；習近平在中央第六次西藏工作座談會（2015 年 8 月 24 日）；習近平在全國宗教工作會議上的講話（2016 年 4 月 22 日）；習近平在推進 "一帶一路" 建設工作座談會上的講話（2016 年 8 月 17 日）、習近平在 "一帶一路" 國際合作高峰論壇開幕式上的演講（2017 年 5 月 14 日）、習近平在慶祝中國共產黨成立 95 週年大會上的講話（2016 年 7 月 1 日）；習近平在金磚國家工商論壇開幕式上的主旨演講（2017 年 9 月 3 日）；習近平在省部級主要領導幹部專題班上的講話（2017 年 7 月 26 日）；習近平在慶祝中國人民解放軍建軍 90 週年大會上的講話（2017 年 8 月 1 日）。

（二）習近平治疆策：三新政策要點（新政策新規定新要求）

根據以上文獻分析，習近平治疆策——治邊理疆之策略的三新政策要點（新政策新規定新要求）主要有以下幾個方面：

---

① 習近平：一帶一路國際合作高峰論壇重要文輯. 北京：人民出版社. 2017.5.

② 中共中央文獻研究室. 習近平關於社會主義政治建設論述摘編. 北京：中央文獻出版社. 2017.8。

③ 中共中央文獻研究室. 習近平關於社會主義社會建設論述摘編. 北京：中央文獻出版社. 2017.10。

一是，南海諸島自古以來就是中國領土，這是老祖宗留下的。二是，中國堅定維護在南海的主權和相關權利，堅定致力於維護南海地區和平穩定，堅持通過同有關當事國直接協商談判和平解決爭議。三是，中方願同東盟國家一道努力，將南海建設成爲和平之海、友誼之海、合作之海。四是，西藏工作關係黨和國家工作大局。五是，堅持黨的治藏方略，把維護祖國統一、加強民族團結作爲工作的着眼點和着力點。六是，必須堅持治國必治邊、治邊先穩藏的戰略思想。七是，堅持依法治藏、富民興藏、長期建藏、凝聚人心、夯實基礎的重要原則。八是，實現西藏和四省藏區長治久安，必須常抓不懈、久久爲功，謀長久之策，行固本之舉。九是，新疆發展穩定，事關全國改革發展穩定大局，事關祖國統一、民族團結、國家安全。十是，全黨同志要深刻認識維護新疆社會穩定和實現長治久安是我們黨治疆方略的方向目標，是新疆各族幹部群衆的迫切期盼，是實現新疆跨越式發展的重要保障。十一是，堅持依法治疆、團結穩疆、長期建疆，努力建設團結和諧、繁榮富裕、文明進步、安居樂業的社會主義新疆。十二是，要加強意識形態工作，用社會主義核心價值體系搆築新疆各民族共有精神家園，堅定佔領宣傳、文化、教育陣地。十三是，走和平發展道路，是我們黨根據時代發展潮流和我國根本利益作出的戰略抉擇，維護周邊和平穩定是周邊外交的重要目標。十四是，釣魚島及其附屬島嶼是中國領土不可分割的一部分，中國對其擁有無可爭辯的主權。十五是，中國不覬覦他國權益，不嫉妒他國發展，但決不放棄我們的正當權益。十六是，中國人民不信邪也不怕邪，不惹事也不怕事，任何外國不要指望我們會拿自己的核心利益做交易，不要指望我們會吞下損害我國主權、安全、發展利益的苦果。

三、習近平治疆策——治邊理疆之策略：科學涵義與搆成體系

（一）習近平治疆策：科學涵義與基本内容

習近平治疆策——治邊理疆之策略，是指習近平同志關於治理經略西北、西南、東北、東南沿海等陸疆海疆省區的策略。換言之，習近平治疆策——治邊理疆之策略，是指習近平同志關於治理經略東海、南海、雲南、西藏、新疆等陸疆海疆的策略。策略原意指計策、謀略，引申義指行動方針、鬥爭藝術與方法手段，這裏擴展爲關於治理經略陸疆海疆而采取的具有微觀的局部的戰術的等特徵的一種選擇與安排。

習近平治疆策——治邊理疆之策略的研究對象與範圍：中共十八大期間，習近平同志關於治理經略西北、西南、東北、東南沿海等陸疆海疆省區的策略。

與習近平治疆策密切相關的新詞彙、新提法主要有：邊疆治理、治邊理疆、陸疆、海疆、西北地區、西南地區、東北地區、東南沿海、民族地區、邊疆地

區、老少邊窮地區、脫貧攻堅、深度地區脫貧、東西協作扶貧、一帶一路建設、文武並舉、文化治理、建設兵團、和平發展道路、周邊外交、睦鄰友好、親誠惠容。

習近平治疆策的基本內容與治疆範圍：一則，基本內容就是概念範疇、指導思想、治疆範圍、基本目標、基本原則、基本方略、主要任務與重大舉措。二則，治邊理疆的範圍與對象就是陸疆、海疆，就是西北地區、西南地區、東北地區、東南沿海等有關省區。西北邊疆地區主要有新疆、西藏；西南邊疆地區主要有雲南、西藏、廣西；東北邊疆地區主要有黑龍江、吉林、遼寧；東南沿海地區主要有廣東、海南、福建、浙江、江蘇等。

習近平治疆策的基本目標與基本原則：一則，基本目標就是社會穩定和長治久安。二則，基本原則就是新疆、西藏的治理原則。治理新疆的基本原則，就是堅持依法治疆、團結穩疆、長期建疆；治理西藏的基本原則，就是堅持依法治藏、富民興藏、長期建藏、凝聚人心、夯實基礎。

(二) 習近平治疆策：地位與基本特徵

在政黨戰略學中，習近平治疆策——治邊理疆之策略屬於戰略對策的層次與範疇。其基本特徵表現在：

(1) 經略海洋，維護南海海洋權益。習近平 (2013 年 7 月) 強調：要進一步關心海洋、認識海洋、經略海洋，推動我國海洋強國建設不斷取得新成就。

習近平 (2013 年 7 月) 強調：我國既是陸地大國，也是海洋大國，擁有廣泛的海洋戰略利益。習近平 (2013 年 7 月) 強調：要做好應對各種複雜局面的準備，提高海洋維權能力，堅決維護我國海洋權益。習近平 (2013 年 7 月) 進一步強調：要堅持主權屬我、擱置爭議、共同開發的方針，推進互利友好合作，尋求和擴大共同利益的匯合點。習近平 (2014 年 11 月) 強調：要堅決維護領土主權和海洋權益，維護國家統一，妥善處理好領土島嶼爭端問題。

(2) 經略新疆，維護西北邊疆安定。2013 年 6 月 28 日，習近平主持召開中央政治局常委會會議，研究部署維護新疆社會穩定、維護各族人民利益工作。2014 年 5 月 26 日，習近平主持召開中共中央政治局會議，研究進一步推進新疆社會穩定和長治久安工作。2014 年 5 月 28 日至 29 日，第二次中央新疆工作座談會在北京舉行。習近平出席會議并發表重要講話。習近平強調指出：新疆發展穩定，事關全國改革發展穩定大局，事關祖國統一、民族團結、國家安全。習近平進一步強調指出：要堅決貫徹黨中央關於新疆工作的大政方針，圍遶社會穩定和長治久安這個總目標，以推進新疆治理體系和治理能力現代化爲引領，以經濟發展穌民生改善爲基礎，以促進民族團結、遏制宗教極端思想蔓延等爲重點，堅持依法治疆、團結穩疆、長期建疆，努力建設團結和諧、繁榮富裕、文明進步、安居樂業的社會主義新疆。

（3）經略西藏，維護西南邊疆安定。2011 年 7 月 19 日，習近平在慶祝西藏和平解放六十週年大會上強調：西藏是重要的國家安全屏障，也是重要的生態安全屏障、重要的戰略資源儲備基地、重要的高原特色農產品基地、重要的中華民族特色文化保護地、重要的世界旅遊目的地。2013 年 3 月 9 日，習近平在參加十二屆全國人大一次會議西藏代表團審議時強調指出：中央歷來高度重視西藏發展穩定，高度關心西藏各族群眾生產生活，希望西藏各族幹部群眾認真貫徹落實中央關於西藏工作的一系列方針政策，堅定不移走有中國特色、西藏特點的發展路子，積極構建維護穩定的長效機制，加快推進西藏跨越式發展和長治久安，確保到 2020 年同全國一道實現全面建成小康社會宏偉目標。2015 年 8 月 24 日，習近平在中央第六次西藏工作座談會強調：西藏工作關係黨和國家工作大局。黨中央歷來高度重視西藏工作，在 60 多年的實踐過程中，我們形成了黨的治藏方略。習近平進一步強調：要堅持黨的治藏方略，把維護祖國統一、加強民族團結作爲工作的着眼點和着力點，堅定不移促進各民族交往交流交融，確保國家安全和長治久安。

（4）經略周邊，維護周邊睦鄰友好。習近平（2013 年 10 月）指出：黨的十八大以來，黨中央在保持外交大政方針延續性和穩定性的基礎上，積極運籌外交全局，突出周邊在我國發展大局和外交全局中的重要作用，開展了一系列重大外交活動。習近平（2014 年 9 月）指出：我們將堅持與鄰爲善、以鄰爲伴的周邊外交方針和睦鄰、安鄰、富鄰的周邊外交政策，貫徹親、誠、惠、容的周邊外交理念，進一步同周邊國家深化互利合作，努力使中國發展更好惠及周邊國家和人民。習近平（2015 年 11 月）進一步指出：中方將堅持與鄰爲善、以鄰爲伴的周邊外交方針，秉持親誠惠容的周邊外交理念，致力於建設亞洲命運共同體。

（三）習近平治疆策：基本分類與構成體系

根據習近平治疆策——治邊理疆之策略的科學涵義與基本內容，可以分爲以下幾類：

一是，以陸疆、海疆之分，主要有：習近平治疆・陸疆策——治邊理疆之陸疆策略；習近平治疆・海疆策——治邊理疆之海疆策略。

二是，以西北地區、西南地區、東北地區、東南沿海之分，主要有：習近平治疆・西北區策——治邊理疆之西北地區策略；習近平治疆・西南區策——治邊理疆之西南地區策略；習近平治疆・東北區策——治邊理疆之東北地區策略；習近平治疆・東南海策——治邊理疆之東南沿海策略。

習近平治疆策——治邊理疆之策略的研究型、理論型的構成體系主要爲：

（1）習近平治疆策的安邊定疆與重要意義；（2）習近平治疆策的文獻來源與三新政策要點；（3）習近平治疆策的科學內涵與基本內容；（4）習近平治疆策的研究對象與範圍；（5）習近平治疆策的地位與基本特徵；（6）習近平治疆策的抓什麼與怎麼抓；（7）習近平治疆策的實踐活動與貫徹落實；（9）小結與展望。

由以上幾個方面構成習近平治疆策——治邊理疆之策略的完整應用體系。

四、習近平治疆策——治邊理疆之策略：抓什麼與怎麼抓

（一）習近平治疆策：抓什麼——任務要求

一是，抓新疆——重點抓總體要求與總體目標。關於總體要求，習近平（2014 年 5 月）強調指出："以鄧小平理論、三個代表重要思想、科學發展觀為指導，堅決貫徹黨中央關於新疆工作的大政方針，圍遶社會穩定和長治久安這個總目標，以推進新疆治理體系和治理能力現代化為引領，以經濟發展穌民生改善為基礎，以促進民族團結、遏制宗教極端思想蔓延等為重點，堅持依法治疆、團結穩疆、長期建疆，努力建設團結和諧、繁榮富裕、文明進步、安居樂業的社會主義新疆。"[①] 關於總體目標，習近平平（2014 年 5 月）強調指出："社會穩定和長治久安是新疆工作的總目標。必須把嚴厲打擊暴力恐怖活動作為當前鬥爭的重點，高舉社會主義法治旗幟，大力提高群防群治預警能力，築起銅墻鐵壁、構建天羅地網。要並行推進國內國際兩條戰綫，強化國際反恐合作。"[②]

二是，抓西藏——重點抓總體要求與治藏方略。關於總體要求，習近平（2015 年 8 月）強調指出："要以鄧小平理論、三個代表重要思想、科學發展觀為指導，堅持四個全面戰略布局，堅持黨的治藏方略，把維護祖國統一、加強民族團結作為工作的着眼點和着力點，堅定不移開展反分裂鬥爭，堅定不移促進經濟社會發展，堅定不移保障和改善民生，堅定不移促進各民族交往交流交融，確保國家安全和長治久安，確保經濟社會持續健康發展，確保各族人民物質文化生活水平不斷提高，確保生態環境良好。"[③] 關於治藏方略，習近平（2015 年 8 月）強調指出："必須堅持中國共產黨領導，堅持社會主義制度，堅持民族區域自治制度；必須堅持治國必治邊、治邊先穩藏的戰略思想，堅持依

---

① 習近平：在第二次中央新疆工作座談會上的講話（2014 年 5 月 28 日）．人民日報．2014 年 5 月 29 日。

② 習近平：在第二次中央新疆工作座談會上的講話（2014 年 5 月 28 日）．人民日報．2014 年 5 月 29 日。

③ 習近平：在中央第六次西藏工作座談會（2015 年 8 月 24 日）．人民日報．2015 年 8 月 25 日。

法治藏、富民興藏、長期建藏、凝聚人心、夯實基礎的重要原則；必須牢牢把握西藏社會的主要矛盾和特殊矛盾，把改善民生、凝聚人心作爲經濟社會發展的出發點和落腳點，堅持對達賴集團鬥爭的方針政策不動搖；必須全面正確貫徹黨的民族政策和宗教政策，加強民族團結，不斷增進各族群衆對偉大祖國、中華民族、中華文化、中國共產黨、中國特色社會主義的認同；必須把中央關心、全國支援同西藏各族幹部群衆艱苦奮鬥緊密結合起來，在統籌國內國際兩個大局中做好西藏工作；必須加強各級黨組織和幹部人才隊伍建設，鞏固黨在西藏的執政基礎。"①

三是，抓南海——重點抓海洋戰略地位與海洋強國建設。習近平（2013 年7 月）強調："21 世紀，人類進入了大規模開發利用海洋的時期。海洋在國家經濟發展格局和對外開放中的作用更加重要，在維護國家主權、安全、發展利益中的地位更加突出，在國家生態文明建設中的角色更加顯著，在國際政治、經濟、軍事、科技競爭中的戰略地位也明顯上升。"② 習近平（2013 年7 月）進一步強調："黨的十八大作出了建設海洋強國的重大部署。實施這一重大部署，對推動經濟持續健康發展，對維護國家主權、安全、發展利益，對實現全面建成小康社會目標、進而實現中華民族偉大復興都具有重大而深遠的意義。要進一步關心海洋、認識海洋、經略海洋，推動我國海洋強國建設不斷取得新成就。"③

四是，抓周邊——重點抓戰略目標與基本方針。關於周邊外交戰略目標，習近平（2013 年10 月）強調："我國周邊外交的戰略目標，就是服從和服務於實現"兩個一百年"奮鬥目標、實現中華民族偉大復興，全面發展同周邊國家的關係，鞏固睦鄰友好，深化互利合作，維護和用好我國發展的重要戰略機遇期，維護國家主權、安全、發展利益，努力使周邊同我國政治關係更加友好、經濟紐帶更加牢固、安全合作更加深化、人文聯繫更加緊密。"④ 關於周邊外交基本方針，習近平（2013 年10 月）進一步強調："我國周邊外交的基本方針，就是堅持與鄰爲善、以鄰爲伴，堅持睦鄰、安鄰、富鄰，突出體現親、誠、惠、容的

---

① 習近平：在中央第六次西藏工作座談會（2015 年8 月24 日）. 人民日報. 2015 年8 月25 日。

② 習近平：在中共第十八屆中央政治局第八次集體學習時的講話（2013 年7 月30 日）. 人民日報. 2013 年7 月30 日。

③ 習近平：在中共第十八屆中央政治局第八次集體學習時的講話（2013 年7 月30 日）. 人民日報. 2013 年7 月30 日。

④ 習近平：在周邊外交工作座談會上的講話（2013 年10 月24 日）. 人民日報. 2013 年10 月26 日。

理念。”①

（二）習近平治疆策：怎麼抓——方法對策

（1）推進海洋強國建設，堅決維護海洋權益。

習近平（2013 年 7 月）指出：“我們要着眼於中國特色社會主義事業發展全局，統籌國內國際兩個大局，堅持陸海統籌，堅持走依海富國、以海強國、人海和諧、合作共贏的發展道路，通過和平、發展、合作、共贏方式，扎實推進海洋強國建設。”② 習近平（2013 年 7 月）進一步指出：“一是，要提高海洋資源開發能力，着力推動海洋經濟向質量效益型轉變，擴大海洋開發領域，讓海洋經濟成爲新的增長點。要加強海洋產業規劃和指導，優化海洋產業結構，提高海洋經濟增長質量，培育壯大海洋戰略性新興產業，提高海洋產業對經濟增長的貢獻率，努力使海洋產業成爲國民經濟的支柱產業。二是，要保護海洋生態環境，着力推動海洋開發方式向循環利用型轉變。要把海洋生態文明建設納入海洋開發總布局之中，堅持開發和保護並重、污染防治和生態修復並舉，科學合理開發利用海洋資源，維護海洋自然再生產能力。三是，要發展海洋科學技術，着力推動海洋科技向創新引領型轉變。建設海洋強國必須大力發展海洋高新技術。要依靠科技進步和創新，努力突破制約海洋經濟發展和海洋生態保護的科技瓶頸。要搞好海洋科技創新總體規劃，堅持有所爲有所不爲，重點在深水、綠色、安全的海洋高技術領域取得突破。四是，要維護國家海洋權益，着力推動海洋維權向統籌兼顧型轉變。要統籌維穩和維權兩個大局，堅持維護國家主權、安全、發展利益相統一，維護海洋權益和提昇綜合國力相匹配。要堅持用和平方式、談判方式解決爭端，努力維護和平穩定。要做好應對各種復雜局面的準備，提高海洋維權能力，堅決維護我國海洋權益。”③

（2）堅持黨的治藏方略，確保西藏長治久安。

習近平（2015 年 8 月）強調：西藏工作關係黨和國家工作大局，要堅持依法治藏富民興藏長期建藏的基本原則，進一步加快西藏全面建成小康社會步伐。”④ 習近平（2015 年 8 月）進一步強調：“一是，西藏工作的着眼點和着力點必須放到維護祖國統一、加強民族團結上來。把實現社會局勢的持續穩定、

---

① 習近平：在周邊外交工作座談會上的講話（2013 年 10 月 24 日）. 人民日報. 2013 年 10 月 26 日。

② 習近平：在中共第十八屆中央政治局第八次集體學習時的講話（2013 年 7 月 30 日）. 人民日報. 2013 年 7 月 30 日。

③ 習近平：在中共第十八屆中央政治局第八次集體學習時的講話（2013 年 7 月 30 日）. 人民日報. 2013 年 7 月 30 日。

④ 習近平：在中央第六次西藏工作座談會（2015 年 8 月 24 日）. 人民日報. 2015 年 8 月 25 日。

長期穩定、全面穩定作爲硬任務，各方面工作統籌謀劃、綜合發力，牢牢掌握反分裂鬥爭主動權。二是，要牢牢把握改善民生、凝聚人心這個出發點和落腳點，大力推動西藏和四省藏區經濟社會發展。要大力推進基本公共服務，突出精準扶貧、精準脫貧，扎實解決導致貧困發生的關鍵問題，盡快改善特困人群生活狀況。要實施更加積極的就業政策，爲各族群衆走出農牧區到城鎮和企業就業、經商創業提供更多幫助。三是，要把社會主義核心價值觀教育融入各級各類學校課程，推廣國家通用語言文字，努力培養愛黨愛國的社會主義事業建設者和接班人。四是，要把基礎性工作做深做實做細，堅持依法治理、主動治理、綜合治理、源頭治理相結合，緊緊依靠各族幹部群衆。要大力加強民族團結，促進各民族群衆相互瞭解、相互幫助、相互欣賞、相互學習。要大力培育中華民族共同體意識，廣泛開展民族團結進步宣傳教育和創建活動。五是，要大力做好藏傳佛教工作，發揚藏傳佛教界愛國愛教傳統，推進寺廟管理長效機制建設，支持藏傳佛教按照與社會主義社會相適應的要求進行教規教義闡釋。要堅持不懈開展馬克思主義祖國觀、民族觀、宗教觀、文化觀等宣傳教育活動，凝聚中國特色社會主義思想共識。六是，要落實依法治藏要求，對一切分裂祖國、破壞社會穩定的行爲都要依法打擊。七五是，必須堅持黨的領導，全面加強黨的建設，着力建設好各級領導班子、幹部人才隊伍、基層組織，不斷提高黨的創造力、凝聚力、戰鬥力。各級幹部必須在思想上政治上行動上同黨中央保持高度一致，做到忠誠於黨和人民，堅定不移把黨的各項方針政策落到實處。"[①]

（3）堅持黨的治疆方略，確保新疆長治久安。

習近平（2014 年 5 月）強調："要堅持依法治疆團結穩疆長期建疆，團結各族人民建設社會主義新疆。"[②] 習近平（2014 年 5 月）進一步強調："一是，要加強民族團結，築牢各族人民共同維護祖國統一、維護民族團結、維護社會穩定的鋼鐵長城。要堅定不移堅持黨的民族政策、堅持民族區域自治制度。要高舉各民族大團結的旗幟，在各民族中牢固樹立國家意識、公民意識、中華民族共同體意識，最大限度團結依靠各族群衆，使每個民族、每個公民都爲實現中華民族偉大復興的中國夢貢獻力量，共享祖國繁榮發展的成果。二是，要加強民族交往交流交融，部署和開展多種形式的共建工作，推動建立各民族相互嵌入式的社會結構和社區環境，有序擴大新疆少數民族群衆到内地接受教育、就業、居住的規模，促進各族群衆在共同生産生活和工作學習中加深瞭解、增

---

①　習近平：在中央第六次西藏工作座談會（2015 年 8 月 24 日）．人民日報．2015 年 8 月 25 日。

②　習近平：在第二次中央新疆工作座談會上的講話（2014 年 5 月 28 日）．人民日報．2014 年 5 月 29 日。

進感情。三是，要精心做好宗教工作，積極引導宗教與社會主義社會相適應，發揮好宗教界人士和信教群眾在促進經濟社會發展中的積極作用。要依法保障信教群眾正常宗教需求，尊重信教群眾的習俗，穩步拓寬信教群眾正確掌握宗教常識的合法渠道。要重視培養愛國宗教教職人員隊伍，采取有力措施提高宗教界人士素質，確保宗教組織領導權牢牢掌握在愛國愛教人士手中。四是，要堅定不移推動新疆更好更快發展，讓各族群眾切身感受到黨的關懷和祖國大家庭的溫暖。要堅持就業第一，增強就業能力，引導各族群眾有序進城就業、就地就近就業、返鄉自主創業。要堅持教育優先，培養優秀人才，全面提高入學率，讓適齡的孩子們學習在學校、生活在學校、成長在學校。要吸引更多優秀人才投身教育，國家的教育經費要多往新疆投。五是，要加大扶貧資金投入力度，重點向農牧區、邊境地區、特困人群傾斜，建立精準扶貧工作機制，扶到點上、扶到根上，扶貧扶到家。對口援疆是國家戰略，必須長期堅持，把對口援疆工作打造成加強民族團結的工程。六是，要在各族群眾中牢固樹立正確的祖國觀、民族觀，弘揚社會主義核心價值體系和社會主義核心價值觀，增強各族群眾對偉大祖國的認同、對中華民族的認同、對中華文化的認同、對中國特色社會主義道路的認同。要加強思想政治工作，營造昂揚向上的社會氛圍，引導各族群眾追求現代文明生活。要為群眾提供豐富多彩、喜聞樂見的文化生活，完善公共文化服務體系，加強基層場地設施建設，加強互聯網建設和管理，激發各族群眾熱愛新疆的美好情感。七是，要把抓基層、打基礎作為穩疆安疆的長遠之計和固本之舉，努力把基層黨組織建設成為服務群眾、維護穩定、反對分裂的堅強戰鬥堡壘，讓黨的旗幟在每一個基層陣地上都高高飄颺起來。八是，要發揮黨總攬全局、協調各方的領導核心作用，全面加強和改進黨的建設，為新疆社會穩定和長治久安提供堅強政治保證。要建設一支政治上強、能力上強、作風上強的高素質幹部隊伍。對長期在基層一線工作、把寶貴年華奉獻給新疆的各族幹部要給予特別關心。要大力選拔對黨忠誠、關鍵時刻敢於發聲亮劍、有較強群眾工作能力和應對突發事件、駕馭復雜局面能力的幹部。"[1]

（4）切實做好周邊外交工作，維護周邊和平穩定大局。

習近平（2013 年 10 月）強調："做好周邊外交工作，是實現兩個一百年奮鬥目標、實現中華民族偉大復興的中國夢的需要，要更加奮發有為地推進周邊外交，為我國發展爭取良好的周邊環境，使我國發展更多惠及周邊國家，實現

---

[1] 習近平：在第二次中央新疆工作座談會上的講話（2014 年 5 月 28 日）．人民日報．2014 年 5 月 29 日。

共同發展。"① 習近平（2013 年 10 月）進一步強調："一是，要着力發展同周邊國家睦鄰友好關係。要堅持講平等、重感情；常見面，多走動；多做得人心、暖人心的事；要誠心誠意對待周邊國家，爭取更多朋友和伙伴；要本着互惠互利的原則同周邊國家開展合作，編織更加緊密的共同利益網絡；要倡導包容的思想，強調亞太之大容得下大家共同發展，以更加開放的胸襟和更加積極的態度促進地區合作。二是，要着力維護周邊和平穩定大局。走和平發展道路，是我們黨根據時代發展潮流和我國根本利益作出的戰略抉擇，維護周邊和平穩定是周邊外交的重要目標。三是，要着力深化互利共贏格局。統籌經濟、貿易、科技、金融等方面資源，利用好比較優勢，找準深化同周邊國家互利合作的戰略契合點，積極參與區域經濟合作。要以周邊為基礎加快實施自由貿易區戰略，擴大貿易、投資合作空間，構建區域經濟一體化新格局。三是，要着力推進區域安全合作。要堅持互信、互利、平等、協作的新安全觀，倡導全面安全、共同安全、合作安全理念，推進同周邊國家的安全合作，主動參與區域和次區域安全合作，深化有關合作機制，增進戰略互信。四是，要着力加強對周邊國家的宣傳交流工作。要全方位推進人文交流，深入開展旅遊、科教、地方合作等友好交往，廣交朋友，廣結善緣。要對外介紹好我國的內外方針政策，講好中國故事，傳播好中國聲音，把中國夢同周邊各國人民過上美好生活的願望、同地區發展前景對接起來，讓命運共同體意識在周邊國家落地生根。"②

五、習近平治疆策——治邊理疆之策略：實踐活動與貫徹落實

（一）習近平治疆策：實踐活動

習近平治疆輯——治邊理疆之輯略的實踐活動主要體現在：參觀、視察、考察、調研、訪問、會議、峰會、論壇、講話、演講、簽署命令、署名文章、批示指示、復信回信、賀詞賀信、專題研討班、集體學習等幾個方面。其中，會議包括全國黨代會、全國人代會、全國政協會、中央紀委會、政治局會議、黨的全會、每年全國人代會、每年全國政協會、每年紀委會、部委工作會、座談會、茶話會、研討會、領導小組會議等；署名文章包括國內署名文章與海外署名文章。比較重要的有：

（1）相關會議論壇：論述治邊理疆。

2013—2017 年與"治邊理疆"相關的會議主要有：中央政治局有關會議、

---

① 習近平：在周邊外交工作座談會上的講話（2013 年 10 月 24 日）. 人民日報 . 2013 年 10 月 26 日。

② 習近平：在周邊外交工作座談會上的講話（2013 年 10 月 24 日）. 人民日報 . 2013 年 10 月 26 日。

中央全面深化改革領導小組有關會議、推進一帶一路建設工作領導小組次會議、中央外交工作會議、中央統戰工作會議、中央民族工作會議、全國宗教工作會議、中央新疆工作座談會、中央西藏工作座談會。代表性會議主要有：

一是，中央政治局會議——研究推進新疆長治久安。

2013 年 6 月 28 日，習近平主持召開中央政治局常委會會議，研究部署維護新疆社會穩定、維護各族人民利益工作。

2014 年 5 月 26 日，中共中央政治局召開會議，研究進一步推進新疆社會穩定和長治久安工作。習近平主持會議。習近平強調："新疆工作在黨和國家工作全局中具有特殊重要的戰略地位。新疆發展穩定，事關全國改革發展穩定大局，事關祖國統一、民族團結、國家安全。"① 習近平進一步強調："全黨同志要深刻認識維護新疆社會穩定和實現長治久安是我們黨治疆方略的方向目標，是新疆各族幹部群眾的迫切期盼，是實現新疆跨越式發展的重要保障。"②

二是，周邊外交工作座談會上——研究睦鄰友好。

2013 年 10 月 24 日，周邊外交工作座談會在北京召開，這是黨中央為做好新形勢下周邊外交工作召開的一次重要會議。這次會議的主要任務是，總結經驗、研判形勢、統一思想、開拓未來，確定今後 5 年至 10 年周邊外交工作的戰略目標、基本方針、總體布局，明確解決周邊外交面臨的重大問題的工作思路和實施方案。習近平強調：做好周邊外交工作，是實現 "兩個一百年" 奮鬥目標、實現中華民族偉大復興的中國夢的需要，要更加奮發有為地推進周邊外交，為我國發展爭取良好的周邊環境，使我國發展更多惠及周邊國家，實現共同發展。③

三是，第二次中央新疆工作座談會——研究推進新疆長治久安。

2014 年 5 月 28 日至 29 日，第二次中央新疆工作座談會在北京舉行。這次會議全面總結了 2010 年中央新疆工作座談會以來的工作，科學分析了新疆形勢，明確了新疆工作的指導思想、基本要求、主攻方向，對當前和今後一個時期新疆工作作了全面部署。習近平出席會議并發表重要講話。習近平強調：要堅持依法治疆團結穩疆長期建疆，團結各族人民建設社會主義新疆。

四是，中央第六次西藏工作座談會——研究推進西藏長治久安。

2015 年 8 月 24 日至 25 日，中央第六次西藏工作座談會在北京召開。會議全面回顧了新中國成立以來特別是中央第五次西藏工作座談會以來的西藏工作，

---

① 習近平：在中共中央政治局會議上的講話（2014 年 5 月 26 日）．人民日報．2014 年 5 月 27 日．

② 習近平：在中共中央政治局會議上的講話（2014 年 5 月 26 日）．人民日報．2014 年 5 月 27 日．

③ 習近平：在周邊外交工作座談會上的講話（2013 奶奶 10 月 24 日）．人民日報．2013 年 10 月 25 日．

明確了當前和今後一個時期西藏工作的指導思想、目標要求、重大舉措，對進一步推進西藏經濟社會發展和長治久安工作作了戰略部署。會議還對四川、雲南、甘肅、青海省藏區發展穩定工作作出全面部署。習近平出席會議并發表重要講話。習近平強調：要依法治藏富民興藏長期建藏，加快西藏全面建成小康社會步伐。

（2）題詞、回信與批示：論述邊疆治理。

2015 年 9 月 9 日，西藏自治區成立 50 週年慶祝大會隆重舉行。習近平在賀匾上題詞：「加強民族團結，建設美麗西藏。」

2017 年 10 月 28 日，習近平在給西藏自治區隆子縣玉麥鄉牧民卓嘎、央宗姐妹回信中指出：「有國才能有家，沒有國境的安寧，就沒有萬家的平安。祖國疆域上的一草一木，我們都要看好守好。希望你們繼續傳承愛國守邊的精神，帶動更多牧民群眾像格桑花一樣扎根在雪域邊陲，做神聖國土的守護者、幸福家園的建設者。」①

2014 年 8 月 3 日，習近平在川藏青藏公路建成通車 60 週年的批示中強調：「今年是川藏、青藏公路建成通車 60 週年。這兩條公路的建成通車，是在黨的領導下新中國取得的重大成就，對推動西藏實現社會制度歷史性跨越、經濟社會快速發展，對鞏固西南邊疆、促進民族團結進步發揮了十分重要的作用。新形勢下，要繼續弘揚「兩路」精神，養好兩路，保障暢通，使川藏、青藏公路始終成爲民族團結之路、西藏文明進步之路、西藏各族同胞共同富裕之路。」②

2014 年 9 月 15 日，習近平在給新疆自治區尉犁縣興平鄉達西村回信中指出「興疆穩疆，重在基層。希望村黨支部充分發揮戰鬥堡壘作用，像吸鐵石一樣把鄉親們緊緊凝聚在一起，堅定跟黨走的決心和信心，把黨的好政策落實到每家每戶，把生產搞得更好，把民族團結搞得更好，讓鄉親們的日子一天比一天更好。」③

2017 年 1 月 11 日，習近平在新疆自治區和田地區的庫爾班·吐魯木的長女托乎提汗·庫爾班回信中指出：「咱們新疆好地方，民族團結一家親。多年來，你一直堅持你父親愛黨愛國的情懷，給後輩和鄉親們樹立了榜樣。希望你們全家繼續像庫爾班大叔那樣，同鄉親們一道，做熱愛黨、熱愛祖國、熱愛中華民

---

① 習近平：給西藏自治區隆子縣玉麥鄉牧民卓嘎央宗姐妹的回信（2017 年 10 月 28 日）．人民日報．2017 年 10 月 28 日。

② 習近平：就川藏青藏公路建成通車 60 週年作出重要批示（2014 年 8 月 3 日）．人民日報．2014 年 8 月 6 日。

③ 習近平：給新疆自治區尉犁縣興平鄉達西村的回信（2014 年 9 月 15 日）．人民日報．2014 年 9 月 17 日。

族大家庭的模範。"①

(3) 集體學習：論述治邊理疆。

中共十八大期間，一共舉行了 43 次中央政治局集體學習②，不少次都論及了 "大國外交" 問題。其中，有 3 次是重點學習了 "大國外交" 問題。

一是，2013 年 1 月 28 日，中共第十八屆中央政治局就堅定不移走和平發展道路進行第三次集體學習。習近平強調："我們要廣泛深入宣傳我國堅持走和平發展道路的戰略思想，引導國際社會正確認識和對待我國的發展，中國發展絕不以犧牲別國利益爲代價，我們絕不做損人利己、以鄰爲壑的事情，將堅定不移做和平發展的實踐者、共同發展的推動者、多邊貿易體制的維護者、全球經濟治理的參與者。"③

二是，2013 年 7 月 30 日，中共第十八屆中央政治局就建設海洋強國研究進行第八次集體學習。習近平強調指出："建設海洋強國是中國特色社會主義事業的重要組成部分。黨的十八大作出了建設海洋強國的重大部署。實施這一重大部署，對推動經濟持續健康發展，對維護國家主權、安全、發展利益，對實現全面建成小康社會目標、進而實現中華民族偉大復興都具有重大而深遠的意義。要進一步關心海洋、認識海洋、經略海洋，推動我國海洋強國建設不斷取得新成就。"④

三是，2014 年 4 月 25 日，中共第十八屆中央政治局就切實維護國家安全和社會安定進行第十四次集體學習。習近平強調指出："要加強新形勢下反分裂鬥爭，高舉各民族大團結的旗幟，堅持各民族共同團結奮鬥、共同繁榮發展的主題，深入開展民族團結宣傳教育，打牢民族團結的思想基礎，最大限度團結各族群衆。"⑤

---

① 習近平：給新疆自治區和田地區的庫爾班·吐魯木的長女的回信 (2017 年 1 月 11 日)．人民日報．2017 年 1 月 14 日。

② 中央政治局集體學習：係指中共中央政治局定期學習的一種制度或習慣。由中共中央總書記主持并發表講話，中央政治局全體成員參加，邀請有關部門負責人、專家學者，就經濟、政治、歷史、文化、社會、生態、科技、軍事、外交等重大問題進行專題講解。

③ 習近平：在中共第十八屆中央政治局第三次集體學習時的講話 (2013 年 1 月 28 日)．人民日報．2013 年 1 月 29 日。

④ 習近平：在中共第十八屆中央政治局第八次集體學習時的講話 (2013 年 7 月 30 日)．人民日報．2013 年 7 月 31 日。

⑤ 習近平：在中共第十八屆中央政治局第十四次集體學習時的講話 (2014 年 4 月 25 日)．人民日報．2014 年 4 月 27 日。

（二）習近平治疆策：貫徹落實

（1）制定發布白皮書：論述治邊理疆。

一是，國務院新聞辦公室發佈《西藏的發展與進步（2013年）》白皮書；該白皮書包括前言、西藏發展進步是歷史的必然、經濟發展與民生改善、政治進步與人民當家作主、文化保護和宗教信仰自由、社會變遷與各項事業的發展、環境保護與生態文明建設、結束語等8部分，全面介紹60多年來西藏發展進步的歷程和取得的輝煌成就。

二是，國務院新聞辦公室發佈《民族區域制度在西藏的成功實踐（2015年)》白皮書；該白皮書包括前言、舊西藏的黑暗與落後、走上發展進步道路、符合國情的政治制度、保障人民當家作主、大力增進人民福祉、保護和弘揚優秀傳統文化、尊重和保護宗教信仰自由、推進生態文明建設、結束語等10部分，全面介紹了實行民族區域自治制度給西藏帶來的翻天覆地的變化。

三是，國務院新聞辦公室發佈《新疆各民族平等團結發展的歷史見証(2015年)》白皮書；該白皮書包括前言、實行民族區域自治制度、堅持各民族平等團結、不斷夯實發展基礎、改善民生造福各族人民、推進文化事業繁榮發展、依法維護社會和諧穩定、尊重和保護宗教信仰自由、發揮兵團特殊作用、國家對新疆的支持與幫助、結束語11部分，全面介紹60年來新疆經濟社會發展取得的巨大成就。

四是，國務院新聞辦公室發佈《新疆人權事業的發展進步（2017年)》白皮書；該白皮書包括前言、政治權利、公民權利、經濟權利、社會權利、文化權利、環境權利、宗教信仰自由權利和婦女、兒童、老年人、殘疾人權利等9部分。

五是，國務院新聞辦公室發佈《中國堅持通過談判解決中國與菲律賓在南海的有關爭議（2016年)》白皮書；該白皮書包括引言、南海諸島是中國固有領土、中菲南海有關爭議的由來、中菲已就解決南海有關爭議達成共識、菲律賓一再采取導致爭議復雜化的行動、中國處理南海問題的政策等6部分。

（2）劃定東海防空識別區：維護邊疆治理。

2013年11月23日，中國國防部發佈聲明：宣佈劃設東海防空識別區。聲明指出：中華人民共和國政府根據1997年3月14日《中華人民共和國國防法》、1995年10月30日《中華人民共和國民用航空法》和2001年7月27日《中華人民共和國飛行基本規則》，宣佈劃設中華人民共和國東海防空識別區。

（3）地方政權建設：强化治邊理疆。

2012年7月24日，三沙市成立大會暨揭牌儀式在永興島舉行，重達68噸的三沙市碑在永興島正式揭牌，三沙市人民政府、黨委、人大和解放軍三沙警備區掛牌成立。同時啓用新郵編、郵戳，銀行、醫院等各機構換牌，三沙市正式成立。三沙市管轄範圍爲西沙群島、中沙群島、南沙群島的島礁及其海域。三沙市北靠三亞市，東臨菲律賓，南接印度尼西亞、文萊等國，西鄰越南，由280 多個島、沙洲、暗礁、暗沙和暗礁灘及其海域組成，陸地面積約 10 平方公里，海域面積約 200 萬平方公里。2013 年 7 月 22 日，三沙市成立第一個基層政權組織——中共三沙市永樂群島工委、三沙市永樂群島管委會，標誌着三沙市加快了基層政權建設的步伐。2014 年，三沙市又設立了永興（鎮）、七連嶼、南沙 3 個中國共產黨的工作委員會（簡稱黨工委或工委）和管理委員會，黨工委與管委會合署辦公，分別作爲中共三沙市委員會、三沙市人民政府的派出機構。2015 年 7 月 24 日，三沙市地方稅務局在永興島正式掛牌成立。截至 2015 年 7 月，三沙市人民政府設置 13 個組成部門（行政單位）、18 個事業單位 和 4 個派出機構。三沙市人民政府駐地位於西沙永興島，設有駐海口臨時辦公區。2015 年 12 月，三沙市常住人口 2500 多人。

六、小結與展望

（一）小結

習近平治疆策——治邊理疆之策略是習近平 "六韜九策" 治國策體系内容之一。習近平治疆策——治邊理疆之策略，是指習近平同志關於治理經略西北、西南、東北、東南沿海等陸疆海疆省區的策略。習近平治疆策——治邊理疆之策略的研究對象與範圍：中共十八大期間，習近平同志關於治理經略西北、西南、東北、東南沿海等陸疆海疆省區的策略。

習近平治疆策——治邊理疆之策略在政黨戰略學中屬於戰略對策的層次與範疇。其基本特徵表現在：經略海洋，維護南海海洋權益；經略新疆，維護西北邊疆安定；經略西藏，維護西南邊疆安定；經略周邊，維護周邊睦鄰友好。習近平治疆策——治邊理疆之策略的研究型、理論型的構成體系主要包括：1）習近平治疆策的安邊定疆與重要意義；2）習近平治疆策的文獻來源與三新政策要點；3）習近平治疆策的科學内涵與基本内容；4）習近平治疆策的研究對象與範圍；5）習近平治疆策的地位與基本特徵；6）習近平治疆策的抓什麽與怎麽抓；7）習近平治疆策的實踐活動與貫徹落實；9）小結與展望等幾個方面。

（二）展望（預測與建議）

邊疆穩則内地安，邊疆亂則内地亂。2014 年 5 月，習近平強調：新疆發展穩定，事關全國改革發展穩定大局，事關祖國統一、民族團結、國家安全。習近平進一步強調：做好新形勢下新疆工作，要圍遶社會穩定和長治久安這個總目標，堅持依法治疆、團結穩疆、長期建疆的重要原則，努力建設團結和諧、繁榮富裕、文明進步、安居樂業的社會主義新疆。2015 年 8 月，習近平強調：西藏工作關係黨和國家工作大局。習近平進一步強調：做好新形勢下西藏工作，要圍遶社會穩定和長治久安這個總目標，堅持黨的治藏方略，堅持依法治藏、富民興藏、長期建藏、凝聚人心、夯實基礎的重要原則，努力把西藏建設得更加美好。

幾點建議：一是，盡快編輯出版《習近平關於治邊理疆論述摘編（2012─2017）》，以便於廣大幹部群衆全面系統地學習、理解和掌握習近平同志關於邊疆治理的重要論述。

二是，加大文化治邊理疆力度。要依照憲法和國家通用語言文字法規定，嚴格實施普通話和規範漢字的基本規定，不斷增強各民族對偉大祖國、中華文化的認同感。

三是，加大交通治邊理疆力度。要堅持集中力量辦大事的基本原則，進一步加大邊疆地區普通公路、鐵路、水運與航運建設力度，進一步加大高速公路、高速鐵路、高等級航運與支綫飛機建設力度。

四是，盡快修改完善 2012 年出版的《釣魚島是中國固有領土（2012 年）》白皮書、2010 年出版的《中國政府西藏白皮書匯編（2010 年）》、2013 年出版的《西藏的發展與進步（2013 年）》白皮書、2015 年出版的《民族區域自治制度在西藏的成功實踐（2015 年）》；2010 年出版的《新疆的發展與進步（2009 年）》白皮書、2015 年的《新疆各族人民平等團結發展的歷史見証（2015 年）》。

參考文獻

中共中央文獻研究室．習近平關於實現中華民族偉大復興的中國夢論述摘編．北京：中央文獻出版社．2013. 12.

中共中央文獻研究室．習近平關於黨的群眾路綫教育實踐活動論述摘編．北京：中央文獻出版社．2014. 3.

中共中央文獻研究室．習近平關於社會主義經濟建設論述摘編．北京：中央文獻出版社．2017. 6.

中共中央文獻研究室．習近平關於社會主義政治建設論述摘編．北京：中央文獻出版社．2017. 8.

中共中央文獻研究室．習近平關於社會主義文化建設論述摘編．北京：中央文獻出版社．2017. 10.

中共中央文獻研究室．習近平關於社會主義社會建設論述摘編．北京：中央文獻出版社．2017. 10.

中共中央文獻研究室．習近平關於社會主義生態文明建設論述摘編．北京：中央文獻出版社．2017. 9.

中共中央文獻研究室．習近平關於科技創新論述摘編．北京：中央文獻出版社．2016. 1.

中共中央文獻研究室．習近平關於協調推進“四個全面”戰略布局論述摘編．北京：中央文獻出版社．2015. 10.

中共中央文獻研究室．習近平關於全面建成小康社會論述摘編．北京：中央文獻出版社．2016. 6.

中共中央文獻研究室．習近平關於全面深化改革述摘編．北京：中央文獻出版社．2014. 5.

中共中央文獻研究室．習近平關於全面依法治國論述摘編．北京：中央文獻出版社．2015. 4.

中共中央文獻研究室．習近平關於全面從嚴治黨論述摘編．北京：中央文獻出版社．2016. 12.

中共中央文獻研究室．習近平關於黨風廉政建設和反腐敗鬥爭論述摘編．北京：中央文獻出版社．2015. 1.

中共中央文獻研究室．習近平關於嚴明黨的紀律和規矩論述摘編．北京：中央文獻出版社．2016. 1.

中共中央文獻研究室．十八大以來重要文獻選編（上）．北京：中央文獻出版社．2014.

中共中央文獻研究室．十八大以來重要文獻選編（中）．北京：中央文獻出版社．2016.

中共中央宣傳部．習近平總書記系列重要講話讀本（2016 年版）．北京：學習出版社．人民出版社．2016.

中央軍委政治工作部編．《習近平論強軍興軍》（團以上領導幹部使用）．北京：解放軍出版社出版．2017.

中央軍委政治工作部編．《習近平論強軍興軍》（基層官兵使用）．北京：解放軍出版社出版．2017.

中央軍委政治工作部編．《習主席國防和軍隊建設重要論述讀本（2016 年版)》．北京：解放軍出版社出版．2016.

習近平．习近平谈治国理政（第一卷）．北京：外文出版社．2014.

習近平．习近平谈治国理政（第二卷）．北京：外文出版社．2017.

習近平．做焦裕祿式的縣委書記．北京：中央文獻出版社．2015.

習近平：一帶一路國際合作高峰論壇重要文輯．北京：人民出版社．2017. 5.

習近平．干在實處走在前列：推進浙江新發展的思考與實踐．北京：中央黨校出版社．2006.

習近平．之江新語．杭州：浙江人民出版社．2007.

習近平．擺脫貧困．福州：福州人民出版社．1992.

習近平．知之深，愛之切．石家莊：河北人民出版社．2016.

姜愛林．黨建戰略學概論．北京：華齡出版社．2013.

姜愛林．習近平 "兩觀三論" 治國論（俄文版）．烏蘭巴托：蒙古國金穗出版社．2017.

姜愛林．習近平 "兩觀三論" 治國論（英文版）．烏蘭巴托：蒙古國金穗出版社．2017.

作者簡介

姜愛林，男，漢族，1964年10月生，湖北襄陽人，中共黨員，管理學博士，經濟學博士後，教授（研究員），博士生導師。歷任副科長、科長；副主編、主編；工程師、高級工程師、研究員（教授）；副主任（副處長）、中心主任、研究室主任；大學學院院長；縣委副書記等。主要研究領域：宏觀經濟理論與政策、政黨政治學與治國理政學。

學習經歷：就讀於著名的武漢大學法學院、武漢大學經濟學院；著名的西北農林科技大學管理學院；中央黨校中央直屬機關分校。

工作經歷：就職於湖北省國土資源廳、湖北省枝江市國土資源局（掛職）、國家國土資源部、北京工業大學、中華全國總工會等單位。（期間：2011年11月—2014年6月掛任江蘇省泗陽縣縣委副書記）

科研情況：發表學術論文200餘篇；出版著作20餘部；承擔各類研究課題30餘項；各類學術獲獎20餘次。1990年以來政法經管著作主要目錄如下：

政法經管著作主要目錄

（1）政治法律卷

卷一：《中共領袖思想理論研究》，17萬字，華齡出版社

卷二：《黨建戰略學概論》，12萬字，華齡出版社

卷三：《中國視角立法問題研究》，32萬字，華齡出版社

卷四：《土地犯罪與刑罰研究》，22萬字，華齡出版社

卷五：《部門法改革與創新研究》，27萬字，華齡出版社

卷六：《訴訟法的理論與實踐研究》，35萬字，華齡出版社

卷七：《土地政策學引論》，24萬字，中國大地出版社

（2）治國理政卷

卷一：《新語今譯：上獻劉邦的治國之書》，25萬字，國家行政學院出版社

卷二：《治國之鏡：詩詞鏡鑒歷代改革家》，39萬字，新華出版社

卷三：《諸葛亮治國策：諸葛亮便宜十六策今譯讀本》，31萬字，新華出版社

卷四：《習近平"兩觀三論"治國論》，17萬字，金穗出版社

卷五：《戰國商鞅治國策策》，18 萬字，華齡出版社

卷六：《西漢陸賈治國策》，15 萬字，華齡出版社

卷七：《阿瓦提文化立縣治縣研究》，35 萬字，新華出版社

（3）經濟管理卷

卷一：《宏觀經濟：理論、政策與對策研究》，48 萬字，華齡出版社

卷二：《財稅金融：理論、政策與對策研究》，41 萬字，華齡出版社

卷三：《國內外三農問題研究》，36 萬字，華齡出版社

卷四：《土地經濟、産權與管理研究》，55 萬字，華齡出版社

卷五：《城鎮化、工業化與信息化協調發展研究》，31 萬字，中國大地出版社

卷五：《縣區産業發展定位與布局研究》，18 萬字，華齡出版社

（4）文學文化卷

卷一：《凝望珞珈山》（詩集），10 萬字，泰山出版社

卷二：《社會轉型多棱鏡》（紀實文學），85 萬字，中國城市出版社

卷三：《千年海口古鎮詩詞選》，21 萬字，華齡出版社

卷四：《千年海口古鎮進士論》，28 萬字，華齡出版社

電子郵箱：ailinj@sina.com　QQ：576135357

後　記

　　習近平治國理政體系，既包括中共十八大期間習近平治國理政的理論與實踐，也包括中共十八大前以及十九大習近平治國理政的理論與實踐，由此搆成一個前後緊密相連、不斷豐富發展的完整體系。

　　《習近平"六韜九策"治國策》是《習近平"兩觀三論"治國論》的姊妹篇。《習近平"六韜九策"治國策》主要是研究中共十八大期間習近平同志關於治國理政的理論創新與實踐探索。研究關注工作起始於 2012 年 11 月，跟踪、學習與思考於 2012 年 11 月至 2017 年 10 月之間。五年期間，分別情況完成部分研究成果，集成全部研究成果於 2017 年 10 月，其研究成果形式爲《習近平"六韜九策"治國策——中共"十八大"期間習近平治國理政之"六韜九策"研究》（簡稱《習近平"六韜九策"治國策》，亦稱《習近平治國十五策》）。

　　研究表明，習近平總書記在從事黨和政府的領導活動中，對中共十八大期間"爲誰治國理政、靠誰治國理政、如何治國理政"等重大問題進行了深入思考和深刻論述，形成了治國理政六大韜略、九大策略等"六韜九策"這一關於治國理政的系統化的、理論化的創新理論。

　　《習近平"六韜九策"治國策》一書由上下兩篇搆成：上篇治國理政韜略篇，包括復夢韜——復興偉夢之韜略；特信韜——特色自信之韜略；五體韜——五位一體之韜略；四全韜——四個全面之韜略；外交韜——大國外交之韜略；強軍韜——強軍固防之韜略。下篇治國理政策略篇，包括八規策——八項規定之策略；反腐策——反腐倡廉之策略；發展策——發展理念之策略；深改策——全深改革之策略；科技策——科技創新之策略；脫貧策——脫貧攻堅之策略；治縣策——縣域治理之策略；帶路策——一帶一路之策略；治疆策——治邊理疆之策略。

　　爲便於廣大黨員幹部、專家學者學習、理解與研究習近平同志十八大期間的治國理政理論，遂於 2017 年 10 月結集編印《習近平"六韜九策"治國策》一書。這次編印成冊、付梓出版時，除統一行文表述外，僅對個別文字、標點符號等進行了修正，力求反映研究成果的基本原貌及其階段性特徵。

　　值得注意是，本書的研究成果只是習近平治國理政理論體系中的重要組成部分和階段性的理論成果。可以預見，中共十九大後習近平同志的重要論述和實踐活動必將更加豐富多彩。爲此，今後作者將密切關注、實時跟踪，進一步系統學習、深入研究中共十九大後習近平同志的重要論述和實踐活動，在此基礎上接續出版關於 "習近平治國理政理論研究" 系列著作，不斷深化對習近平同志治國理政思想理論的研究，由此概括、總結、歸納並展現其更爲完整的治國理政理論體系。

　　本書在選題、寫作與發表過程中，先後得到了諸多關心中國未來發展的朋友同仁的大力支持，在此深表感謝。習近平治國理政理論體系研究是一項重大課題，由於水平與時間所限，錯訛在所難免，敬請批評指正。

姜愛林・二〇一七年十月・北京西城區

昌明文叢 A9900001

習近平"六韜九策"治國策

作　　　者	姜愛林	
版權策劃	李　鋒	

發　行　人　陳滿銘

總　經　理　梁錦興

總　編　輯　陳滿銘

副總編輯　張晏瑞

編　輯　所　萬卷樓圖書股份有限公司

印　　　刷　百通科技股份有限公司

出　　　版　昌明文化有限公司

桃園市龜山區中原街 32 號

電話　(02)23216565

發　　　行　萬卷樓圖書股份有限公司

臺北市羅斯福路二段 41 號 6 樓之 3

電話　(02)23216565

傳真　(02)23218698

電郵　SERVICE@WANJUAN.COM.TW

大陸經銷

廈門外圖臺灣書店有限公司

　　電郵　JKB188@188.COM

ISBN 978-986-496-373-7

2018 年 5 月初版

定價：新臺幣 460 元

如何購買本書：

1. 劃撥購書，請透過以下郵政劃撥帳號：

　　帳號：15624015

　　戶名：萬卷樓圖書股份有限公司

2. 轉帳購書，請透過以下帳戶

　　合作金庫銀行　古亭分行

　　戶名：萬卷樓圖書股份有限公司

　　帳號：0877717092596

3. 網路購書，請透過萬卷樓網站

　　網址　WWW.WANJUAN.COM.TW

大量購書，請直接聯繫我們，將有專人為您

服務。客服：(02)23216565 分機 610

如有缺頁、破損或裝訂錯誤，請寄回更換

國家圖書館出版品預行編目資料

習近平"六韜九策"治國策：習近平治國理政

之"六韜九策"研究 / 姜愛林著. -- 初版. -- 桃

園市：昌明文化出版；臺北市：萬卷樓發行,

2018.05

　　面；　公分

ISBN 978-986-496-373-7(平裝)

1.政治改革 2.中國大陸研究

574.1　　　　　　　　　　　　　107006962